國富論

權威中譯本 (上)

亞當·史密斯 Adam Smith——著
謝宗林、李華夏——譯　張清溪——導讀

THE WEALTH OF NATIONS

BOOKS I～III

作者

亞當．史密斯
（Adam Smith，一七二三—一七九〇）

蘇格蘭哲學家與經濟學家，現代經濟學奠基者之一。史密斯早年就讀於格拉斯哥大學，隨後赴牛津大學深造，曾任格拉斯哥大學道德哲學教授。他在一七五九年出版《道德情操論》，探討人性、道德與社會秩序問題，奠定其學術聲望。一七七六年，史密斯發表最具影響力的著作《國富論》（《國民財富的性質和原因的研究》）。該書首創系統性的經濟分析，闡述市場如何透過「看不見的手」自然調節，促進整體繁榮，並爲自由貿易與市場經濟提供理論依據。史密斯也批判當時流行的重商主義，強調分工與專業化的重要性。

《國富論》出版後迅速成爲經濟學經典，深刻影響近代資本主義與現代經濟政策。至今，其思想仍是各國推動自由市場改革的重要基礎，奠定史密斯作爲經濟學史上最重要思想家的地位。

譯者

謝宗林

美國聖路易華盛頓大學經濟研究所博士候選人，經常在《經濟前瞻》、《東南亞經貿報導》等專業期刊發表論述。譯作有《國富論【權威中譯本】（上、下）》、《道德情感論》與《資本主義與自由》等。

李華夏

台大經濟系學士，美國南伊利諾大學經濟學博士。曾任中華經濟研究院研究員，歷任政大、清大等校兼任教授。譯作有《國富論【權威中譯本】（上）》、《資本主義的未來》、《海耶克論海耶克》等。

導讀者

張清溪

（一九四八—二〇二二）

彰化縣人，曾任國立台灣大學經濟學系教授與系主任，任內推動多項改革，並成立「台灣經濟學會」，有「全台灣的經濟學老師」美譽。張與其他三位同系教授所著的《經濟學：理論與實際》是無數人的經濟學啓蒙，其對台灣經濟教育的深遠影響，至今仍為人敬仰與追念。

〈卷二〉 論物品積蓄的性質、累積與運用

〈卷三〉 論不同國家財富增加的過程

導讀　爲什麼要讀《國富論》？

張清溪

有人曾開玩笑說，所謂「名著」，就是大家都聽過、但是都沒有讀過的書。《國富論》這本書相信很多人都聽說過，但不知道有多少人讀過。記得剛進入台大經濟系，我就興匆匆的到圖書館借來原著（當時還沒有通俗的譯本），想一窺這位號稱「經濟學之父」的代表作。結果看來看去看不懂，不久，忙別的事就把它忘了。一別三十年之後，我才認眞重讀《國富論》，而且赫然發現，亞當·史密斯是在五十歲時完成這本巨著，就是我讀它的年紀。這次重讀，我是以台灣銀行的經濟學名著翻譯叢書爲基礎，看不懂的地方才核對原文。我發現譯本的問題頗多，乃起了重譯之念。不久，得知謝宗林先生等人已經著手翻譯了。這眞是大好消息，因爲謝先生是我所知最適當的翻譯本書人選。這不是信口開河的。因爲教學的需要，我讀過不少經濟學翻譯書，就以謝宗林等人所譯的《不要命的自負：社會主義的種種錯誤》（*The Fatal Conceit: The Errors of Socialism*，作者F. A. Hayek，遠流，一九九五）最令人滿意，而海耶克的書一向以難讀出名。

譯者翻譯本書相當用心。舉兩個例子。一是money這個簡單的「貨幣」名詞，本書原則上譯爲「金錢」。爲什麼呢？因爲現在貨幣主要構成項目是「支票存款」，不是現鈔（新台幣），更不是輔幣（銅板）；但是在當時（十八世紀），money基本上是金銀等金屬貨幣，可知其間差別之大。亞當．史密斯主張以信用貨幣代替金銀貨幣。他有一個有趣的比喻：money就像一個推動社會經濟轉動的巨輪，這個巨輪過去是以金銀製成，爲何不換成便宜的紙幣呢！其實，金融市場的變革，是近代經濟最突出的現象（好不好另當別論，但如以最近當道的金融商品，帶動整個社會人力物力投入這零和的金融遊戲，實在很難說它有什麼好處），因此相關的議題，也有時代上的差異。例如，所謂塑膠貨幣（信用卡）雖然還未具獨立的貨幣功能，但對交易行爲影響極大。另一個相關的例子，是capital這個簡單的「資本」。現代經濟學把它視爲「實物」，主要指機器設備等生產財。但是在《國富論》裡，capital的重點則是在「營運資本」，這後來成爲奧地利學派的主張。譯本有時視它爲「資金」，有時則譯成「財源」，視前後文而定。

自從亞當．史密斯的《國富論》發表以來，兩百多年的經濟學發展，照理說應已將其精華納入教科書中。但是基於三點理由，我以爲有必要重讀原著。一是它完成於現代經濟學體系建立之前，立論的方法是從複雜的社會現象中，歸納出經濟學原理。我們可以從書中學習到這種觀察社會的方法。這種學習方式，與當代學生從教科書中依循既有體系的學習，各有優劣。現代的學習方法有一套完整體系，可以大量節省時間；缺點則是很容易局限於這個體系內，跳不出既有的框框，難以看到體系外的風光。做過論文研究的人，常常有一個經驗，找論文題目與尋找立論的觀點，從雜亂無章的現象、資料、思潮中理出「頭」、「緒」，是做研究最困難費時的；其實這也是做研究最珍貴的地方。當然，若有現代經濟學的基礎，而又能開放心胸不帶執著的去重讀古典，則會有更深的認識與體會。這裡的重點是「不帶執著」，因爲，《國富論》完成於一七七六年（也是美國獨立那年），亞當・史密斯花了十年才完成此書，因此書中說的本世紀，就是十八世紀。我們看這部兩百多年前的書，要能盡量體會當時的情景，不要先有批判的成見，才不會阻礙自己去了解作者的意思。若是能這樣品嘗，或許會發現亞當・史密斯的地租理論，比後來的李嘉圖的「差額地租」更寬廣、更具啓發性。我們最好還要知道，《國富論》完成的十八世紀中葉，正是歐洲流行海外探險殖民的年代。當時英國有東印度公司，而東印度公司與當時的商業同業團體是亞當・史密斯經常批評的對象，因爲政府賦予它們太多特權。

第二，亞當・史密斯的主張有些不被後人重視，例如「分工」。《國富論》共有五卷，而〈卷一〉第一章的標題就是「論分工」，之後三章分別是「論促成分工的原理」、「分工受限於市場範圍」與「論金錢的起源與應用」。在我近年來慢慢了解分工的重要性，以及金錢（貨幣）對於分工、交易的價值之後，我對亞當・史密斯這樣的安排，簡直是驚呆了。我五十歲時除了回頭看《國富論》，追溯經濟學的起源外，還接觸了「法輪大法」，進入修煉的人生。在《轉法輪》這部大法中，提到「有許多人想要往高層次上修煉，這個東西給你擺在面前了，你可能還反應不過來……」我對亞當・史密斯以「分工」來爲《國富論》這個經濟發展理論破題，有一點點類似的感覺。因爲，經濟學的最終課題是「經濟發展」，而「分工」

正是經濟發展的根源，是比科技、資本、制度更根本、更關鍵的因素。亞當．史密斯一針見血指出分工的關鍵角色後，分工的觀念雖然被接受了，但在整個汗牛充棟的經濟理論著作中，它的地位卻很邊緣。原因是在近代數理經濟學中，分工不容易處理。幸好旅澳華人經濟學家楊小凱與黃有光等人，特別是楊小凱，對此有極大的突破。其實我對此的一點了解，也得助於楊小凱在台大經濟系客座中的講學。

第三，我們從《國富論》中除了尋找西方社會科學的根源外，還可以當作經濟史來學習，特別是〈卷三〉。亞當．史密斯分析任何問題，幾乎都從「原始」社會的歷史變化開始陳述，從中解釋其間的經濟意義。他對社會現象的經濟內涵，有著非比尋常的洞察力，很多我們看似稀鬆平常的現象，他可以洞察其中代表的社會意義，特別是在經濟發展上的特殊內涵；整部《國富論》就是在分析經濟發展，因此讀者要記得印證各個論點與經濟成長的關係（例如價格機能如何促進經濟成長）。這就有賴讀者細細體會了。正因爲亞當．史密斯的這種洞察力，我們迄今還可以經常看到，許多極有名的經濟學者不時引用《國富論》的詞句。

讀者須注意的是，《國富論（上）》集結〈卷一〉至〈卷三〉，〈卷四〉、〈卷五〉收錄在《國富論（下）》，而其中〈卷五〉論述政府收支，是非常重要的。

（本文作者爲台大經濟系教授）

卷一

論勞動生產力改善的原因，並論勞動產出自然而然在各社會階級間分配的次序

序言

對每個國家來說，供應全國人民每年消費的生活必需品與便利品的根本來源，是全體國民每年的勞動；那些消費掉的必需品與便利品，如果不是由該勞動直接生產的，便是用該勞動的產出物向國外購買的。

因此，一個國家的人民對必需品與便利品的全部需求，獲得的供應是否充足，關鍵在於：整體勞動所生產，或由其產出換得的物品數量，相對於需要消費這些商品的人口比例，是充裕還是匱乏。

在每個國家，這個比例通常取決於兩個不同的條件：第一，該國在勞動應用上，普遍展現了怎樣的技巧、熟練度與判斷力；第二，在全國的勞動人口當中，有多少人從事有用的勞動。任何國家，不拘土壤、氣候或領土大小，每年產出的多寡，在其特有的自然條件與領土範圍內，一定取決於這兩個條件。

其次，在這兩個條件中，第一個條件對產出多寡的影響似乎又比第二個來得重要。未開化的狩獵民族，每個有工作能力的人都算是在從事有用的勞動，而且也都盡可能的爲自己和家裡（或族裡）那些無力狩獵的老弱婦孺，供應生活必需品與便利品。然而這些民族卻窮得如此可憐，以致因爲物資匱乏，經常被迫〈或者至少自認爲被迫〉不得不主動弄死家族裡的嬰兒、老人和久病纏身的人，要不就將那些人丟棄，讓他們餓死或被野獸吃掉。相反的，在文明興盛的民族，無所事事的人不僅爲數眾多，而且當中有許多人個別消費掉的產品，還比大部分勞動者的消費多出十倍、甚至百倍；然而，由於整個社會的勞動產出如此巨大，以致每個人都得到豐富的供應。而且任何一個工人，即使是最貧窮低下的，只要勤儉，就會比任何野蠻人享有更多的生活必需品與便利品。

本書〈卷一〉就在研究勞動生產力得到改善的原因，以及勞動產出在社會各階層與不同條件的人民之間，自然而然分配的次序。

任何國家，不管實際在勞動上應用了怎樣的技巧、熟練度與判斷力，每年產出的多寡，在該技巧、熟練度與判斷力既定不變的情況下，勢必取決於全國勞動人口中，每年從事有用勞動的比例。下文會說明，不管在什麼地方，有用的生產性勞動人數，都取決於推動這種勞動工作的資本數量和資本實際的使用方式。因此，本書〈卷二〉將說明資本的性質、資本逐漸累積的方式，以及資本使用方式不同，所推動的勞動數量又會有何不同。

在一些勞動技巧、熟練度與判斷力等方面都算得上相當進步的國家，對於一般性的勞動管理與引導，早已採取大不相同的政策，且已持續一段時間；而現在看來，那些策略並非全然有利於勞動產出數量。有些國家的政策特別鼓勵鄉村產業，有些國家則非常鼓勵城市產業。幾乎沒有任何國家對每種產業都一視同仁，不偏不倚。自從羅馬帝國覆亡之後，歐洲各國的政策對手工藝、製造業和商業等城市產業有利的程度，一直優於農業這種鄉村產業。本書〈卷三〉將嘗試說明這種政策的由來。

雖然這種種政策，剛開始也許是特殊階級基於私利與偏見所推動的，當初不僅完全不顧，也完全不知道對一般人民的福祉會造成什麼後果；然而，這些政策後來卻產生了許多大不相同的政治經濟學說，其中有些誇大城市產業的重要性，另外有些則誇大鄉村產業。那些學說不僅對學者的意見造成影響，也往往左右了君主與國家的政策。本書〈卷四〉，我將盡可能周詳的解釋這些不同的學說，以及它們在不同時代與國家所產生的重要影響。

本書前四卷的主旨在於，解釋全體國民收入的根本來源是什麼，以及就不同的時代與國家，說明每年供應全體國民消費的那些資本儲備的性質。本書〈卷五〉，也是最後一卷，則是討論君主或政府的收入。在這一卷裡，我將努力說明：一、哪些是君主或政府的必要費用；在這些費用當中，哪些該由社會一般人民的奉獻來支應；哪些則該由特別的社會團體或個人來承擔。二、有哪些不同的方法，可以讓一般社會成員爲整個社會應該承擔的費用做出奉獻；這些方法分別有哪些重要的優缺點。三、最後一點則是要說明，究竟是什麼理由和原因，使得幾乎所有現代政府都把這種收入的一部分拿去抵押（或者簡單的說，幾乎所有現代政府都舉債度日）；而那種債務，對整個社會的眞實財富，亦即，對整個社會土地與勞動每年的產出，會造成什麼影響。＊

編註：〈卷四〉、〈卷五〉請見《國富論（下）》。

1 論分工

勞動生產力最爲重大的進步，以及人們不管往何處引導或在何處應用勞動生產力，所展現的大部分技巧、熟練度與判斷力，似乎都是分工的結果。

且讓我們在某些特別的製造業裡討論分工究竟是怎麼一回事，這樣也許比較容易了解社會上一般的分工會產生什麼結果。一般以爲，小規模的製造業分工的程度最高；實際上，這些小規模的製造業，分工的程度也許不會比其他比較重要的製造業來得高。但是，那些旨在供給少數人少量需求的製造業，所雇用的勞工人數必然不多，而在不同部門工作的工人，往往可集中在同一個工廠內工作，讓旁觀者一眼就能綜觀全局。相反的，那些旨在供給大多數人大量需求的大型製造業，每個工作部門都雇有大量勞工，不可能把所有勞工都集中在同一工廠內，因此，我們不太可能同時看見一個部門以上的工人在工作。所以，這種大型製造業實際上也許比小型製造業分成更多的部門，但分工的方式卻沒有那麼明顯，因此旁觀者比較不容易一眼看穿。

且讓我們從小規模的製造業中舉出一個例子。以別針製造業而言，因爲經常有人注意到這個行業的分工情形。一個未曾受過此行業訓練的工匠（由於分工，製作別針已成爲一種特殊行業），如果又不熟悉這個行業所使用的機器（也許是爲了分工，才發明了這些機器），那麼即使竭盡所能工作，一整天也許都做不成一枚別針，若想做二十枚，就更不可能了。以目前這個行業經營的方式來說，不僅整個工作已經成爲特殊行業，而且又被分解成若干部門，其中大多數同樣也已成爲特殊行業。某人抽鐵線，另一人拉直，第三人切斷，第四人削尖，第五人研磨頂端以便裝頭；而製作針頭則需要三個特別的工序；裝頭是一項特殊工作，將別針塗成白色又是另一項，甚至把別針用紙包好也是一項特殊工作；於是，製作別針的主要工作就這樣大約分成十八個特別工序。有些工廠，這十八個工序分別由十八個特定工人完成，但也有些工廠，一個人會兼做兩、三個工序。我曾經見過一個這種小工廠，只雇用了十個工人，因此當中幾個必須負責二或三個工序。儘管他們很窮，一些必需的機械配備顯然捉襟見肘，但如果他們努力工作，一整天下來卻能做出約十二磅的別針。以中型別針每磅約有四千餘枚來計算，這十個工人每天就可做出四萬八千餘枚別針。如果以每個人都製作這四萬八千枚別針當中的十分之一來算，等於每人每天做了四千八百枚別針。但如果每個人都各自獨立工作，而且都未曾接受這個行業的特殊訓練，那麼他們當中無論是誰，都不可能在一天內做出二十枚別針，說不定連一枚都做不出來；也就是說，由於適當的分工與工序組合，他們每個人每天能夠製作四千八百枚，可是如果各自獨立工作，每個人不但做不到那個數量的兩百四十分之一，恐怕連四千八百分之一也做不到。

在其他行業或製造業，分工效果都會和上述的小行業相似；雖然在許多行業，分工程度不能達到那麼細密，工序也無法簡化到那麼單純。然而任何一種行業，若能引進分工，都會因分工而使勞動生產力得到相當比例的提高。而且不同行業與職業之所以相互分離出來，似乎也是由於分工有這種好處。一般來說，產業最發達進步的國家，通常也是分工程度最高的國家；在野蠻的社會狀態裡，由一人完成的工作，到了進步的社會中，通常都變成由幾個人來完成。在進步的社會裡，一般來說，農夫只做農夫的工作，製造業者也只做製造業者的工作。此外，完成一件製品所需的勞動，也幾乎一定會由許多人來分擔。試想，生產紡織品的行業雇用了多少種不同職業的人？包括了種麻的人、牧羊的人、漂白和燙平布匹的人，或染布和整布的人等等。農業確實不像製造業那樣允許細密的分工，而各種屬於農業的行業，也不像製造業那樣清楚分離。例如，畜牧業和玉米種植業就不可能像普通的木業和鐵工業那樣完全分開。又例如，紡紗與織布幾乎總是由不同的人分別負責；然而，犁地、耙土、播種與收割這類農務，通常則由同一人完成。不同的農事，每年隨著季節替換而輪番重複上場，不可能讓每個人固定只從事當中的一種工作。而我們不能將農業所運用的各種勞動完全清楚分開、相互獨立出來，也許就是農業勞動生產力改善的速度跟不上製造業的主要原因。一般來說，現在最富裕的一些國家，的確在農業與製造業都優於鄰國；但在製造業方面的優越程度，通常大於農業的優越程度。一般來說，富裕國家的土地耕耘情況比較好，花在土地上的勞動與費用比較多，在一定面積與自然肥沃的土地上，生產出來的物品也比較多。但就比例來說，富國每單位土地較高的生產數量，很少超過它們在單位土地上所花費的較多勞動與費用。在農業方面，富國的勞動生產力未必比貧國的勞動生產力高很多，至少不會像在製造業那樣明顯。所以，如果品質同樣優良，富國的小麥在市場上的售價，未必比貧國的小麥來得便宜。例如，波蘭小麥與品質同樣優良的法國小麥，在市場上的價格一樣便宜，儘管就富裕和進步的程度來說，法國勝過波蘭。又例如，在法國小麥產區出產的小麥，品質與英格蘭出產的小麥一樣好，而且在大多數年頭價格也大致相同，然而就富裕與進步的程度來說，法國也許不如英格蘭。可是，英格蘭的麥田耕種得比法國好，而法國的麥田，據說耕種得比波蘭好很多。貧國土地耕種的情況，儘管次於富國，但貧國生產的小麥，在品質和價格方面，卻在相當程度上能與富國競爭；但在製造業方面，尤其是那些適宜富國土壤氣候與位置的製造業，貧國最好別想和富國競爭。法國的絲織品比英國好而且便宜，只是因爲絲織業在目前原絲進口稅很高的情況下，不適合在英國的氣候條件下發展。但英格蘭的五金製品和粗毛織物等的品質，皆遠勝於法國，而且即使品質同樣優良，英格蘭製品的價格也比法國便宜許多。在波蘭，除了少數幾種如果沒有就很難過活的簡陋家用製品外，據說幾乎沒有什麼製造業。

分工之後，同樣人數的工人所能生產的數量大爲提高，主要是基於三種不同理由：第一、每個工人手腳靈巧的程度提高了；第二、工人不再需要從一種工作轉換到另一種工作，節省了一些時間；第三、由於發明了許多機器，簡化與節省了人力，使一個人能夠完成許多人的工作。

首先，工人手腳靈巧的程度提高，必然會提高他所能完成的工作量。分工使每個人的工作只剩下某一單純工序，而且使這個單純工序變成他畢生唯一的職業，必然會大大提高他手腳靈巧的程度。普通一個鐵匠，縱然慣於使用鐵鎚，如果沒有製作鐵釘的經驗，一旦事出突然，必須上場製釘，我相信，他一天頂多只能做兩、三百枚，而且品質必然也好不了。一個鐵匠，即使曾經做過鐵釘，但如果不是以製釘為唯一或主要的職業，就算他竭力工作，也甚少能在一天之內做出八百或一千枚釘子。我曾經見過幾個不滿二十歲的年輕人，他們唯一的工作經驗就是製作鐵釘，可是當他們努力工作時，每人每天卻能做兩千三百多枚鐵釘。然而，製作一枝鐵釘絕不是簡單的工作。同一位工人，要鼓動風箱，要視情況調節火力，要燒鐵，要錘打釘子的每個部位，在錘打釘頭時還得換工具。比較起來，製作別針或金屬鈕扣的工作細分為若干不同工序，每項工序都要比製作鐵釘簡單，而畢生以個別工序為業的工人，手腳熟練的程度通常也高得多。這些製造業當中有幾項工序，其進行速度之快，在任何未曾親眼目睹的人想來，顯然超過人類雙手能夠做到的範圍。

第二，工人不再需要從一種工作轉換到另一種工作，如此節省下來的時間，通常遠大於我們的想像。一個人如果有兩種必須在不同地方進行，又使用不同工具的工作，事實上就不可能很快的從其中一種工作轉到另一種工作。鄉村裡兼職耕作一小塊地的織布者，一定會把許多時間浪費在從他的織布機走到田地，又從田地走回織布機。如果這兩種工作能在同一場所進行，損失的時間無疑會少很多。然而即使如此，還是很可觀。人從一種工作轉到另一種工作時，通常會遛達一下子。剛開始新的工作時，人很難既敏捷又用心。他的心眞是所謂「尚未就位」，而且會摸魚一陣子，而不是在眞心工作。鄉村裡的每個工人，與其說自然而然，倒不如說必然，都會感染到這種閒逛遛達與偷懶摸魚的習慣，因爲他每半小時必須換一次工作和工具，而且他一生中幾乎每天都必須從事二十種不同工作。即使面對的是最緊急迫切的狀況，這種習慣使他老是怠慢懶散，提不起勁。所以，縱使他在手腳靈巧方面沒有不如人，光是這種習慣就會大大降低他所能完成的工作數量。

第三，也是最後要說明的情況就是利用機器。無需舉例，現在每個人都知道，利用適當的機器能簡化與節省勞力到什麼程度。所以我只想在此說明，人們之所以會發明那些大規模簡化與節省勞力的機器，追根溯源似乎也是由於分工的緣故。如果人們的心思全部集中在某個目標，就比較可能發現更簡便的方法去達成目標，而不是分散到許多五花八門的事情上。分工之後，人的注意力自然而然會傾注於某個簡單工序。所以工序只要有改良的餘地，在執行該工序的工人中，遲早會有人發現一些比較簡便的方法來完成自己的工作。目前那些分工最細密的製造業，所使用的機器，大部分原本是某些普通工人的發明；他們每個人都只操作某種簡單的工序，自然而然會把心思花在設法找出較簡便的操作方式。不論是誰，只要他常去拜訪這種工廠，一定會看到不少巧妙的機器，都是普通工人發明的，原本只是爲了要讓自己負責的那部分工作更輕鬆快速的完成。最初的蒸氣機，原本必須請一個小孩看著活塞升降，交替打開或關閉汽鍋與汽筒間的通路。其中，有一個小孩特別喜歡和同伴玩耍，他發現，只要用一條繩子，將通路開關活門的把手和蒸氣機的另一頭繫起來，活門就會自動開關，他就可自由自在的與同伴玩耍。某個小孩為了讓自己省事而發現的方法，就這樣成為蒸氣機發明以來最重大的改良之一。

然而，並非所有機器的改良都是使用者的發明。在機器製作變成一門特殊行業後，有許多改良出自機器製作者的巧智；還有一些改良出自所謂哲學家或理論家的巧思，這種人的工作，不是製造，而是觀察，所以他們往往能將距離最遙遠且形狀性質最不相似的東西，組合起來形成新的力量。隨著社會進步，搞哲學或提理論也成為某個特殊社會階級主要（或唯一）的職業。此外，這種職業也像其他職業，細分成許多不同的部門，每個部門都讓一夥特殊的哲學家有工作可做。哲學界的這種分工，和其他行業的分工一樣，提高了靈巧，也節省了時間。每個人在自己專門的部分變得更為老練，整體完成了更多工作，科學產出數量也因此大增。

在一個施政完善的社會裡，分工之後，各行各業的產出大增，因此可以達到全面富裕的狀態，將財富普及到最下層人民。每個工人的產出，除了滿足自己的需要，還有大量的產品可以自由處分；其他每個工人的處境也都一樣，因此能以自己的大量產品，交換其他大量產品，或者說，交換其他工人的大量產品。自己大量供應別人所需的物品，而別人也同樣大量供應自己所需的物品，於是普遍富裕的狀態自然而然的擴散至每個社會階層。

且看文明繁榮的國度裡，最普通的工匠或零工的日常用品吧。你會發現，和這些日常用品有瓜葛的人數之多，簡直不可勝數。雖然其中許多人的工作，只有一部分（而且是一小部分）和生產那些日常用品有關。例如，零工身上的毛外套，儘管看起來粗糙簡陋，卻是許多種工人勞動結合的產物。牧羊者、揀毛者、梳毛者、染毛者、粗捻者、紡紗者、織布者、蒸洗者、整布者，以及其他許多人，必須將各種不同工作結合起來，才能完成那件粗糙簡陋的外套。此外，想想看，這經常也需要許多商人和運輸者，把材料從某些工人的手上運至遠方其他工人的手上；還需要許多生意談判與河海航行，需要眾多造船者、水手、船帆與船索製造者，才能從世界上最遙遠的角落，取得染毛者所需要的染料！而為了生產前述某些最貧窮的工人所使用的最不起眼的工具，又需要多少種不同的勞動！姑且不論一些複雜的機器，諸如水手的船隻、蒸洗布匹的機器，甚至織布用的織布機等等，讓我們只考慮牧羊者剪羊毛的剪刀。試想，為了製造這種極其簡單的工具，需要多少種不同的勞動？礦工、熔礦爐製造者、伐木者、燒製木炭供熔爐使用的工人、製磚者、疊磚者、照料熔爐的工人、安裝或修理熔爐的工人、鍛冶工與打鐵匠等等，這些各行各業的人必須全部聯合起來，才能做出這種簡單的剪刀。如果我們進一步考察那個零工日常生活所使用的衣物與家具，例如貼身的粗麻襯衣、腳上穿的鞋子、用來躺臥的床以及各式各樣的床具、烹調菜餚用的廚房爐具、烹煮用的煤炭（這種東西從地底下被挖出來以後，也許必須運過千山萬水，才能到達他手中）、廚房的其他用具、餐桌上的一切用具、刀子和叉子、盛菜和分菜用的陶瓷或白鑞器皿、生產麵包與啤酒所需的各種人手，以及用來引進光線與溫暖，同時又可以遮風蔽雨的玻璃窗。我們也可以順便想一想，生產最後這種美麗又造福人類的文明物品（如果沒有它，這個世界的北部住起來可就不舒服了），所需的一切知識與技術。此外，如果我們也考察一下，各行各業的工人爲生產其他許多文明的便利品必須使用的種種工具。我敢說，如果我們仔細追究這一切東西，把生產其中每一樣需要動用到的勞動種類都納入考量，那麼就會意識到，倘若沒有成千上萬人的幫忙與合作，根本無法供應文明國度裡最卑賤的人目前享有的生活水準；即使這個生活水準眞如我們錯誤的想像當中那樣簡陋，也不可能獲得供應。誠然，如果和豪門大戶的浪費奢侈相比，零工目前這種生活水準看起來確實很簡陋；然而我們也許可以說，在歐洲，一般王公貴族的生活水準勝過任何一個勤儉佃農的程度，不一定會大於後者的生活水準勝過許多非洲國王的程度，儘管任何一個非洲國王都絕對擁有數以萬計赤裸野人的生命與自由。

2 論促成分工的原理

雖然人們從分工得到許多好處，但一開始，分工並不是任何人的智慧結晶；沒有人一開始就看出分工會帶來普遍的富裕，也沒有任何人刻意想利用分工讓社會普遍富裕。分工的形成，是因爲人性當中有某種以物易物的傾向；這種傾向的作用雖然是逐步且緩慢的，也完全不問分工是否會產生廣泛的效用；然而分工卻是這種傾向必然產生的結果。

這種傾向是否爲人性中固有而無法進一步分析的本質，或者更有可能是理智和言語能力的必然後果？這些不是我們在此要研究的問題。無論如何，我們確知，凡是人都有這種傾向，而在其他動物身上卻找不到，後者似乎不知道如何交換食物或達成任何約定。兩條在追逐同一隻兔子的獵犬，有時候看起來似乎有某種協同動作，例如把兔子趕向對方，或在對方把兔子趕過來時設法攔截。然而這副景況可不是牠們雙方協議的結果，而只是牠們在那個特殊時刻，湊巧對同一獵物投注了同樣的激情。沒有人曾經看過，有哪一條啣著一根骨頭的狗，刻意公平的找另一條狗交換另一根骨頭。也沒有人曾經看過，有哪一種（人以外的）動物，會作姿表態或出聲呼號，向同類表示：這是我的，那是你的，我願意拿這個跟你交換那個。當某隻動物想從某個人或其他動物身上取得某樣東西，除了博取對方的恩惠之外，沒有別的手段說服對方。例如，小狗向母犬搖尾乞憐，而家裡的西班牙獵犬則向正在用餐的主人做出千百種媚態，以吸引注意，希望獲得餵食。人有時也會使用同樣的伎倆；如果沒有別的方法叫對方照自己的意思行動，那麼人或許就會無所不用其極的卑躬屈膝與阿諛奉承，以求取對方的恩惠。然而實際上，人應該沒有時間在每個場合都使用這套辦法。在文明社會裡，每個人隨時都需要許多人的合作與協助，而他畢生的時間也許只夠讓他得到少數幾個人的友誼。幾乎所有動物，一旦長大成熟，便完全獨立，在自然狀態下，不需要其他動物的協助。但每個人幾乎隨時隨地都需要同胞的協助，他若想完全倚賴別人的恩惠，那終究只是痴心妄想。不過，如果他能朝對己有利的方向喚起別人自愛的心理，讓他們覺得照他的要求協助他，對自己也是有利，他就比較可能達到目的。不管是誰，當他向別人提出任何交換建議的時候，內心就是這樣想的。任何這類提議的意思都是：給我那個我要的東西，你就會得到你要的這個東西。我們所需要的幫忙，絕大部分就是用這種方式互相取得的。我們每天有得吃喝，並非由於肉商、酒商或麵包商的仁心善行，而是由於他們關心自己的利益。我們訴諸他們自利的心態而非人道精神，我們不會向他們訴說我們多麼匱乏可憐，而只說他們會獲得什麼好處。除非願意過乞丐生活，否則誰都不會以他人的仁心善行爲主要訴求對象。即使是乞丐，也不全然仰賴別人的仁心善行。沒錯，乞丐的生存來源，追根究柢全部仰賴善心人士的慈善施捨，但善心人士卻不可能在他需要什麼東西的時候就給他那種東西。他隨時隨地需要的東西，絕大部分也和常人一樣，是利用相互約定、交換或以金錢購買的方式取得。他把某人給他的金錢，拿去購買食物；把另一個人送給他的舊衣，拿去交換另一件更適合自己的舊衣，或拿去交換臨時住所、食物，或金錢。如果有了錢，他又可以買到適合自己需要的食物、衣服或臨時住所。

一如我們利用相互約定、交換或購買的方式，從他人身上取得絕大部分自己所需的幫忙，追根究柢來看，導致目前這種分工狀態的，也正是我們這種相互要求交換的傾向。譬如，在狩獵或游牧部落，有某個人製作弓矢比其他人更順手、更巧妙。他時常拿製成的弓矢和同夥交換牲口或獵肉；最後，他發現，用交換方式得到的牲口與獵肉，比親自到野外獵捕得到的還要多。因此，基於自利的考量，製作弓矢便漸漸成為他主要的工作。於是，他變成某種專業的武器製造者。其次，在這種部落，人們通常住在小棚屋或可以移動的房子裡，而恰好另外一個人特別善於製作這種小棚屋所需的骨架與覆蓋物。他經常提供鄰居這方面的服務，鄰居也同樣拿一些牲口與獵肉來回報他；於是久而久之，他也會發覺，自己最好完全致力於製作這種骨架與覆蓋物，因此他變成蓋某種房子的專業木匠。同樣道理，有第三個人變成專業的鐵匠或銅匠；第四個人變成鞣革匠或專門整理皮革的人，因為在野蠻的部落裡，皮革是人們穿著的主要材料。如此這般，每個人都發覺有把握隨時根據自己的需要，拿自己生產出來的剩餘部分（即超出自己需要消費的部分），交換別人生產出來的剩餘部分；人們就是因為有了這種確實的把握，才各自致力於某種特殊的行業，從而將每個人身上所有的才能或天分，發揮與磨練至最完美且適合各特殊行業的境界。

事實上，人類天生的才能差異遠比我們注意到的小多了；不同行業的專業人員之間，尤其是當他們都已達到成熟階段時，所呈現的才能差異，與其說是分工的原因，倒不如說是分工的結果。譬如，哲學家與街頭巷尾的挑夫也許是才能差異最大的兩種人，但兩人之間的差異與其說是天生的，倒不如說是個人嗜好、社會習俗與教育的結果。在兩人出生時，甚至在六歲或八歲以前，他們也許非常相像，連父母和玩伴都看不出有什麼值得一提的差異。大約在這個年齡，或者之後不久，兩人進入非常不同的職業，人們才注意到他們之間的才能差異，而且差異開始逐漸擴大，直到哲學家基於虛榮心而幾乎不願意承認他們之間還有任何相似之處。可是，如果人類沒有前述那種交換傾向，每個人勢必繼續忙於親自製作自己需要的每樣生活必需品和便利品，因此勢必都有相同的責任和工作，根本不可能有職業差異。既然沒有這個唯一能產生重大才能差異的原因，當然也就不會有任何重大的才能差異。

由於人類有這種交易傾向，所以在各種不同專業人員之間，才會形成如此驚人的才能差異。然而，也正是因爲人類有這種交易傾向，才能的差異才大有用處。許多被認爲屬於同一種但不同類的動物，其天生的才能差異，比起人類在受到習慣與教育影響之前的才能差異，更叫人驚奇。純就天賦來說，哲學家與挑夫在才能與性情方面的差異，恐怕還不及獒犬與灰狗差異的一半，或灰狗與西班牙獵犬差異的一半，甚至西班牙獵犬與牧羊犬差異的一半。雖然都屬同種，但這些不同類的狗卻無法互相幫忙。力氣特別強大的獒犬得不到行動特別敏捷的灰狗幫忙，也得不到特別聰明伶俐的西班牙獵犬，或特別馴良溫順的牧羊犬幫忙。由於缺乏相互交換的能力與傾向，這些動物的不同天分與才能必然會產生的各種效果，不能集結在一起，因此對於整個種族的生活與便利，絲毫沒有貢獻，每隻動物現在仍然必須個別獨立仰賴自己與保衛自己。所以，雖然牠們天生具有許多不同的才能，但是從彼此天生的差異中，牠們得不到任何好處。人類的情況正好相反，極不相似的才能可以彼此幫忙；人們個別生產出來的不同物品，好像都被人類這種相互交換的傾向集結在一起，讓每個人可以根據自己的需要，隨時買到利用他人的才能生產的物品。

3　分工受限於市場範圍

正因為交換的力量產生了分工，所以分工的程度必然受制於這種力量的大小，或者說受制於市場的廣狹。如果市場非常小，完全致力於一種行業的人，便得不到多少激勵，因為他本身勞動產出的剩餘部分，無法全部用來交換他人勞動產出的剩餘部分。

有一些勞動種類，甚至是最低下的，在大城市裡才看得到。譬如，挑夫便不可能在別的地方找到工作和生存空間，一般村落對他來說實在太小了；甚至尋常的集鎮（market town），似乎都還不夠大，無法讓他經常有工作可做。荒涼的蘇格蘭高地一帶，零星散落著孤伶伶的房子與小村莊，當地每個農夫勢必也是自家專用的屠夫、麵包師傅和釀酒師。在那種地方，幾乎不用想在方圓二十英里內找到兩個鐵匠、木匠或泥水匠。那些散落在距離這些工匠至少十英里遠的人家，勢必得學會自己做許多零星的小工作，而這些小工作，在人多一點的地方，人們通常會請相關工匠幫忙。有許多只因為應用同一種材料而相互關聯的工作，每個鄉村裡的工匠幾乎必須全部包辦。例如，鄉村裡的木匠包辦一切木材製品，而鄉村裡的鐵匠則包辦一切鐵製品。前者不僅是木匠，同時也是細工木匠、精緻家具木匠，甚至又是木雕師傳、車匠、犁具匠，以及二輪或四輪車台製造者。鐵匠的工作種類更爲繁雜。例如，在偏遠的蘇格蘭高地內陸，幾乎不可能有專門製作鐵釘的工匠。那種工匠，即使一天只做一千枚釘子，一年只做三百天，一年下來也有三十萬枚釘子的產量。但在那種地方，一年也賣不掉一千枚，也就是說，賣不掉一天的產量。

由於每一種產業，透過水運都可比單靠陸運接觸到更廣大的市場，所以每種產業自然在海濱或適宜航行的河流兩旁，開始進行產業內分工與生產力改善；而且往往需要經過一段很長的時間，分工與改善的現象才會延伸至內陸地帶。一輛需要兩人駕駛、八馬拖行的大四輪運貨馬車，往返倫敦與愛丁堡一趟約需六週，來去可分別載運貨物四噸。在大約相同的時間內，一艘需要六至八人駕駛的貨船，也可在倫敦港和愛丁堡附近的利斯港之間往返一趟，每次載貨量可達兩百噸。換言之，同一時間，六至八人藉由水運在倫敦與愛丁堡之間往返輸運的貨物數量，如果藉由陸運，便需要五十輛大四輪運貨馬車，一百名車夫，以及四百匹健馬。所以，用最便宜的陸運方式，兩百噸貨物從倫敦運送到愛丁堡，必須承擔一百人三週的生活費、四百匹馬和五十輛大四輪貨車的維持費，以及幾乎和車馬維持費相等的車馬損耗。然而，如果藉由水運，同樣數量的貨物僅需承擔六至八人三週的生活費，和一艘兩百噸貨船的損耗，以及也許比較高的風險成本，或水運保險費高出陸運保險費的差額。因此，假使在那兩個都市之間，交通運輸只能仰賴陸運，那麼除了體積小、價值高的商品之外，其他無法承擔高運費的商品，便不會被運至另一地。那麼，兩地間的商業往來，將只有一小部分；兩地間的交易給予對方產業活動的激勵，也將只有一小部分。同樣道理，如果沒有水運，世界上任何相隔遙遠的兩地，便幾乎不可能會有商業往來。有哪些商品能夠承擔倫敦與加爾各答之間的陸運費用呢？即使有一些非常珍貴的商品能承擔高昂的陸路運費，又是否能安全通過兩地間眾多野蠻國家的領土？然而，透過水運，這兩個都市商業往來的數額龐大，而且由於相互提供市場，彼此給予對方產業活動的激勵也很大。

水運既然有如此好處，可以幫各種勞動產品打開全世界的市場，所以各種工藝與產業的改良，很自然都會先發生在水運便利的地方，而且要經過一段長時間之後，這種改良才會自然而然延伸至內陸地帶。一國的內陸，除了和它周圍的地方進行交易外（正是這些地方把它從海濱與適合航行的大河隔開），長期沒有其他市場可讓它銷售本身大部分的產品。所以，在很長一段時間內，它的市場範圍勢必受限於周圍地方的財富和人口；因此在整個國家之中，內陸地帶的改良總是比較落後。在北美洲的殖民地，農場的開發要不是沿著海岸，就是順著適合航行的河流，很少看到農場深入內陸發展。

根據最可靠的歷史記載，最早產生文明的顯然是那些住在地中海沿岸的民族。地中海是世界上最大的內海，沒有潮水漲落，因而除了風吹浪起之外，波濤不興。由於海面平靜，加上島嶼多接近陸地，極利於早期的航海技術。當時人們還不知道羅盤爲何物，所以很怕看不到海岸，而且由於造船技術不佳，人們也不敢輕易在波濤洶湧的情況下出海。在古代，越過海克力斯之柱，或是駛出直布羅陀海峽，長期都被視爲最奇妙也最危險的航海成就之一。即使是以造船與航海技術聞名於古代的腓尼基與迦太基人，也是到了後期才敢冒險；甚至在後來一段很長的時間裡，也只有這兩個民族曾經眞正嘗試過那種危險。

地中海沿岸諸國中，埃及似乎是最早在農業與製造業技術上有長足進步的國家。上埃及，除了尼羅河兩旁數英里內的地帶，在古代根本見不到人跡。到了下埃及，尼羅河分散成許多大小不等的支流，似乎只要略施人工，不僅在所有大城之間以及比較大的村莊之間，甚至在許多個別的農家之間，便會有水運交通之便；其情形宛如今日荷蘭境內的萊茵河和馬士河流域。這種內河航行的範圍與便利，可能是埃及文明進步較早的一個主因。

東印度孟加拉地區以及中國東部，農業與製造業改良的歷史，似乎也和埃及一樣久遠；儘管其久遠的程度並未得到歐洲人普遍相信的歷史權威證實。在孟加拉，恆河和其他許多大河，也像尼羅河在埃及那樣，形成許多適宜航行的大小支流。中國東部諸省也有許多條大河，各有不同的支流分布，形成許多運河。由於這些運河相互連接，所形成的內河航行系統，比尼羅河或恆河，甚至兩者加起來的航運系統還要遼闊。特別值得一提的是，不僅古代的埃及人，即便是印度人和中國人，也統統不鼓勵和外國進行貿易，然而他們似乎都因爲這種內河航行的便利而享有巨大的財富。

整個非洲內陸，以及位於黑海和裡海以北有一段距離的部分亞洲——即古代的斯基泰或現代的韃靼和西伯利亞一帶，似乎自有人類歷史以來，便一直處於像現在這樣未開化的野蠻狀態。就這部分的亞洲來說，韃靼海是冰凍的海洋，不能航行。另一方面，雖然有幾條世界級的大河貫穿內陸區域，但它們相隔太遠，以致對大部分地方的商業往來與交通幾無貢獻。非洲既沒有大的內海，像歐洲的波羅的海和亞得里亞海，或歐亞大陸間的地中海和黑海，也沒有海灣，像阿拉伯灣、波斯灣、印度灣、孟加拉灣和亞洲的暹羅灣，可把海上貿易帶進內陸；非洲的幾條大河也相隔太遠，產生不了顯著的內河航行利益。此外，對任何國家來說，一條河流如果沒有許多支流或運河，且在出海之前又流經他國領土，能發揮的商業交通作用便會大受限制。因爲占有出海口或下游的國家，隨時都有足夠的力量，阻斷上游國家與海洋之間的河運交通。多瑙河雖有航行之利，但對巴伐利亞、奧地利和匈牙利諸國來說，卻沒什麼用處。如果其中任何一國占有整條河的水道，直到它注入黑海，那麼它的商業交通作用便會和目前大不相同。

4　論金錢的起源與應用

分工的勢態一旦徹底確立，任何人本身勞動的產品，便只能供應自己極小部分的日常需要。他用來供應自己絕大部分需要的辦法，是以本身勞動產出的剩餘部分，向他人換得自己恰好需要的部分。於是每個人都得靠交易過活，或者說都在一定程度內變成了商人，而整個社會也就眞正變成了所謂的商業社會。

但是，當分工剛開始萌芽的時候，這種交換力量的運作必然會時常受到極大的阻礙而停頓。假定某甲擁有某種商品，數量超過自己的需要，而某乙對那種商品的需要則超過自己目前擁有的數量。這時，甲當然樂於把手上多餘的那種商品賣掉，而乙也樂於買進。但是，如果乙湊巧沒有任何甲需要的東西，他們之間便不可能產生交易。譬如，屠夫肉鋪裡的肉多於他自己能夠吃掉的數量，而釀啤酒者和烘麵包者也分別想跟他買一些肉。但是，他們各自除了本業的產品外，沒有別的東西可拿出來交換，而屠夫卻已經有了足夠的啤酒與麵包。在這種情況下，他們三人之間不可能達成交易。屠夫不可能做他們兩人的生意，而他們也不可能成爲屠夫的顧客；於是，他們三人都幫不了對方什麼忙。爲了避免這種情況所產生的不便，每一個審愼考慮將來的人，不管他活在社會的哪一種發展階段，在有了初步的分工之後，自然都會努力安排自己的日常事務，使自己不管在什麼時候，手上除了本業的特殊產品之外，還持有一定數量的其他特殊商品或物品；那些商品或物品，是他認爲當自己需要用來交換他人的勞動產品時，很少有人會拒絕的東西。

爲了達到這種目的，人們很可能曾經陸陸續續想過，也使用過許多不同的商品。在原始社會時期，據說人們曾拿牲畜當作交易工具；雖然牲畜可能是最不方便的工具，然而我們卻發現，古代有些東西的價值，經常是以可以交換的牲口數量來表示。例如，荷馬說，狄俄墨德斯的盔甲只花了九頭牛，但格勞科斯的盔甲花了一百頭牛。鹽巴據說曾經是阿比西尼亞地區一般使用的商業交易工具；印度某些沿海地區，據說使用過一種特殊的貝殼，紐芬蘭則使用過鱈魚干；維吉尼亞使用過菸草；英國在西印度群島的某些殖民地，據說使用過蔗糖；其他某些國家，據說曾經使用獸皮或鞣皮；我聽說，目前在蘇格蘭某個村子裡，時常可以看到工匠帶著鐵釘而非金錢直接到麵包店或啤酒屋。

然而，無論在哪個國家，人們似乎最後都基於無法抗拒的理由，而選擇以金屬取代其他東西當作交易工具。幾乎沒有其他東西比金屬更不易腐敗，因此貯存期間比其他東西更長。金屬不僅耐久保存，而且不管分割成幾個部分，或者再把那幾個部分熔在一起，都不會造成損失，沒有其他耐久的商品具有這種特性。也正因爲具有這種特性，金屬才特別適合作爲買賣與流通的工具。譬如，假設某甲想買一些鹽，可是他除了牲畜沒有什麼可用來交換，這時他就非得一次購買價值一整頭牛或一整隻羊的鹽。他幾乎不可能購買小於該數量的鹽巴，因爲用來交換的東西經過分割，勢必有些損失；同理，如果想買多於該數量的鹽，他就非得把鹽的購買量提高到兩、三倍，也就是說，他必須買價值兩、三頭牛或兩、三隻羊的鹽。相反的，如果在他手上能用來交換的東西不是牛羊，而是金屬，那麼他便能輕易按比例將金屬分割，用來購買符合自己需要的數量。

不同國家曾經使用過不同的金屬當作交易工具。古代斯巴達，人們一般用鐵作爲買賣的媒介，古羅馬人用銅，而所有富裕的商業民族都用黃金和白銀。

剛開始用來當作交易媒介的時候，這些金屬似乎未經鑄造成錢幣，也沒有任何戳印，只不過是些粗糙的條塊罷了。例如，老普林尼告訴我們說，根據古代一位名爲提麥奥斯（Timaeus）的歷史學者記述，古羅馬人一直要到西元前六世紀，圖利烏斯皇帝的時代才開始鑄幣，在那之前，他們不管買什麼，都使用沒有戳印的銅塊。換言之，那些粗糙的金屬條塊在當時具有金錢的功能。

如此粗糙的金屬當作金錢使用，會有兩個不算小的麻煩。第一是發生在要秤重量的時候，第二則發生在要評鑑成分的時候。就貴金屬來說，重量上失之毫釐，價值上可就差之千里；因此想適度、精確秤得它的重量，至少需要非常精確的法碼和天平。秤金子尤其不是小事一樁。比較粗賤的金屬，雖然一點誤差影響沒那麼大，不必太講究精確，但是對於窮人來說，每次想買賣值不了幾文的東西時，都必須親自秤那幾文，事實上也非常麻煩。評鑑金屬成分的工作還有更多困難，也更爲冗長麻煩，除非用適當的熔劑，先把一部分金屬完全熔化在坩堝裡，否則任何針對整塊金屬品質所下的結論都將非常不可靠。然而，在鑄幣制度確立之前，除非人們按部就班忍受既冗長又困難的評鑑過程，否則就很容易遭受極端惡劣的欺騙。他們用自己的東西換來的，不是本來講好的一磅純銀或純銅，而是外觀做得很像，但實際攙了粗賤材料的合成物。爲了防堵這種詐欺惡習，也爲了方便進行交易，以刺激工商業發展，文明進步的國家便認爲，需要將國內人民常用來購買東西的金屬，選取若干定量，蓋上一個象徵公信力的戳印（簡稱「公印」）。鑄幣，以及稱作鑄幣廠的政府機關就這樣產生了。這些制度的性質，和毛織布檢查官或麻織布檢查官完全沒有兩樣。所有這些政府機關的職責，都是想用公印證明不同種類的商品，上市時確實有一定的質量。

最早蓋在流通金屬上的這種公印，大多是想用來確定一件最難，但也最需要確定的事實，那就是該金屬的純度。就像目前印在銀板或銀條上的英格蘭純銀幣標誌，也像印在金塊上的西班牙純金幣標誌，都只是用來確定金屬的純度，並沒有重量的含意，甚至那些標誌只打在金屬的一面，而且沒有蓋滿整面金屬。根據《聖經．創世紀》，亞伯拉罕按原先的承諾，秤了四百舍客勒（shekel）銀子交給以弗崙，以抵付位於麥比拉的一塊地。舍客勒據說是當時商人通用的金錢，然而（依《聖經》記述），收受舍客勒是用秤論斤計兩，而非用手數的。在古代英格蘭撒克遜時期，據說人民是以各種糧食而非金錢繳給王室當作稅負。一直到征服者威廉入主英格蘭，才開始實施以金錢繳稅。然而，有很長一段時期，在稅務署繳稅時，錢是用秤的，而非用數的。

由於每次交易都得精準的爲金屬秤重，既不方便又困難，所以才產生了錢幣制度。打在錢幣上的公印，不僅錢幣的兩面都蓋，有時連邊緣也完全蓋滿，這樣不僅可用來確認純度，亦可確認重量（只要戳印看來完整無缺）。所以，收受這種錢幣只需像現在這樣用數的，再也用不著過磅了。

這些錢幣的名稱，最初似乎用來表示包含在錢幣裡頭的金屬重量。在首先鑄造錢幣的羅馬皇帝圖利烏斯的時代，稱作阿斯（as）或朋多（pondo）的古羅馬幣，每一枚都含有一羅馬磅的良銅。朋多跟我們使用的特魯瓦磅（Troyes pound）一樣，等於十二枚羅馬盎司幣，每一枚盎司幣眞的包含重一盎司的良銅。在愛德華一世時，每一英格蘭鎊錢幣包含一定純度的白銀，重達一砲塔磅（編註：Tower weight，一種歷史性的英國重量單位，用於衡量貴金屬，名稱源自曾是皇家造幣廠所在的倫敦塔）。砲塔磅似乎比羅馬磅重一些，但比特魯瓦磅輕一點。這個稱作特魯瓦磅的重量單位，一直到亨利八世在位的第十八年，才首次被英格蘭鑄幣廠採用。在查理曼大帝時代，每一枚法國里弗爾（livre）包含一定純度的白銀，重達一特魯瓦磅。特魯瓦是法國香檳省的一個城市，查理曼在位時，歐洲各國的商人經常到那裡趕集，非常出名；所以該市集使用的度量衡單位，一般歐洲人不僅知曉，也很看重。在蘇格蘭，從亞歷山大一世到羅伯特．布魯斯國王（Robert Bruce）時代，每一枚稱作鎊的蘇格蘭錢幣，也含有一磅白銀，不管重量或純度都跟英格蘭鎊相同。英格蘭、法國和蘇格蘭的便士幣，起初也都含有眞正一便士重（pennyweight）的白銀，這一便士的重量等於二十分之一盎司，或兩百四十分之一磅。英格蘭的先令，起初似乎也是重量單位的名稱。亨利三世在位時有一條舊法律說：「當小麥一夸特重達十二先令時，一法辛（四分之一便士）的上等麵包應該有十一先令又四分重。」然而，不管是先令幣相對於便士，或是先令相對於磅的比例，都不像便士相對於鎊的比例那樣一致和穩定。在法國的第一個王朝時代，蘇錢（sou）或先令所包含的白銀，有時五分，有時十二分，有時二十分，有時四十分。從前在撒克遜人的時代，先令有一陣子只包含五分銀；那時候，先令所含白銀的重量，很可能也像法蘭克人那樣變動不定。不過，從法國查理曼大帝與英國征服者威廉時期直到現在，鎊、先令和便士三者間的比例關係似乎從未改變，儘管它們各自的實際價值已有所不同。我相信，世界上每一個角落，都曾經有過貪婪與不義的君主或主權國家，濫用人民的信任，一點一滴削減錢幣裡原本所含的眞實金屬數量。古羅馬的阿斯，到了共和時代末期，價值僅剩原來的二十四分之一，也就是說，良銅含量不再像起初那樣重達一磅，而變成僅重二分之一盎司。英格蘭鎊和便士目前只有原來的三分之一價值；蘇格蘭鎊和便士只有原來的三十六分之一；法國鎊和便士則只有原來的六十六分之一。那些對錢幣偷斤減兩的君主與主權國家，藉由這種做法，便能夠以低於原來所需的白銀數量償還債務。所以，說他們償還了債務，只是純論表面而已，因爲實際上他們的債主損失了一部分該得的錢。在同一個國家裡，其他所有債務人也都享有同樣的好處，因爲不管原先借了多少舊錢，他們現在都可用貶了值的新錢，在名義上還掉全部舊債。因此，削減錢幣金屬含量的做法，總是對債務人有利，對債權人有害。這對一般人民財富所造成的顚覆性影響，其嚴重與普遍的程度，有時候甚至比天災地變還要巨大。

在所有文明的國家，金錢就依這種方式變成了普遍的交易工具，各種物品都透過它來買賣，或者說透過它相互交換。

我接著要討論，在用物品換錢或其他物品時，人們自然而然會遵守的一些原則。這些原則決定物品的相對或交換價值。

必須注意「價値」一詞有兩個不同的意思，有時表示某一特別物品的效用，有時則表示該物品給予占有者購買其他物品的能力。前者也許可稱爲「使用價値」，而後者或許可稱爲「交換價値」。具有最大使用價値的物品，往往幾乎或完全沒有交換價値；相反的，具有最大交換價値的物品，卻往往幾乎或完全沒有使用價値。沒有什麼東西比水更有用，可是水卻幾乎買不到任何東西。相反的，鑽石幾乎沒有使用價値；但拿鑽石去交換，卻往往可以得到大量的其他物品。

爲了探討決定商品交換價値的原則，我將盡力說明：

一、什麼是這種交換價値的眞實測量標準；或者說，什麼是一切商品眞實價格的基礎。

二、這種眞實價格包含哪些不同成分。

三、哪些不同情況，有時會使價格的某些或全部成分高於自然（或平常）的位置，有時又會使它們低於那個位置。或者說，哪些因素偶爾會阻止市場價格（亦即商品的實際價格）完全相當於「自然價格」。

接下來三章，我會盡可能完整清楚的解釋這三個課題，在此誠摯的請讀者多給予一點耐心與注意。我需要您用多一點耐心，以便讓我能夠在某些地方，討論一些看起來也許過分吹毛求疵的細節；讀者也需要多一點注意，以便在我竭盡所能的解釋之後，能了解某些看起來也許還多少有點曖昧的內容。爲了更清楚說明，我願意冒險說得冗長一些；然而由於我們所討論的課題本質上非常抽象，即使我已經竭盡所能的仔細說明，也許難免仍會留下一些隱晦費解之處。

5 論商品的眞實價格與名目價格，或論商品的勞動價格與金錢價格

每個人是貧是富，端看他能夠享有多少生活必需品、便利品與娛樂品而定。但是分工勢態一旦徹底形成，每個人的勞動能夠供應自己的，就只有這些物品的極小部分，他必須從別人的勞動結果，取得絕大部分的生活物品；因此他是貧是富，就端看他能夠支配或購買多少別人的勞動數量而定。對於任何商品的占有者來說，當他不打算自己使用或消費，只想用來交換其他有用的物品時，該商品的價值就等於能夠用來購買或支配的勞動數量。所以勞動是測量一切商品交換價值的眞正標準。

每一件物品的眞正價格，或者對於任何想取得它的人來說，它的眞正成本，就是爲了得到它所必須付出的辛勞。每一件物品，對於已經擁有它，而想用來交換其他東西的人來說，其眞正價值就在於這件物品爲他省下了多少辛勞，或者它轉嫁了多少辛勞讓別人承擔。用錢買來或用物品換來的東西，其實都是用勞動購得的，一如我們藉由本身的辛勞所獲得的東西，其代價就是勞動。那些錢或物品，其實是幫我們省下了這些辛勞。它們的價值包含一

定數量的勞動，而我們用它們換來的東西，其價值，在交換時我們也認爲包含同一數量的勞動。勞動是最根本的價格，也就是說，勞動是我們爲所有東西支付的原始代價。世上所有的東西，追根究柢都不是用金銀買來的，而是用勞動取得的。對於任何物品的占有者來說，當他想用它交換某些新產品時，其價值就等於它能購買或支配的勞動數量。

英國的政治思想家霍布斯曾說，財富就是權力。不過，就任何人來說，取得或繼承了一大筆財富，不必然等於在民事或軍事上取得或繼承了任何政治權力。財富也許讓他有了取得政治權力的手段，然而光是擁有一筆財富，並不必然授與他任何政治權力。任何人因擁有財富而立即直接獲得的力量是購買力，也就是對於一般勞動的支配力，或者說，對於市場上一般勞動產出的支配力。財富的大小，和支配力的大小成正比，或者說，和能購買或支配他人勞動數量（或是這個勞動數量的產出）的大小成正比。每一樣東西的交換價值，必然正好等於它賦予占有者這種權力的大小。

雖然勞動是測量一切商品交換價值的眞正標準，但平常測量商品的價值，卻無法使用這種標準。要確定兩種不同勞動數量的比例，時常會有困難。只看花在兩種不同工作的時間，並不足以確定兩者的勞動數量比例。兩種工作所需花費的體力和腦力，也必須一併納入考量。一小時的粗重工作的勞動數量，也許大於兩小時的輕鬆工作；在需要十年才能學會的行業裡，工作一小時所含的勞動數量，也許大於在一學就會的行業裡工作一個月。可是，要找到可以精確測量體力或腦力的標準卻不容易。當不同種類的勞動產品實際交換時，一般都會考量這項因素。然而，實際所做的調整，卻不是根據精確的測量，而是在市場上由買賣雙方討價還價來決定，結果也許不是很精確，但就維持日常生活秩序的目的來說，這種大致的公平原則卻已足夠。

此外，商品本身經常用來交換其他商品，而不常用來交換勞動；同時，我們常將商品和其他商品做比較，而不常和勞動做比較。因此，以商品本身能購得其他商品的數量，而不是以它能購得的勞動數量來估計其交換價值，對人們來說比較自然。而且大多數人也比較清楚一定數量的個別商品是什麼意思，而不清楚一定數量的勞動是什麼意思。前者是簡單易懂的實體，後者卻是抽象的概念，即使能將後者說明得夠清楚，畢竟沒那麼顯而易見與自然。

當人們不再以物易物，錢幣成了常用的交易媒介之後，商品便經常以錢幣交換，而不常以其他商品交換。屠夫很少攜帶牛肉或羊肉到麵包店（或酒店）換麵包（或換啤酒），而是把那些肉帶到市場換成金錢，再用換來的錢購買麵包和啤酒。換得的金錢數量也決定了他能買到多少麵包和啤酒。既然錢是那些肉直接換來的商品，而麵包與啤酒則是後來透過錢間接換來的，那麼對屠夫來說，用錢的數目估計肉的價值，就比用麵包或啤酒的數量來估計，更加自然且容易理解。換言之，與其說屠夫賣的肉一磅值三、四磅麵包，或者值三、四夸特啤酒，不如說它一磅值三、四便士更加自然明白。事情於是演變成，商品的交換價值，通常以金錢的數量來估計，而不以勞動或其他商品的數量來估計。雖然每一種商品，透過交換，最後都可換得勞動或其他商品。

然而，就像其他商品，金銀的價值也會變動，有時便宜、有時昂貴，有時易得、有時難買。任何一定數量的金或銀，能購買或支配的勞動數量，或者能交換其他商品的數量，在交易進行時，總是會隨著礦脈的蘊藏豐富與否而起伏不定。十六世紀，由於在美洲發現了蘊藏豐富的礦脈，歐洲的金價與銀價因而跌到原來的三分之一左右。由於將這些金屬從礦脈帶到市場所需花費的勞動比以前少，所以當這些金屬被帶到市場時，能購買或支配的勞動數量也減少了。那一次金銀價值的劇烈變動，也許是有史以來最大的，但絕非唯一有歷史記載的金銀價值變動。就像一些本身會不斷變動的數值，例如腳的長度、雙臂張開的寬度，或手掌能抓取的物品數量，都無法成爲測量的精確標準。同理，那些本身價值時常變動的商品，也絕非測量商品價值的精確標準。

數量相同的勞動，不管何時何地，對於勞動者本人都具有相同的價值。當他的健康、力氣與精神處於平常狀態，以及當技術與靈巧程度也處於平常狀態時，同一數量的勞動，必然讓他犧牲同一分量的安逸、自由與快樂。不管同一數量的勞動讓他換得多少商品，他本身因勞動而付出的犧牲必然始終相同。誠然，同一數量勞動可買到的商品，有時較多、有時較少；但這是商品價值變動的結果，而不是因爲購買商品的勞動價值起了變化。不管何時何地，貴的總是那些難以取得的，或者說，貴的總是那些需要花很多勞動才能取得的；而便宜的則總是那些容易或僅需一點點勞動便可取得的。只有勞動本身的價值絕不會改變，所以，在任何時間與任何地點，只有勞動才是測量與比較一切商品價值的基本眞實標準。以勞動單位表示的價格是商品的眞實價格，而以金錢表示的只是商品的名目價格罷了。

對勞動者本人來說，雖然同一數量的勞動始終具有相同的價値，然而對雇主來說，勞動的價値看起來卻有時高、有時低。雇主購買勞動所付出的物品數量有時多、有時少，所以在他看來，勞動價格有時貴、有時便宜，也和其他商品一樣會變動。實際上，那是商品有時便宜、有時貴而造成的結果。

用通俗的方式來說，勞動也像其他商品一樣具有眞實價格與名目價格。勞動的眞實價格，可說是它換來生活必需品與便利品的數量；而名目價格則是它換來金錢的數量。但勞動者是富是貧，以及勞動的報酬是好是壞，卻是和勞動的眞實價格成正比，而不是和名目價格成正比。

區分商品以及勞動的眞實價格與名目價格，並非只具有理論上的意義，有時候實際上也大有用處。同一眞實價格始終代表同一價値，但由於金銀的價値會改變，同一名目價格有時便代表極不相同的價値。所以，當以收取永續地租的方式將一筆地產賣掉時，如果想確保每年的地租價値始終不變，那麼地租最好不要以固定數量的金錢來訂定，這一點對於擁有永續地租權利的家族特別重要。固定數目的金錢所代表的價値，經常會受到兩種因素的影響而有所變動：第一、同一名稱或單位的錢幣在不同時期所包含的金銀成分常會有所不同；第二、同一數量的金銀在不同時期常會有不同的價値。

君主與主權國家往往以爲，減少錢幣的純金屬含量，符合他們自己眼前的利益。但他們卻很少會想到，增加錢幣的純金屬含量，對自己有任何好處。因此，我相信，在所有的國家，錢幣的純金屬含量總是不斷減少，似乎從來沒增加過。因此，錢幣內金屬含量的變動，幾乎總是傾向會降低金錢地租的價值。

在美洲發現的礦脈，降低了金銀在歐洲的價值。雖然我沒有確鑿的證據，但一般相信，那一次金銀價值下跌還在緩慢的進行當中，而且在未來很長的一段時間內可能還會持續下跌。如此一來，金銀價值的變化，就可能降低而非提高金錢地租的價值。即使合約規定地租不是以一定名稱和數量的錢幣支付（例如，以若干英鎊支付），而是以若干盎司的純銀或若干一定品質的白銀支付，結果也是一樣。

縱使錢幣的實質單位未曾改變，按糧食數量計算收取的地租，仍然比按金錢數目計算收取的地租，保存了更多的價值。伊莉莎白登基後第十八年，通過一條法律，規定所有學院放租土地時，都必須按糧食標準收取三分之一的「保留地租」，這部分地租可用實物支付，或按照公共市場的糧食時價支付金錢。從這部分糧食地租收到的金錢數量，起初雖然僅占全部地租金額的三分之一，但按照布拉克史東博士（Dr. Blackstone）的估計，後來卻幾乎是另外三分之二地租所得金錢數額的兩倍。根據這個估計，眾學院早年以金錢爲標準，訂定收取的保留地租，現在的價值幾乎只剩原來的四分之一。換言之，它們現在所值的糧食只比原來所值的四分之一多一點點。但自從菲利普和瑪麗時代以來，英格蘭的錢幣單位幾乎沒有任何實質變動，同一數目的英鎊、先令和便士所含純銀，一直很接近目前的含量。因此，那些學院收取的金錢地租，價值之所以下降，完全是白銀價值下跌的結果。

如果除白銀價值下跌外，單位錢幣的白銀含量也同時減少，那麼價值損失就會更大。在錢幣單位變化幅度遠大於英格蘭的蘇格蘭，以及變化幅度又遠大於蘇格蘭的法國，有些很早以前訂定的地租，當初雖然價值不凡，現在卻幾乎一文不值。

就距離遙遠的兩個時點來說，用數量相同的兩份糧食（譬如，勞動者維持最低生存水準所需的糧食數量），比用數量相同的兩份金銀或其他任何商品，更可能分別購得兩份幾乎相同的勞動量。所以說，在相隔很長的兩個時點，數量相等的糧食，比金銀更能保有接近相等的眞實價值。或者說，較能讓占有者購買或支配接近相等的勞動數量。請注意，我是說，兩份等量糧食的「作用」，幾乎比兩份等量的其他任何商品，「更接近相等」。因爲即使數量相同，也不能保證兩份糧食的作用完全相同。勞動者維持最低生存水準所需的糧食數量，或者說，勞動的眞實價格，在不同情況下差異很大，下文會詳細說明。一般來說，勞動的眞實價格，在日趨富裕的社會裡比在財富停滯的社會裡高得多。而它在財富停滯的社會裡，又比在財富遞減的社會裡高得多。然而，在任何時期，每一種商品可購得的勞動數量多寡，會和當時它能購得的生存必需品數量成正比。因此，如果地租是以糧食爲標準訂定的，那麼就只在糧食能買到的勞動數量有了變動時，地租的價值才會跟著變動。但是，如果地租是以其他商品爲標準，那麼不僅當糧食能買到的勞動數量有了變動時，地租的價值會跟著變動，而且當作爲地租標準的商品能買到的糧食數量有了變動時，地租的價值也會跟著變動。

值得注意的是，雖然從跨越幾個世紀的角度來看，糧食地租眞實價值的變化比金錢地租小很多，但如果逐年來看，糧食地租眞實價值的變化卻比金錢地租大很多。下文會詳述，勞動的金錢價格並沒有逐年跟隨糧食的金錢價格漲落而起伏，而且不管在什麼地方，勞動的金錢價格似乎都不是配合短期或臨時的糧食價格，而是配合平均或平常的糧食價格。另外，下文也會說明，平均或平常的糧食價格取決於白銀的價值，或取決於供應市場白銀的礦脈蘊藏量豐富與否，或取決於將任一定量白銀從礦脈帶到市場所需雇用的勞動數量，也可說是取決於因此必需消費掉的糧食數量。雖然從跨越幾個世紀的角度來看，白銀的價值有時會有很大的變化，但逐年來看，白銀的價值卻很少發生變化，甚至常常歷經半個世紀或一整個世紀仍幾乎維持在同一價位。所以，尤其當其他社會幾乎沒有任何變化時，糧食的平常或平均金錢價格，以及勞動的金錢價格，會長期幾乎維持在同一價位。然而，在同一期間，某年短期或臨時的糧食價格，也許是前一年的兩倍。譬如，從每夸特二十五先令漲到五十先令。當糧食價格比以往上漲兩倍，不僅糧食地租的名目價格上漲，連眞實價格也會跟著漲兩倍。或者說，它能支配的勞動或其他大部分商品的數量比以前多兩倍。因爲在所有價格發生波動的期間，勞動以及其他大部分商品的金錢價格沒有什麼變動。

所以，勞動看來顯然是唯一普遍、也是唯一精確的價值測量標準。或者說，勞動是唯一可讓我們隨時隨地據以比較各種商品價值的標準。在跨越幾世紀的長久期間，我們無法依據各種不同商品所換得的白銀數量來估計它們的眞實價值，這一點無庸置疑。在跨越幾年的短暫期間，我們也無法依據它們所換得的糧食數量來估計其眞實價值。然而，若依據它們所換得的勞動數量，無論跨越幾世紀或幾年，我們都能十分精準的估算它們的眞實價值。在跨越幾世紀的期間，作爲測量價值的標準，糧食優於白銀。因爲從一個世紀到另一個世紀，數量相等的兩份糧食分別支配的勞動數量，比數量相等的兩份白銀分別支配的勞動數量，更接近相等。相反的，從某一年到下一年，白銀則優於糧食，因爲兩份等量的白銀分別支配的勞動數量比較接近相等。

雖然在訂定永續地租契約，或訂定其他長期租賃合約時，區別眞實與名目價格有些用處，但在普通的買賣場合，這種區別卻沒什麼實際意義。

在同一時間與地點，對所有商品來說，眞實與名目價格恰好成正比。例如，某一商品某天在倫敦市場所賣得的金錢數量愈多，那麼它在同一時間地點所能購買或支配的勞動數量也就愈多。因此，在同一時間地點，金錢也是測量一切商品眞實交換價值的精確標準。然而，這只限於同一時間與地點才能成立。

在相隔遙遠的兩地，商品的眞實與名目價格，雖然不存在任何共同的比例規則，但是那些經營兩地商品貿易的商人，除了商品的金錢價格外，不會考慮其他因素。也就是說，商人只會考慮，商品花了多少銀子買進，賣出時又可以收到多少銀子，以及其間的差額。半盎司白銀在中國廣州所支配的勞動或生活物資數量，也許大於一盎司白銀在倫敦所支配的數量。事實上，任何在廣州可賣得半盎司白銀的商品，在當地的確比較貴重。也就是說，它對商品占有者在當地實際生活的重要性，大於在倫敦值一盎司白銀的任何商品對倫敦占有者的重要性。然而，對倫敦商人來說，如果他在廣州花了半盎司白銀買了某一商品，隨後在倫敦賣出獲得一盎司白銀，則這筆交易讓他獲利百分之一百。換言之，就商人逐利的觀點來看，一盎司白銀在倫敦的價值和在廣州可說是完全相同。儘管半盎司白銀在廣州所支配的勞動或生活物資數量，大於一盎司白銀在倫敦所支配的數量，但對於商人來說一點兒也不重要。一盎司白銀在倫敦所支配的勞動或生活物資數量，總是半盎司白銀在倫敦的兩倍，他只在意這項事實。

正由於物品的名目（或金錢）價格，是日常判斷一切買賣是否值得進行的最後標準，因此人們的日常生活會受到名目價格的牽動與調節。難怪人們對名目價格的關注程度，一向大於眞實價格。

不過，就本書的目的來說，有時候必須評估某一特定商品的眞實價格，在不同時期與地區之間的差異；或是比較在各種不同情況下，它賦予占有者對他人勞動的支配力有何不同。在這樣的場合，我們必須比較的，與其說是它可賣得的白銀數量發生了什麼變化，倒不如說是這些不同的白銀數量可購得的勞動數量有何不同。可是，對於距離或時間太過久遠的勞動價格，我們難以考證。相較之下，雖然糧食價格僅在少數地區曾經有規律的紀錄，但整體而言，糧食價格的資料仍多於勞動價格，同時也比較可靠。此外，歷史學家和作家向來比較注意糧食價格。所以，我們對糧食價格的資料最好不要太過苛求，倒不是因爲糧食價格始終和同一時期的勞動價格維持固定比例，而是因爲它們通常是我們所能找到最接近這種比例的價格。我將在後文中多次進行這類的比較。

在產業發展的過程中，商業化的國家發現，爲了交易方便，需要同時利用幾種金屬鑄造錢幣。例如用金幣支付大筆的金額，用銀幣購買中等價值的東西，用銅幣或其他粗賤金屬購買價值更小的物品。然而，那些國家總是認爲，其中某一種錢幣比其他兩種更特別，而把它當作測量價值的標準。一般來說，被視爲價值標準的金屬，往往就是最先用作交易媒介的金屬。一般來說，一旦開始將這種金屬當作標準（起初由於缺乏其他錢幣，他們顯然必定會這麼做），儘管後來時勢變遷，用這種金屬作爲標準的條件已經不復存在，仍會繼續延用下去。

聽說在第一次羅馬對迦太基的布匿戰爭（Punic war）發生前五年，古羅馬人才開始鑄造銀幣，在此之前，他們除了銅幣之外沒有其他錢幣。所以，銅似乎一直是古羅馬共和國的價值標準。所有帳簿紀錄和房地產的價值估計，不是以阿斯，就是以賽斯特提（Sestertii）爲單位。在古羅馬時代，阿斯始終是一種銅幣單位。而賽斯特提這個單位則代表兩個半阿斯。所以，雖然賽斯特提是一種銀幣，其價值卻是按銅幣來計算。在古羅馬時代，如果某甲欠別人很多錢，那麼人們便會說他跟別人借了很多銅。

在羅馬帝國的廢墟上興起的（歐洲）北方民族，似乎一開始定居下來便使用銀幣，之後歷經好幾世紀，他們一直沒用過金幣或銅幣。例如，撒克遜時期，英格蘭便有了銀幣；但愛德華三世之前，英格蘭很少看到金幣，而且在詹姆士一世之前，整個大不列顛也沒有任何銅幣。所以，在英格蘭，以及（我相信基於同樣的理由）在其他所有現代化的歐洲國家，所有帳簿紀錄、物品或房地產的價值，一般都是以銀幣作爲計算單位。在表達某人的財產數目時，我們很少提及基尼金幣（guinea）的數目，但會提及英鎊的數目。

我相信，在所有國家，法定的支付工具，起初一定只有一種錢幣，而且正是用價值測量標準的金屬鑄成的。在英格蘭，雖然很早就鑄造金幣，但過了很久才將其視爲法定支付工具。在此之前，對於金幣與銀幣的價值比例，沒有任何法律或命令規定，而是任由市場供需力量決定。如果某位債務人要以金幣償債，債權人原則上可一口回絕這種償付方式。但是，如果他同意接受，那麼金幣的評價就得看他和債務人雙方折衝的結果而定。銅幣目前不是法定支付工具（或是所謂的法償貨幣），除非用來找換小額銀幣的零頭。在這種情況下，對於每一種錢幣金屬來說，是否被當作錢幣價值的標準，就不僅具有名目的意義。

隨著時間經過，由於人們愈來愈熟悉使用各種錢幣金屬，也愈來愈熟悉各種錢幣金屬的價值比例。我相信，這時大部分國家才發現，爲了方便人民的生活，最好將這種比例固定下來，比如由國家頒布法律規定，一枚含有一定重量以及純度黃金的基尼幣應該換得二十一先令，或者規定基尼幣是償付二十一先令債務的法定工具。在這種情況下，如果法律規定的價值比例一直沒有更改，對於每一種錢幣金屬來說，是否被當作錢幣價值的標準，就大多僅具有名目上的意義。

然而，如果法律規定的價值比例有所更動，哪一種錢幣金屬被當作價值標準的問題，便又會變成（或至少似乎變成）具有名目以外的意義。譬如，假使基尼幣的法定價值降低至二十先令，或者提高到二十二先令。由於所有的帳簿紀錄，以及幾乎所有的債務都是以銀幣單位表示，所以，不管基尼幣的法定價值降低或提高了，大部分的債務仍可用和先前相同數目的銀幣清償。但是，如果以基尼幣來清償，則先後所需的數目便會有所不同；基尼幣的法定價值降低時，便需要多一點基尼幣來清償；反之，則少一點。白銀的價值因此看起來比黃金穩定，似乎可以作爲測量黃金價值的標準，而黃金似乎不是測量白銀價值的標準。因此黃金的價值似乎是取決於它可以換得的白銀數量，而白銀的價值似乎不是取決於它可以換得的黃金數量。然而，這種差異純粹是由於人們習慣以銀幣而非金幣作爲記帳單位，習慣以銀幣而非金幣表示大大小小的金額。假設某位杜魯蒙先生開了一張面值二十五或五十基尼的本票，在基尼幣的法定價值改變後，他還是像先前那樣可用二十五或五十個基尼幣清償。換言之，在基尼幣的法定價值改變後，他的本票還是可用和先前同一數量的黃金清償，但如果是以白銀來清償，則先後所需的數量便會大不相同。就償付這樣的本票來說，黃金的價值看來比白銀穩定。因此黃金看起來似乎是測量白銀價值的標準，而白銀看起來不是測量黃金價值的標準。如果以金幣作爲記帳單位，以及以金幣表示本票面額或其他金錢債務的習慣變得更加普遍，人們便會將黃金而非白銀視爲比較特別的金屬，從而視黃金爲測量價值的標準，而非白銀。

事實上，不管法律如何規定各種錢幣金屬的價值比例，只要規定沒有更改，所有錢幣的價值便會取決於最貴重金屬的價值。例如十二枚銅便士包含半磅的次級銅，被鑄成銅幣前，那些銅值不了七便士的白銀。但是，由於法令規定十二枚銅便士應該換得一先令銀幣，所以在市場裡，人們把它們當作一先令使用，而事實上，它們的確可隨時換得一先令銀幣。即使在大不列顛上一次重鑄金幣之前，金幣，至少在倫敦及其附近地區流通的那部分，磨損至標準重量以下的程度，一般來說，向來小於大部分銀幣的磨損程度。然而，二十一枚嚴重磨損的先令銀幣，仍然被視為等於一枚基尼金幣。後者或許也真有些磨損，但程度沒有一般先令幣那麼嚴重。最近頒布的法令規定，顯然已經把流通金幣的狀況，提升到相當接近標準重量的程度，也許已經達到任何國家通貨可能接近其標準的極限。目前的法律規定，政府機構一律按重量收受金幣，如能繼續執行，當可確保目前流通金幣如此接近標準的狀況。目前流通銀幣的磨損情況依舊，和金幣重鑄前沒有兩樣。然而，在市場裡，二十一枚嚴重破損的先令銀幣，還是被當作一枚近乎嶄新的基尼金幣看待。

金幣重鑄，顯然提升了可換得金幣的銀幣價值。

在英格蘭鑄幣廠，一磅黃金被鑄成四十四．五個基尼幣。按一基尼等於二十一先令計算，那些基尼金幣等於四十六英鎊十四先令又六便士。所以，一盎司基尼金幣的白銀價值為三英鎊十七先令十又二分之一便士。在英格蘭，人們不須繳交鑄幣稅或其他費用，任何人不管是把一磅或一盎司標準成色的黃金送進鑄幣廠請求鑄幣，取回來的也是一磅或一盎司的金幣，黃金的重量絲毫不減。所以在英格蘭，人們便說，每盎司黃金的鑄幣廠價格是三英鎊十七先令十又二分之一便士，也就是說，一盎司標準成色的金塊在鑄幣廠可換得的金幣數額。

在金幣重鑄之前，標準成色的金塊在市場上的價格，曾經有好幾年每盎司高於三英鎊十八先令，有時是三英鎊十九先令，甚至時常高達四英鎊。因為這個價格可能是用已經磨損的舊金幣給付，所包含的黃金常低於一盎司標準成色的金塊。自從金幣重鑄以後，標準成色金塊的市價每盎司很少超過三英鎊十七先令又七便士。在金幣重鑄之前，金塊的市價始終或多或少高於鑄幣廠價格。但是金幣重鑄以後，金塊的市價卻一直低於鑄幣廠價格，而且不管換來的是金幣或銀幣，金塊的市價都是一樣。所以說，上一次金幣重鑄不僅已經提高了金幣相對於金塊的價值，也提高了銀幣相對於金塊的價值。此外，很可能也提高了金幣與銀幣相對於所有其他商品的價值。然而由於大部分商品價格也受到許多其他因素的影響，因此金幣或銀幣相對於它們的價值即使上漲，也許並不十分顯而易見。

在英格蘭鑄幣廠，一磅標準成色的銀塊被鑄成六十二枚先令幣。和鑄造金幣的情形一樣，那六十二枚先令幣也包含一磅重的標準成色白銀。所以在英格蘭，人們便說，每盎司白銀的鑄幣廠價格是五先令又二便士，也就是說，一盎司標準成色的銀塊在鑄幣廠可換得的銀幣數額。在金幣重鑄之前，標準成色的銀塊市價，每盎司從五先令又四便士到五先令又八便士不等，視情況而定，不過，五先令又七便士似乎是最常見的價格。自從金幣重鑄以來，標準成色的銀塊市價偶爾曾下跌到每盎司五先令又三便士，通常介於五先令又四便士至五先令又五便士，幾乎從來不曾超過五先令又五便士。換言之，自從金幣重鑄以來，標準成色的銀塊市價雖然也顯著下跌，但未曾跌到鑄幣廠價格。

就各種錢幣金屬的價格比例來說，在英格蘭，銅的官價高出眞實價格一大截，而銀的官價則略低於眞實價格。在歐洲市場或法國和荷蘭的幣制體系裡，一盎司標準成色的黃金可換得十四盎司標準成色的白銀。但在英格蘭的幣制體系裡，它卻能換得約十五盎司，也就是說，換得比歐洲一般的估價還要多的白銀。但是，正如銅條的市價，即使在英格蘭，也並未因銅條的鑄幣廠官價很高而特別提高；同理，銀塊的市價也並未因銀塊的鑄幣廠官價低而特別下跌。銀塊市價依然和金塊市價保持原來的比例；同理，銅條市價也依然和銀塊市價保持原來的比例。

在威廉三世時代，曾有一次銀幣重鑄；但那次重鑄後，銀塊市價依舊略高於鑄幣廠官價。洛克認為，銀塊市價之所以比較高，是因為政府允許銀塊出口但禁止銀幣出口。他說，由於只允許銀塊出口，所以市場對銀塊的需求便大於對銀幣的需求。但是，需要銀幣以便在國內進行一般買賣的人數，顯然遠大於需要銀塊以便出口或當作其他用途的人數。此外，目前政府同樣允許金塊出口，同時也禁止金幣出口；可是，目前金塊市價卻已跌到低於鑄幣廠官價。當時英格蘭幣制，就像目前這樣，將銀塊相對於金塊的官價訂在低於市價比例；而當時，所有錢幣的價值也像目前這樣，取決於金幣的價值（當時認爲金幣沒有任何重鑄的必要）。正如當時銀幣重鑄並未將銀塊市價拉低至鑄幣廠官價，同理，即使目前再來一次類似的重鑄，也不太可能降低銀塊的市價。

如果流通中的銀幣狀況，被提升至像目前的金幣這樣接近標準重量，那麼按照目前的幣制比例，透過和銀幣交換，一枚基尼金幣能獲得的白銀重量，很可能大於它直接在市場上能買到的銀塊重量。在這種情況下，如果銀幣包含的白銀完全符合標準，那麼把它熔解便有利可圖：將銀幣熔解成銀塊後，首先在市場賣得金幣，然後拿此金幣換銀幣，再將銀幣熔解成銀塊，如此周而復始。想要避免這種現象似乎只有一個辦法，那就是適度調整目前官定的金銀價值比例。

若將白銀的鑄幣廠官價稍微提高，讓白銀相對於黃金的鑄幣廠官價比例略高於兩者的市價比例，高出的程度一如目前白銀官價低估的程度。而且如果同時立法規定，除非用來找換基尼幣的零頭，否則銀幣不能作爲法償貨幣使用，一如目前的銅幣不是法定償付工具，除非用來找換小額先令幣的零頭，那麼前述那種現象也許會少些。在這種假設的情況下，將不會有任何債權人的利益因白銀的鑄幣廠官價提高而受害；一如目前沒有任何債權人因銅的鑄幣廠官價高於市價而受騙。只有銀行家的利益會因這樣的規定而受損。當他們遭到擠兌時，爲了拖延時間，有時會以六便士的小銀幣應付提領的人潮。如果規定銀幣不能作爲法償貨幣，銀行以後就再也不能使用這種賴皮的方法，規避立即償還欠帳，而必須隨時在庫房裡保留比現在更多的現金，雖然對他們來說，這無疑造成極大的不便。然而，對銀行的債權人來說，卻是極大的債權保障。

即使以目前這樣優越的金幣狀況來說，三英鎊十七先令十又二分之一便士（即黃金的鑄幣廠官價）的流通金幣，所含有的標準成分黃金顯然必不會超過一盎司。有人或許會因此認爲，那些流通中的金幣按理買不到一盎司的標準金塊。可是，金幣比金塊方便，而且，雖然英格蘭政府免費爲人民鑄幣，但金塊送進鑄幣廠後，金塊的主人往往不等上幾個星期，幾乎休想取回金幣。依目前鑄幣廠匆忙趕工的情形來看，要取回金幣，也許得等上幾個月。這種耽擱無異是一種小小的鑄幣稅，因此金幣的價值便略高於等量的金塊。在英格蘭的幣制裡，如果白銀的官價完全按照它在市場上和黃金交換的比例來訂定，那麼縱使沒有任何銀幣重鑄，銀塊的市價可能也會跌至鑄幣廠官價以下。至於目前的銀幣，即使已經磨損得幾乎面目全非，和近乎嶄新的流通金幣狀況不能相比，但其價值卻仍舊取決於它可換得的金幣價值。

如果政府對前來委託鑄造金幣或銀幣的民眾收取些許費用或鑄幣稅，則金幣與銀幣所含金銀的價值超過等量條塊金銀的程度，可能會進一步提高。如果鑄幣稅不是很高，那麼被鑄成錢幣的金銀價值，可能會依照給付的鑄幣稅多寡而按比例提高。這種道理好比是將餐具器皿印上流行圖案後，餐具器皿的價值會依照流行圖案收取的費用而同步提升。如果錢幣金屬價值高於條塊金屬，人們便不會輕易將錢幣熔解，或將錢幣運到國外。即使在特殊的社會情況下，不得不出口一些錢幣應急，事後大部分也會很快自動回流。在國外，那些錢幣只能按條塊的重量來賣；在本國，它們卻可買到更多的條塊，所以，將錢幣運回國內便有利可圖。在法國，政府向民眾收取百分之八的鑄幣稅，於是法國的錢幣被運出口後，據說會自動回流。

金銀條塊的市價偶爾會有起伏，這和導致其他所有商品市價類似波動的原因，本質上並無不同。由於海上或陸上的各種意外事故，經常會損失一些金銀；此外，人們經常將一些器皿鍍金燙銀或鑲金嵌銀，使用這些器皿，跟錢幣的磨損一樣，都會不斷消耗金銀。爲了彌補這種損失與消耗，所有缺乏金礦與銀礦的國家都必須不斷進口金銀。我們可以相信，金銀進口商和其他所有商人一樣，會盡可能看準市場立即的需求，決定進口的時機與數量。不過，即使他們再怎麼小心注意，也難免有時進口太多或太少。當進口的金銀條塊多於市場需求，爲了避免再運出口的風險與麻煩，有時他們願意將一部分條塊以低於平常（或平均）的價格出售。反之，當進口的金銀條塊少於市場需求，他們所賣得的價格便會高於平常（或平均）的價格。儘管有這些起伏波動，但是金銀條塊的市價，若連續數年經常穩定的略高於鑄幣廠價格，或經常穩定的略低於鑄幣廠價格，那麼我們也許可篤定的說，不管是高於或低於鑄幣廠價格，金銀條塊市價這種經常穩定性，完全是錢幣本身某些狀況所造成的結果。換言之，是這些狀況使得一定數目的錢幣價值，高於或低於它應該含有的金銀條塊價值。經常與穩定的結果，必然隱含著經常性與穩定性都相稱的原因。

在任一特定的時間與地點，利用任何國家的錢幣來測量價值，所能達到的準確程度，取決於流通中的錢幣符合法定標準的程度。也就是說，取決於它們實際含有純金或純銀的重量，和應有含量吻合或偏離的程度。比如，在英格蘭，如果每四十四・五枚基尼幣都確實含有重達一磅的標準成色黃金（亦即，含有十一盎司的純金和一盎司的合金），那麼利用這種英格蘭金幣，在任一特定時間與地點，測量商品的實際價值，照理當然會獲得非常準確的結果。可是，如果由於磨損，不管是刻意或無心造成的，每四十四．五枚基尼幣實際所含的黃金不足一磅；而且每枚基尼幣的含金量參差不齊，有些嚴重低於法定標準，有些則比較輕微，那麼以基尼幣作爲標準測量商品價值，所得結果便不很可靠。這個道理，和其他所有度量衡工具本身參差不齊時，量得結果便不很可靠，本質上是相同的。由於這些度量衡工具事實上很少完全符合法定標準，所以商人在調整商品售價時，不會根據這些度量衡工具的法定標準，而會盡可能根據經驗，採用工具的平均標準。如果流通的錢幣也有類似前述的紊亂情況，那麼同樣的，商人在調整商品售價時，便不會根據錢幣應含的純金或純銀重量，而會根據經驗，採用實際平均的金銀含量。

值得特別注意的是，當提及商品的金錢價格時，我指的始終是它們賣得的純金或純銀數量，完全不管錢幣的名稱或單位。譬如，愛德華一世時的六先令又八便士，在我看來，和目前的一英鎊是相同的金錢價格。因爲，至少根據我們盡力的研判，它們包含的純銀數量相同。

6 論商品價格的構成部分

在早期資本累積與土地私有制度尚未形成的蠻荒社會裡，取得各種物品所需的勞動數量比例，似乎是決定物品例常交換比例的唯一準據。譬如，在狩獵民族裡，如果捕殺一隻海狸，所需的勞動通常是捕殺一頭鹿的兩倍，那麼一隻海狸自然應該交換或價值兩頭鹿。通常需要兩天或兩小時勞動才能生產的東西，如果價值剛好是只需要一天或一小時勞動就能生產出來的兩倍，這是很自然的事。

如果某種勞動比另一種更爲辛苦，人們自然會比較兩者的辛苦程度，而給予相對報酬。因此前一種勞動一小時的產出，往往可以換得後一種勞動兩小時的產出。

如果某種勞動格外需要不尋常的靈巧度與判斷力，由於人們尊敬這些不尋常的才能，對於這種產出自然也會另眼看待。因此給予的價值肯定，超過這種產出實際花費的時間價值。然而，除非經過長期勤奮的練習，否則往往無法取得這些才能，所以這種勞動高報酬，也許還不足以彌補爲了取得特殊才能而花掉的時間與辛勞。在文明進步的社會，通常以較高的工資補償特別艱辛與需要特殊智巧的勞動；類似的原則，想必在極早的蠻荒時期就已存在。

在這種情形下，勞動的全部產出都屬於勞動者本人；通常取得或生產任何商品所需的勞動數量，也就是調節該商品應當購買、支配或換得多少勞動數量的唯一準據。

然而，一旦資本在某些人士的手中累積，他們自然會雇用勤勞的工人，並且供應工人工作所需的材料和賴以生活的工資。他們的目的是出售工人的產品賺取利潤，亦即，賺取工人的勞動施加在材料上的一部分價值。當產品全部被賣掉時，不管換得的是金錢、勞動或其他物品，在支付全部材料價格與工資之後，必須另外保留一些收入，作爲企業家冒險投資的利潤。因此，在這種情形下，工人們施加在材料上的價值便分成兩個部分，其中一部分支付他們的工資，而另一部分支付雇主事先投資在全部材料與工資上該得的利潤。除非雇主預期全部產品的銷售收入大於原先的投資，否則他便沒有興趣雇用工人；除非在雇主的利潤和投資之間存在某種比例關係，否則他便沒有興趣投入更多的資本。

或許有些人會認爲，資本的利潤只不過是某種特別勞動工資的另一個名稱罷了，他們想的大概是監督一般工人這類勞動。然而，事實上，利潤完全不是這樣。決定利潤大小的因素，完全和監督工作無關；利潤的大小，和監督工作本身所花費的勞動數量、辛苦或智巧程度，兩者之間並無任何比例關係。利潤完全取決於投入資本的價值，投入資本愈多，利潤愈大。譬如說，假設在某一特定地方，製造業資本每年的利潤率通常是百分之十。同時假設該地有兩家不同的製造業者，每一家都雇用了二十個工人，每個人每年的工資是十五鎊。亦即，每一家製造業者每年的工資支出總共是三百鎊。讓我們再假定，其中一家製造業者用來加工的材料比較粗賤，每年的材料成本只需七百鎊，而另一家所使用的材料比較精緻貴重，每年的材料成本是七千鎊。在這種情形下，第一家每年投入的資本只有一千鎊，而第二家每年投入的資本高達七千三百鎊。因此，按百分之十的利潤率計算，第一家每年預期的利潤約僅一百鎊，而第二家每年預期的利潤則約爲七百三十鎊。雖然兩家業者的利潤相差如此大，但他們分別花在監督的勞動也許完全一致或幾乎相同。在許多大型工廠裡，這種監督工作幾乎全部交給某個主要的職員來做。他的工資正確呈現出這種監督工作的價值。雖然在決定他的工資時，不僅會考慮他的勞動與技巧，也會考慮託付給他的責任大小，但他的工資和他監督管理的資本之間，卻不會有任何比例規則。另一方面，將監督責任託付出去的資本主，自己雖然幾乎不用勞動，卻仍然預期自己的利潤和資本之間保持正常的比例。所以說，在商品價格的構成部分中，利潤與勞動工資完全不同，而兩者也確實取決於截然不同的原則。

在這種情形下，勞動的全部產出不一定完全屬於勞動者本人。在大多數場合，他必須和雇主分享自己的勞動產出。通常取得或生產任何商品所需的勞動數量，不再是調節該商品應當購買、支配或換得多少勞動數量的唯一準據。任何商品顯然都必須換得額外的勞動數量，使墊付工資與提供材料的資本可以獲得適當的利潤。

無論在哪一個國家，一旦土地全部成爲私有財產，像所有人類一樣喜歡不勞而獲的地主，便會開口索取地租，無論這地租來自於農民的播種，或來自於土地自然的產出。當土地還是共有時，對於勞動者來說，若要取得森林裡的木材、原野裡的牧草，以及土地上一切自然的產物，只要自己出力去採擷就行。現在土地私有了，勞動者想得到東西，就得付出額外的代價。他必須放棄一部分本身勞動採擷或生產的東西，交給地主。這一部分物品，或者說，這一部分物品的交換價值構成了所謂的地租。目前在大部分商品的價格當中，地租往往占了三分之一。

這裡必須注意，商品價格當中各種成分的眞實價值，都是按它們個別能購買或支配的勞動數量來衡量。勞動不僅是測量拆解成勞動所得這一部分商品價格的價值標準，也是測量拆解成地租和利潤部分的價值標準。

在每個社會，任何商品的價格，最後可以拆解成這三種成分當中的某一種或兩種，或全部三種。在文明進步的社會，這三種成分或多或少的進入絕大部分商品，構成了商品價格。

譬如，在小麥的價格當中，有一部分付給地主作爲地租，另一部分，付給勞動者和幫忙生產糧食的牲口作爲工資或生存費，而第三部分則付給農夫作爲利潤。這三部分若不是直接，就是間接構成了小麥整體的價格。或許有人會認爲，應該還有第四部分。因爲小麥價格也必須讓農夫足以重置資本，亦即，足以彌補工作牲口和農具的損耗。但是，如果進一步追究，勢必會發現，任何農具，譬如農用馬匹，馬匹的使用代價，本身也同樣是由前述三部分構成的。譬如，飼養馬匹所需土地的地租，照顧馬匹所需勞動的工資，以及墊付這種地租與工資的農夫所需的利潤。所以說，儘管小麥價格有一部分用來支付馬匹的損耗，但整體小麥價格仍然若不是立即，就是最終，都會拆解成地租、工資與利潤三部分。

在麵粉或麥片的價格當中，除了小麥的價格外，還必須支付碾粉廠主人的利潤，以及碾粉工人的工資。在麵包的價格當中，除了麵粉的價格外，還必須支付麵包店老闆的利潤，以及麵包師傅的工資。此外，在麵粉和麵包的價格當中，都還必須包含運輸勞動費用，也就是小麥從農夫運至碾粉廠，將麵粉從碾粉廠運至麵包店的費用，以及墊付運輸工資者的利潤。

如同小麥，亞麻的價格也會自動拆解成前述三部分。亞麻布的價格中，除了亞麻的價格，還必須包含整理亞麻、紡麻紗、織麻布、漂麻布等勞動工資，以及個別雇主的利潤。

當商品經歷的加工層次愈多，其價格當中拆解成工資與利潤的比例也愈高。在加工製造的過程中，不僅獲得利潤的步驟愈來愈多，而且後一步的利潤會大於前一步。因爲後一步利潤所根據的資本必然大於前一步。例如，雇用織布工人所需的資本，必然大於雇用紡紗工人的資本。因爲前者不僅替補了後者的資本，連帶適當的利潤之外，還需支付織布工的工資，而利潤則始終和資本保持一定比例。

然而，縱使在最文明進步的社會，總是有少數商品，其價格只拆解成工資與利潤兩部分。另外有更少數的商品，其價格完全由工資構成。例如，在海魚的價格當中，有一部分支付漁夫的工資，另一部分則是漁業資本的利潤。地租很少是海魚價格的一部分，但不能說完全沒有，關於這一點，下文會舉例說明。在淡水漁業方面，情形剛好相反。至少就大部分歐洲來說，捕捉鮭魚的行業必須給付租金，雖然把這種租金稱作地租不怎麼合適，但它就像工資與利潤，也是鮭魚價格的一部分。在蘇格蘭的某些地方，有一些窮人專門在海邊撿拾色彩斑駁的小石頭，他們以此維生。那些小石頭通常稱作蘇格蘭小圓石，切割石頭的商人付給他們的價格，全部都是勞動工資。那些小圓石的價格當中，既沒有地租，也沒有利潤。

總之，任何商品的價格，必定最後會自動拆解成這三種成分當中的某一種或兩種，或全部三種。因爲任何價格在支付了地租，以及所有用來栽培、飼養、加工製造，乃至上市的勞動工資後，剩下來的部分不管多少，必然都是某些人的利潤。

猶如每一特定商品的價格或交換價值，個別來看，都自然拆解成這三種成分當中的某一種，或全部三種。同理，每個國家每年生產的全部商品價格或交換價值，整體合起來看，也必然自動拆解成這三種成分，分配給國內各階層居民，作爲勞動工資、資本利潤或地租。每一個社會每年勞動採擷或生產的全部物品，或者說，全部的總合價格，最初就這樣分配給國內各階層居民。工資、利潤與地租是一切收入，以及一切交換價值的三個根本來源。其他一切收入，追根究柢，都源於這三種收入之一。

不管是誰，想從自有資源得到收入，都只有三個辦法：用自己的勞動、自己的資本，或自己的土地去取得。用勞動取得的收入稱作工資；經營或運用資本而取得的收入稱作利潤；將自己的資本借給他人使用的人，取得的收入稱作利息或金錢使用費。這是想得到資本，以便有機會賺取利潤的借方，給予貸方的補償。這種利潤當中的一部分自然屬於借方，因爲他承擔了運用金錢的風險與麻煩；而另外一部分則歸貸方，因爲他讓前者有機會賺取利潤。利息始終是一種衍生性的收入，它若不是從運用借款賺來的利潤當中支應，就是從其他某種收入來源支應。除非借款者是個揮霍無度的人，一心只想以債養債，也就是說，妄想借第二筆錢以支付第一筆債的利息。完全來自於土地，並且屬於地主的收入稱作地租。農夫的收入，部分來自於自己的勞動，部分來自於自己的資本。對農夫來說，土地只不過是一種工具，讓他可以賺到自己的勞動工資，以及資本利潤。一切稅收，以及一切源自稅收的收入，例如所有公務人員的薪水、退休金，以及各種年金，最後都來自於前述三種根本收入來源。也就是說，都直接或間接的從勞動工資、資本利潤或地租當中支付。

當這三種收入分別屬於不同人時，很容易分辨。可是，當它們屬於同一個人，則時常會被糾纏在一起。至少在使用一般語言時，有時候會相互混淆。

例如，某位仁兄在自己的土地上經營農作，在支付了耕種費用後，他得到的收入，應該包含地主的地租，以及農夫的利潤。然而，至少在通用的語言上，他往往把全部收入說成利潤，這樣便把地租和利潤混淆在一起了。在北美洲與西印度群島經營農場的英國人，通常便是這樣。他們多半經營自己的農場，因此我們很少聽到一座農場的地租若干，倒是經常聽到一座農場的利潤若干。

一般農夫很少雇用他人監督農莊的普通作業。一般來說，他們時常親自犁田、耙土等等。因此，在支付了地租之後，剩下的收成，照理說，不僅讓他取回了投入的資本、平常的利潤，也包含親自監工、犁田或耙土等勞動工資。然而，在支付了地租，彌補了投入的資本後，不管剩下多少，他都稱為利潤。但是，工資顯然也被包括進去。農夫不雇用他人幫忙而親自辛苦耕種，如此節省下來的工資，其實就是他自己賺得的工資。所以說，農夫在此便混淆了工資與利潤。

再假設有一個獨立自主的工匠，自己有足夠的資本購買材料，並且支付自己的生活費用，直到親自將產品帶到市場去賣。如此獨自一人賺到的收入，不僅包含一般在雇主之下工作的技工工資，同時也包含一般雇主在出售技工生產出來的產品後所得到的利潤。然而，他卻通常稱全部收入爲利潤。在這裡，工資便和利潤混淆在一起了。

再假設有一個菜農親自耕種自己的菜園，集地主、農夫和勞工三種不同身分於一身。照理說，他的產出價值應該支付地主的地租、農夫的利潤，以及勞工的工資。然而，實際上他通常將全部產出價值稱作工資。在這裡，地租與利潤便和工資混淆在一起了。

在文明的國家，只有極少數商品的交換價值完全來自於勞動，絕大部分都包含地租與利潤的成分。所以每年全部勞動產出能購買或支配的勞動數量，便遠大於飼養、栽培、加工製造，以及運輸全部產出到市場所需雇用的全部勞動數量。如果整個社會每年都充分雇用全部的勞動，那麼，由於勞動數量每年都會大量增加，所以每年的產出價值都會比前一年大許多。但是，從來沒有一個國家，能把每年的產出完全用在維持勤勞工人的生活。無論在什麼地方，遊手好閒的人總會消費掉社會每年產出的大部分。任何社會每年平常或平均產出的價值，究竟是年年增加，或年年減少，或呈現停滯狀態，端視該社會的每年產出，在前述兩種社會階級間的分配比例而定。

7 論商品的自然價格與市場價格

在每個社會或地方，各種不同行業都有平常或平均的工資率與利潤率。後兩章將說明，這種報酬率自然而然受到一些力量的調節，其中有一部分源自於社會的一般情況；譬如，社會富裕與否，以及社會處於進步、停滯或衰退階段。另一部分則源自於個別行業不同的特質。

同樣的，在每個社會或地方，也都會有一個平常或平均的地租率。它同樣受到兩種因素的調節，其一是當地社會或地方的一般情況，其二是土地本身自然的，或經過改良的肥沃程度。關於這一點，我將在第十一章說明。

這些平常或平均的報酬率，在它們普遍適用的時期與地點，也許可稱爲當時當地自然的工資率、利潤率和地租率。

當某種商品的價格，按照自然報酬率，不多不少剛好足夠支付所有栽培、製作，直到上市的土地地租、勞動工資與資本利潤時，那麼該商品可說是按它的自然價格出售。

只有在這種情況下，該商品才算是以眞正的價值出售，或者對於將它帶到市場的商人來說，才算是以眞正的成本出售。雖然通常所謂商品的進貨成本（prime cost），不包含商人的利潤，可是如果商品賣出去的價格，沒讓他得到當地平常的利潤率，那麼在那個行業裡，他顯然是一個失敗的生意人。因爲如果當時把資本投入其他行業，也許已經賺到該有的利潤了。此外，這些利潤正是他本人賴以爲生的收入來源。在籌備商品上市的過程中，正如必須墊付工人們生活所需的工資一般，他同樣也必須墊付自己生活所需的費用。一般來說，這種費用的高低，會配合可合理預期得到的商品銷售利潤。因此，除非出售商品讓他獲得這些利潤，否則便不能說他取回了商品的眞正成本。

雖然讓商人得到這些利潤的商品價格，未必始終是他願意賣的最低價格，有時候他甚至願意按更低的價格來賣。然而，就長期來看，這是讓他願意繼續販賣該商品的最低價格。至少在企業完全自由的地方，或者說，當他可隨意轉業時，情形便會如此。

對於任何商品來說，通常實際賣得的價格稱爲它的市場價格。這個價格也許高於、低於或恰好等於它的自然價格。

對於任何商品來說，市場價格的高低取決於兩種數量間的比例，一是實際上市的商品數量，二是願意支付自然價格的買者需求的商品數量。如前所述，商品的自然價格，是指爲了將它帶到市場，按照自然報酬率必須支付的全部地租、工資與利潤。那些願意支付自然價格的買者可稱爲有效需求者，而他們的需求數量可稱爲有效需求量，因爲這種需求量，足以促使商品實際被帶到市場來賣。它和絕對需求量不同。就某個意義來說，即使是極其貧窮的人，也可說對六匹馬拉的四輪大馬車有需求。他也許很想擁有它，但這種需求卻不是有效需求，因爲大馬車絕不可能被帶到市場以滿足他的需求。

當某種商品的上市數量小於有效需求量時，所有願意支付自然價格的買者，便得不到他們全部需求的數量。爲了避免完全沒買到，有些人便願意出比較高的價格。於是，買方之間便開始競爭，市場價格便會高出自然價格，而高出的程度，則要看上市數量不足的程度，以及那些競爭者本身的財力與奢侈揮霍的品行，在當時所觸發的競爭有多激烈。此外，在財力與奢華程度兩方面都旗鼓相當的競爭者之間，即使上市數量不足的程度相同，競爭激烈的程度也會因商品的特性而有所不同。一般來說，如果在當時取得該商品，對買方愈重要，則競爭程度也會愈激烈。在城市被封鎖或發生饑荒時，生活必需品之所以價格會高得嚇人，原因便在於此。

當上市數量大於有效需求量時，上市數量便無法全部賣給願意支付自然價格的買者。其中一部分必須賣給只願意支付較低價格的買者，而他們所給的低價，勢必會拉低整個上市商品的價格。於是，市場價格便會滑落，因而低於自然價格。其低落的程度，要看上市數量超過的程度，在賣方之間所引發的競爭有多激烈。或者說，要看賣方普遍認爲，在當時立即把商品全部賣掉，對他們自己有多重要。即使上市數量超額供應的程度相同，在商品容易腐敗的場合，賣方激烈競爭的程度，顯然會大於耐久商品。譬如，柑橘進口商之間的激烈競爭，會大於舊鐵進口商。

當上市數量剛好足夠供應有效需求量時，市場價格自然而然會剛好等於或非常接近自然價格。一方面，上市數量全部都能以這個價格賣出，另一方面，它也不可能全部都以較高的價格賣出。個別商人之間的競爭，使他們全部都得接受這個價格，另一方面，他們也不必接受比較低的價格。

每一種商品的上市數量，自然而然都想要配合有效需求量。就所有使用土地、勞動與資本，生產該商品以供應市場的人們來說，上市數量最好不要超過有效需求量，否則對他們不利。另一方面，就所有消費者來說，上市數量最好不要低於有效需求量，否則對他們也不利。

不管在什麼時候，只要某一商品的上市數量超過有效需求量，則其價格當中某些成分的收入，便會低於它們的自然報酬率。如果該成分是地租，則地主們的利益動機，便會立即促使他們抽回一部分土地；如果該成分是工資或利潤，則勞動者或雇主的利益動機，便會促使他們從這個行業抽回一部分勞動或資本。於是，上市的數量便很快減少，直到不會多於有效需求的數量。於是，價格當中所有成分的收入，都會回升到自然報酬率，而價格也會回升到自然價格。

相反的，一旦上市數量低於有效需求量，則商品價格當中某些成分的收入，便會高於其自然報酬率。如果該成分是地租，則所有其他地主們的利益，便自然會促使他們準備更多的土地，好投入生產更多這種商品。如果該成分是工資或利潤，則所有其他勞動者或商人的利益，便會促使他們投入更多的勞動與資本，生產這種商品來供應市場，上市數量便很快的足夠供應有效需求。商品價格當中所有成分的收入，都會很快回降至自然報酬率，而價格也會回降至自然價格。

所以，自然價格可說是中心價格，所有商品價格都不斷被它吸引，向它靠近。各種不同的特殊事故，有時候也許會讓商品價格，暫時停留在高過自然價格甚多的位置，有時候也許會把商品價格略壓低至自然價格以下。但不管阻止商品價格穩定停留在中心的障礙是什麼，商品價格總是不斷朝著自然價格變動。

對於任何商品來說，每年爲了供應它上市而付出的全部工作量，也是自然而然的配合有效需求量。這些工作的目標，總是自然而然的朝向生產剛好滿足市場有效需求的數量。

有一些行業，相同的工作量，在不同年分所生產的商品數量可能會大不相同。另外有一些行業，相同的工作量，所生產的商品數量卻始終完全或幾乎相同。在農業方面，同一數目的勞動者，在不同年分會生產出數量極爲不同的小麥、葡萄酒、橄欖油或啤酒花等。但是同一數目的紡紗工和織布工，每年生產出的麻織布或毛織布數量大致相同。在前一種行業，人們只能嘗試在平均產量方面，配合市場的有效需求量。由於實際產量時常不是甚高、就是甚低於這個平均產量，所以實際上市的數量，便有時甚高、有時甚低於有效需求量。因此，縱使有效需求量始終保持不變，市場價格也會有劇烈的波動，有時甚低、有時甚高於自然價格。在後一種行業，由於同一勞動數量所生產的商品數量始終完全或幾乎相同，所以較能夠精確配合市場的有效需求量。當需求保持不變時，市場價格很可能保持不變，而且也很可能等於或非常接近自然價格。目前痲織布或毛織布的價格，不會像小麥價格那樣時常有劇烈起伏，已是人盡皆知的事。痲織布或毛織布的價格只跟隨需求的變動而波動；而小麥的價格不僅會因需求的變動而波動，也會因爲實際供應量時常有很大的變化而劇烈起伏。

對於任何商品來說，偶爾與暫時性的市價波動，在價格的諸多構成要素之中，主要影響工資與利潤的部分。地租部分雖然也受到影響，但是程度較小。以金錢數量約定的地租，不論是報酬率或全部價值，絲毫不受商品市價波動的影響。地租如果按照一定比例，或一定數量的初級產品訂定，那麼就它每年的全部價值來說，無疑會受到該初級產品市價偶爾與暫時性波動的影響。但是就每年的報酬率來說，卻很少會受這種價格波動的影響。因爲在談判土地租賃條件時，地主和農夫會盡可能根據初級產品的平均與平常價格，而非偶爾與暫時會有的價格來決定地主的報酬率。

市價波動，對工資或利潤兩者之一的價值與報酬率都會有影響。然而，究竟影響工資或利潤，便要看市場當時發生存量過剩或不足的物品，究竟是商品還是勞動。也就是說，究竟是已經完成的工作，或是尚待完成的工作，發生存量過剩或不足的狀況。譬如，突如其來的國喪，會提高黑布的市價（在這種場合，市場幾乎總是缺乏足夠的黑布存貨），而每一個持有大量黑布的商人都可賺得更多利潤，但是這對織布工的工資卻不會有影響。因爲現在市場發生存量不足的，是商品而非勞動。也就是說，發生存量不足的，是已經完成的工作，而非尚待完成的工作。不過，這倒是會提高裁縫的工資。因爲，市場上這種勞動存量不夠，人們需求更多的裁縫趕緊縫製黑衣裳。因此，對此種勞動的有效需求，便超過市場既有的存量。也就是說，人們要求完成的工作，大於當下能夠完成的工作。另一方面，這種現象會壓低花布的市價，讓持有許多花布的商人利潤減少。這也會使製造此種布料的勞動工資降低，因爲市場對此種布料的有效需求，會全面停頓六個月，甚至一整年。就花布的市場而言，商品與勞動存量都過剩。

每一種商品的市價，雖然一般都會趨向我所說的自然價格。但是有時會發生一些特別的事故，例如天然因素，或是人爲政策管制的結果，造成許多商品的市價長期高於其自然價格。

當某種商品的市價，因爲有效需求增加而大幅高於自然價格，得到好處的供應商通常會刻意掩飾這方面的消息。如果消息曝光，他們的超額利潤，便會吸引許多新的競爭者投入同一行業，導致市場的有效需求將會很快被完全滿足，而商品市價也會很快降至自然價格，甚至也許會有一段時間降至自然價格以下。如果市場距離原來供應商的居住地很遠，他們便可能保守祕密長達數年。由於沒有任何新的競爭者，他們便可以在此期間繼續享受超額利潤。不過，我們必須承認，這種祕密很少能長期隱藏；而一旦祕密曝光，他們的超額利潤便不可能維持下去。

製造業技術方面的祕密，比商業買賣方面的祕密，更可能被長期隱藏。假使有一位染整業者發現了一種祕方，可以染出特殊顏色，而且特殊染色的材料成本只有平常的一半。如果掩護得宜，他也許可以終身獨享發現這個祕密的好處，甚至還可以當作遺產留給子孫。他的額外利益，來自於個人祕密勞動所獲得的高報酬。換言之，其實是這種勞動的高工資。可是，因爲這種勞動一再重複施用在每一份資本上，而且也因爲這個緣故，整個勞動的報酬和全部資本會保持一定比例，所以通常會被當作資本的超額利潤。

諸如前述的市場價格或報酬率高於自然價格或報酬率的情形，顯然都是一些特別的偶發事故造成的結果。然而這些事故產生的效應，有時卻可能持續運作好幾年。

有些天然的產品需要非常特殊的土壤與地理位置，甚至在一個大國之內，即使把所有適宜的土地全都用來生產這種產品，也許還不夠滿足市場的有效需求。因此，上市的數量便可以全部賣給那些出價高於自然價格的買者。也就是說，它的市價，不僅足以按照自然報酬率支付生產它的土地租金，以及支付加工與運送它上市所需的勞動工資和資本利潤，而且還有剩餘。這些產品也許會持續好幾世紀都以這樣的高價出售；在這種情況，報酬高過自然報酬率的價格成分，通常就是地租。那些能夠用來生產如此特殊與珍貴產品的土地，譬如，土壤與地理位置都特別幸運的某些法國葡萄園，所獲得的地租，和附近其他同樣肥沃而且同樣經過費心耕耘的土地地租相比，超出正常的行情。相反的，用來生產這種產品的勞動與資本，所獲得的工資與利潤，和附近其他行業的勞動與資本報酬相比，則很少超出正常的行情。

前述這種市場價格或報酬率高於自然價格或報酬率的情形，顯然是一些天然因素所造成的結果。受限於那些也許永遠不會變的天然因素，市場的有效需求也許永遠都不會有被充分滿足的一天。

授與某個人或某家貿易公司某種市場獨占或專賣地位，會產生類似商業祕密或製造技術祕密的效果。獨占者會讓市場經常處於供應不足的狀態，也就是說，他們永遠不會充分滿足有效需求，藉此以甚高於自然價格的市價銷售商品，同時提高自己的工資或利潤，使之遠遠超過自然報酬率。

不管何時何地，專賣品的售價都是可能收取的最高價格。相反的，自然價格，或者說自由競爭價格，則是可能看到的最低價格，雖然不是任何時候皆如此，但它是在任何不算短的期間內，可能持續出售的最低價格。獨占價格，不管在什麼時候，都是從買方身上可能壓榨出來的最高價格，或者說，都是賣方認為買方將會同意的最高價格。自然價格則是賣方通常能夠長期忍受，同時能夠繼續做生意的最低價格。

同業團體所享有的排他特權、有關職業學徒制度的法令，以及所有實際限制人們自由參與某些特定行業競爭的法律，都會產生類似獨占的效果，雖然程度比較輕微。不論程度輕微與否，廣義上都可說是某種獨占，往往可使許多特定行業的產品市價，持續好幾個世代超過自然價格。同時使得這些行業的勞動工資與資本利潤，稍微高過自然報酬率。

只要相關政策管制一日不解除，前述市場價格或報酬率高於自然價格或報酬率的情形，便會繼續存在。

任何商品的市價，雖然可能長期維持在自然價格之上，卻很少能長期維持在自然價格之下。不管是哪一種價格成分，當它獲得的報酬低於自然報酬率時，凡是利益受影響的人，都會立刻感覺到蒙受了損失，接著他們會撤走一部分土地、勞動或資本。於是上市的商品數量減少，很快便不會大於有效需求量，市價也很快回升至自然價格。至少在企業完全自由的地方，情況就會如此演變。

當某種行業處於繁榮狀態，一些法定的職業學徒制度，或其他相關的同業團體特權規定，雖然確實能讓工人將工資大幅抬高到自然工資之上，然而當這種行業逐漸衰微時，相同的制度或特權規定，有時反而會迫使工人自己將工資大幅壓低到自然工資之下。正如在繁榮時期，這些制度與特權規定讓工人排除了其他人加入相同行業；同樣的，在該行業逐漸衰微時，相關規定也會阻礙他們轉換到其他行業。不過，這些制度與特權規定對於實際壓低工資的效果，卻不像對於抬高實際工資那樣持久。其對於抬高實際工資的效果，可能持續好幾世紀；但對壓低工資的效果，卻短於某些工人的壽命。這些工人，大多是過去他們的行業還處於繁榮的狀態時加入該行業當學徒的，在他們走完了人生旅程之後，進入該行業當學徒的人數，自然會配合市場的有效需求量。對於任何一種行業來說，類似的政策管制，必須像印度斯坦（Indostan）或古代埃及所實施的那般粗暴，才可能持續好幾代，將勞動工資或資本利潤壓低至自然報酬率以下（在印度斯坦和古代埃及，每個人都受到某種宗教原則的束縛，必須繼承父親的行業；任何人如果不照著做而選擇別的行業，便會被認爲犯了最恐怖的瀆神罪）。

以上是關於在商品市價偏離自然價格的課題上，不管是暫時或永久的偏離，我認為必須在此說明的全部內容。

另一方面，自然價格本身，會跟隨各個成分的自然報酬率而變動。也就是說，會跟隨自然工資率、自然利潤率，以及自然地租率而變動。在不同社會，這些報酬率都會隨著該社會的一般情況而有所不同。也就是說，會因為社會富裕與否，以及社會財富處於進步、停滯或衰退局面，而有所不同。後續四章，我將盡可能完整清楚的說明這些不同的變數。

首先，我將盡量說明哪些情況會自然而然的決定工資率，並且說明這些情況如何受到社會富裕程度的影響，以及社會財富處於進步、停滯或衰退局面，和這些情況之間的關聯。

第二，我將盡量說明哪些情況會自然而然決定利潤率，並且說明這些情況如何受到類似前述社會狀態變化的影響。

雖然不同行業的勞動與資本，分別獲得的金錢工資與利潤大不相同，然而在所有不同的行業當中，勞動獲得的金錢工資似乎有一定的比例關係。在利潤方面，也有類似的情形。讀者稍後將會明白，這種比例關係，部分取決於行業本身的特性，部分則取決於社會實行的法律和政策。這種比例關係，雖然在許多方面受到法律與政策的影響，但和社會是貧是富，處在進步、停滯或退步階段，似乎都沒有關係。也就是說，不管社會處於什麼狀態，這種比例關係似乎都不會改變。

我將盡量說明的第三個課題，便是調節這種比例關係的各種情況。

第四，也是最後一個課題，我將盡量說明，哪些情況決定了土地租金，同時使得各種土地產品的眞實價格上升或下降。

8 論勞動工資

勞動的產出物，構成勞動的自然報酬或自然工資。

在土地私有與資本累積之前的原始社會階段，勞動的產出物，全部屬於勞動者本人。既沒有地主，也沒有雇主和他分享勞動成果。

如果這種社會狀態維持不變，那麼跟隨分工而來的勞動生產力進步，便會全部以提高勞動工資的方式表現出來。所有物品都會愈來愈便宜，亦即，生產所有物品所需的勞動數量，會變得愈來愈少。由於在這種社會狀態下，等量勞動生產出來的各種商品，自然而然會依等量比例互相交換。所以，用來購買一切物品的勞動產出物，所需要的勞動數量，便會愈來愈少。

不過，雖然實質上一切物品都會愈來愈便宜，但是表面上也許有很多物品會變得比從前貴。或者說，其換得的物品數量會比從前多。譬如，假設大部分行業的勞動生產力提高了十倍，也就是說，現在一天的勞動，生產出來的東西是從前的十倍。同時，假設其他某種行業的勞動生產力只提高了兩倍，也就是說，現在這種行業一天的勞動，生產出來的物品只是從前的兩倍。那麼，當人們現在以大部分行業一天的勞動產出物，交換這種行業一天的勞動產出物時，表面上，他們是以大部分行業從前十倍的勞動量，交換到這種行業從前兩倍的勞動量。換言之，表面上，現在這種行業的產品，每單位（譬如說，每磅）比從前貴五倍，然而，實質上，這種行業的產品比從前便宜一半。雖然現在用其他商品來買它時，所需數量是從前的五倍，但實際上，不管是買它或生產它，現在需要用掉的勞動數量，都只有從前的一半。所以，現在取得它比從前容易兩倍。

但是這種原始社會狀態，也就是勞動者獨享自己勞動成果的社會發展階段，在一開始土地私有化與資本累積時，便不可能繼續存在。也就是說，這個階段，早在勞動生產力得到重大的改善之前，便已經結束了。所以，我們沒有必要繼續追究，那個階段如果維持不變，對勞動的報酬或工資會有什麼影響。

一旦土地變成私人財產，地主便會向勞動者要求，幾乎每一種在他的土地上採擷或栽種得來的產物，他都要分得一部分。地主要求的地租，是需要土地來進行工作的勞動者，無法獲得全部勞動產出的第一筆扣除額。

實際耕種土地的人，在收成之前很少有足夠的資源維持日常生活。他的生活所需，通常需要由雇主的資本墊付，也就是說，需要由雇用他的農夫墊付。然而，除非農夫可分得一部分勞動產出，或者比較具體的說，除非農夫可以連本帶利取回墊付的資本，否則不會有興趣雇用他。農夫的這種利潤，是需要土地來進行工作的勞動者，無法獲得全部勞動產出的第二筆扣除額。

就不需要土地來進行工作的勞動者來說，其產出也一樣必須扣除類似的利潤。在各種手工藝與製造業，大部分工人需要雇主墊付他們工作所需的材料，以及生活費或工資，直到完成工作。而雇主會分享其勞動成果，或者說，會分享他們的勞動施加在材料上的價值。雇主享有的那一分價值，便是他自己的利潤。

有時候，確實會出現獨立自主的工人，除了有足夠資本購買工作所需的材料，也有足夠的資本維持生活，直到完成工作。這樣的工人，自己就是雇主，當然獨享全部勞動成果，或者說，獨享自己的勞動施加在材料上的全部價值。這價值包含兩種性質不同的收入，通常分屬兩種人，即是資本利潤與勞動工資。

然而，前述情形畢竟並不多見。全歐洲，每二十個受雇於他人的工人，平均只對應一個獨立自主的工人。所以，不管在歐洲任何地方，提起勞動工資，大家只會想到一般所說的勞動工資，也就是勞動者和出資者不是同一人。

無論在什麼地方，一般工資水準，取決於前述兩種人通常會達成的契約。在議定契約的過程中，雙方的利益絕不相同。工人希望盡可能獲得高額工資，而雇主則希望盡可能少付工資。工人往往聯合起來提高工資，而雇主也往往聯合起來壓低工資。

然而，在平常情況下，不難猜中哪一方在議價的過程中比較占優勢，或者哪一方會成功迫使對方順從他所開出的條件。由於人數比較少，所以雇主比較容易團結起來；此外，法律也允許雇主團結起來，至少不會禁止；然而，法律卻禁止工人團結。我們的國家沒有制定任何法律，禁止人們聯合起來壓低工資，卻制定了許多法律，禁止人們聯合起來抬高工資。此外，在所有的爭執過程中，雇主堅持不妥協的能力比較耐久。一般來說，地主、農夫、製造業的雇主，以及商人，儘管什麼事也不做，連一個工人也不請，光靠自己既有的資本，都還可以撐過一、兩年。相反的，如果沒有工作，許多工人活不了一週；其他能撐過一個月的，少之又少；而能撐過一年的，幾乎沒有。長期來說，雇主需要工人的程度，也許和工人需要雇主的程度相當。然而短期內，雇主的需要，卻不像工人那樣迫切。

有人曾說，我們很少聽到雇主聯合起來做什麼事，倒是時常聽到工人聯合起來，要求提高工資。如果有人因此認爲，雇主事實上很少聯合起來，那麼他可說對這個世界，和對此處所討論的課題同樣無知。雇主可說是隨時隨地處於一種無言、但堅定一致的團結狀態；他們之間用不著言語協調，便都不會主動把工資提高到一般行情之上。無論在什麼地方，要是違反了這種無言的團結默契，就會非常不受歡迎。對於每個雇主來說，在鄰居與同儕之間不受歡迎，無疑是一種羞辱。我們確實很少聽到雇主的聯合行爲，不過，這是因爲無人聽曉，通常就是這種聯合行爲的一個特色。甚至有人也許會說，沒有人聽到這種聯合行爲，是理所當然的。但有時候，雇主也確實會特別聯合起來，企圖把工資壓低到一般行情以下。這種聯合，在付諸行動之前，始終會以極機密的方式進行。有時候，儘管工人對這種聯合壓迫感受非常劇烈，可是未曾公開反抗便屈服了，那麼所有局外人便不可能察覺雇主曾經採取聯合行動。不過，這種聯合行動，倒是時常會刺激工人團結起來，共同採取防衛性的對抗行動。當然，即使沒有這種聯合行動的刺激，工人有時也會自發的聯合要求提高工資。他們通常會說生活必需品的價格上漲了；有時則會說雇主因爲他們努力工作而利潤豐厚，因此訴求加薪。不管這種聯合行爲屬於防衛性或進取性，工人始終會大張旗鼓，惟恐旁人不知。爲了使整個事件很快就有結果，他們總是集體喧鬧、聲嘶力竭，有時候甚至會做出令人髮指的暴力破壞行爲。他們心焦如焚，彷彿是亡命之徒，好像如果不把雇主嚇得立刻順從他們的要求，他們便會餓死似的。因此，他們總會不顧一切做出愚蠢荒唐的舉動。在這種情況下，與工人對立的雇主，同樣會喊得聲嘶力竭。他們會不斷籲請行政部門的官員援助，籲請政府嚴格執行法律，限制一般職員、勞動者和技工階級的聯合。因此，從那些激烈的聯合喧擾當中，工人很少得到任何好處。部分是因爲行政官員介入仲裁，部分是因爲雇主優越的堅持能力，部分是因爲大多數工人，爲了自己眼前的生存不得不降服。所以，一般來說，除了懲罰或清算首謀者外，工人的聯合喧擾，最後總是一事無成。

雖然在雇主和工人爭執的過程中，雇主通常較占優勢，但是長期來看，仍然存在某一特定的工資率下限。即使是階層最低的普通勞動者，他的平常工資，似乎也不可能長期被壓低到這個特定的工資率以下。

人總是必須靠工作才能生存，他的工資必須足以養活自己。甚至在大多數時候，工資還必須稍微高些，否則無法撫養家庭，而下一代也就不可能從事相同的工作。經濟學家坎蒂隆

（Richard Cantillon）似乎根據這樣的考量，認爲無論在什麼地方，普通勞動者的工資，即使是階層最低級的勞動者，至少必須等於維持個人生活所需的兩倍，以便讓每一對夫妻都能撫養兩個小孩。由於女人必須照顧小孩，她剩下的勞動，被認爲至多只能供應她自己的生活。根據坎蒂隆的估計，生下來的小孩當中，有一半活不到成年。因此，每一對最貧窮的勞動者至少必須生四個小孩，以確保平均有兩個小孩會長大成人。坎蒂隆認爲，四個小孩所需的生活費，很接近一個大人。一個身體健康的奴隸，其勞動價值估計是自己生存所需的兩倍；而階層最低的勞動者，其勞動價值應當不會低於身體健康的奴隸。目前似乎可以確定即使是階層最低的勞動者，爲了撫養子女，夫妻兩人的勞動工資，必須多於他們兩人的生存費用。不過，究竟必須多到什麼程度，是否像坎蒂隆形容的那樣多？或者是其他的比例？對這個問題，我不想繼續追究。

然而，偶爾會有一些特別情況，可以讓勞動階級得到議價優勢，讓他們能夠抬高工資，達到比維持生存所需的基本收入高出許多的地步。

無論在哪個國家，如果對工人的需求，也就是對各種勞動者、技工和職員的需求不斷增加，也就是說，如果每年都比前一年需要雇用更多人工作，那麼工人便不須聯合起來要求提高工資。勞動相對稀少，導致雇主互相競價爭取工人，於是他們拒絕提高工資的自然聯合默契便不攻自破。

顯然的，對工人的需求即使增加，在比例上也必然受限於準備用來支付工資的財源增加的幅度。支付工資的財源有兩種：一、超過雇主自己生活所需的那部分收入；二、超過雇主自己工作所需的那部分資本。

不管是地主、領受年金者或其他有錢的人，如果經過盤算，其收入超過維持家庭所需的支出，他們便會拿全部或一部分的剩餘收入，雇用一個或更多的家庭幫傭。只要這些人的剩餘收入增加，他們便自然會增加家庭幫傭的人數。

如果一個獨立自主的工人，譬如，一個獨立自主的織布工或製鞋匠，他擁有的資本，不但足夠支付工作所需購買的材料、維持生活，以及把工作成果賣掉所需的全部花費，而且還有剩餘，他自然會拿剩下的資本，雇用一個或更多的工匠，以便透過其他工匠賺取利潤。只要這些人的剩餘資本增加了，他們自然會增加手下的工匠人數。

因此，無論在哪個國家，對工人的需求，必然都會跟隨人民的收入與資本而增加。如果收入與資本沒有增加，那麼對工人的需求便不可能增加。一國的收入與資本增加，就是該國的財富增加。所以說，對工人的需求，必然都會跟隨國家的財富而增加；如果國家的財富沒有增加，對工人的需求便不可能增加。

勞動工資之所以升高，不是因爲一國擁有大量財富，而是因爲一國的財富不斷增加。因此，工資最高的國家，不是在最富有的國家，而是在最欣欣向榮，或者說財富成長最迅速的國家。目前英格蘭無疑比北美洲任何地方都更富有。然而，北美洲目前的工資比英格蘭任何地方都高。在紐約州，普通工人每天賺三先令六便士當地幣，約值二先令英格蘭幣；造船的木匠每天賺十先令六便士當地幣，外加一品脫蘭姆酒，約值六便士英格蘭幣，總共等於每天賺六先令六便士英格蘭幣；造屋的木匠與泥水匠每天賺八先令當地幣，約值四先令六便士英格蘭幣；裁縫匠每天賺五先令當地幣，等於二先令十便士英格蘭幣。這些人的工資都比倫敦同一類的工資高。北美其他殖民地的工資，據說和紐約州一樣高。北美洲任何地方生活用品的價格都比英格蘭低。從來沒聽過北美洲曾經缺乏糧食，即使收成再糟糕，他們也有足夠的糧食供自己使用，只是出口少了一些。因此，如果就金錢工資來說，那裡的勞動價格已經比母國任何一個地方都來得高了。那麼，就眞實工資來說，（也就是工資賦予勞動者對一般生活必需品與便利品的實質支配力），那裡的勞動價格高過母國的比例其實更大。

雖然北美還不像英格蘭這樣富有，但比較欣欣向榮，財富的累積速度比較快。對任何國家來說，要知道其繁榮程度，最簡單可靠的辦法，莫過於看人口增加的狀況。大不列顚以及其他多數歐洲國家的人口，目前一般認爲，至少需要五百年才會增加一倍。然而，有人發現，北美洲英屬殖民地的人口，每二十至二十五年便增加一倍。而且近代這樣快速的增加，主要不是因爲外來人口不斷移入，而是因爲當地人大量繁衍。據說，那裡的人只要活到老，通常可看到自己有五十至一百個，有時甚至多於一百個子孫。那裡的勞動報酬非常高，以至於子女眾多的大家庭，對於父母來說，不僅不是沉重的負擔，反而是重要的財源。據估計，在離開父母之前，平均一個小孩可爲他們賺得約一百鎊的淨收入。一個中下階級、撫養四或五個小孩的年輕寡婦，要是在歐洲，便很少有機會再婚。然而，如果在北美，往往會被男人當成一大筆財富來追求。在所有促使男女結婚的考量當中，孩子的價值是最大的誘因。所以，早婚現象在北美不足爲奇。儘管早婚使得人口大量增加，卻仍然不斷有人抱怨北美欠缺勞動人力。那裡對勞動者需求增加的速度，也就是準備用來維持勞動者生活的財源增加的速度，看來快過實際能夠多雇到的勞工人數。

任何國家，儘管擁有大量財富，但是如果長期處於停滯狀態，那麼勞動工資通常不會很高。準備用來支付工資的財源，或居民的收入與資本，也許非常多，但是如果已經連續好幾世紀保持或接近一樣的水準，那麼每一年被雇用的勞工人數，便可輕易供應下一年需求的勞工人數，有時甚至還有剩餘。如此一來，很少會發生勞工缺乏的情況，而雇主也就沒有必要互相競價爭取勞工。另一方面，在這種情況下，勞工人數會因爲自然成長而超過實際受雇人數。於是經常會發生工作機會缺乏的情況，工人也就不得不互相競價爭取有限的工作機會。在這種國家，即使工資曾經高過足以讓勞動者養活自己和家庭的水準，勞動者之間的競爭以及雇主的利益考量，也會很快把工資壓低到維持生存所需的收入水準。長久以來，中國一向是世界上最富有的國家之一。也就是說，中國一向是世上土地最肥沃、耕作得最好、人民最勤奮，以及人口最多的國家之一，但似乎長期處於停滯狀態。五百多年前到過中國的馬可波羅，看到的土地耕種、產業發展和人口狀況，似乎和近代的旅行家在那裡看到的沒什麼兩樣。也許早在馬可波羅之前，中國已經取得了在當地特有的法律與社會制度之下，能夠取得的全部財富。所有旅行家的紀錄，雖然在許多方面互相矛盾，但是全都一致表示，在中國，勞動工資很低，工人很難養活一家人。如果挖了一整天的土，到了晚上能讓他買到一頓飯充飢，便感到心滿意足了。一般工匠的情況似乎更爲艱難。他們不像歐洲的工匠那般，呆坐在自己的店鋪裡等待顧客上門，而是帶著工具在大街小巷裡不斷穿梭，吆喝他們的服務項目，形同沿路乞討的工作。中國低層民眾貧窮的情況，遠超過歐洲最窮國家的低層民眾。根據一般的說法，在廣州附近有好幾百，甚至幾千戶人家，因爲在陸上沒有任何棲身之地，只好經常生活在河渠裡的漁船上。由於當地能找到的生存資源極其稀少，所以只要遇到來自歐洲的船舶丟棄物品，即使是最骯髒的垃圾，他們也會爭先恐後的撈取。任何動物的屍體，例如死狗或死貓，儘管已經腐爛得發出惡臭，受歡迎的程度，猶如他國人民歡迎最健康的美食。在中國，人們結婚的誘因之一，不是生兒育女有利可圖，而是有處死兒女的自由。在大城市裡，每個夜晚都有許多嬰兒被遺棄在街頭，有些甚至像小狗般慘遭溺斃。這種溺斃嬰孩的恐怖工作，甚至據說是某些人公然承認賴以爲生的行業。

儘管中國處於停滯狀態似乎由來已久，然而似乎也沒有跡象顯示它在退步。那裡沒有任何城鎮遭居民遺棄。任何土地一旦開墾了，便沒有荒廢過。所以，每年勢必持續進行幾乎同樣數量的勞動，每年準備用來養活勞動力的財源，勢必也不會明顯減少。所以，階層最低的勞動者，儘管收入極其有限，卻還能湊合的過日子，並且傳宗接代，延續該階級平常的人數。

如果一個國家準備用來養活勞動力的財源持續顯著減少，那麼情形就不一樣了。在這種情況下，不管是哪一種行業，每年對職員與勞動者的需求，都會小於前一年。許多曾經接受高級行業教育的人，由於找不到高級行業的工作，只好到低層的行業裡找。最低層的行業，原本就充斥最低層的勞工，再加上其他各種階級的勞工流入，所以爭取工作機會的競爭非常激烈，使得勞動工資很快降到僅可讓勞動者本人苟延殘喘過活的地步。許多人甚至連條件如此苛刻的工作都找不到，結果不是餓死，就是被迫乞討度日，或者鋌而走險，犯下各種滔天大罪。於是，匱乏、饑饉與死亡就降臨在最低層的勞動者身上，並蔓延到所有比較高級的社會階層。社會動盪產生的各種暴虐與災難，會減少全國的人口、收入與資本，直到剩下的收入與資本能夠輕鬆養活全國人口的水準。這也許就是孟加拉以及東印度其他一些英國殖民地目前的狀況。在一個土地肥沃的國家，原來的人口已經減少很多了，照理說在那裡謀生應該不會太困難，然而那裡每年竟然有三、四十萬人餓死，可見那些準備用來養活貧窮勞動階級的財源，正在迅速萎縮。北美的殖民地由英國憲法保護並統治，而東印度的殖民地則任由商業公司壓榨與宰制。也許沒有什麼比這兩個地方所遭遇的不同情況，更能夠清楚說明英國憲法與商業公司的性質差異。

所以，勞動獲得寬裕的報酬，不僅是一國財富不斷增加的必然結果，同時也是一國財富不斷增加的自然徵兆。另一方面，貧窮的勞動階級生活捉襟見肘，是一國財富停滯的自然徵兆，而該階級人民瀕臨餓死，是一國財富迅速萎縮的自然徵兆。

在大不列顛，和一般勞動階級養活一家人所需的最低收入相比，近代的勞動工資似乎明顯高出許多。要證明這一點，我們不需採取任何繁瑣或不可靠的步驟，去計算養活一家人所需的最低收入。有許多清楚的徵兆顯示，英國沒有任何一個地方的工資，取決於維持生存所需的最低收入。

首先，大不列顛幾乎每個地方，對於各種勞動，即使是最低層的勞動，都有夏季與冬季工資的區分。各地的夏季工資總是最高的。然而，由於需要支付額外的燃料費用，冬季維持家計的費用應該最高。當維持家計的費用最低時，工資達到最高。所以，工資的變動，顯然沒有跟隨維持家庭所需的最低收入，而是跟隨工作數量與產品價值。沒錯，也許有人會說，在夏季，每個勞動者都應該省下一部分工資，以便支應冬季額外的費用；那麼就全年來講，他的工資應當不會高過維持家庭所需的費用。然而，對於奴隸，或對於每天的生計都絕對仰賴我們的人，他們的說法卻不是這樣。他們會說，我們按照他每天的生存需要，調整他每天的工資。

第二，在大不列顛，勞動工資沒有跟隨食物價格起伏。每個地方的食物價格經常每年，甚至每個月，都有所變動；但是在許多地方，勞動的金錢工資卻固定不變，有時甚至長達半個世紀。所以，在這些地方，如果在食物價格高漲的時候，貧窮的勞動階級尚能夠維持他們的家庭，那麼當食物供應還算充裕時，他們的日子便會過得相當輕鬆。而當食物價格非常便宜時，他們的生活便會過得很富裕。過去這十年食物價格雖然普遍高漲，但在英國國內，許多地方的金錢工資，卻沒有任何明顯伴隨食物價格上漲的跡象。沒錯，有些地方的金錢工資確實上漲了；但那種上漲比較可能是因為對勞動的需求增加了，而不是因為食物價格上漲的緣故。

第三，雖然就逐年變動的幅度來說，食物價格大於工資；但是另一方面，就各地差異的幅度來說，工資卻大於食物價格。英國國內大多數地方的麵包和肉類價格大致相同。一般來說，這些物品和其他大部分零售商品，也就是貧窮的勞動階級經常購買的商品，在城市裡的價格不會比偏遠地區來得貴，有時還比較便宜。造成這種現象的原因，我會在第十章說明。但是，城市和其周邊的工資，往往會比幾英里外的地方高出五分之一到四分之一，也就是高出百分之二十到二十五。每天十八便士也許可視為倫敦及其周圍的一般工資行情。但是只在幾英里外的地方，一般工資行情便降到十四到十五便士。每天十便士也許可視為愛丁堡及其周圍的一般工資行情。但是在幾英里外的地方，一般工資行情卻降到八便士左右，這個價格是蘇格蘭低地大多數地方的行情。蘇格蘭低地的工資行情差異，比英格蘭各地的差異小很多。前述的價格差異，看來似乎尚不足以促使某人從某地遷移到幾英里外的地方。然而，同樣的價格差異，卻必然會導致各種商品，即使是極其笨重的商品，大量進行各種距離的移動。不僅會從某地移往幾里外的地方，也會從英國國內任何一個角落，移往另一個遙遠的角落。這樣的價格差異，甚至足以導致各種商品大量進行世界性的移動，從而迅速使得各地的商品價格接近同一水準。儘管人們老是說人性輕浮不定，但從實際經驗來看，在各種物品當中，人類顯然是最難移動的東西。總之，如果說在英國國內勞動價格最低的地方，貧窮的勞動階級都可以維持家庭，那麼在英國國內勞動價格最高的地方，他們的生活應該相當富裕才是。

第四，不管是從時間或空間的觀點來看，勞動價格和食物價格，不僅沒有正向的對應關係，反而經常呈現反向變動。

平民的主食，也就是穀物，在蘇格蘭比在英格蘭貴。蘇格蘭幾乎每年都從英格蘭買進大量穀物。英格蘭的小麥被運到蘇格蘭後，在那裡的價格，當然比在英格蘭本地貴一些。另一方面，它必須和蘇格蘭本地的小麥在同一市場裡競爭。因此，在適當考量品質之後，它在蘇格蘭的售價不可能高過蘇格蘭本土的小麥。小麥的品質好壞，主要看它在碾粉廠裡可碾出多少麵粉或麥片而定。在這方面，英格蘭小麥遠優於蘇格蘭小麥，以至於表面上，也就是按照容量單位來算，英格蘭小麥通常比較貴。但是實際上，也就是按照品質或碾得麵粉的重量來算，英格蘭小麥反而比較便宜。相反的，勞動價格在英格蘭比在蘇格蘭貴。如果說貧窮的勞動階級在蘇格蘭能夠維持家計，那麼他們在英格蘭便應該算是相當富裕。沒錯，在蘇格蘭，一般平民主要的上等糧食是燕麥片，和英格蘭同一階層人民的主食相比，是差了一些。然而，這種生活模式上的差異，不是造成工資差異的原因，而是工資差異的結果。儘管由於某種奇怪的誤解，時常有人會說，生活模式上的差異是造成工資差異的原因。其實不是因爲某人有一部四輪大馬車代步，而鄰居用兩隻腳走路，所以他比鄰居富有。而是因爲他比較富有，所以有馬車代步；因爲他的鄰居比較窮，所以才用兩隻腳走路。

平均來說，在英格蘭和蘇格蘭兩地，穀物價格在上一世紀要比本世紀來得貴。這項事實現在已無庸置疑，而且，支持它的證據在蘇格蘭又要比在英格蘭更明確。蘇格蘭每個郡，每年都會按照市場實況，正式評定各種穀物的價格，稱作公定標準（public fiars）。如果像這樣直接的證據，還需要任何佐證補強，那麼我便會說，同樣的情形也發生在法國，而其他大多數歐洲國家可能也一樣。法國的證據最清楚。關於英格蘭和蘇格蘭兩地，我們除了確實知道，上一世紀的穀物價格要比本世紀來得貴一些外，同時也確定上一世紀的勞動價格便宜很多。如果說貧窮的勞動階級在上一世紀可以維持家計，那麼他們現在應該算是相當輕鬆快活。上一世紀，在蘇格蘭大部分地區，普通勞動每天最常見的工資，夏天是六便士，冬天是五便士。目前在蘇格蘭高地和西部島嶼的某些地方，仍然可以看到每週三先令，或幾乎和上一世紀相同的工資率。不過，現在大部分低地地區，最常見的勞動工資是每天八便士。但是某些地方，最常見的工資是每天十便士，有時甚至高達一先令。這些地方包括愛丁堡，幾個和英格蘭接壤的郡。可能正是因為這種鄰近效果，以及其他少數幾個地方，因為近來對勞動的需求顯著增加，例如，格拉斯哥、卡倫、艾爾郡等。英格蘭在農業、製造業與商業方面的改良，起步比蘇格蘭早很多。對勞動的需求，以及勞動的價格，勢必跟隨各種產業的進步而增加。因此，上一世紀和本世紀一樣，勞動工資在英格蘭比在蘇格蘭高。自上一世紀以來，英格蘭的勞動工資顯著提高了，不過，由於各地的工資差異比較大，所以要確定究竟提高了多少，便比較困難。在一六一四年，一名步兵的薪水和現在一樣，每天八便士。從那一年開始，規定步兵的薪水必須依照普通勞動者的平常工資自動調整，因爲步兵通常來自於那個社會階層。查理二世時，大法官黑爾斯（Hales）曾算過，一個普通勞工家庭，包括夫妻兩人、兩個多少可以做一點事的小孩，以及兩個完全不會做事的小孩，總共六人每週的生活費約爲十先令，即每年約爲二十六英鎊。如果他們憑自己的勞動賺不到這個數目，他認爲，他們勢必會以乞討或偷竊的手段補足差額。他似乎曾經非常仔細的研究過這個課題。一六八八年，統計學家格雷戈里·金（Gregory King）也曾做過類似的估算，他的政經算術因此而備受戴夫南特博士（Dr. Charles Davenant）推崇。根據他的估算，一般勞動者和外宿僕役階級，平常每年每戶的收入約爲十五英鎊；而該社會階層平均每戶有三·五個人。儘管表面上他的估算和黑爾斯不同，但基本上非常接近。他們兩人都認爲，那種家庭每週每人的生活費約爲二十便士。從那個時候以來，在我們國內大多數地方，那種家庭的金錢收入和生活費都增加了許多。有些地方增加比較多，有些地方比較少。但是，似乎非常不可能經歷最近某些報告所說那般誇大的增加。必須注意的是，任何人都無法非常精準的弄清楚眞正的勞動價格。在同一個地方，對同一種勞動所給付的價格，往往會有所不同。不僅因爲不同工人的能力有別，也因爲不同雇主的心腸好壞有異。在工資沒有任何法律規範的地方，我們頂多只能宣稱什麼是最常見的勞動價格。此外，經驗似乎也顯示，法律永遠不可能適當調節工資，儘管政府經常吹噓說辦到了。

自本世紀以來，勞動的眞實報酬，即勞動者能夠取得的各種生活必需品與便利品數量，增加的比例也許更大於勞動的金錢報酬。不僅穀物變得稍微便宜了，其他許多被勤勞的窮人用來做成食物的農作物，也變得便宜很多。例如，目前在英國國內大多數地方的馬鈴薯價格，和三、四十年前相比，還不到從前的一半。蕪菁、紅蘿蔔和甘藍的情形也一樣，這些東西，從前全部都是用手鏟栽種，現在通常改用馬犁。各種蔬果也都變便宜了。上一世紀，英國國內消費的蘋果，大部分是從法蘭德斯進口的，甚至洋蔥也一樣。在一些比較粗糙的製造品產業方面，重大的進步對勞動者也有利。例如，麻織布與毛織布製造業的進步，讓勞動者有更便宜且更好的衣服可穿。基本金屬製造業的進步，除了讓勞動者有更便宜且更好的生產工具可用，也讓勞動者享有許多舒服方便的家具。的確，也有一些東西確實變貴了。例如，肥皀、鹽巴、蠟燭、皮革和發酵過的酒類，主要是因爲政府課稅的緣故。這些並非貧窮的勞動階級絕對必需消費的物品；因此，儘管這些物品的價格提高了，所增加的支出，還少於其他物品降價所省下的支出。有人時常抱怨，現在連社會層次最低的人也用起奢侈品來了，而且對從前那種食物、衣服和住宅，他們已經不再滿意了。這樣的抱怨，也讓我們相信，不僅勞動的金錢價格已經提高，連勞動的眞實報酬也一樣。

社會底層人民生活情況的改善，對於社會整體來說，究竟是有利，還是有害呢？用不著多想，答案顯然非常清楚。每個大規模的政治社會，絕大部分的人民是各式各樣的職員、勞動者或工人。任何改善絕大部分成員生活的發展，絕不可能會傷害整體。當絕大部分的社會成員還過著貧窮悲慘的生活，任何社會都不可能欣欣向榮或快樂。此外，讓那些使全體國民有得吃、有得穿與有得住的人，在自己的勞動產出當中，也享有一份過得去的待遇，只是起碼的公平罷了。

儘管貧窮確實對婚姻不利，但貧窮不一定會完全阻止人們結婚。貧窮，甚至似乎是造成多產的一項有利條件。一般餓得半死的高地民婦，往往會生出二十多個小孩，而養尊處優的美婦，常常不能生育，要不就是生了兩、三個之後，便耗盡了生育能力。不孕在時髦的婦人當中很常見，在社會底層的婦人當中卻很少見。奢華生活對女性而言，或許會引燃追求享樂的熱情，但似乎總會削弱，甚至時常徹底毀滅生育的能力。

不過，貧窮雖然阻止不了婚姻，但對於養育小孩卻極爲不利。幼苗誕生了，可是生在寒冷的土壤裡，忍受嚴酷氣候折磨，很快便枯萎死掉。我經常聽說，在蘇格蘭高地裡，時常有生了二十個小孩的母親，最後連兩個小孩也沒有。好幾個經驗豐富的軍官告訴我說，他們的軍隊裡，全部士兵的小孩，不僅完全不夠補充人員的損耗，甚至只想招募來當鼓笛手，人數都還嫌不足。然而，和別的地方相比，在兵營附近能夠看到的健康小孩，人數還通常算是比較多的。能活到十三、四歲的小孩似乎很少。有些地方的新生兒，半數活不到四歲；在許多地方，半數活不到七歲；幾乎在所有地方，半數活不到九或十歲。然而，無論在什麼地方，如此高的夭折率，主要發生在平民的小孩身上，因爲平民不像上層人民，有能力細心照料小孩。雖然一般平民比時髦人士生產更多子女，但平民子女長大成人的比例卻較低。在棄嬰醫院，以及教會慈善團體養育的小孩當中，夭折率比一般平民子女還要高。

每一種動物，都按照其生存資源的多寡，成比例的自然繁衍。從來沒有一種動物，繁衍的數目能超過牠掌握的生存資源。但是在文明社會裡，生存資源的匱乏，只在下階層人民當中限制了人類的繁衍。而不幸的是，將他們多產的婚姻所生出的子女大部分摧毀掉，是生存資源匱乏發揮這種限制作用的唯一方法。

優渥的勞動報酬，自然傾向放寬前述的限制，因爲小孩能夠得到比較好的照料，讓比較多的小孩能夠長大成人。此外，值得一提的是，優渥的勞動報酬，必然會以極貼近勞動需求增加的比例，放寬前述的限制。如果勞動需求不斷增加，那麼勞動報酬對勞動階級結婚與生育的激勵效果，必然會讓他們不斷增加人口，以供應不斷增加的勞動需求。如果勞動報酬低於這個目標所需的水準，勞動缺乏的情況很快便會提高勞動報酬。如果勞動報酬高於所需的水準，勞動過剩的情況很快便會降低勞動報酬，直到所需的水準。不管是第一種勞動缺乏，或第二種勞動過剩的情況，其缺乏或過剩的程度，都會很快迫使勞動價格接近社會情況所要求的水準。對人口的需求，也像對其他任何商品的需求一樣，就依照這種方式自然而然的調節人口的成長速度；當人口的成長進行得太慢時，超額需求會使它加速；當人口成長速度得太快時，需求不足會使它放慢。調節與決定世界各地人口成長速度的關鍵正是勞動需求。正是勞動需求讓北美的人口迅速增加，讓歐洲的人口緩慢穩定成長，讓中國的人口完全停滯。

有人曾說，每一位奴隸的損耗，由主人來承擔；而每一個自由職工的損耗，由他自己承擔。然而，實際上，後者的損耗，和前者一樣，也是由雇主承擔。付給各種工匠或職員的工資，其高低必須讓他們平均能夠繁衍替補的人數，以配合社會對他們的需求，而這需求可能是增加、減少或保持不變。不過，儘管自由職工的損耗一樣是由雇主來承擔，但對雇主來說，這種損耗成本比奴隸的損耗少很多。我敢說，準備用來修復或補充奴隸損耗的財源，通常是由粗心大意的主人或怠忽職守的監工來管理的。但在自由職工方面，具有相同作用的財源，則由那位自由人自行管理。富人生活經常會有的散漫，自然會感染到前者的管理。正如貧窮人家極端節儉、錙銖必較的生活態度，也自然會延伸到後者的管理。在這兩種不同的管理之下，達成同一目標所需的花費勢必大不相同。因此，歷代與世界各國的經驗似乎顯示（而我也相信），相同的工作讓自由人來做，終究會比由奴隸來完成便宜許多。即使在普通勞動工資非常高的波士頓、紐約和費城等地，情形也是這樣。

所以說，優渥的勞動報酬，既是一國財富持續增加的結果，也是一國人口持續增加的原因。對於優渥的勞動報酬心懷抱怨，等於是對人類最偉大的共榮原因與結果覺得不滿。

也許值得一提的是，貧窮的勞動階級，或者說，絕大部分人民，處境最快樂也最舒服的時候，似乎是在社會不斷進步，也就是社會持續累積財富的時候，而非已經取得了所有財富的時候。貧窮的勞動階級，在社會停滯時，處境艱難；在社會退步時，處境悲慘。事實上，對社會所有階層來說，進步中的社會最令人感到歡樂。停滯的社會，令人感到單調無聊；退步的社會，令人憂鬱感傷。

優渥富裕的勞動報酬，一方面促進人口繁衍，一方面激勵一般人民勤奮工作。勞動工資是勤奮工作的誘因，勤奮得到的獎勵愈多，人性便會愈勤奮。寬裕的生存資源增強勞動者的體力。此外，如果勞動者覺得很有希望提升自己的處境，覺得也許能享有安逸的晚年，那麼他通常會盡力工作。因此，一般而言，在工資較高的地方，工人比較積極勤勉，動作也比較快。例如，英格蘭相對於蘇格蘭，或者大城市附近相對於偏遠的鄉村地區，情形便是如此。沒錯，確實有些工人，如果能在四天內賺到一週所需的生活費，其餘三天便寧可無所事事的閒著，但是大多數的工人絕不會這樣做。相反的，當工資是按件計酬且相當優渥時，一般工人往往會工作過度，以致不消幾年，便累壞原本健康的身體。例如一般認為，在倫敦和其他地方工作的木匠，最佳的精力狀態，持續不了八年，便會開始走下坡。其他許多按件計酬的行業，也有類似的情形。例如，一般按件計酬的製造業，甚至只要工資超過平常的水準，連鄉村的勞動者也會發生類似的情形。幾乎每種工匠都會因為過度工作，而罹患特殊的職業疾病。義大利有位著名的醫生拉馬齊尼（Ramuzzini）曾經寫了一本書，特別研究各種職業疾病。國人通常不認為英國士兵是最勤奮的一群，然而，過去當士兵被雇來進行特別的工作，而且給付條件是優渥的按件計酬時，統御他們的軍官經常不得不和雇主約定，他們每天的總收入不得超過一定的金額。這個總收入限額，按照他們被給付的工資率調整，用意在於限制他們每天的工作時間。在受到這種約定限制之前，互相較量的心態，以及渴望獲得更多收入，往往促使他們過度工作，以致傷害健康。每週過量工作了四天，經常是工人其餘三天無所事事的原因，然而我們通常只聽到人們針對那三天大肆抱怨。不管是體力或腦力方面的工作，大多數人連續拚命的工作了幾天之後，自然會產生一股要求放鬆的強大欲望。如果沒有外力干預，或其他同樣強烈需要的抑制，人們通常無法抗拒這股欲望；這是人性的呼喚，爲了得到緩解，必須給予某一程度的縱容，有時只要放鬆一下即可，但是有時也必須痛快娛樂一陣子。如果不順其自然，後果通常很危險，有時甚至足以致命，至少遲早會帶來職業疾病。那些始終聽從理智與人道指示的雇主，經常發現他們必須節制，而非刺激工人的工作熱情。我相信，事實上，無論是哪一種行業，工作有所節制，對有能力經常工作的人來說，不僅最能長久保持健康，而且整年下來完成的工作量一定也最大。

有人說，當食物價格低廉時，工人比較懶惰，而食物價格高昂時，他們會比平常勤勉一些。於是便有人推論，生存資源充裕會使一般工人鬆懈，而生存資源缺乏會使其更加勤快。如果說，比平常充裕的生存資源會使某些工人懶散一點，那是無庸置疑的。但，如果說對大多數工人有相同效果，或者說，一般人的工作精神，在吃不好的時候，會比在吃得好的時候更佳；在心懷不滿的時候，會比在心情愉快的時候更佳；在經常生病的時候，會比在身體健康的時候更好；那就有點匪夷所思了。食物缺乏的年代，一般來說，也是平民比較容易罹病甚至死亡的年代，因此必然會降低他們的勞動生產力。

在食物充裕的年代，一般職工時常會離開雇主，獨自在外頭打拚過活。然而，在這時候，同樣由於食物價格低廉，準備用來維持職工的財源增加了，所以一些雇主，尤其是農夫，會想要雇用更多的職工。在這種時候，農夫通常會想，與其在市場上將自己的糧食賣出，不如留下來多養幾個職工幫忙田裡的工作，這樣也許獲利更多。一方面，對職工的需求增加，另一方面，願意提供服務滿足這種需求的人數卻減少了。所以，在食物充裕的年代，勞動的價格時常會提高。

在食物缺乏的年代，由於在外頭討生活既困難也不穩定，所以職工會渴望回到雇主的身邊服務。可是，由於食物價格高漲，準備用來維持職工的財源減少了，雇主傾向減少而非增加現有的職工人數。此外，在食物缺乏的年代，一些獨立自主的貧窮工人，往往會迫於現實，把原本用於購買工作所需材料的資本消費掉，因此爲了生存，不得不重新尋找願意雇用他們的雇主。於是，需要工作的人，便多於立刻能找到工作的人。許多人便願意接受報酬比平常更低的工作。因此，在食物缺乏的年代，職員與工匠的工資便會降低。

所以說，各行各業的雇主和職工之間訂立的合約，在食物缺乏的年代，通常比在食物充裕的年代更有利於主人。雇主通常會發現手下的職工，在食物缺乏的年代，通常比食物充裕的年代，對雇主更加恭敬與服從。因此，雇主通常會讚揚前一種年代，鼓勵勤勉。此外，地主和農夫這兩大雇主階級，還有另外一個理由喜歡食物缺乏的年代。食物的價格，對地主的地租和農夫的利潤有重大的影響。然而，最荒謬的莫過於以爲，一般人在爲自己工作時，會比爲他人工作時更不賣力。獨立自主的貧窮工人，一般甚至會比按件計酬的工匠更爲勤奮。前者享有自己勤奮工作的全部報酬，後者必須和雇主分享。當前者獨立自主時，比較不會受到壞同事的引誘，而在大規模的工廠裡，這個問題經常會澆熄受雇職工的工作熱情。如果拿獨立自主的工人，和那些按月或按年領取薪水的職員相比，由於後者不管做多少都領到同樣的工資，所以獨立工人在工作上的勤奮程度，往往勝過受雇職工。食物充裕的年代，傾向提高獨立自主工人相對於各種職業工匠與職員的比例，而食物缺乏的年代會減低這種比例。

有一位才識俱佳的法國學者米尚斯（Messance），目前擔任聖艾蒂安（St. Etienne）地方選舉計票紀錄的保全官，曾經深入研究勞動階級的問題，證明他們在食物低廉時所做的工作量，比食物高漲時多。他比較三種不同製造品在這兩種不同時期的產量與產值，一是埃爾伯夫（Elbeuf）地區生產的粗紗毛織物，二是亞麻織物，三是絲織品，後兩種製品在整個盧昂地區到處都有生產。他的調查結果出現在正式的地方政府紀錄，顯示這三種製品的產量和產值，在食物低廉時，一般比在食物高漲時來得大。而且總是在食物最低廉時最大，在食物最高漲時最小。這三種製造業，都可說是停滯中的產業，也就是說，儘管逐年的產量會有所不同，但長期來看，既沒有後退也沒有進步的趨向。

蘇格蘭的麻織業，以及約克郡西區的粗紗毛紡業，都是成長中的產業。其產量儘管偶爾有些增減變化，但一般來說，無論是產量或產值都在增加。然而，從歷年發表的生產報告，我看不出其產量或產值和食物價格的變動有任何關係。例如，一七四〇年食物非常缺乏，這兩種製造業的產量看來確實減少了很多；但一七五六年食物同樣缺乏時，蘇格蘭麻織業的產量比平常多。在同一年，約克郡的粗紗毛紡業產量確實下降很多，之後持續低迷，直到一七六六年取消美洲的印花稅後，才恢復到一七五五年的水準。在那一年和次年，它大大超越以往任何時候的產量，之後也持續增長至今。

就所有從事遠距交易的大規模製造業來說，其產量受到產地食物價格影響的程度，比不上消費地需求情況的變化因素。譬如，消費地處於戰爭或和平，其他製造業者競爭力的盛衰，以及主要顧客的心情好壞等，這些影響大於本地食物價格變化造成的影響。此外，在食物低廉時，有很大一部分額外的生產活動，從未列入正式的製造業生產紀錄。許多離開雇主的職工，男的變成了獨立自主的勞動者，女的回到父母身邊，通常會織一些布匹供自己和家人使用。甚至一些獨立自主的工人，也不見得完全爲公開銷售而生產，他們往往接受鄰居的委託，代爲生產一些物品供家庭消費。這些勞動的產量，往往沒有列入正式紀錄，儘管這樣不完整的紀錄，有時會被公開大肆宣揚，並且時常被商人與製造業者拿來妄自評斷各種大規模產業的盛衰。

雖然勞動價格和食物價格的變動，不僅沒有一致的對應關係，甚至時常呈現反向變動，但我們千萬不可因此認爲，食物價格對勞動價格沒有任何影響。勞動的金錢價格必然取決於兩種情況，一是勞動需求，二是生活必需品與便利品的價格。勞動需求，按照增加、停滯或衰退的情況，或者說，按照它需要人口提高、保持不變或減少的情況，決定必須將多少生活必需品與便利品給予勞動者。勞動的金錢價格，便取決於購買這個數量的物品所需的金錢支出。儘管當食物變得低廉時，勞動的金錢價格變得很高。可是，如果勞動需求保持不變，而食物價格沒有變得低廉，那麼勞動的金錢價格便會變得更高。

勞動的金錢價格之所以時常起伏，是因爲勞動需求，在突然來臨的豐年裡突然升高，在突然來臨的荒年裡突然降低所致。

在突然來臨的豐年，各行各業的雇主手頭上的財源，都足以雇用比前一年更多的工人。但是往往沒有多餘的工人可供他們雇用。於是雇主互相競價爭取工人，有時提高了手下工人的金錢與眞實工資。

在突然來臨的荒年，情形剛好相反。準備用來雇用工人的財源變得比前一年少很多。許多工人被解雇了，失業工人互相競價爭取工作機會，有時便降低了工人的金錢與眞實工資。例如，一七四〇年食物非常匱乏時，許多人只求苟活便肯工作。後來幾年食物變得相當充裕時，雇主要找到工人或職員就比較困難。

荒年發生時，財源稀少，食物價格高漲。財源稀少，使得勞動需求減少，所以傾向降低勞動價格。可是，食物價格高漲，又傾向提高勞動價格。相反的，豐年發生時，財源豐富，食物價格低落。財源豐富，使得勞動需求增加，所以傾向提高勞動價格。可是，食物價格低落，又傾向降低勞動價格。在食物價格平常變動的範圍內，這兩種相反的傾向似乎相互抵銷。這也許是爲什麼勞動工資遠比食物價格穩定的一部分理由。

由於工資構成商品價格的一部分，因此勞動工資上漲必然會提高商品的價格，從而傾向在國內外減少商品的消費。然而，促使勞動工資上漲的原因，就是資本增加，因此也會傾向提高勞動生產力，也就是傾向使較小數量的勞動，生產出較大數量的製品。雇用大量勞工的資本主，爲了自己的利益，必然會將雇來的勞工，盡量適當的分配到各種不同的工作部門，使他們盡可能生產出最大數量的製品。基於同一理由，凡是他們設想得到的最佳機器設備，都會盡量買來讓勞工使用。這些在個別工廠的勞動者之間發生的事實，基於同一理由，也會在整個社會的勞動者之間發生。整個社會的勞動者人數愈多，細分出來的行業種類也就愈多。有更多人專門發明最適合完成各種工作的機器設備，因此機器設備也更可能被發明出來。由於前述各種生產力改善的結果，生產大量商品所需的勞動數量便會變得愈來愈小，以致勞動數量減少的效果，在抵銷了勞動價格上漲的效果之後還有剩餘。

9　論資本利潤

利潤和工資的升降，取決於同一個原因，也就是社會財富增加或減少。不過，這個原因對兩者的影響大異其趣。

資本增加，一方面提高工資，另一方面傾向降低利潤。當許多富商將資本投入同一種行業時，他們互相競爭，自然會降低該行業的利潤。同理，當某個社會投入各行各業的資本都增加時，同樣的競爭勢必對每一種行業產生同樣的結果。

前文指出，即使將範圍局限在特定的時間與地點，想要弄清楚平均工資究竟是多少，仍然不是一件容易辦到的事。我們頂多只能確定什麼是最常見的工資水準。但是，就資本利潤來說，恐怕連這一點也辦不到。利潤變幻莫測，即使業者本人也不見得知道自己平均每年獲得多少利潤。不僅當自己的商品價格一有變動，利潤便會立即受影響，競爭對手和顧客有什麼三長兩短，或是物品運輸過程中，不管是海運或陸運，甚至物品存放在倉庫裡，可能發生的任何意外，都會影響利潤。因此，業者的利潤不僅每年不同，甚至每天、每小時都可能發生變化。在一個大國內，要弄清楚所有不同行業的平均利潤，勢必更加困難。至於想斷言過去或很久以前的利潤水準，不論容許多少誤差，都是完全不可能的事。

不過，雖然我們不可能準確斷言各行各業現在或很久以前的平均利潤水準，但是多少可以從金錢借貸的利率水準，獲得一些啓示。我們也許可把這個原則當作金科玉律，不論在什麼地方，如果身邊有資金可供運用，就能賺到很多錢，那麼生意人通常就願意付很高的利息借錢，以便有足夠的資金賺錢；反之，如果身邊有資金可供運用，也賺不到什麼錢，那麼生意人通常就不願意付很高的利息借錢。所以，無論在哪一國，當尋常的市場利率發生變動時，就可以推定資本的平常利潤也有同樣的變動。利率降時，它也降；利率升時，它也升。換句話說，從利率的走勢，可以看出關於利潤走勢的一些端倪。

亨利八世第三十七年，宣布凡是利率高於百分之十就是違法。在此之前，利率似乎有時高過百分之十。愛德華六世時，由於狂熱的宗教信仰，法律禁止一切利率。這個禁令，就像其他所有類似的法律，據說沒有產生預期的效果，甚至可能反而增加了高利貸現象。伊利莎白第十三年恢復亨利八世的禁令，從此一直到詹姆士一世第二十一年，法定的利率上限都是百分之十。查理二世復辟後不久，法定利率上限降爲百分之六，到了安妮女王第十二年，又降爲百分之五。這些法令頒布的時機與標準似乎全都很適當，都追隨市場利率的走勢，亦即追隨著信用良好者通常借得到的利率。自安妮女王的時代以來，市場利率似乎低於百分之五。在上一次戰爭（一七五六至一七六三年）以前，英國政府的借款利率是百分之三。在首都和國內其他許多地方，信用良好者的借款利率介於百分之三·五至四·五。

自亨利八世以來，全國財富與收入一直不斷增加，而且在進步的過程中，步伐似乎逐漸加快而非放慢。財富與收入似乎不僅在進步，而且進步愈來愈快。在同一期間，勞動工資不斷提高，而各行各業的資本利潤大多持續降低。

一般來說，在大城市經營任何行業，比在鄉村需要更多資本。城市裡，除了各種行業都運用比較大量的資本，有錢的競爭者人數也較多，因此一般來說，城市的利潤率會被壓低到鄉村的利潤率以下。在每一個欣欣向榮的城市，有大量資本可用的人，時常達不到他們想要雇用的勞工人數，所以會互相競價爭取工人，從而提高了工資，也降低了利潤。在偏遠的鄉村地區，時常沒有足夠的資本可以雇用全部的勞工，所以勞工會互相競價爭取工作，從而降低了工資，也提高了利潤。

在蘇格蘭，儘管法定的利率上限和英格蘭一樣，但市場利率比較高。在那裡，信用最好的人很少能以百分之五以下的利率借到錢。即便是愛丁堡私人銀行家所開出的本票，給付的利率都高達百分之四，而且持有該本票的人，隨時可以要求他們償還全部或一部分金錢。在倫敦，私人銀行家不付存款利息。鮮少有行業在蘇格蘭經營所需的資本，大於在英格蘭經營所需的資本。所以，在蘇格蘭，利潤一般比較高些。前文已經指出，蘇格蘭的工資低於英格蘭。就整個蘇格蘭來說，不僅比英格蘭窮很多，而且儘管顯然在進步，但前進的步伐也比英格蘭慢很多。

在本世紀，法國的法定利率上限不完全跟隨市場利率的走勢調整。一七二〇年，法定利率上限從二十分之一降至五十分之一，也就是從百分之五降至百分之二。一七二四年被提高到三十分之一，也就是百分之三又三分之一。一七二五年，又被提高到二十分之一，也就是百分之五。一七六六年，在拉佛第（Laverdy）主政時，被降至二十五分之一，即百分之四。後來特瑞神父（Abbe Terray）主政時，又提高到百分之五。這當中有好幾次劇烈的減息規定，據說是為了降低公債利息，這目的有時候也確實達成了。目前法國也許不如英格蘭富有；法國的法定利率上限，雖然時常低於英格蘭，但市場利率一般比較高。因為在法國，和其他國家一樣，有好幾個既安全又簡單的方法規避法律的限制。不少在兩地都有買賣的英國商人告訴我，法國的買賣利潤大於英格蘭的買賣。無疑是因為這個理由，儘管法國人瞧不起生意人，而英格蘭人很尊敬生意人，許多英國人仍選擇在法國運用資本。法國的勞動工資比英格蘭低。當你從蘇格蘭旅行到英格蘭時，在兩地平民穿著與容貌所看到的差異，足以說明兩地平民階級的處境有何不同。當你從法國回到英格蘭時，所看到的差異，對比會更為強烈。儘管法國無疑比蘇格蘭富有，但進步的速度似乎不像蘇格蘭那樣快。在法國，人們甚至普遍相信國家正在退步。我認為，就法國來說，所謂退步的說法仍嫌基礎薄弱；至於蘇格蘭，任何在二、三十年前曾經去過的人，現在如果有機會再去一次，一定不可能認為它在退步。

另一方面，就等比例的土地或人口來說，荷蘭比英格蘭富有。在荷蘭，政府的借款利率為百分之二，而信用好的私人借款利率為百分之三。荷蘭的工資據說比英格蘭高，而荷蘭人做買賣，一般收取的利潤，比歐洲任何國家都要來得低，是大家都承認的事實。有些人竟然認爲，荷蘭的商業活動正在衰退。沒錯，某些個別的產業也許確實在衰退當中。但這種徵兆似乎充分顯示，荷蘭整體的商業活動並未衰退。當利潤減少時，商人往往容易抱怨生意衰退了；然而利潤減少，其實是生意繁榮的一個自然結果。換句話說，這表示現在所使用的資本大於從前。在前次戰爭期間，荷蘭人取得了法國所有的海外販賣貿易業務（carrying trade），至今他們仍掌控著其中絕大部分業務。他們在法國和英國擁有大量投資，據說在英國的財產約值四千萬英鎊（我懷疑這個數目過於誇大）。他們把大筆資金拿到利率比母國高的國家借給私人運用，充分證明其資本過剩，也就是他們的資本已經大到超過在母國運用還會有相當合理利潤的地步了。但是，這並不表示荷蘭整體的產業活動已經衰退了。正如某人從事某種行業已經賺到的資本，可能超過了他個人能夠在該行業運用的極限，儘管該行業仍然持續成長。同理，一個大國的資本也可能會有類似的狀況。

在英國北美和西印度群島的殖民地，不僅勞動工資，連金錢借貸利率，以及利潤率，都比英格蘭高。這些殖民地的法定和市場利率從百分之六到八不等。然而，除非是在新殖民地這樣特殊的場合，否則高工資與高利潤畢竟很難同時出現。和其他大部分地區相比，新殖民地勢必會有一段時間，在土地相對於資本的比例上，比較缺乏資本，而且在土地相對於勞動的比例上，也勢必會比較缺乏勞動。他們擁有的土地，比他們的資本能夠耕種的範圍還要大。因此，他們所有的資本，都只用於耕種最肥沃且地點最方便的土地，例如靠近海邊或有通航之便的河流兩岸。買進這種土地所花的成本通常很低，有時甚至小於原有自然產物的價值。用來購買和改良這種土地的資本，所獲得的報酬必然非常可觀，因此付得起高昂的借款利率。資本在這種高利潤的用途上迅速累積，使得大農場主人有能力雇用的工人數目，持續大於他在新殖民地實際能找到的人數。因此，他實際找到的工人，待遇非常優渥。當殖民地的人口不斷增加，資本的利潤便逐漸減少。當最肥沃且地點最方便的土地都已經開墾，接下來耕種土壤和地點都比較差的土地，所能獲得的利潤當然不如從前，負擔得起的借款利息也比較低。因此，自本世紀以來，在英國大部分的殖民地，法定和市場利率都已經降低了很多。當財富、各方面進步和人口增加之後，利率便會跟著下降。勞動工資不會跟隨資本利潤下降。不管資本的利潤如何，只要資本增加，勞動需求就會跟著增加。此外，當資本利潤下降，資本不僅可能會持續增加，而且增加的速度可能比從前快。在勤奮不懈的國家，這種加速累積財富的情形猶如勤奮不懈的個人。即使利潤較小，大量資本累增的速度，一般也會大於小量資本在高利潤下的累增速度。俗話說，錢滾錢。當你有了一點錢，想要獲得更多，往往就比較容易。眞正的問題在於怎樣得到那一點錢。對於資本增加和社會勤勉程度，也就是資本增加和有用的勞動需求之間的關係，前文曾經做過部分解釋，在後文討論資本累積的課題時，將會有更充分的說明。

即使一國累積資本的速度很快，但是如果獲得新領土或新行業，有時也會提高資本利潤，從而提高金錢借貸利率。新領土或新行業爲各行各業的資本主帶來新的投資機會。由於數量不足以因應全部新增的投資機會，資本便只會投入獲利最高的行業。原來在其他行業運用的資本，有一部分必然會被撤走，以便投入獲利較高的新行業。因此所有舊行業的競爭程度便比從前低，許多商品在市場上的供應便不如以往充分。因此價格多少會上漲一些，讓業者獲得較高的利潤，好付得起較高的借款利息。前次戰爭結束後，有一段時間，不僅信用最好的私人，甚至連倫敦一些大公司行號的借款利息，一般都高達百分之五，而從前一向不超過百分之四或四．五。戰後，英國在北美洲和西印度群島獲得龐大殖民地，光是新領土和新行業便足以說明利率上漲，毋需想像英國全國的資本曾經有任何減損。必須運用舊有資本融通的新商機是這樣龐大，必然已經在許多行業造成資本排擠和縮減的效果。這些行業的競爭程度於是降低，所以利潤勢必比從前高一些。至於爲什麼我認爲前次戰爭的龐大費用並未減損英國的資本，在〈卷二〉第三章將會說明。

然而，一個社會的資本，也就是準備用來維持勞動數量的財源，如果減少，便會使工資下降，利潤上升，提高金錢借貸的利率。對於社會中剩餘的資本的占有者來說，由於工資下降，他們個別生產商品所需的花費，便會比從前少一些。另一方面，由於生產商品的資本總額減少了，他們便可以把商品賣貴一些。一方面商品成本減少了，另一方面，商品售價變貴了，因此利潤在這兩方面都增加，所以能夠支付較高的利息。在孟加拉和東印度其他一些英屬殖民地，有些人一夕之間便輕易獲得了一大筆財富，充分證明在這些殘敗的地方，勞動工資非常低，資本利潤非常高。金錢借貸的利息也是成比例的居高不下。在孟加拉，借給農夫的錢，經常收取百分之四十或五十，甚至百分之六十的利息，而且農夫必須將下一次收成的農作物抵押給債主。正如付得起如此高利貸的利潤，勢必會把地主的地租幾乎全數排擠掉，同樣的，這麼高的利息勢必也會吃掉絕大部分的利潤。在羅馬共和國覆亡之前，地方各省在暴虐的總督治理下，這種高利貸的情形似乎也很普遍。從古羅馬哲人西塞羅留下來的書信裡，我們得知，品德高尚的布魯圖斯（Brutus）在賽浦路斯收取百分之四十八的高利貸。

若一個國家已經取得了其土壤條件、氣候與地理位置所允許之全部財富，而經濟狀況無法再提升，但也未出現衰退，則該國的勞動工資與資本利潤可能都會相當低。如果一國的人口，不論相對於領土所能維持或資本所能雇用的人數來說，都已經達到了頂點，那麼求職的競爭必然會很激烈，致使勞動工資下降到剛好足以維持勞工人數的水準。再說，因該國的人口已經達到頂點，所以勞工人數也不可能增加。如果一國的資本，相對於需要融通的一切生意數量來說，已經極其充分了；也就是說，每一種行業實際運用的資本，都已經達到行業本身的性質與市場範圍容許的最大數量，那麼市場競爭便達到最激烈的程度，平常的利潤也達到人們願意接受的最低水準。

或許從來沒有一個國家曾經達到如此富足的程度。中國處於停滯狀態似乎由來已久，而且可能很早便已經取得了其法律性質與社會制度所容許的全部財富。然而，若在另一套法律與社會制度下，當地的土壤條件、氣候與地理位置也許能容許它取得大上許多的財富。一個國家如果忽略甚或鄙視國外貿易，只允許外國船隻進入國內一、兩個港口，那麼就無法達成在另外一套法律與社會制度下所能夠達成的生意數量。此外，在這樣的國家裡，儘管豪門巨室或大資本主享有不錯的安全保障，但是平民百姓或小資本主不僅幾乎得不到政府的保護，甚至隨時會受到低級官僚假藉公平的名義肆意掠奪。如此一來，在這個國家之內，各行各業實際運用的資本，便永遠達不到行業本身的性質與市場範圍容許的最大資本數量。在各種行業裡，一般平民的努力受到壓迫，必然會讓豪門巨室取得獨占地位，後者因爲囊括了整個產業，所以獲利豐厚。在中國，金錢借貸的利率據說一般是百分之十二，資本的平常利潤必然更高，否則無法負擔這麼高的利息。

有時候法律的缺陷可能會大幅提高借貸利率，使其遠超過一國的財富狀況所決定的水準。一國的法律制度如果不強制人們履行契約，便會使國內所有借款者的立足點，宛如法治比較完善國家裡信用破產或信用可疑的人。由於收回貸款有很大的不確定性，有錢出借的人，便會向所有借款者強索通常只適用於信用破產者的極高利息。肆虐羅馬帝國西部諸省的野蠻民族，有好幾個世紀，完全任憑訂定契約雙方的誠意履行契約。國王轄下的法庭很少干涉私人借貸契約。古代出現的高利率現象，也許可以從這個原因得到部分說明。

即使法律完全禁止，也阻止不了人們收取利息。一方面，許多人必須借錢，另一方面，沒有人願意出借任何一筆錢，除非獲得相當的好處。這種好處，除了會考量使用這一筆錢能得到的利益之外，還會考量規避法律限制的難度與事跡敗露的危險。法國政治哲學家孟德斯鳩認爲，回教國家之所以出現高利率現象，不是因爲他們窮，而是一部分因爲違背法律取息相當危險，一部分因爲收回貸款相當困難。

平常的利潤率，不管再怎麼低，也必須在彌補了運用資本偶爾會蒙受的損失之後，還有剩餘。只有在扣除了這種損失後，剩下來的利潤，才算是純粹的利潤。人們稱爲毛利的數目，通常不僅包含這種剩餘，也包含爲了彌補偶爾的損失而保留下來的收入。借款者負擔得起的利息，只和純粹的利潤成比例。

同樣的，平常的利率，不管再怎麼低，也必須在彌補了放款（儘管已經相當謹慎）偶爾會蒙受的損失之後，還有剩餘。如果毫無剩餘，那麼放款的動機大概只剩下慈善功德或友情贊助了。

一國如果已經取得了當地自然特質所能取得的全部財富，而國內各行各業實際運用的資本數量，已經大到行業本身性質的極限，那麼平常的純粹利潤率便會很低。所以市場利率通常也會很低，導致除了非常有錢的人之外，沒有人能夠靠利息過日子。所有中小資本主，都不得不親自照顧與運用自己的資本。於是情況演變成，幾乎每個人都必須是某種生意人，也就是必須經營某種事業。目前的荷蘭似乎很接近這種狀態。那裡的人，如果不是生意人，很可能被視爲不符合社會流行的怪物。迫於社會壓力，那裡幾乎人人都是生意人。正如不穿衣服會被譏笑，所以在某種程度，如果不像鄰居那樣拚命工作，也會被認爲荒唐可笑。正如在兵營裡，一個文職人員會顯得尷尬，甚至有被鄙視的危險，所以在每天孜孜矻矻的生意人當中，一個無所事事的人也會有相同的處境。

平常的利潤率最高可能高到把大部分商品價格當中通常有的地租成分完全排擠掉，而且讓商品價格在扣除了利潤後，只剩下剛好足以按照最低的工資率支付生產商品所需的勞動。這裡所謂最低的工資，指勞動者維持個人生存必要的收入。工作中的工人，無論如何都必須被餵飽，否則沒有力氣工作，至於地主，則不一定需要隨時給予報酬。東印度公司的職員在孟加拉進行買賣，賺取的利潤也許和這裡所說的最高利潤相去不遠。

通常的市場利率和平常的純粹利潤率之間的比例，必然會因利潤的高低而有所不同。在英國，利潤率如果是利率的兩倍，一般商人會認爲是好的、中等的或合理的利潤。按照我的理解，這些形容詞只不過表示普通尋常的利潤。如果做生意的資本全部是借來的，那麼當平常的純粹利潤率是百分之八或十時，其中的一半支付利息，也許相當合理。資本的風險由借款者承擔，事實上可說是他對貸款者提供了資本保險服務。就大部分行業來說，百分之四或五的報酬，也許不僅足以涵蓋資本保險服務的價值，也足以涵蓋費心運用資本該得的報酬。但是，如果平常的純粹利潤率和百分之八或十相差很遠，不論是較高或較低，那麼利息和純粹利潤之間的比率很可能不會和前述相同。如果平常的純粹利潤率比百分之八或十低很多，要從中拿出一半支付利息，也許辦不到；如果高很多，要從中拿出超過一半去支付利息，也許便辦得到。

在一些財富累積很快的國家，低利潤率也許足以抵銷高工資率對許多商品價格的影響，讓這些國家可以用同樣低廉的價格，在市場上和財富累積較慢的鄰國競爭，儘管後者的勞動工資比較低。

事實上，高利潤比高工資更能抬高商品的價格。譬如，在亞麻布的製造過程中，如果各種工人，包括梳麻工、紡工、織工等等，每天的工資全部提高二便士；一匹亞麻布因此必須提高的價格，只等於二便士乘以生產它所使用的工人數，再乘以這些人的工作天數。在整個製造過程的不同階段，商品價格當中的工資成分，相對於工資率的增幅，只按等差級數的方式遞增。但是，如果所有工人的雇主，全部把自己的利潤率提高五個百分點，那麼在整個製造過程的不同階段，商品價格當中的利潤成分，相對於利潤率的增幅，便會按等比級數的方式遞增。梳麻工的雇主，在出售他的梳麻時，會根據全部亞麻材料的價值加上他墊付的工資，額外加收百分之五的利潤。紡工雇主根據自己墊付的梳麻價格加上紡工工資，額外加收百分之五的利潤。而織工雇主根據自己墊付的麻紗價格加上織工工資，額外加收百分之五的利潤。在提高商品價格方面，工資增加產生效果的方式，和單利在累積債務的方式相同。而利潤增加產生效果的方式，和複利相同。英國商人和製造業老闆，經常埋怨高工資造成商品價格上漲的不良影響，埋怨價格上漲會減少商品在國內外的銷路。他們從來不說高利潤有什麼不良影響。對於讓自己獲利而產生的不良影響，他們保持沉默。對於讓他人獲利而產生的不良影響，他們便大發牢騷。

10 論勞動與資本在不同行業的工資與利潤

在同一個地方，不同的行業裡，運用勞動或資本的利弊得失，整體來說，必然完全相等，要不然就是不斷趨近相等。若有任何一種行業比其他行業更爲有利或更爲不利，便會有很多人想擠進去或跳出來，因此它的好處會很快和其他行業扯平。尤其，如果社會任憑事態自然發展，如果社會允許完全的自由，也就是每個人都可完全自由的選擇自己認爲適當的職業，而且只要自己認爲適當，每個人也都隨時可以轉換工作，情況將更是如此。每個人的利益，自然會促使他避開不利的行業，尋找有利的工作。

沒錯，歐洲每一個地方的勞動與資本，在不同行業裡所得到的金錢工資與利潤，確實有極大的差異。之所以如此，一部分是因爲行業本身某些不同的情況，實際上或至少在人們的想像中，在某些行業裡彌補了金錢收入很低的缺憾，或在另一些行業裡抵銷了大量的金錢報酬。一部分是因爲歐洲各國政策的干預，使得事態未能完全自由的發展。

因此，本章將分成兩節，分別討論行業本身不同的情況，以及各國的政策干預。

一、行業本身性質不同所產生的差異

關於行業或工作本身有哪些不同情況，在某些行業裡彌補了金錢收入很低的缺憾，或者在另一些行業裡抵銷了大量的金錢報酬，我到目前為止看到的，主要是下列五個：一、工作本身討人喜歡或令人厭惡的程度。二、學得工作技巧的過程，是否既容易又便宜，或是既困難又昂貴。三、工作機會是否穩定，或是時有時無。四、執行工作的人是否必須特別值得信賴，或是一般人即可。五、行業經營（或職業生涯）獲得成功的或然率大小。

（一）由於各種不同的工作，有些容易，有些艱難，有些乾淨，有些骯髒，有些令人感到光榮，有些令人覺得羞恥，所以勞動工資會有所不同。

譬如，在大多數地方，就一整年來比較，裁縫工的工資比織布工少，因為前者的工作比較容易。織布工的工資比金屬工少，因為前者的工作比較乾淨。打鐵匠雖然是有技術的工人，但每天工作十二小時所賺的工資，很少比得上煤礦工八小時的金錢收入，儘管後者只是普通的粗工。但是，前者的工作不那麼骯髒，也比較安全，而且是在光天化日下工作，不是在地底下。在所有光榮的職業裡，榮譽是很大的一部分報酬，單就金錢報酬來說，如果把所有的情況都納入考量，其收入普遍偏低。關於這一點，我很快會在下面詳細說明。不名譽則有相反的效果。肉商這種行業既殘忍又令人厭惡，但是在大多數地方，它比大部分普通行業賺更多錢。所有的行業當中，最可憎的莫過於劊子手了；然而就相對於工作量的比例來說，其報酬比任何普通行業都來得高。

打獵與釣魚，是人們在原始社會時期兩種最重要的行業，然而社會進步了以後，卻變成人們最喜歡的兩種娛樂。人過去不得不做的工作，現在自己高興才去做。所以，在文明進步的社會，任何人如果把別人的消遣娛樂當作自己的職業，一定會變得很窮。例如，自從古希臘詩人泰奧克里托斯（Theocritus）的時代以來，漁夫便一向很窮。在英國，偷獵者普遍貧窮。在法律沒有嚴格禁止偷獵的國家，有執照的獵人生活情況也好不到哪裡。儘管無法靠捕獵獲得舒服的物質生活，但由於生性喜歡這些行業，許多勞動者仍然會留下來工作。由於全部的產出數量和全部的勞動成正比，所以他們的商品在市場上的售價總是偏低，頂多只能讓他們勉強維持生活。

令人厭惡以及不名譽的程度，也會如影響勞動工資那樣影響資本利潤。小客棧或小酒館的經營者，即使在自己的家裡，也無法作主，因爲必須忍受每一位醉客的粗暴無禮，他們從事一種既不討人喜歡、名譽又不怎麼好的工作。不過，幾乎沒有任何普通的行業像它這樣本小利厚。

（二）由於各種工作所需的技巧不同，有些學起來既容易又便宜，有些既困難又昂貴，所以勞動工資會有所不同。

如果添購了一部昂貴的機器，我們一定會認爲，在壞掉以前，它所增加執行的工作價值，除了可以讓我們取回在機器身上所花的資本外，至少必須加上平常的資本利潤。對於那些額外需要靈敏與技巧的工作來說，一個花費了許多心力與時間接受教育，才能夠承擔這種工作的人，好比是一部昂貴的機器。他學會執行的這種超過普通勞動工作的價值，除了必須讓他預期可以取回全部的教育費用外，至少必須加上形同資本的教育費用平常該得的利潤。此外，他的工作報酬，還必須適當考量人類壽命長短這個非常不確定的因素而依比例提高，讓他能夠在合理的期限內回收教育投資。這種情形就好像我們也必須適當考量機器的壽命那般，只不過機器壽命通常比人類壽命更容易確定。

技術勞動和普通勞動之間的工資差異，便是根據這個原則。

歐洲各國的政策，把所有機械維修工、各種手工藝和製造業工人的勞動視爲技術勞動，把所有鄉村勞動者的勞動視爲普通勞動。他們似乎認爲，第一類勞動的性質比第二類更爲高尚美妙。某些情況也許是這樣，但是大多數情況並非如此。關於這一點，我很快會予以說明。基於這種不太正確的觀念，歐洲各國的法律與習慣規定，若想取得執行第一類勞動的資格，任何人都必須從學徒做起，儘管各地規定的嚴苛程度不等。對於第二類勞動的資格，他們沒有任何規定，每個人都可以自由從事。在規定的見習期間，學徒的勞動全部屬於他的師傅。同時，在許多地方，他的生活費用必須倚賴父母或親戚供應，而幾乎在每一個地方，父母或親戚都必須提供他的衣服。此外，學徒一般必須付給師傅一些金錢，作爲傳授職業技術的學費。付不起金錢的學徒，就必須多付出一些自己的時間，也就是留在師傅身旁當更久的學徒。這種給付學費的方式，儘管對師傅不見得有利，因爲學徒通常懶惰，但是對學徒本身一定不利。在鄉村勞動方面，情形便不一樣。勞動者在從事比較簡單的工作時，順便學習行業當中比較困難的部分。在整個邊做邊學的過程中，他自己的勞動可以維持自己的生活。所以，照道理來說，歐洲的機械維修工、各種工匠和製造業工人的工資，應該比普通勞動者高一些，而眞實情況也是如此。由於他們的報酬較高，大多數地方會認爲他們高人一等。然而，一般來說，他們的報酬即使較高，幅度也相當有限。譬如，像單色亞麻布和毛織布這種普通製造業的工人，平均每天或每週的工資，在大多數地方，算起來只比普通勞動者高出一點點。沒錯，他們的工作時間較穩定也較有規律，所以就整年來說，其收入高過普通勞動者的比例會稍微大一些。然而，即使這樣，顯然也不會大於補償比較高的學習費用所需的比例。

藝術家和一些所謂自由業工作所需的教育又更爲費時與昂貴。因此，畫家、雕刻家、律師、醫師等等行業的金錢報酬，照理應該更爲優渥，而眞實情況也是如此。

各行各業的經營技巧是否容易學會，似乎對各行各業的資本利潤沒有什麼影響。事實上，學會大城市裡常見的各種應用資本的方式，看來幾乎都同樣的簡單也同樣的困難。任何一種生意，不管是範圍僅限於國內，或是涉及國外，都很難說比另一種生意更爲錯綜複雜。

（三）由於不同的行業，有些經常有工作可做，有些時有時無，所以各種行業的勞動工資會有所不同。

某些行業的工作機會，比其他行業穩定。大部分製造業的工人，從年頭到年尾的每一天，只要他能夠動，就幾乎確定有工作可做。相反的，一個泥水工或砌磚工，遇到酷寒或惡劣的天氣，便無法工作。此外，就算是好天氣，也必須等待客人不定時上門要求，他才有工作可做。也就是說，他可能時常沒有工作。因此，在他被雇用的時候，其勞動工資，不僅必須讓他能夠維持賦閒時期的生活，還必須稍微補償，他有時想到自己這種朝不保夕的生存方式，難免會有的焦慮沮喪。因此，在大部分地方，如果製造業工人每天的工資算起來和普通勞動者一天的工資幾乎相同，泥水工和砌磚工的工資一般是這些人的一．五倍至兩倍。在普通勞動者每週賺四至五先令的地方，泥水工和砌磚工往往賺七至八先令；在前者賺六先令的地方，後者經常賺九至十先令；在前者賺九至十先令的地方，譬如倫敦，後者通常賺十五至十八先令。然而，似乎沒有任何一種勞動技術，比泥水工和砌磚工的技術更容易學會。在倫敦專門幫行動不便者推輪椅的人，據說到了夏天有時也兼差當砌磚工。因此，那些工人的高勞動工資，與其說是報酬他們的技術，不如說是補償工作機會的不穩定。

做家具的木工，使用的技術似乎比泥水工更爲高明美妙。然而，在大多數地方，木工每天的工資反而稍微不如泥水工，當然並非每個地方都是如此。木工的工作機會，雖然也很仰賴顧客不定時的需要，但不像泥水工那樣徹底。此外，也不會因天氣不好而失去工作機會。

一些通常有穩定工作機會的行業，如果在某個特別的地方一反常態，那麼工人在那裡的工資，便會比平常相對於普通勞動工資的比例高出很多。在倫敦，幾乎每一種工匠都隨時會被約聘或解雇，約聘的時間有時只有一天，有時是一週，就像其他地方按日計酬的零工。因此，像裁縫工這種最低層的工匠，每天的勞動工資是半克朗（half a crown，等於二．五先令或三十便士），儘管普通勞動工資大約只有十八便士。在小鎮或鄉村地區，裁縫工的勞動工資通常勉強等於普通勞動工資。不過，在倫敦，裁縫工時常會失業好幾週，尤其是在夏天。

一種工作如果除了工作機會不穩定之外，還特別辛苦、特別討厭、特別骯髒，那麼即使這種工作只需要最普通的勞動來承擔，它的工資有時甚至會高過技術最高明的工匠。在新堡，按件計酬的煤礦工每天的勞動工資，通常是普通勞動工資的兩倍。在蘇格蘭的許多地方，通常約爲三倍。他的工資之所以高，完全是因爲工作非常辛苦、非常討厭、也非常骯髒。大多數時候，只要他喜歡，都會有工作可做。在倫敦，運煤工的工作，辛苦、討厭和骯髒的程度，幾乎和煤礦工不相上下。此外，由於運煤船到岸的時間難免會有變動，所以大部分運煤工的工作機會很不穩定。因此，當煤礦工的工資是普通勞動的兩、三倍時，如果運煤工的工資是普通勞動的四、五倍，理應不算過分。幾年前，對於運煤工的情況有一個研究，發現按當時給付的工資率，他們每天可以賺六到十先令。六先令大約是倫敦普通勞動工資的四倍。在任何一種行業，最低的普通收入經常可以視爲絕大多數工人的收入。儘管這些收入看來非常高，但如果高過足以補償這種行業所有討厭的情況，而執行這種行業又不是什麼人的特權，那麼便會招來很多競爭者，很快就會把工資壓低。

就任何一種行業來說，應用的資本經常發揮功效，或是時常閒置，對平常的行業利潤不會有任何影響。資本經常發揮功效，或是時常閒置，不是取決於行業本身的性質，而是取決於商人個別的能力。

（四）由於各種不同的工作，有些需要特別值得信賴的人來執行，有些是一般人便可，所以勞動工資會有所不同。

無論在什麼地方，金匠和珠寶匠的工資，都比其他工人來得高，但後者往往不僅具有同等的技巧，有時甚至更為高明。他們的工資之所以比較高，是因為託付在他們身上的材料非常珍貴。

我們把本身的健康託付給醫生；把我們的財富，有時甚至把性命和名譽託付給律師和代理人。被我們寄託信任感的人，社會地位如果屬於普通或下等，我們不可能覺得安心。所以，工作報酬讓他們享有的社會地位，必須和他們被託付的重任相當。此外，由於他們的教育歷時甚久且花費很大，因此勞動價格必然進一步提高。

一個人如果只用自己的資本經營事業，那就沒有這裡所說的信任問題。如果別人借給他一些錢或給予他一些信用，那也和他的行業性質無關，而是反映別人對他個人在財富、誠實與穩重等方面的看法。所以，各行各業的利潤率即使有所不同，也不可能是因為個別商人獲得了不同程度的信任。

（五）由於在各種不同行業獲得成功的或然率，有些比較大，有些比較小，所以勞動工資會有所不同。

就任何人成功學得技巧並獲得任用資格的或然率來說，各種職業大不相同。在大部分呆板的職業，幾乎可以確定成功，然而在所謂自由業，那就很不確定了。如果讓我們的小孩學習當鞋匠，那麼他學會做鞋子應該沒什麼問題；可是如果讓他學習法律，那麼期待他的法律知識精通到足以靠法律吃飯的地步，如願達成的或然率也許只有二十比一。在純粹公平的抽獎賭局裡，所有中獎人獲得的全部獎金，應該等於所有抽到空籤的人全部輸掉的金額。假設某個專門職業裡，相對於二十個失敗的人，只有一個人能夠成功，那麼成功的人理當獲得那二十個失敗者原先希望獲得的全部利益。一個律師，等到開始可以憑專業賺些錢，也許已經年近四十了。他理當獲得的報酬，不僅應該包含自己長期學習的巨大花費，也應該包含其他二十幾個可能永遠不會成功的學習者的巨大花費。儘管律師收取的酬勞有時看起來奇高無比，但他們實際得到的，從來達不到他們理當獲得的報酬。不管在什麼地方，就任何類似製鞋匠或織布工這種普通的行業來說，針對行業裡所有工人每年可能獲得的報酬，以及他們每年可能的花費，稍微盤算一下便可發現，報酬通常大於花費。然而，如果針對所有的律師和法律系的學生進行同樣的盤算，就會發現，他們每年全部的收入只占全部支出的很小一部分；即使在盤算的時候，我們在合理的範圍內，盡量抬高他們的收入，並且盡量壓低其支出。因此，如果把律師這種行業比擬為一個抽獎的賭局，我們便可以說，律師這一行是一個很不公平的賭局；就金錢方面的報酬來說，和其他許多種所謂自由與光榮的職業一樣顯然偏低。

但是，從事專門職業的全部利弊得失，和其他職業相比，還是保持同一水平。而且儘管面對前述這些不利因素，許多至為慷慨豁達、不看重錢財的人，仍渴望擠進這些專門職業。它們之所以還具吸引力，主要有兩個原因：第一，希望經由職業上的卓越成就，在社會上獲得廣泛的名聲；第二，每個人不僅對自己的能力，也對自己的運氣，或多或少都有一些與生俱來的信心。

在任何專業領域出類拔萃，無疑是所謂天才或才能優異最明顯的標誌，尤其除了少數幾人，其餘永遠都只是平平庸庸之時。眾人對於這種超群能力的欽佩與仰慕，永遠是能力超群者報酬的一部分；欽佩仰慕之情愈是熱烈，該部分報酬所占比例就愈高。這是醫生所獲報酬當中相當重要的一部分；在律師方面，其所占報酬比例非常高；而在詩文與哲學領域，幾乎是報酬的全部。

有些美妙悅人的才藝，如果偶爾用來自娛娛人，會贏得欽佩。但是，如果公開用來牟利，不管基於什麼理由或純屬偏見，人們總會把這種牟利行為視同娼妓。在這種情況下，以才藝為生的人所獲得的金錢報酬，不僅必須足以償付學得這些才藝所需的時間、辛苦和費用，而且必須彌補利用這些才藝謀生所惹來的非議。樂器演奏家、歌劇演唱家、舞蹈家等職業奇高的報酬，乃基於這兩種原則：一、由於他們的才藝非常罕見而且很美妙；二、由於以這種方式發揮才藝會遭受譏評羞辱。乍看之下，這種情形實在荒唐：一方面，我們瞧不起他們的人格；另一方面，對於他們的才藝，我們給予最優渥的報酬。但是，我們既然做了前一件事，便不得不做後一件事。如果有一天，大家對於這種職業的意見或偏見改變了，那麼他們在金錢方面所獲得的報酬，便會很快下降。因爲會有更多的人從事這種職業，而競爭會很快降低其勞動價格。他們的才藝，儘管絕非普遍，但也沒有一般想像的那樣稀奇。有許多人雖然充分具備這些才藝，卻不屑於公開用來牟利。此外，若可以光榮的用來賺一些錢，便會有更多的人努力學會這些才藝。

對自己的能力過於自負，是歷代哲學家與道德學家經常提到大部分人類的一項老毛病。人類過於高估自己的運氣，雖然同樣荒謬，卻比較少有人注意。然而，事實上，這種少有人注意的毛病，很可能更爲普遍。凡身爲人，只要身體和心情還不錯，多少會有這種毛病。對於成功的或然率，每一個人多少都會高估；對於失敗的或然率，大多數人會低估。幾乎每一個身體和心情還不錯的人，都不可能會高估失敗的或然率。

成功的或然率自然會被高估這回事，我們可以從彩票抽獎的賭局普遍經營成功瞧出端倪。過去世上從來沒有，將來也不可能看到純粹公平的彩票，也就是所有賭贏的獎金等於所有賭輸的錢；因爲純粹公平的彩票不能讓經營賭局的人賺錢。在政府經營的彩票抽獎賭局裡，每一張彩票的眞實價值，原本就小於首先認購者付出的價格。然而，在市場上，其銷售價格通常高於認購價格的百分之二、三十，甚至百分之四十。之所以有這樣熱烈的需求，唯一原因是人們妄想獲得少數幾個大獎。就算是頭腦最清楚的人，也很少認爲花一點小錢買個機會希望獲獎一、兩萬鎊，是一樁蠢事。儘管他們知道，這一點錢雖然不多，但仍然比眞正價值高出百分之二、三十。相反的，如果中獎的彩票獎金頂多是二十鎊，那麼便不會有很多人想買彩票，儘管在其他方面，這種彩票比一般政府彩票更接近純粹公平的抽獎賭局。爲了有更好的機會獲得大獎，有些人買了好幾張彩票，有些人合起來共同買了更多張彩票。然而，彩票買得愈多，愈可能輸錢，在數學上是一個極端確定的命題。把全部彩票買下來的人，輸錢的機會是百分之百確定；買愈多彩票，愈接近確定輸錢的程度。

我們可以從一般保險人獲利微薄，推知人們時常低估失敗的或然率，至少人們很少高估它。任何火災或海上保險事業，若要持續經營，通常的保費收入，除了必須足夠償付通常會發生的事故損失外，還必須足夠償付保險事業的管理費用，並且讓保險業的資本獲得相當於其他普通行業的利潤。被保險人支付的保費如果不比這個多，那麼他支付的保費，便顯然不會大於危險的眞正價值。也就是說，這樣的保費是讓危險獲得保障必須支付的最低合理價格。雖然有許多保險人賺了一點點錢，但極少有人因經營保險事業而發大財。單憑這一點，我們似乎便可判定，和其他普通行業相比，保險業的平常利潤顯然不是很出色，畢竟有更多人在其他普通行業發了財。然而，儘管保費通常不高，很多過度忽視危險的人還是不願意買保險。就我們全國平均來說，每二十棟房子當中有十九棟，甚至也許是每一百棟房子當中有九十九棟，沒有火險保障。對大多數人來說，海上的危險比較嚇人，所以投保海險的船隻比例較未投保的高。但無論是哪個季節，甚至戰爭之時，還是有許多未保險的船隻揚帆出海。有時這種做法也許是經過審愼評估的。譬如，某家大公司或某個大富商如果經常有二、三十艘船在海上，那麼這些船可說是互相保險。船主雖然沒有爲這些船買保險，但在正常情況下，省下的保費，也許足夠彌補這些船可能遭遇的危險損失，說不定還有剩餘。然而，和沒有保險的房子一樣，大多數船隻之所以沒有保險，不是因爲船主做了這樣細膩的評估，而是因爲船主魯莽輕率，大膽忽視危險的結果。

人類這種忽視危險並且奢望成功的心理，在每個人的一生當中，以選擇職業的青年時期最爲活躍。這時候，對於不幸的憂慮往往被滿懷幸運的憧憬淹沒。中上流社會的年輕人渴望擠進所謂自由業，就是這種心理作祟的結果，在爽快應徵陸海軍士兵的年輕平民身上，更是表露無遺。

每個人應該都知道，一個普通士兵可能失去什麼。然而，在每次戰爭開始的時候，不顧危險的年輕人志願應徵當兵的情況，比任何時候都更熱烈爽快。儘管實際上很少有機會晉升，但在年輕人的憧憬中，卻可以幻想出上千個獲得榮耀的機會。這些浪漫的幻想，是讓他們流血的全部代價。他們的薪水比不上普通的勞動者，而他們實際服勤的辛勞卻大得多。

水兵生涯的成敗機率，不像步兵生涯那樣不利。即使父親是稍有身分的勞動者或工匠，兒子往往仍然可以得到父親的同意當水兵；但如果他應徵當步兵，那麼父親絕不可能諒解。如果他去當水兵，旁人還會認爲他多少有些機會獲得一些卑微的利益；但如果他去當步兵，除了他自己，沒有人會認爲他有任何機會。在社會上，海軍上將被大家推崇的程度不如陸軍上將。海軍生涯最高的成就所帶來的名利，比不上陸軍生涯同等的成就那樣耀眼。比較兩個軍種的次級官階，到處可以發現這樣的差距。譬如，根據官階順序，海軍的船長和陸軍的上校相當，但是，在一般人的眼裡，上校比船長更令人尊敬。由於在海軍生涯獲得大獎的機會比較少，所以獲得小獎的機會就必須比較多。因此，一般來說，水兵比步兵更常得到一些小名小利。而海軍生涯吸引年輕人的地方，主要便在於有希望獲得這些小名小利。雖然他們的技巧幾乎遠比任何工匠優越，而且生涯不斷遭逢艱辛與危險，但儘管有這一切的技巧、艱辛與危險，只要他們還停留在一般水兵的階級，除了享受應用這些技巧，以及克服艱辛與危險的樂趣外，幾乎得不到其他任何報酬。比起在制定海員工資標準的港口附近工作的普通勞動者，水兵的工資不會比較高。就每個月來算，由於水兵不停的往來於各個港口，因此所有從大不列顚各個港口啓航的水兵工資，比各個港口的任何一種工人更接近同一水準。由於大多數船隻，要不是航向倫敦，便是從倫敦啓航，因此倫敦港制定的海員工資率便成爲其他各港口工資調整的基準。倫敦各種不同層次的勞動工資，大部分約爲愛丁堡同一層次勞動工資的兩倍。但是，從倫敦港啓航的水兵每個月的工資，很少比從利斯港啓航的水兵多上三、四先令，實際的差距經常比這個數目小。和平時期，如果在商船上服務，倫敦港的水手價格每個月從二十一到二十七先令不等。普通勞動者在倫敦的工資，如果按每週九或十先令計算，每個月約為四十至四十五先令。沒錯，水兵除了領取金錢工資之外，還享有食物配給。但是，這部分價值，不見得一定超過他在金錢工資方面和普通勞動者的落差。而且，即使有時候超過，多出來的部分，對水兵來說，也不全然是一種優惠，因為他不能在家和太太或家人一起分享食物配給，而必須把工資拿出來養家。

處處危機與死裡逃生的冒險生涯，不僅不會讓年輕人退避三舍，反而似乎時常會吸引他們投入。在社會中下階層，溫柔的母親往往不敢讓兒子到海港附近的學校讀書，惟恐雄偉壯觀的船舶，以及水手們粗獷的對話和冒險的故事，會引誘兒子選擇航海生涯。對於在遙遠的未來可能發生的危險，如果我們有希望靠勇氣和技巧逃脫，我們不會覺得討厭；因此，不管在什麼行業，這樣的危險不會提高勞動工資。至於勇氣和技巧都不管用的危險，情況就不同了。在大家都知道有害健康的一些行業，勞動工資一定會相對提高很多。工作環境不健康，是工作令人厭惡的一個主要因素，因此它對勞動工資的影響，包含在工作令人厭惡這個一般項目之下。

各行各業的平常利潤率，因投資獲利不確定性的大小不一，而多少有所不同。一般來說，海內各種行業的投資獲利，比海外各種行業的不確定性小；而海外各種行業投資獲利的不確定性也不一樣，譬如，北美貿易的投資獲利，比牙買加貿易的不確定性小。平常的利潤率，總是多少會隨著投資獲利風險的提高而上升。但是，平常的利潤率，似乎不會隨著投資獲利風險的提高而成比例的上升。也就是說，平常利潤率上升的程度，似乎不足以充分補償風險提高的程度。破產倒閉的個案，最常發生在投資風險最高的行業。所有行業當中，投資風險最高的，當推走私。如果成功，走私照樣也是獲利率最高的行業。但是沒有什麼行業比走私更確定會導致破產。在這裡，奢望成功的心理，似乎也像在所有其他場合那樣發揮作用，誘使太多人冒險投入高風險的行業，以致他們的競爭，把利潤壓低到充分補償投資風險所需的水準以下。若要充分補償風險，一般的投資報酬，除了必須高於平常的資本利潤外，高出的部分還必須彌補所有偶爾發生的損失，並且讓冒險的投資者額外得到一般保險人享有的正常利潤。但是，如果一般的投資報酬達到這樣充分的水準，那麼在高風險的行業裡，破產倒閉的個案就不會比在其他行業更為常見。

總之，在前述五個影響勞動工資的因素當中，只有兩個因素對資本利潤有影響，也就是行業本身討人喜歡或令人厭惡的程度，以及投資獲利風險或安全的程度。在討人喜歡或令人厭惡的程度方面，對資本來說，大部分行業的差異很小，甚至不存在。對勞動來說，大部分行業有顯著的差異。此外，各行各業的平常利潤，雖然因獲利風險的大小而有所不同，但似乎沒有隨著風險的提高而成比例的上升。這一切都指向同一個結論，也就是在同一社會或地方，在各行各業應用資本所獲得的平常或平均利潤率，比在各行各業應用勞動所獲得的金錢工資更接近一致。實際的經驗也符合這個結論。譬如，普通勞動者的收入和生意不錯的律師或醫生相比，兩者差異的程度，顯然大於任何兩種不同行業的平均利潤率差異。此外，各種行業之間表面的利潤差異，大部分不過是一種幻象，源於我們時常沒有清楚的把應該歸爲工資的收入，和應該歸爲利潤的收入區分開來。

藥劑師的利潤，已經成了暴利的代名詞。然而，這種表面上很高的利潤，往往不過是合理的勞動工資。和其他任何一種工匠相比，藥劑師的技巧更精密，也更微妙，而且託付給他的責任也更爲重要。他是窮人各種病症的醫生，也是富人身體稍感不適時諮詢的對象。因此，他的報酬理當反映他的技巧和他所獲得的信賴，而這種報酬一般來自藥品售價。一般在比較大的城市，就算是生意最好的藥劑師，一整年賣出的藥品成本，全部也許不會超過三、四十英鎊。儘管他賣得三、四百英鎊，或者說，儘管表面上他的利潤率是百分之一千，但實際上這往往只不過是他的合理勞動報酬，不得不被加諸在藥價上所產生的結果。也就是說，這種表面上的利潤，大部分是眞正的工資穿著利潤的外衣。

在某個小港都，一個小雜貨商運用一百鎊的資本，可以賺到百分之三、四十的利潤率。而一個財力雄厚的大批發商，在同一個地方運用一萬鎊的資本，卻很少能賺到百分之八或十的利潤率。當地居民若要過方便的生活，也許非得有這種雜貨商不可；而且由於當地市場狹小，大概也不允許有更多的雜貨商運用更多的資本。然而，雜貨商的買賣不僅必須讓他能夠活下去，還必須讓他活得像是一個具有經營這種買賣資格的人。除了擁有一點點資本外，他必須能寫、能讀、能算，而且他至少必須相當熟悉五、六十種不同的物品，知道其價格與品質，以及從哪一個地方把貨批進來最便宜。簡單的說，他必須擁有大商人必備的一切知識，要不是缺乏資本，他也可以是一個稱職的大商人。這麼有教養的人，一年的勞動報酬如果是三、四十鎊，不能說是過分。把這個數目從他那看來很高的利潤減掉，剩下來的也許不會多於平常的資本利潤。總之，在這個例子裡，表面上的利潤，其實大部分是眞正的工資。

和小城鎭或鄉村相比，大都市裡零售商和批發商表面上的利潤差異比較小。任何雜貨商如果能夠運用一萬鎊資本做生意，相對於這麼大的資本平常該得的利潤，他自己的勞動工資便微不足道。因此，在大都市裡，資本雄厚的零售商表面上的利潤，比較接近批發商的水準。由於這個緣故，大都市裡的零售商品，一般也像小城鎭或鄉村那樣便宜，甚至往往更爲便宜。譬如，都市裡一般食品雜貨類價格比較低廉，而麵包和肉品往往和小城鎭或鄉村地區一樣便宜。把雜貨類食品送到大都市的成本，不會大於把它送到鄉村地區。但是，把穀物和牛羊送到大都市的成本，比送到鄉村地區高很多，因爲這些物品大部分必須從比較遠的地方運送過來。既然在這兩種地方，雜貨類食品的進貨成本相同，那麼在成本上索取較低利潤的地方，雜貨類食品的售價就會比較便宜。都市裡的麵包和肉品進貨成本，比鄉村地區高很多，因此儘管都市裡索取的利潤較低，其售價不見得一定會比較便宜，不過往往和鄉村地區一樣便宜。像麵包和肉品這種商品，同一個原因，一方面降低表面上的利潤，另一方面同時提高進貨成本。都市裡的市場範圍比較大，容納了比較多的資本競爭，從而降低表面的利潤；但市場範圍比較大，需要從較遠的地方獲得供應，所以會提高進貨成本。大多數時候，這種一方面減少而另一方面增加的效果，似乎會相互抵銷；也許是因爲這個理由，所以雖然我們國內各地的穀物和牛羊價格一般相差很大，但國內大多數地方的麵包和肉品價格一般相當接近一致。

雖然都市地區的批發業和零售業利潤，一般都比小城鎮或鄉村地區低，但在都市地區，應用小額資本起步的業者往往可以致富；如果是在小城鎮或鄉村地區，想憑這種行業致富幾乎不可能。在小城鎮或鄉村地區，由於市場狹小，即使擴大應用資本，生意不見得一定跟著擴大。因此，在這種地方，儘管業者的利潤率很高，利潤總額卻不可能很大，從而每年累積的資本也不可能很多。相反的，在都市地區，生意隨著資本增加而擴大，而且生活節儉、事業蒸蒸日上的生意人能夠獲得的信用，比他自己的資本增加得更快。他的生意按資本和信用增加的比例擴大，利潤總額按生意擴大的比例增加，每年累積的資本按利潤總額增加的比例提高。不過，即使在都市地區，除非經過長期專心辛苦的經營，加上生活節儉，否則幾乎不可能在任何一種正常、固定、而且大家都很熟悉的行業裡致富。確實，在都市地區，透過所謂投機，有時候可以突然致富。投機的商人，不會定下心經營任何一種正常、固定、或大家都很熟悉的行業。他也許今年做穀物買賣，明年轉業做葡萄酒生意，後年改行當起砂糖、菸草或茶葉商。當他覺得某個行業的利潤可能高過一般水準，便會把資本投入該行業；一旦他覺得這個行業的利潤可能要回跌到一般水準，便會撤離。因此，投機者的利潤或損失，和一般固定行業的利潤或損失，沒有正常的比例關係。一個投機者若敢大膽冒險，有時只要成功了兩、三次，也許就可以獲得大量財富；但他也同樣可能因兩、三次投機失敗而輸掉全部家當。除了在大都市，別的地方恐怕也沒有投機者存在的空間。因爲只有在商業與通訊網絡最廣泛的地方，才可能取得投機所需的情報。

前面提到的五種情況，雖然使不同行業的勞動工資和資本利潤有很大的差別，但是就勞動或資本在不同行業的全部利弊得失來看（包括實在的或想像的），這五種情況卻不是造成差別的因素。它們的作用，僅是在某些行業裡彌補了金錢收入很低的缺憾，或在另一些行業裡抵銷了大量的金錢報酬。

然而，勞動或資本應用在不同行業的全部利弊得失，整體來看若要相等，即使在完全自由的地方，還須滿足三個條件：首先，這些行業在地方上必須是大家都很熟悉，而且已經確立了很久。第二，這些行業必須處於它們平常或所謂自然的狀態。第三，對於從事這些行業的人來說，這些行業必須是他們唯一或主要的行業。

第一，整體利弊得失若要相等，這些行業在地方上必須是大家都很熟悉，而且已經確立了很久。

當其他一切情況都相同時，新行業的工資一般來說會比舊行業高。當某個企業家籌設新生產事業時，爲了把工人從其他行業吸引過來，起初付出的工資，必須高於這些工人原來能夠賺到的，或必須高於平時給的工資。通常必須經過相當長的一段時間，企業家才敢嘗試把工資降低至平常的水準。市場需求完全來自於時尚流行與情趣想像的製造業，總是不斷變化，很少能維持固定的模樣，直到被認為是確立的舊行業。相反的，市場需求主要基於實際用途或生活必備的一些製造業，變化比較少，同一形式或構造的產品，也許持續好幾個世紀一直都有市場需求。因此，前一類製造業的工資很可能高於後一類製造業。伯明罕的製造業主要屬於前一類，雪菲爾的製造業主要屬於後一類。這兩個地方的工資差異，據說相當契合兩地製造業在這種性質上的差異。

嘗試建立任何新的製造業、新的商業買賣或新的農作模式，總是多少含有投機成分。也因為有這種成分，創新的企業家才自認為有希望獲得不尋常的利潤。這種利潤有時很可觀，有時則不然，也許後者還更常發生。無論哪一種情況，新行業的利潤，和地方上其他舊行業的利潤，都沒有正常的比例關係。如果創新計畫成功，利潤起初通常很高。當新行業或新做法完全固定下來，大家都熟悉了以後，競爭便會把利潤壓低至和其他行業相等的水準。

第二，勞動或資本應用在不同行業的全部利弊得失，整體來看若要相等，這些行業必須處於它們平常或所謂自然的狀態。

幾乎每一種勞動的需求，偶爾都會有所變動，有時比平常的需求高，有時比較低。當實際需求高於平常的水準時，勞動利益便會提高到平常的水準以上；反之，則會降低至平常的水準以下。農村地區在牧草和農作收成時期的勞動需求，比一年當中的大多數時候要來得大，因此農村的勞動工資在收成時期也比較高。戰時往往需要從商船徵調四、五萬名水手到軍艦上服役，於是商船對水手的實際需求，必然因為水手稀少而相對增加。這時，水手的工資一般會從每月二十一至二十七先令，提高到四十至六十先令。反之，在一些逐漸衰落的製造業，許多工人不願意離開原來的工作崗位，寧可忍受比平常低的工資。

資本的利潤，隨著其參與生產的商品價格起伏而變化。就任何商品來說，當價格上漲至平常或平均水準以上，則供應它上市的資本之中，至少會有一部分獲得比平常高的利潤。相反的，當價格下跌時，某一部分資本的利潤會低於平常的水準。所有的商品價格多少都會變動，只是有一些商品價格的變動，比其他商品更爲頻繁，幅度也更大。就任何一種需要人類的勞動才能生產出來的商品來說，每年用來生產它的勞動數量，必然會受到有效需求的調節，使得每年平均的產量盡可能接近等於每年平均的消費。第七章曾經指出，在某些行業，相同數量的勞動，總是會生產出相同或幾乎相同數量的商品。例如，在麻織布或毛織布製造業，同一數目的勞動者，每年生產的麻織布或毛織布數量幾乎相同。因此，只有在市場需求發生了意外的變動時，這種商品的價格才會變動。例如，突如其來的國喪，會提高黑布的價格。不過，由於大部分單色麻織布和毛織布的需求沒有什麼變化，所以其價格仍維持穩定。但是，有些行業在不同的年分，同一數量的勞動不一定生產出同一數量的商品。例如，同一數量的勞動，在不同年分會生產出數量極不相同的小麥、葡萄酒、啤酒花、蔗糖、菸草等等。因此，這種商品的價格，不僅在需求變動時會跟著變動，在產量變動時也會跟著變動，而且由於產量變動幅度更大，次數也更頻繁，所以價格非常不穩定。當商品的價格變動時，一些經銷商的利潤必然會受影響而產生變化。投機的商人主要針對這種商品進行工作。當他認爲商品的價格可能上漲時，他便會企圖搶先全部買光；相反的，當價格可能下跌時，他就會搶先賣掉。

第三，勞動或資本應用在不同行業的全部利弊得失，整體來看若要相等，那些行業必須是從業人員唯一或主要的職業。

如果某人從某種職業獲得基本的生計，但這個職業沒有占去他的大部分時間；那麼在空下來的時間，他往往願意從事另一種工作，即使獲得的報酬比這種工作平常該有的工資低。

在蘇格蘭的許多地方，現在仍然可以看到一種所謂「矮屋人」（Cotters or Cottagers）的佃農，雖然幾年前比現在更常見。他們可說是地主和農夫的外宿僕役。他們從主人那裡得到的報酬，通常包含一小間住屋、一小塊可以收割一大籃牧草的草坪，足夠養一頭母牛，加上也許是一、兩英畝貧瘠的耕地。當主人需要他們勞動時，每週還會給他們兩配克（two pecks，約十八公升）的燕麥片，約值十六便士英幣。每年當中有一大部分時間，幾乎完全不需要他們幫忙，而耕種自己那一小塊地，也花不了多少他們可以自由支配的時間。從前當這種佃農比現在還多時，據說任何人只要出一點點酬勞，便可以在他們空暇時雇用他們。也就是說，即使工資比其他勞動者低很多，他們也願意工作。古時候，這種人似乎在歐洲各處都很常見。在一些土地荒涼、人煙稀少的國家，除了仰仗他們，大部分地主和農夫也沒有其他辦法能獲得農忙時期額外需要的人力。這種勞動者偶爾按日或按週從主人那裡拿到的報酬，顯然不是他們勞動報酬的全部。主人給他們的那一塊租地，其實是他們偶爾幫忙主人的一大部分代價。然而，這種按日或按週拿到的報酬，似乎被許多蒐集古代勞動價格和食物給付的學者當作全部的勞動報酬，而且這些學者還洋洋得意的到處張揚，說古代的勞動價格和食物給付低得叫人驚奇。

這種勞動的產品賣到市場的價格，通常會低於其他類似勞動的產品。在蘇格蘭許多地方，手織的長襪，比任何地方的機織長襪便宜。生產手織長襪的僕人或勞動者，主要從其他職業獲得基本的生計。目前從昔得蘭群島賣到利斯港的長襪，每年超過一千雙，每雙的價格從五到七便士不等。我確信，在昔得蘭群島的首府勒威克，普通勞動的工資平常是每天十便士。在昔得蘭群島，用精紡絨線織成的長襪，每雙的價格通常在二十一便士以上。

在蘇格蘭，生產亞麻紗的工作，幾乎和長襪一樣，也是利用一些主要受雇於其他職務的僕人來進行的。由於在其他職務上的收入非常微薄，爲了獲得足夠的生計，這些人努力兼差做些紡紗或織襪的工作。在蘇格蘭多數地方，只有堪稱紡紗高手的女人，每週才能賺得二十便士。

在富裕的國家，每一種行業的市場一般都夠大，足以容納業者在任一特定的行業內應用他們的全部勞動和資本。像這種仰賴某種職業爲生，同時兼差從事另一種職業，賺一點點錢貼補生活費用的例子，主要發生在貧窮的國家。然而，下面這個有點類似上述兼差的例子，卻是發生在一個很富裕國家的首都。我相信，歐洲沒有任何城市的房租會比倫敦更貴；但是，如果要租用附有家具的公寓，我找不出其他哪一個首都像倫敦這樣便宜。在倫敦租一間公寓住，不僅比巴黎便宜很多，甚至比在愛丁堡租一間品質相同的公寓便宜很多。更叫人驚奇的是，在倫敦，房租貴竟然是公寓租金便宜的原因。倫敦的房租之所以貴，不僅是基於一些同樣使得所有大國首都房租貴的共通原因，例如，勞動的價格昂貴、所有的建築材料都昂貴（因爲一般建材必須從遠方運來）、地租尤其很貴（每位地主都宛如一個獨占者，城市裡一畝大小的一塊爛地收取的地租，往往抵得上鄉村地區一百畝的良田）。一部分也由於倫敦當地有一種特殊的習俗，使得每一位名門的主人，必須把一整棟房子從上到下都租下來。在英格蘭，「一處住宅」是指同一個屋頂之下的所有樓層。在法國、蘇格蘭和歐洲其他許多地方，「一處住宅」通常只不過是一層樓房。在倫敦開店的商人，必須在顧客的住處附近租下一整棟房子。店面設在一樓，他和家人住在頂樓。至於中間兩層，他會設法租給其他房客，以便貼補整棟房子的房租。他和家人的生活，主要仰賴店面的生意，而不是房客所給的房租。相反的，在巴黎和愛丁堡，出租公寓的房東通常沒有其他維持生活的收入來源；因此，出租公寓的房租，不僅必須償付整棟房子的房租，還必須負擔房東全家的生活費。

二、歐洲各國政策所導致的差異

即使在完全自由的地方，如果三個必備的條件當中有任何缺憾，那麼應用在各種行業的勞動或資本，整體利弊得失必然會發生前面所說的差異。但歐洲各國的政策，由於沒有完全放任事態自由發展，所導致的差異比前面提到的那些更爲嚴重。

政策干預導致這種差異的方式主要有三：一、限制某些行業加入競爭的人數，使它小於自由的情況下願意加入的人數。二、增加某些行業的就業人數，使它超過自由的情況下願意加入的人數。三、阻撓勞動和資本在不同行業之間，以及不同區域之間的自由流通。

（一）歐洲各國的政策，藉由限制某些行業加入競爭的人數，使它小於自由的情況下願意加入的人數，導致在不同行業應用勞動或資本的整體利弊得失，就整體來說會有重大的差異。

在這方面，主要的政策工具是授與同業團體排他的特權。

在成立這種同業團體的城市裡，同業團體所享有的排他特權，必然使得行業內的競爭，局限於有權從事該行業的特定人士。爲了獲得這種權利，人們通常必須在那個城市，投入某個有適當資格的師傅門下當過學徒。這種同業團體的章程，幾乎一定會規定每個學徒至少必須做滿多少年，有時甚至還會規定每個師傅最多可以收多少個學徒。這兩個規定的用意，都在於限制加入行業競爭的人數，使其遠小於自由的情況下願意加入的人數。規定每個師傅最多可以收多少個學徒，等於直接限制加入行業競爭的人數。規定每個學徒至少必須做滿多少年，會提高準備加入行業的學習費用，限制競爭的效果雖然比較間接，但同樣有效。

在雪菲爾，根據同業團體的章程，刀匠師傅不得同時收容一個以上的學徒。在諾福克郡和首府諾里治，織布師傅不得同時收容兩個以上的學徒，若有違反，每月須向政府繳交罰鍰五鎊。在英格蘭和英屬殖民地，製帽師傅不得同時收容兩個以上的學徒，若有違反，每月須繳交罰鍰五鎊，一半給政府，一半給到「紀錄法庭」（court of record）提出檢舉的人。這兩個團體的規定雖然經過國家法律的認可，但顯然和雪菲爾的團體章程一樣，都是出於同業組合的排他精神。倫敦的絲織業者成立了同業團體之後，還不滿一年便制定一條內規，限制絲織師傅不得同時收容兩個以上的學徒。後來爲了撤銷該同業規定，還勞駕國會特別通過一條法律明令廢止。

自古以來，歐洲大部分成立同業團體的行業，通常規定的學徒期限似乎一直是七年。古時候，所有這些同業團體都被稱爲「大學」；事實上，在拉丁文裡，無論任何團體都叫「大學」。一些歷史悠久的城市，在從前國王特許同業團體成立的文狀裡，通常可以看到金屬匠「大學」、裁縫匠「大學」等名稱。現在專稱爲大學的團體起初設立時，爲了獲得工科碩士（master of arts）的學位，必須修習課業的年數，看來似乎是模仿一般行業規定的學徒期限，畢竟這些行業組成同業團體的歷史較爲悠久。正如任何人若想在某個普通的行業裡，取得師傅的資格，並收容自己的學徒，那麼他自己必須先在某個有適當資格的師傅門下當過七年學徒。同樣的，任何人若想在文理科系變成師傅、老師或博士（古時候這些都是同義詞），有資格收容自己的學生或學徒（這些原來也都是同義詞），那麼他自己也必須先在某個有適當資格的師傅門下研習七年。

伊莉莎白女王在位第五年制定了一般稱爲「學徒條例」的法律，規定未來任何人都不得從事當時英格蘭既有的任何行業、職業或手工藝業，除非他事先在該行業、職業或手工藝業至少當過七年的學徒。於是，原本只是許多特定同業團體內部的組織章程，變成了一般性的公共法律，規範全英格蘭所有集鎭裡的每一種行業。雖然這個條例使用概括性的文字，坦白的說，它的效力似乎涵蓋整個國家，但經過刻意的解釋，實施的範圍僅限於集鎭。在鄉村地區，同一人還是可以從事許多種不同的行業，儘管他未曾在每個行業裡當過七年的學徒。這是因爲這些是居民生活方便必需的行業，而另一方面，居民的人數，往往也不足以讓每種必需的行業都有一組特定的專業人力。

同樣也是經過刻意嚴格的條文解釋，該條例的實施對象，僅限於伊莉莎白第五年以前英格蘭既有的行業，從來沒有將後來成立的行業納入適用範圍。從政策原則的角度來看，這個限制導致一些極其愚蠢可笑的差別待遇。例如，根據判決，製造四輪大馬車的人不可以自己做馬車的輪子，也不可以請技工來做，必須向做輪子的師傅購買，因爲英格蘭在伊莉莎白第五年以前便有了做輪子的行業。但是，儘管輪子師傅從未當過大馬車師傅的學徒，卻可以自己做大馬車，也可以請技工來做。大馬車工的行業不在學徒條例的適用範圍內，因爲在條例制定時，英格蘭沒有這種行業。基於同一理由，曼徹斯特、伯明罕和伍爾弗漢普敦的製造業，有許多不在這個條例的適用範圍內，因爲在伊莉莎白第五年以前它們並不存在。

在法國，不同的城市與不同的行業規定的學徒期限並不相同。在巴黎，多數行業要求五年。但是，在多數行業，當過學徒的人還必須在某位師傅手下再做五年的技工，才有資格以師傅的身分在個別的行業工作。學徒期滿後的那五年，他被稱爲師傅的「夥伴」，而那五年稱爲「夥伴期間」（companionship）。

蘇格蘭沒有全盤規範學徒期限的一般性法律。不同的行業團體要求的期限各不相同。有些行業要求的期限雖然比較長，但一般允許繳納些許罰款來取代部分期限。在大多數城市，也是只要繳納些許金錢，便可以取得加入任何職業團體的權利。亞麻布和大麻布的織工（這是鄉村地區兩個主要的製造業），以及其他所有爲他們服務的工匠，做紡車的、做捲軸的等等，在任何自治城市都可以自由執業，不需繳納任何獻金。在所有的自治城市，每個人在每週合法的日子裡，都可以像肉商般自由販賣各種肉品。蘇格蘭的學徒期限一般是三年，即使是非常講究的行業也一樣。一般來說，在行業團體法方面，就我所知，歐洲沒有哪一個國家像蘇格蘭這樣寬鬆。

自身的勞動，是每個人都擁有的財產權，也是其他所有財產權的原始基礎，因此是最神聖、最不可侵犯的個人權利。每個窮人從父母那裡得來的財產，就只有自己雙手的力量和技巧。阻撓他以任何適當又不傷害旁人的方式使用這種力量和技巧，便是赤裸裸的違背了這個最神聖的財產權。這種做法顯然不僅侵害了工人本身合乎正義的自由，也侵害了原本願意雇用他的雇主合乎正義的自由。正如限制工人從事他自己認爲適當的工作，同樣也限制了雇主雇用他們自己認爲適當的工人。判斷工人是否適合雇用的責任，無疑可以託付給每個雇主來斟酌，畢竟這和雇主本身的利害關係最密切。立法者裝模作樣的憂慮雇主雇用到不適合的工人，顯然不僅是一種無禮的僭越，同時也是一種無理的壓迫。

建立漫長的學徒期限制度，並不能保證市場上不會銷售品質不良的產品。發生這類事情，往往是詐欺的結果，而不是工作能力不足的問題。不管學徒期限再怎麼長，也不能保證不會發生詐欺事件。爲了防止這種弊端而產生的管制措施和學徒制度大不相同。打在金銀條塊上的小星標誌，以及蓋在亞麻織布和毛織布上的戳記，比起任何學徒條例，更能給予消費者保障。消費者通常只看標誌或戳記，他們不會刻意花工夫去探詢工人是否曾經當過七年的學徒。

漫長的學徒期限，並不見得會塑造出更勤勞的年輕人。按件計酬的技工可能會更勤快，因爲他的每一分努力都爲自己帶來一分好處。學徒可能會比較懶惰，而事實上也幾乎都是如此，因爲努力工作對他來說沒有立即的好處。在低層的行業裡，勞動的甜頭完全在於勞動的報酬。最早嘗到勞動甜頭的人，很可能會最先養成對勞動的興趣，因此在年輕時便有了勤勞的習慣。如果讓一個年輕人長期付出勞動，卻無法嘗到任何甜頭，他自然會產生厭惡勞動的心態。從公設育幼院送出去當學徒的男孩，被束縛的時間往往比一般規定的學徒期限還長，結果他們普遍變成非常懶惰、一無是處。

古時候，人們完全不知道有學徒期限這回事。在現代的法典裡，關於師傅和學徒之間互惠的責任條文，往往密密麻麻的占滿好幾頁。然而，羅馬法完全沒有提及。我從沒看過希臘文或羅馬文的作品（我也許可以大膽斷言，根本沒有這樣的作品），提到現在所謂學徒的理念：一種僕人，必須在某一特定行業為主人工作一段期間，代價是主人會教導他該行業的技巧。

漫長的學徒期限完全沒有必要。一些遠比普通行業優越的工藝，例如，製作鐘錶的技藝，也沒有神祕到需要長期的教導才能學會。的確，最初發明這種美妙的機械，以及發明製作時所使用的工具，無疑是長期殫精竭慮工作的成果，也應當說是人類最幸運的智慧結晶之一。但是，當鐘錶和製作工具完全發明出來了，所涉及的道理也弄得相當清楚了，這時要完完整整的向任何年輕人解釋，如何應用這些工具以及如何製作這些機械，實在用不著幾週以上的課程，也許幾天就夠了。普通的機械行業，也許只需要幾天的課程就足夠。確實，即使是普通的機械業，如果沒有費一番工夫實習和累積經驗，那麼耳朵聽到或眼睛看到的就不可能變成雙手熟練的技巧。然而，如果一開始便讓年輕人像技工那般工作，按照他自己能夠完成的少量工作付給酬勞，同時也要求他自己承擔有時由於手腳笨拙和經驗不足導致損壞的材料成本，那麼他實習起來就會更勤奮也更專心。這樣教育會比較有效，所需的時間和成本一定也比較少。沒錯，如果這樣做，每位師傅都將變成輸家。他每年將會失去原本可以節省下來的學徒工資，而且全部共七年。在這段期間，學徒雖然獲得了師傅這部分的損失，但是，學徒最後也許一樣會是個輸家。輕鬆易學的行業，學徒將會面對更多的競爭者，等到他成為一個成熟的工人時，他的工資會比現在的成熟工人少。增加的競爭，不僅會降低工人的工資，同樣也會降低雇主的利潤。於是，各行各業都將變成輸家。但社會大眾將會是贏家，因爲如此一來，所有工人的產品便會以很低廉的價格供應市場。

所有同業團體成立的目的，以及大部分相關規定的用意，便是在於限制很可能導致價格下跌的自由競爭，以防止價格下跌損及工資和利潤。從前若想在歐洲許多地方成立同業團體，只需要獲得當地自治市政府的核准。在英格蘭，則另外需要國王頒發一張許可狀。國王的這項大權，似乎純粹是用來勒索人民的錢財，而不是用來保護人民免於遭受同業團體獨占壓迫的自由。只要向國王繳納一筆獻金，似乎就可以獲頒一張許可狀。即使有工匠或商人，認爲未經許可團結起來像同業團體那樣行動對他們有利，也就是所謂非法的「基爾特」（guilds），也不會因爲沒有許可狀而被勒令解散，只須每年向國王繳納一筆獻金，便可以繼續運用霸占來的特權。所有同業團體，以及所有同業團體爲了自治而隨意自訂的內規，都直接由當地自治市政府來監督和審核。如果有任何懲罰和糾正，通常也不是來自國王，而是來自當地市政府這個比較大的自治團體。

雖然自治市轄下的同業團體，只是構成自治市這個大團體的一部分成員，但是自治市政府卻完全由組成同業團體的工匠或商人所把持。每一種工匠或商人的利益，顯然在於防止自己生產或經營的產品在市場上供過於求。所謂供過於求，只是他們通常的用語，其實他們眞正的目的，是要讓自己的產品在市場上永遠「求過於供」。每一種行業都急切想要建立一些管制規定，以便達成這個目的；而且只要某一種行業被允許這麼做，其他行業就會起而效尤。對任何一種行業的業者來說，由於這種管制，當他們需要向其他任何市內的行業買東西時，所支付的價格必然會比沒有這種管制時貴一些。但是，這種管制也讓他們能夠按較貴的價格銷售自己的產品，所以在這個階段，正如他們說的，有沒有管制橫豎都一樣；就市內各行各業之間的買賣來說，沒有任何一種行業會因爲這種管制而吃虧。然而，就他們和鄉村地區之間的買賣來說，這種管制讓他們都變成大贏家。每個城市賴以生存並且致富的生意，完全在於受管制的買賣。

每個城市所需的生存資源，以及城市產業所需的材料，全部來自鄉村地區。償付這些物資的方式，主要有二：一、將一部分取自鄉村的材料，經過加工製造後送回鄉村；在這種情形下，其價格就會比原來的材料多出工人的工資，以及雇主的利潤。二、將一部分來自其他國家或國內遠方的產品，不管是初級或加工製造過的，轉送到鄉村；在這種情形下，其價格也會比原來多出運輸工人或水手的工資，以及雇用這些工人的商人的利潤。城市透過製造業所獲得的好處，完全在於從第一種買賣得到的利益。城市的海內外貿易業所獲得的好處，完全在於從第二種買賣得到的利益。工人的工資，以及各種雇主的利潤，構成這兩種買賣的全部利益。因此，任何會提高城市工資和利潤的管制規定，都會使城市能夠用比較少的勞動數量，自鄉村買到比較多勞動數量的產品。這種管制規定，讓城市裡的商人和工人相對占上風，讓鄉村裡的地主、農夫和勞動者相對處於劣勢，破壞了城鄉交易原本會有的自然平等。整個社會勞動的全部產出，每年都分成兩部分，分別給予這兩組不同的人群。由於同業團體管制規定的緣故，城市居民分得的那一部分，比沒有管制時來得大，而鄉村居民分得的那一部分便比較小。

城市每年用來支付食物和材料輸入的眞正代價，是每年從城市輸出的製造品和其他物品。輸出品的售價愈貴，輸入品的價格便相對愈便宜。於是，城市產業變得比較有利，而鄉村產業變得比較不利。

歐洲各處的城市產業，都比鄉村產業更爲有利。要確定這個論斷，用不著仔細盤算比較，光看一個簡單明顯的事實就夠了。在每一個歐洲國家，我們都可以看到，相對於至少一百個以小額資本起步經營貿易與製造業而致富的人，只有一個人因改良與耕種土地、生產初級產品而致富。本質上，貿易與製造是屬於城市的產業，而生產初級產品是屬於鄉村的產業。換句話說，城市產業的報酬優於鄉村產業，而應用於城市產業的勞動和資本所獲得的工資和利潤，必然也顯著高於鄉村的勞動和資本。由於資本和勞動自然會追求最有利的就業機會，它們自然會盡可能離開鄉村而湧向城市。

城市的居民聚集在一起，很容易團結起來。因此，在某些城市裡，即使是最微不足道的行業，往往也有同業團體的組織。即使在某些地方，這些行業未曾正式組成過同業團體，行業成員仍然會有強烈的團結精神、對陌生人懷有警戒心態，以及討厭收容學徒或洩露行業的祕密。因此，儘管他們不能用同業團體的內規強制禁止自由競爭，但經由自願的聯盟協議，照樣可以達到防止自由競爭的目的。只有少數幾人從事的行業，最容易形成這種非正式的組合。例如，半打的梳毛工，也許便足夠供應上千個紡毛紗和織毛布工人所需的原料。只要勾結起來不收留任何學徒，他們不僅能夠把持整個梳毛業，甚至可以使整個毛紡業宛如淪爲他們的附庸，供他們予取予求，也可以將自己的勞動價格，抬高到工作性質該得的報酬之上。

鄉村地區的居民散布在相隔很遠的地方，不容易團結起來。他們不僅從來沒有組成過同業團體，也未曾有過團結的精神。從來沒有人認爲，必須先當過一段期間的學徒，才有資格從事農業，儘管這是鄉村地區的偉大事業。然而，除了所謂美術和自由業之外，也許沒有其他任何行業像農業這樣需要廣泛的知識和經驗。光看世界各國關於農業的著作不可勝數，便足以充分證明，世界上最聰明也最有學問的民族從來都不認爲，農業是一種很容易了解的行業。儘管在這些著作當中，有一些卑劣的作者有時顯然自抬身價，瞧不起普通的農夫。但是從所有著作當中，我們卻完全得不到普通農夫實際進行各種複雜的農事工作必須擁有的知識。相反的，普通的機械業，往往在一本只有少數幾頁的小冊子裡，就把所有相關的作業技巧完完整整的交代清楚，因爲這些作業技巧通常可以用圖解和文字予以說明。在目前法國科學院出版的工藝歷史書籍當中，有好幾種工藝便是以這種方式說明的。此外，各種農事工作的順序，必須配合天氣的變化而更動，也必須考慮其他許多意外事故的影響。因此，農業的督導工作，比工作順序一成不變或幾乎不變的行業，需要更好的判斷能力。

不僅是農夫的藝術，也就是一般農事的督導工作，甚至許多低層的鄉村勞動部門，也比大部分機械行業需要更多的技巧和經驗。打銅或打鐵的工匠所使用的工具和材料，沒有所謂的性情或脾氣，其性能總是一成不變，或幾乎不會有任何改變。但是喝牛喚馬耕田的人所使用的工具，在不同的時候有極爲不同的身體狀況、力氣、性情或脾氣。他施工的材料，情況也和他使用的工具一樣變化多端。不管是工具或材料，若要操縱得當，都需要細心的斟酌和判斷。普通耕田的人，雖然一般被當作愚蠢無知的典型，但很少在斟酌判斷農事時出差錯。的確，比起住在城市裡的機匠或技工，農人較不擅長交際，聲音和言語較爲粗魯，外人很難聽懂他在說什麼。然而，由於經常必須顧慮多變的狀況，農人的理解能力一般遠比城市裡的機匠或技工優越，後者的全部心思，從早到晚通常只灌注在執行一、兩個簡單的工作程序。在理解能力方面，鄉村地區的低層人民究竟比城市的低層人民高出多少，每個曾經基於生意，或者出自好奇，和這兩種人都深談過的人，都心知肚明。因此，在中國和印度斯坦，鄉村勞動者在社會地位和工資收入兩方面，據說都優於大部分的工匠和製造業工人。要不是受到同業團體法和同業團結精神的阻撓，鄉村勞動者相對的社會地位和工資，很可能到處都會和在中國或印度斯坦一樣。

相對於鄉村產業，城市產業之所以在歐洲各地比較占優勢，不完全是由於同業團體和同業團體法存在的緣故。還有其他許多法規也支持城市產業。例如對國外製造品和外國商人輸入的所有物品課徵高額關稅，就有相同的效果。同業團體法讓城市居民在抬高價格時，不用擔心在鄉村的同胞自由競爭，削價搶他們的生意。同樣的，其他的法規保護他們免於外國人的自由競爭。這兩種法規導致價格上升的後果，無論在什麼地方，最後都由地主、農夫和鄉村的勞動者來承擔。然而，這些人很少反對成立這類獨占團體。他們通常既沒有意願、也不適合形成任何組合，而且商人和製造業者的大量文宣和詭辯，也很容易讓他們相信，社會一部分私人的利益，就是社會整體的利益，儘管實際上那只是社會次要的部分。

在大不列顛，城市產業相對於鄉村產業的優勢，現在似乎不如以往明顯。和上一世紀或本世紀初傳聞的情形相比，現在鄉村勞動的工資比較接近製造業勞動的工資，而現在農業資本的利潤也比較接近貿易和製造業資本的利潤。這個變化，可以說是因爲城市產業獲得異常的鼓勵必然會產生的結果，儘管和鼓勵的時間相比，這個結果遲到了很久。城市過去累積應用的資本愈來愈多，終於大到如果繼續在專屬城市的產業中應用，不可能獲得像從前那麼高的利潤。和其他產業一樣，專屬城市的產業發展也有極限；資本增加導致競爭加劇，必然會降低利潤。城市裡的利潤下降，迫使資本流向鄉村，在鄉村地區創造新的勞動需求，於是提高鄉村勞動的工資。如果容許我這麼說：「資本好比自己在地表上散布開來，透過農業方面的投資，城市只不過是把一部分原來取自鄉村而蓄積起來的資本物歸原主罷了。」事實上，歐洲各國鄉村地區最重大的進步，都是原來蓄積在城市的資本滿溢出來，湧向鄉村所促成的結果。關於這一點，我將在〈卷三〉第四章盡力說明。同時我也將說明，儘管有些國家經由這種途徑達到相當程度的富裕，但在這種途徑上前進，過程必然相當緩慢、不可靠、很容易受到無數意外事故的干擾而中斷，可以說在各方面都違反自然和理智的秩序。導致一些國家走上這種途徑，所牽涉的種種利益、偏見、法律和社會習慣，我將在〈卷三〉和〈卷四〉竭盡所能充分清楚的交代。

同一種行業的人如果聚在一起，即使事先講好純綷消遣娛樂，最後通常流於以不利大眾的圖謀，或抬高價格的詭計收場。這種同業聚會確實很難防止，任何禁止這種聚會的法律要不是不可行，便是不符合自由和正義的原則。雖然法律不能阻撓同一行業的人有時候在一起聚會，但它不應該鼓勵這類聚會，更不應該強制規定同業聚會。

如果法律規定，要求所有在城市從事同一行業的人，都必須在一本公開的紀錄簿上登記名字和住處，那麼這項規定便會使同業聚會更加方便。這項規定把原本也許互不相識的人聯繫起來，讓每位業者知道可以在什麼地方找到其他同行。

如果法律規定，讓從事同一行業的人有權組織起來向自己徵稅，以便救濟他們當中不幸的窮人、病人、寡婦和孤兒，從而讓他們有一個共同的利益需要處理，那麼這個規定便會使同業聚會變成必須。

任何同業團體的組織，不僅使得同業聚會變成必須，也使得多數人的決議對全體同業人員具有約束力。在自由情況下的行業，除非每一位業者都同意，否則便無法勾結成有效的組合，而且一旦有人改變心意，組合便會立即瓦解。然而在任何同業團體裡，只要多數成員同意，便可以通過附有罰則的內規；對於限制競爭，這種具有強制力的規定，比任何自願性的組合更爲有效、也更爲耐久。

有些人認爲，任何行業若要更有秩序，必須組成同業團體。這種主張是毫無根據的藉口。對於每一個工人來說，眞正有效的約束力量，不是來自於他的同業團體，而是來自於顧客。克制工人不至於使詐或怠慢的力量，是因爲他害怕丟掉工作機會。排除外來競爭的同業團體，必然會減弱這種約束力量。於是，這種同業團體的成員，不管行徑好壞，必然都會有工作可做。由於這個緣故，在許多大型的自治城市，顧客根本找不到可以忍受的工人，即使最熱門的行業也是如此。如果你想買到尙可接受的物品，就必須到郊外去買，那裡的工人沒有獨占的特權，除了他們自己的品性之外，沒有其他的力量可以倚靠。只是在郊外買到物品以後，你必須想盡辦法才能把物品偷偷帶進城裡。

歐洲各國的政策，便是這樣藉著限制加入某些行業競爭的人數，使它小於自由的情況下願意加入的人數，導致在不同行業應用勞動或資本的利弊得失，就整體來說，會有重大的差異。

（二）歐洲各國的政策，藉由增加某些行業的就業人數，使其超過自由的情況下願意加入的人數，導致在不同行業應用勞動或資本的利弊得失，就整體來說，會有和前述方向相反的差異。

許多人認爲，教育某一適當數目的年輕人從事某些特定行業，對社會非常重要。導致有時是政府，有時是信仰虔誠的私人，陸陸續續創辦了許多「育英基金」，提供各種名目的獎學金。受到這種獎學金的吸引而投身特定行業的年輕人當中，有許多人如果沒有獎學金，很可能根本不會、也不敢從事那些行業。我相信，在所有基督教國家，大部分神職人員的教育費用便是以這種方式支付的。他們當中只有極少數人完全由自己承擔所有的教育費用。對這些少數的富人來說，這種冗長、乏味且昂貴的教育，不一定能讓他們獲得適當的報酬。因為神職界擠滿了其他等待就業的人，而這些人願意接受的待遇，比這種教育在自費的情況下有資格要求的水準低很多。窮人的競爭就這樣拿走了富人該得的報酬。無庸置疑的，把教區牧師的副手或隨軍牧師拿來和普通行業的工人比較，未免過於無禮。然而，如果把副牧師或隨軍牧師的薪水和一般工人的工資視為屬於同一性質，似乎並無任何不妥。如果找到了工作，這三種人全都按照他們當時個別和上司議定的合約支領工作報酬。根據過去好幾次全國宗教會議的命令規定，我們可以斷定，直到過了十四世紀中葉以後，在英格蘭，一位副牧師或支薪的教區牧師每年的薪俸通常是五馬克，按所含白銀重量換算，約等於現在的十英鎊。在同一期間，一位泥水工師傅每天的工資宣稱是四便士，按所含白銀重量換算，約等於現在的一先令。一位普通的泥水工每天的工資是三便士，約等於現在的九便士。因此，如果這兩種勞動者經常獲得雇用，他們的工資便比副牧師高出很多。即使泥水工師傅每年有三分之一的時間失業，他每年的工資收入也會完全等於一位副牧師每年的薪水。安妮女王第十二年第十二號令宣告：「鑒於目前副牧師沒有得到足夠的贍養費和獎勵，許多地方發生副牧師供應不足的情形，特此授權主教親筆命令加蓋官章，規定一筆足夠的薪水或津貼，每年最高不得超過五十鎊，最低不得低於二十鎊。」目前一位副牧師每年若有四十鎊的薪水，就會被認為非常好了，而且儘管國會通過上述的法令，仍然有許多副牧師的薪水每年不到二十鎊。倫敦有一此受雇的製鞋工每年可以賺四十鎊，而且在整個倫敦都會區，不管是哪一種行業，勤奮的工人一年的工資想要不超過二十鎊也難。其實在許多教區，普通勞動者的工資往往超過二十鎊。每次國會要立法管理工人的工資時，總是想壓低，而不是想提高他們的工資。相反的，爲了維護神職人員的尊嚴，國會有好幾次企圖以法律提高副牧師的薪水，規定教區的執事牧師給予手下副牧師的薪水，必須高過副牧師本人可能願意接受的那分極其可憐的贍養費。可是，對於這兩種工資，法律的規定似乎同樣沒有產生實際的效果。法律既無法提高副牧師的薪水，也從未如願壓低勞動者的工資。因爲法律阻止不了處於飢寒交迫的副牧師，在面對眾多的競爭者時，志願接受比法定標準低的贍養費。同樣的，如果有許多雇主覺得更多的工人將能爲自己帶來更多的利潤或快樂，而互相爭著聘請更多的工人，那麼法律也將阻止不了勞動者得到比法定標準高的工資。

儘管一些低層神職人員的生活處境不佳，但由於高層神職享有豐厚的聖俸和其他尊嚴，所以在常人眼裡，神職界還是一個滿體面的行業。常人對神職行業的尊敬，甚至也讓實際金錢收入微薄的低層人員在心理上稍感安慰。在英格蘭以及所有天主教國家，神職生涯這種抽獎賭局事實上沒有必要像現在這樣有利。蘇格蘭、日內瓦和其他許多新基督教教會的例子，足以證明：牧師這一行既然這麼體面，所需的教育又容易獲得，因此，只要有希望獲得高層職位俸祿，就算薪水遠比現在微薄，就已可以吸引足夠數量品學兼優的人士進入這個行業。

一些沒有固定俸祿的職業，例如律師和醫師，如果也像神職人員一般，有很高比例的人接受公費教育，那麼競爭將很快會變得激烈，以致其金錢報酬大幅降低。屆時對任何人來說，也許便不值得自己花錢讓子女接受律師或醫師的職業教育。這些職業將會完全由社會慈善團體花錢教育出來的人擔任，這種人的人數和生活需要，會讓他們甘願忍受一份非常卑微的金錢收入，於是目前令人尊敬的律師和醫師職業生涯，將會變得比較潦倒。

通常稱爲文人的寒酸族群，目前可以說幾乎是處於前述的假設下，律師和醫師可能會墜入的情況。在歐洲各地，他們大部分原本接受神職教育，但是因爲各種不同的原因，沒能如願從事牧師的工作。換句話說，他們大多接受公費教育，因此，這種人到處都有，以致勞動報酬通常低得可憐。

在印刷術發明以前，唯一能夠讓文人憑著自己的才能賺一點錢的職業，是當公眾或私人的教師，把自己學到的一些奇怪或有用的知識傳授他人。毫無疑問，這項職業要比印刷術發明以後所產生的幫書商寫書的工作更爲光榮、更爲有用，而且一般來說，也更有利可圖。在學術界，要成爲一位傑出的教師，所需花費的研究時間、必備的天賦、知識，以及勤勉的程度，都不亞於最偉大的律師或醫師。但是，傑出教師的報酬通常比不上普通的律師或醫師。因爲教師這個行業擠滿了公費培養出來的窮人，而律師和醫師這兩個行業，很少有不是自費學成的人廁身其中。公眾或私人教師通常的報酬，儘管看似不高，但如果那些爲書商寫書以圖溫飽的貧窮文人，還繼續留在市場上和他們競爭，那麼毫無疑問，他們的報酬將會比現在更低。在印刷術發明以前，學生和乞丐幾乎是同義詞。那時候，各大學的校長似乎經常允許學生到校外乞討。

古代，在培養窮人子弟從事神、法、醫三項職業的慈善基金成立之前，傑出教師的報酬似乎遠比現在可觀。在批判詭辯學派的演講裡，蘇格拉底譴責他那個時代的一些教師犯了表裡不一的毛病。他說：「他們對學生許下最富麗堂皇的承諾，說他們會負責教導學生變成有智慧、快樂、正直的人。但是對於這麼重要的功勞，他們只規定收取四或五米那（minae）如此微薄的酬勞。」他接著說，「那些傳授智慧的人，自己無疑也應該是有智慧的人。但是，任何人如果以這樣低的價格出賣這麼好的東西，就會被認定做了最明顯的蠢事。」他在這裡顯然不會刻意去誇大教師的報酬，因此，我們可以篤定當時教師的報酬不會少於他說的那個數目。四米那等於十三鎊六先令又八便士，五米那等於十六鎊十三先令又四便士。當時雅典的傑出教師通常會有的報酬，想來應當不會少於這兩個當中最大的數目。蘇格拉底自己向每一位學生要求的報酬是十米那，等於三十三鎊六先令又八便士。當他在雅典教學時，據說曾經教過一百個學生。根據我的理解，這是他同時教導的學生人數，也就是所謂上一門課的學生人數。以當時雅典那麼大的城市，蘇格拉底的名聲又這麼響亮，而且當時他講授的又是各種學科當中最熱門的修辭學來研判，有一百個學生似乎不足爲奇。如果是這樣，那麼他每教一門課便可以賺到一千米那，等於三千三百三十三鎊六先令又八便士。古希臘傳記作家蒲魯塔克也曾說過，蘇格拉底通常收取的教誨費是一千米那。那時候，其他許多傑出的教師似乎也都賺進了大量財富。古希臘學者高爾吉亞用純金打造了一座自己的雕像，當作禮物送給德爾菲（Delphi）神廟。我想那座雕像大概不可能像眞人那麼大。根據柏拉圖的說法，高爾吉亞的生活方式，和當時其他兩位傑出教師希庇亞斯和普羅塔哥拉斯一樣，極盡奢華。柏拉圖本人據說也過得相當優裕闊綽。在當過亞歷山大的私人教師之後，亞里斯多德認爲自己最好還是回到雅典重執教鞭教導自己的門徒，儘管亞歷山大和他的父親菲利浦所給的酬勞普遍被認爲非常優厚。那時候各類學科的教師，很可能比不上一、兩個世代以後那樣普遍。後來由於競爭比較激烈，教師的勞動價格，以及常人對教師人格景仰的程度，很可能略微下降。然而，教師當中最傑出的人士，始終享有眾人景仰的程度，顯然不是任何現代的同行比得上的。雅典人曾經委派屬於柏拉圖學派的卡尼德斯和屬於斯多葛學派的戴奧眞尼斯出使羅馬進行嚴肅的工作。儘管當時雅典已經不如以往威風，但仍然是一個獨立且不可輕侮的共和國。此外，沒有任何一個民族比雅典人更忌諱外人擔任公職，卡尼德斯出身巴比倫，由此可見雅典人必然極爲景仰卡尼德斯。

教師行業整體報酬上的不平衡，對社會大眾來說，也許是有利而非有害。它也許會略微貶低公眾教師行業的報酬與光采。但是，對於社會整體來說，能夠便宜的獲得普通教育，無疑是一項利多，用來抵銷教育行業微不足道的難處，應當綽綽有餘。不過，歐洲大部分地方負責執行教育工作的學校和學院，在體制上若能夠比現在更爲合理，那麼社會大眾將可以在這種教育行業整體報酬的不平衡中獲得更大的好處。

（三）歐洲各國的政策，藉由阻撓勞動和資本在不同行業以及不同區域之間自由流通，有時候會導致在不同行業應用勞動或資本的整體利弊得失，就整體來說，會有非常困擾人民的不平衡。

學徒條例阻撓勞動在不同行業之間自由流通，即使這些行業都在同一個地方。同業團體的排他特權阻撓勞動在不同地方之間自由流通，即使勞動者打算從事同一種行業。

時常可以看到，當某種製造業給予工人很高工資的時候，另一種製造業的工人卻不得不忍受僅能勉強維持溫飽的工資。因爲前一種製造業正處於進步的狀態，需要不斷進用新人；而後一種製造業正處於衰退的狀態，工人過剩的情況不斷惡化。有時這兩種製造業位於同一個城市，有時位於鄰近的兩個城市，卻絲毫不能互相支援。在前一種情形，可能是受到學徒條例的阻撓；在後一種情形，可能同時受到學徒條例和某個獨占性同業團體的阻撓。然而，在許多不同的製造業，所需執行的各種工序其實很相像。因此，要不是受到荒謬的法令阻撓，讓不同行業的工人互換工作應該不成問題。例如，編織普通亞麻布和絲綢的技術幾乎完全相同。編織普通毛織布的技術雖然有些不一樣，但其間的差異其實無關緊要，因此不需要幾天的時間，一個原本是麻織業或絲織業的工人，便可以承擔毛織業的工作。在這三種主要的製造業當中，如果有任何一種出現衰退，工人也許可以在其他兩種比較繁榮的製造業找到生存資源。如此一來，他們的工資，在蒸蒸日上的製造業裡就不會漲得太高，而在日趨衰微的製造業裡也不會降得太低。的確，根據一條特殊的法律，英格蘭的亞麻紡織業開放讓所有人自由加入。但是，在英格蘭大部分地方，麻織業並不怎麼發達，無法普遍對衰退中的其他製造業工人提供就業機會。因此，凡是在實施學徒條例的地方，這些工人除了變成教區的負擔，倚靠教區的施捨度日之外，只剩下淪為普通勞動者一途可走。然而，礙於他們的習慣，任何和原來工作性質有一丁點類似的製造業工作，都會遠比普通勞動者的工作更適合他們。因此，他們通常選擇倚靠教區的施捨度日。

凡是會阻礙勞動在不同行業之間自由流通的規定，也同樣會阻礙資本的自由流通。因為任何行業能夠應用的資本數量，和該行業能夠應用的勞動數量有密切關係。然而，同業團體法阻撓資本在不同地方之間自由流通的程度，畢竟小於它對勞動自由流通的阻撓。無論在什麼地方，一個富商要在某個自治城市取得經商的權利，總會比一個貧窮技工要在同一個城市取得工作的權利容易得多。

我相信，勞動的自由流通被同業團體法橫加阻撓，是歐洲各地都有的現象。就我所知，勞動的自由流通還被「濟貧法」橫加阻撓，卻是英格蘭特有的現象。這種阻撓使窮人很難取得任何地方的定居權，甚至不准窮人在所屬教區以外的任何地方工作。同業團體法只是阻撓技工和製造業工人勞動的自由流通，濟貧法阻撓的對象甚至還包括普通勞動者。在英格蘭，這種法律導致的社會混亂，也許是所有政策當中最嚴重的錯誤。這裡也許值得對這種混亂的起源、發展和現狀稍作說明。

自從修道院的制度被破壞了以後，全英格蘭的貧民便不再享有宗教機構的慈善施捨，後來雖然幾經設法補救貧民在這方面的損失，但是都沒有得到預期的效果。到了伊莉莎白第四十三年，頒布了一條法令（第二號令），規定每個教區必須負責照顧區內的貧民，而且每年必須選任一位教區貧民救濟委員，和原有的兩位教區一般委員一起負責，按照一定的稅率，在教區內籌措足夠的款項救濟貧民。

根據這條法令，照顧自己區內貧民的責任便強加在每一個教區身上，逃也逃不掉。於是，誰是哪一個教區的貧民，乃變成一個頗爲重要的問題。這個問題，稍微經過轉換，終於在查理二世第十三和第十四年間確定了下來。那時頒布的法令，規定任何人只要在同一住所連續住滿四十天，便可以在任何一個教區取得定居權。不過，在這四十天內，根據教區委員或救濟委員的控訴，教區的兩位保安官有合法的權力，將任何新居民遣返至他上一次合法定居的教區。除非他租住的公寓每年的租金至少十鎊，或是他可以提供讓那兩個保安官認爲充分的擔保，保證自己不會成爲所在教區的負擔或救濟對象。

這個法令據說導致了一些詐欺行爲。有些教區的公職人員有時會買通自己的貧民，慫恿他們偷偷跑到其他教區，在那裡藏匿四十天取得當地的定居權，如此一來，那些貧民就不再是原來所屬教區的負擔了。於是，到了詹姆士二世第一年，又頒布了一條法令，規定那四十天應該從他交出了一定規格的書面聲明之後算起，這種書面聲明必須載明住所和家庭成員的人數，而遞交的對象則是他準備定居的教區裡任何一個教區委員或救濟委員。

但是，教區的公職人員在自己教區裡的所作所爲，似乎不見得比他們過去用來陷害其他教區的那種作爲更爲誠實。他們有時會默許一些人非法進入教區，在收了遷居人的書面聲明之後，沒有採取適當的步驟予以核實。由於盡可能防止貧民非法進入，避免增加自己的負擔，應該是教區裡每一個人關心的問題，所以到了威廉三世第三年，又頒布了一條法令，規定那四十天應該從移入者的書面聲明被適當地公告後算起，也就是在星期天於教堂作完禮拜之後立即公告，以確保有最多的人知道。

伯恩博士（Dr. Richard Burn）說：「按這種書面聲明公告後住滿四十天的方式取得定居權的例子畢竟很罕見。這個法令的用意，與其說是要讓人們在申請定居權的時候有明確的法律可以依循，倒不如說是要讓偷偷進入教區的人得不到定居權。因爲遞交聲明，只不過是迫使教區採取把他遣送出境的動作。但是，如果移入者的資格剛好處於灰色地帶，不能確定將他遣送出境是否合法時，那麼他遞交聲明的動作，不是迫使教區容忍他持續住滿四十天，然後無異議的授與他定居權，就是迫使教區冒險違法，立即將他遣送出境。」

所以說，這個法令讓貧民事實上幾乎不可能按連續住滿四十天的老方法，取得新的定居權。但是，爲了表面上看起來不完全排除普通人民遷移到另一個教區定居立業的可能性，它另外指定了四種可以取得新定居權的方法，而且全都不需要遞交聲明，也不需要公告。第一個方法是，按照教區規定的稅率，完納應繳的各項稅捐。第二個方法是，被推舉擔任任期一年的教區公職，並實際在職滿一年；第三個方法是，在教區裡當過學徒。第四個方法是，應聘在教區裡工作，聘期至少一年，並且實際在同一職位工作滿一整年。

第一和第二個獲得新定居權的辦法，都涉及教區全體的公共作爲。也就是說，除非整個教區共同認可，否則沒有人能夠透過繳納教區規定的各項稅捐，或膺任教區公職而獲得定居權。然而，對於以這兩種方式，接納除了本身勞動可以倚靠之外，身無分文的遷入者，會有什麼後果，教區裡每個人心知肚明。因此，實際上窮人不太可能透過這兩個辦法獲得新定居權。

此外，沒有任何已婚的男人，能夠輕易透過第三或第四個辦法取得新定居權。已經結過婚的男人很少願意當學徒，而且相關的法令也明確規定，任何已婚的雇員，即使受聘工作一年，都沒有資格獲得定居權。事實上，當這種法令加入了應聘工作可以取得定居權的條款後，所造成的後果主要是使得一年期的雇傭合約變得較不普遍。在此之前，雇傭合約的期限通常是一年，這個習慣在英格蘭非常普遍，甚至目前如果雇傭雙方沒有特別約定期限，法院仍然會認定每個職工受雇的期限是一年。但是，雇主現在不一定願意讓他們的職工因爲受雇一年而取得定居權，而職工也不一定願意接受一年期的雇傭合約。因爲根據法律，每一個後來取得的定居權，會把所有過去取得的定居權全數勾消，所以職工如果接受一年期的雇傭合約，可能反而會喪失在出生地和父母或親戚住在一起的權利。

顯然，任何獨立自主的工人，不管是普通的勞動者或身懷絕技的工匠，都不太可能藉由當學徒或應聘工作的途徑取得新的定居權。任何這樣的人，不管是多麼健康和勤奮，如果前往新的教區發揮長才，隨時可能會因爲任何一個教區委員或貧民救濟委員一時心血來潮而遭到驅離。除非他租住的公寓每年的租金至少十鎊，但是只有本身勞動可以倚賴過活的人，根本不可能辦得到；或者除非他可以提供讓教區兩名保安官認爲充分的擔保，保證自己不會成爲當地教區的負擔或救濟對象。沒錯，這兩保安官會要求多少擔保，完全由他們自己斟酌決定。但是，實際上，他們要求的擔保，價值不太可能低於三十鎊，因爲有法令規定：任何人即使購置了自由持有的地產，但如果價值少於三十鎊，仍將被視爲不足以保證他不會成爲當地教區的負擔或救濟對象，所以沒有資格取得定居權。然而，倚賴勞動過活的人，很少拿得出這麼大筆的保證金，更何況一般教區要求的擔保往往遠超過這個數目。

前述法令幾乎使得勞動完全不可能自由流通，後來爲了稍微挽回這種情況，於是發明了一種「證明書制度」。威廉三世第八和第九年間，通過了一條法令，規定任何人如果持有最近一次合法定居的教區所核發的身分證明書，由該教區委員和貧民救濟委員簽署，並經過兩位教區保安官副署承認，那麼其他每一個教區就必須接納他。除非他事實上已經變成當地教區的負擔，否則不能以可能變成教區的負擔爲由而將他驅離。當他不幸被驅離時，核發證明書給他的教區，必須負責支付他的生活費和驅離他所產生的費用。爲了讓持有這種證明書的人所前往居留的教區獲得更周全的保障，同一條法令進一步規定，這種人除非租住在每年租金至少十鎊的公寓裡長達一年，或被推舉擔任任期一年的教區公職並實際在職滿一年，否則不能以其他任何方式取得當地教區的定居權。也就是說，他不能以遞交書面聲明，或應聘工作，或當學徒，或繳納教區各項稅捐等方式取得定居權。安妮女王第十二年通過的一條法令（法規彙編第一卷第十八號）也有同樣的用意，這條法令進一步規定，憑藉證明書而居住在某一教區的人，他雇用的職工或收容的學徒，沒有資格獲得該教區的定居權。

幾乎被遷居法令完全奪走的勞動流通自由，究竟因爲「證明書制度」發明而改善了多少，我們可以從伯恩博士一段非常睿智的見解裡窺知一二。他說：「顯然，有許多五花八門的好理由，要求人們不管到什麼地方居住，都必須隨身攜帶這種證明書。譬如說，憑藉這種證明書而居住在某一教區的人，不能以當學徒，或應聘工作，或遞交書面聲明，或繳納教區各項稅捐等的方式，取得該教區的定居權，也不能讓自己雇用的職工或收容的學徒取得定居權。如果他們變成了教區的負擔，大家都十分清楚，應該把他們遷移到什麼地方去安頓，而且他們的遷移費，以及在遷移過程中的生活費，教區也不用擔心沒有著落。如果他們因爲生病無法遷移時，核發證明書的教區必須負責照料他們。凡此種種的好處，如果沒有證明書，一切免談。然而，這些同樣也是好理由，促使教區核發證明書給一般平民時更加謹愼。因爲在核發了證明書，方便他們遷移到其他教區之後，核發證明書的教區很可能必須再度收容他們，而且這時他們的謀生能力，很可能比當初離開時還要糟糕，更需教區花錢照顧。」這段見解所隱藏的眞正教訓似乎是說，平民想前往居住的教區應當要求他們提出證明書，而他們想離開的教區則不應當輕易核發證明書給他們。在他所著的《濟貧法歷史》（*History of the Poor Laws*）當中，這位聰明絕頂的作者還說：「這種證明書的規定，可說讓教區的官員掌有將平民終身監禁的權力，因此或多或少造成了一些苦難。對於得不到證明書的平民來說，不管繼續留在不幸取得定居權的地方是多麼不利，也不管他們認為住在其他地方會多麼有利，他們就是動彈不得。」

雖然這樣的一張證明書並不是良民證，只是證明持有者真正所屬的教區，然而要不要核發證明書給所屬的平民，卻任由教區的官員全權裁定。伯恩博士說，有人曾經提議國王應該頒布訓令，強制各教區委員和貧民救濟委員核發證明書給所屬的平民，但是這樣的提議卻被當時的王座法庭斥爲奇怪的想法而遭到駁回。

在英格蘭，我們時常發現勞動工資在距離不遠的兩地有很大差異。這種現象很可能是關於定居權的法令所造成的，因爲沒有身分證明書的平民受到阻撓，不能移往另一個教區發揮長才。的確，沒有證明書的單身漢，如果身體健康又很勤勞，有時也許會被默許住在教區裡。但是，攜家帶眷的人，如果膽敢仿效單身漢以身試法，鐵定會被大多數的教區驅逐出境，而且單身漢如果後來結了婚，通常也同樣會被驅離。因此，在英格蘭，人力缺乏的教區不一定能從人力過剩的教區獲得支援，不像在蘇格蘭或其他沒有定居權問題的國家那般，各地之間的人力經常可以互通有無。在這些國家，雖然在大都會地區或其他非常需要勞動的地方，工資有時候會稍微升高一點，而距離這些地區愈遠，工資會逐步下降，直到回跌至一般鄉村地區的水準。但是，在這些國家，我們從來沒有見過鄰近區域間的工資差異，像在英格蘭那般不可思議。對一般平民來說，想要在英格蘭通過人爲的教區藩籬，比跨越海灣或高山峻嶺還要困難，儘管天然的屏障在其他國家有時也會造成顯著不同的工資水準。

強迫一個沒有犯下任何罪行的人遷離他選擇居住的地方，顯然違背了自然的自由與正義原則。然而，儘管英格蘭人對於自由向來非常注意，但是他們也像其他多數國家的普通人民那樣，從來沒有眞正認知自由是什麼，以致迄今總共超過了一個世紀，依然默默的忍受這種迫害，從未要求補償或修正。雖然偶爾有一些會思考的人，曾經出聲抱怨定居權法律讓一般民眾蒙受痛苦與冤屈，但是從來不像搜查拘捕令那般，成爲民意普遍不滿與抗議的對象。儘管搜查拘捕令無疑是一項弊害，但是不可能像定居權法律那樣會導致普遍的迫害。我敢說，在英格蘭，幾乎找不到一個四十歲的窮人，在他人生的某些時刻，未曾身受這種設計不良的定居權法律最殘酷的迫害。

在這漫長一章的尾聲，我想談一下，雖然各種工資以往通常由一些法令來規定：起初由全國適用的一般性法令來規定，後來由每個郡的保安官個別頒布特殊的命令來規定。但是這兩種規定工資的措施現在已經完全廢止了。伯恩博士說：「根據過去四百多年的經驗教訓，一切嚴格管制工資的努力，現在似乎已到了放棄的時刻。本質上，工資似乎不容許我們施予嚴密的限制。如果所有從事同一種工作的人都只能獲得相同的工資，便不會有工作競賽，而人們的勤勞或技巧便沒有發揮的空間。」

但是，當今的國會有時仍然會通過一些特別法，企圖管制某些特別行業或特別地方的工資。譬如，喬治三世第八年通過的一條法律，在倫敦以及周圍五英里內的地區，以嚴厲的懲罰禁止所有裁縫師傅和他們手下的工人，給付或收受超過每天二先令七又二分之一便士的工資，除非是在國殤期間。每當國會想制定這些師傅和工人之間的工資差異時，總是會諮詢這些師傅的意見。因此，當國會的決定有利於工人時，規定總是恰如其分的公平，但是當國會通過的規定有利於師傅時，有時並不公平。譬如說，有條法律要求許多不同行業的師傅，必須以金錢而不應以實物給付手下工人工資，便是恰如其分的公平。這條法律不會給師傅添加任何眞正的痲煩，只是要求他們把原先承諾要以實物給付，但實際不一定眞的照付的那部分價值，必須改用金錢給付。這條法律算是對工人有利，但喬治三世第八年通過的那一條法律，卻是對師傅有利。當師傅勾結起來企圖壓低工人的工資時，他們通常會私下簽訂盟約或協定，約定不得給付超過某一上限的工資，否則便要接受一定的處罰。如果工人爲了和師傅對抗，而勾結起來形成一個類似的同盟，約定不得接受一定下限以下的工資，否則便要接受一定的處罰，那麼法律便會對工人施以非常嚴厲的懲罰。如果法律是公正的，那麼法律就應該以相同的方式處罰互相勾結的師傅。但是，喬治三世第八年通過的那一條法律，卻以國家的力量，落實師傅有時以私下的盟約，企圖建立的工資管制。工人抱怨那條法律，說它把最有能力和最勤勞的工人，也視同尋常的工人對待。這樣的抱怨似乎有充分合理的根據。

在很久以前，企圖以法令規定糧食和其他物品價格的方式，管制商人和其他業者的利潤也很常見。就我所知，這些古老的做法，目前僅剩下麵包還有所謂法定價格的規定。在排他性的同業團體存在的地方，對最重要的生活必需品實施價格管制，也許是適當的做法。但是，如果地方上沒有排他性的同業團體，競爭調節價格的能力，會比任何法令規定更爲適當。喬治二世第三十一年開始實施一套辦法，決定麵包的法定價格，由於該辦法有一點瑕疵，起初無法在蘇格蘭實施。執行這套辦法，需要市場書記的配合，但是當時蘇格蘭沒有設置這種官職。直到喬治三世第三年，這個瑕疵才獲得補救。從前沒有法定價格，人民並不覺得有任何不方便；而在少數幾個實施法定價格的地方，目前爲止也沒有讓人民覺得有任何好處。在蘇格蘭大部分的城鎮，麵包師傅都組成同業團體，主張享有種種的排他特權，不過這些特權並沒有獲得法律嚴格的保護。

正如第七章所述，各行各業在勞動工資或資本利潤上的差異比例，似乎不會因爲整個社會的富裕或貧窮，處於進步、停滯或衰退的狀態，而有顯著的改變。公眾福祉方面的大幅變化，雖然會影響一般的工資率和利潤率，但終究會使各行各業的工資和利潤受到相同程度的影響。因此，各行各業在勞動工資或資本利潤上的差異比例，一定會維持不變，至少不會因爲受到社會整體大幅變化的影響，而發生任何長期顯著的改變。

11 論地租

若把地租看成是獲得土地使用權而給付的價格，那麼限於每一筆土地的實際情況，其租金自然是租用者能夠承擔的最高價格。在議訂租用條件的時候，地主會盡力爭取土地的產出，留給土地租用者的那部分，頂多讓租用者收回用於供應種籽、支付工資、購買並維護種田的牲口和其他農具等資本，再加上平常像鄰近地區的農作資本那般可以獲得的利潤水準。對土地租用者來說，若是留給他的收入少於這部分產出，他會覺得自己虧錢。而地主很少打算留給他比這部分更多的產出。任何超出這部分的土地產出，或者說，任何超出這部分的土地產出價格，地主都自然會盡力爭取，作為自己的地租。所以地租顯然是限於土地的實際情況，租用者所能給付的最高租用代價。的確，有時由於地主的慷慨，但通常是由於地主的無知，地主接受了小於這個比例的地租。有時租用者由於本身的無知，答應給付比這個比例稍微多一點的地租，或願意接受比鄰近地區平常的農作利潤水準稍微低一點的資本收入，但是這種情況較為罕見。然而，這個比例的土地產出，仍然可以視為自然的地租，或者說，仍然是在議定大部分的土地租約時，人們自然覺得應該要求或給付的合理租金。

也許有人會認爲，地租時常只不過是地主爲了改良土地，而花費的那一份資本該有的合理利潤或利息罷了。在某些場合，這種利潤或利息也許構成地租的一部分，但絕少可能構成全部的地租。即使是完全未經改良的土地，地主也會要求租金，而改良土地的花費該得的利潤或利息，一般來說，會附加在原始地租之上。此外，土地的各種改良，不見得完全是由地主出資完成的，有時租用者自己也會出錢進行改良。然而，當租用合約到期，在續約時，地主通常都會要求增加地租，好像所有的改良都是由他自己出資似的。

有時候，就算是人力完全無法改良的土地，地主也會要求收取地租。有一種稱作大型褐藻的海草，燃燒後會產生一種鹼性的鹽類，除了可以用來製造玻璃和肥皂，還有許多其他用途。在大不列顛的許多地方，特別是蘇格蘭，在漲潮時水位可以達到的岩石上，都可以看到這種海草生長。也就是說，這些岩石每天有兩次沉沒在海裡，所以這些岩石的產出從來沒有因人爲改良而提高過。然而，土地瀕臨這類岩岸的地主，對於這些岩石上的天然利益，也要比照他的麥田收取租金。

昔得蘭群島附近的海域漁產豐富，是當地居民生活主要的依靠。但是，如果要靠海產牟利，他們就必須在臨海地區有一個棲身之處。於是，地主收取的地租，便不是按照農夫靠土地能夠有多少收入來計算，而是按照他靠土地以及鄰近的海域會有多少收穫來議定。那裡的地租有一部分是以海產給付；地租很少是海產價格的一部分，然而我們卻在昔得蘭群島看到這樣的一個鮮有例子。

所以說，如果把地租看成是獲得土地使用權而給付的價格，那麼地租自然是一種獨占價格。它完全不是按照地主曾經花了多少錢做了多少土地改良，或按照地主能夠忍受的最低收入來決定，而是按照農夫能夠給付的最高價格來決定。

在土地的各種產物當中，只有價格在一定水準以上的產物才可能經常被運到市場上，這些產物的價格平常足以抵償供應它們上市所需墊付的資本，並且讓這種資本獲得平常的利潤。如果平常的價格高過這個水準，超出的部分自然變成地租落入地主的口袋。如果平常的價格不高過這個水準，那麼雖然產物也許仍然被運到市場上去賣，但是賣得的收入將無法提供任何地租。實際的價格是否高過這個水準，取決於市場需求。

在土地的各種產物當中，有些產物面對的市場需求，總是讓它們的價格高過足以供應它們上市的水準。另外有些產物面對的市場需求，有時讓它們的價格高過該水準，有時則不然。屬於第一類的產物，總是讓地主有地租可拿。屬於第二類的產物，有時讓地主有地租可拿，有時則不然，視情況而定。

所以我們必須注意，地租作爲價格成分計入商品價格的方式，和工資或利潤不同。工資與利潤或高或低，是商品價格或高或低的原因；而地租或高或低，卻是商品價格或高或低的結果。一方面，正因爲必須支付或高或低的工資與利潤，俾使某種商品供應上市，所以該商品的價格才或高或低。但是另一方面，因爲商品的價格很高，高過足以抵償供應商品上市所必需支付的工資與利潤水準甚多，所以才有能力支付甚多的地租。相反的，如果商品價格很低，支付了必要的工資與利潤後只剩下一點點，或者只足夠支付必要的工資與利潤，那麼商品價格就只能支付一點點或完全無法支付地租。

本章分爲三節，第一節討論究竟哪些產物總是讓地主有地租可拿。第二節討論哪些產物有時候讓地主有地租可拿，有時候則不然。第三節討論在不同的社會進步階段，從互相比較，以及和製造品相比的觀點來看，前述兩種初級產物的相對價值，自然會產生什麼樣的變化。

一、論一定讓地主有地租可拿的土地產物

和所有其他動物一樣，人類也按照生存資源的多寡而成比例的自然繁衍，所以糧食的需求總是或多或少的存在。糧食總是能用來購買或支配一些勞動，而且總會有人願意做一些事來求取糧食。沒錯，糧食能夠買到的勞動數量，不一定總是等於在最經濟的使用方式下，它能夠養活的勞動數量，因爲勞動有時被給付了過高的工資。但是，只要按照鄰近地區通常用來養活勞動的工資率給付工資，糧食一定能買到它能養活的勞動數量。

幾乎在任何情況下，土地生產的糧食數量，都大於足夠養活把糧食運到市場出售所需的全部勞動，即使這些勞動是依照其曾經有過最優渥的待遇得到供養。而且剩下來的糧食，也總是大於足夠抵償雇用這些勞動所需墊付的資本以及平常的利潤。因此，一定會有一部分糧

食留下來當作地租分給地主。

挪威和蘇格蘭最荒涼的一些曠野，生產某種可以餵牛的牧草。從這些牛隻身上取得的牛奶，以及繁殖牛隻所得的收益，除了足夠養活照料牠們所需的全部勞動，並且支付農夫或牛隻主人的平常利潤之外，總會剩下些許收益當作地租留給地主。這種地租會按照草地品質好壞的程度而增減。同一面積的草地，如果牧草的品質較佳，不僅可以養活比較多頭牛，而且由於這些牛隻集中圈養在範圍較小的土地上，照料和收集牠們的產出所需的勞動會變得比較少。一方面，土地的產出增加了，另一方面，從一定的產出當中，必須拿來供養勞動的部分減少了；地主在這兩個方面都得利。

土地的租金不僅會按照肥沃程度而異，不管它的產出大小；而且也會因所在的位置而有所不同，不管肥沃程度如何。城鎮附近的土地租金，要比同樣肥沃但偏遠的鄉村土地來得貴。耕種鄉村的土地，雖然不見得需要比耕種城鎮附近的土地花更多的勞動，但是要把鄉村的產出運到市場出售，一定得花更多的勞動。因此，鄉村的土地產出必須供養比較多的勞動；留下來供作利潤分給農夫，和供作地租分給地主的剩餘部分，一定會變得比較小。此外，正如第九章曾經說明的，在偏遠的鄉村地區，一般來說，利潤率要比大城鎮附近來得高些。因此，在變小的剩餘當中，地主分得的比例一定會變得更小一些。

優良的道路、人工運河和適合航行的天然河流，可以降低運輸費用，讓偏遠地區的土地，比較接近城鎮附近土地具有的優勢。因此，在所有的社會改良當中，交通方面的改良最爲重要。這些改良激勵人民耕種偏遠的地區，而這種地方必然總是占全國土地面積的絕大部分。交通改良擊潰城鎮附近土地的獨占地位，因此對城鎮有利，甚至也爲城鎮附近的地區帶來了一些利益。雖然在原來的市場，交通改良爲偏遠地方的產品帶來了新的競爭對手，但同時也爲偏遠地方的產品打開了許多新市場。此外，獨占是優良管理的大敵，除非經由全面自由的競爭，迫使每個人爲了自保而兢兢業業的經營自己，否則永遠不可能普遍確立優良的管理作爲。四十多年以前，某些位於倫敦附近的郡曾經向國會請願，反對政府把收費的高速公路延伸到距離倫敦比較遠的一些郡。他們辯稱，由於勞動成本比較低廉，那些偏遠的郡將可按比較低的價格，在倫敦市場出售牧草和糧食。如此一來，將會降低他們的地租，毀滅他們的耕種成果。然而，在高速公路擴建以後，他們的地租卻提高了，而且耕種方式也益發精進。

一塊肥沃程度普通的麥田，會比同樣大小的一塊最佳草地，生產出更多供人們食用的食物。雖然耕種麥田需要更多的勞動，但是在抵償了種籽和供養全部勞動之後，剩餘下來的產出也比較多。因此，如果我們假定一磅肉品的價值從來都不高於一磅麵包，那麼無論在什麼地方，這種麥田便會比草地生產出更多的剩餘價值，讓農夫和地主可以分得更多的利潤和地租。在農業發展的初期，實際的情況似乎到處都是這樣。

但是麵包和肉品，這兩種不同食物的相對價值，在不同的農業發展階段大不相同。在剛開始的時候，未經改良的荒野全部用來飼養牛羊牲畜，而當時這種荒野占全國土地的絕大部分。肉品的供給於是便比麵包多，所以麵包便成為大家最想爭取的食物，以致價格最為高昂。巫洛亞（Ulloa）告訴我們，四、五十年前在布宜諾斯艾利斯，四里亞爾（real），約值英格蘭錢幣二十一又二分之一便士，是一頭公牛平常的價格，而且這種價格的公牛，還是從兩、三百頭的牛群中精挑細選出來的。他沒有提到麵包的價格，也許因為他不認為當地的麵包價格有什麼讓人驚奇之處。他說，那裡一頭公牛所費，只比捕捉牠的勞動價值多一點點。但是，無論在什麼地方，如果沒有花費大量的勞動，便種植不了小麥。而在巴拉他河流域，即在那一條當時從歐洲直接到波多西銀礦必須經過的河流兩旁的土地上，勞動的金錢價格極不可能低廉。當耕種的土地擴及全國大部分的地方後，情況便不一樣了。這時麵包的供給會比肉品更為寬裕。大家競爭的方向於是改變，肉品的價格便會高過麵包。

此外，耕種的範圍擴大了以後，未經改良的荒野不足以供應肉品的需求。一大部分耕地必須用來飼養牛羊牲畜，因此其價格不僅必須足夠支付照料牠們所需的勞動成本，而且必須足夠支付這種地用於耕作時，農夫和地主能夠獲得的利潤和地租。在完全沒有開墾過的荒地上飼養的牛羊牲畜，和在徹底改良過的土地上飼養的牛羊牲畜，在同一個市場，都一樣按照重量和肉質好壞，依同一價格出售。荒地的地主因此獲得不少好處：他們按照牛羊牲畜的價格提高地租。還不到一個世紀以前，在蘇格蘭高地的許多地方，肉品和燕麥做成的麵包一樣便宜，甚至比麵包更便宜。後來蘇格蘭和英格蘭合併，幫高地的牛羊牲畜打開了英格蘭的市場。目前牠們的價格大約比本世紀初高了三倍，同時許多蘇格蘭高地上的土地租金也漲了

三、四倍。近來幾乎在大不列顛各地，一磅上等牛肉的價格，通常高於兩磅上等白麵包的價格，在小麥豐收的年頭，一磅上等牛肉有時候甚至價值三、四磅上等白麵包。

在農業進步的過程中，從未經改良的草地得到的地租和利潤，就這樣受到經過改良的土地地租和利潤大小的調節，而後者的地租和利潤，在一定程度內，則進一步受到種植小麥的地租和利潤大小的調節。小麥是一年生的作物，肉店裡的肉品，則需要四或五年的時間才能長成。因此，每一畝地所生產的肉品數量，遠比它生產的小麥來得少。前者在數量上的劣勢，必須從價格上的優勢獲得彌補。如果彌補過了頭，便會有更多的麥田轉作爲草地；如果它在價格上獲得的補償不夠，一部分原來的草地便會轉作成麥田。

然而，我們必須注意，只有在大國，而且僅就大部分經過改良的土地來說，才會有前述那種地租與利潤平衡的情形，即草地和麥田，或者說直接生產牲畜飼料的土地和直接生產人類食物的土地，才會有相同的地租與利潤。在某些特殊的地方條件下，就完全不是這種情形，而是種植牧草的地租和利潤，遠優於種植小麥能夠獲得的地租和利潤。

譬如，大城鎮需要大量的牛奶和馬糧，加上肉品價格高昂，時常使得城鎮附近的牧草價格，超過牧草相對於小麥價格的自然比例。這種地方性的草地優勢，顯然不可能擴及遠方的草地。

某些特殊情況有時會使得一些國家的人口眾多，以致全國的土地好比是大城鎮附近所有的土地那樣，不足以生產全部居民生存所需的小麥和牧草。於是他們的土地主要用來生產牧草，因爲牧草蓬鬆而體積較大，不容易從遠方運送過來。至於小麥這種大部分人民的主食，則主要是從國外進口供應。荷蘭目前便處於這種情形，而古時候在羅馬帝國繁榮的時期，義大利的許多地方似乎也是這樣。根據西塞羅的記述，羅馬共和國的老加圖曾說，經營私有的土地，首先必須做到，同時也是獲利最豐的工作，就是好好的飼養牲畜。其次必須做到的，是差強人意的飼養牲畜。第三必須做到的，是胡亂飼養牲畜。至於耕種土地的利潤和好處，只被他列在第四位。事實上，古代義大利羅馬附近的農耕生意想必很難經營，因爲當地的居民時常可以免費獲得小麥配給，或按極低的價格買到小麥。這些小麥是從一些被征服的省分運過來的。有許多這樣的省分不用繳稅，但必須按規定的價格（大約是每一配克六便士）把十分之一的小麥產量賣給羅馬共和國。當共和國按很低的價格將這些小麥配售給人民時，所有從拉丁姆運到羅馬市場銷售的小麥，價格必然會被拉低，因此對拉丁姆一帶的農耕生意造成打擊。拉丁姆是羅馬人在共和國興起之前的舊領土。

以生產小麥爲主的地區，如果大部分的土地沒有被圈圍起來，那麼一塊有圈圍的草地租金，經常會高於鄰近任何一塊麥田。這樣的草地方便飼養用來耕種麥田的牛隻。就這種情形來說，草地的租金之所以高，與其說是因爲它本身的產出價值很高，不如說是因爲利用它來耕種的那些麥田產出價值比較高。如果鄰近的土地也都被圈圍起來了，它的租金便很可能下降。目前蘇格蘭圈圍起來的土地租金很高，似乎是由於圈圍起來的土地不多的緣故。一旦圈圍的土地多起來了，租金便很可能下降。圈圍對草地的好處大於麥田，可以節省照料牲畜所需的勞動；此外，由於飼主或牧犬用不著時常去驚擾牲畜，這些牲畜會養得比較好。

但是，在沒有這種地方性優勢的地方，草地的利潤和地租自然一定會受到麥田的牽制，或受到適宜種植一般食用作物的土地的牽制。

爲了在同樣大小的土地上飼養更多的牲畜，人們想出了以人工飼料代替天然草料的辦法。譬如，使用蕪菁、紅蘿蔔、甘藍菜和其他替代飼料。在農業進步國家使用這些人工飼料，想來應當會稍微降低肉品價格勝過麵包價格的程度。事實的發展似乎一如所料，有一些理由可以讓我們相信，至少在倫敦市場，本世紀以來，肉品相對於麵包的價格比例，比上一世紀初低了很多。

薄爾崎博士（Doctor Birch）在《亨利王子傳》（*Life of Prince Henry*）一書的附錄，交代了亨利王子平常購買的肉品價格：一整頭重達六百磅的公牛，通常會讓他花上大約九鎊又十先令；也就是說，每一百磅約值三十一先令又八便士。亨利王子死於一六一二年十一月六日，享年十九。

一七六四年三月，對於造成當時食物價格高昂的原因，國會曾做過調查。當時有一位來自維吉尼亞的商人，除了提出相關的證據，還特別作證，說他在一七六三年三月爲他的船隻補充食物時，每一百磅的牛肉大約是二十四至二十五先令，他認爲那是牛肉平常的價格。但是在價格高昂的那一年，同樣重量的牛肉卻讓他花了約二十七先令。然而一七六四年的高價，還比亨利王子平常支付的價格便宜了四先令又八便士。而且我們必須注意，只有最好的牛肉，才適合醃藏起來，供人們在遠航時食用。

亨利王子支付的價格，等於每磅三又五分之四便士，那是按照購買整頭牛的平均價格。按照該價格推算，當時上等牛肉每磅的零售價格，應當不會少於四又二分之一或五便士。

在一七六四年的國會調查中，有證人說，最好的上選牛肉零售價格是四或四又二分之一便士，而下等牛肉一般的零售價格從一又四分之三到二又二分之一或二又四分之三便士。他們說，這些價格一般來說比同一等級的牛肉過去在三月分通常的售價貴二分之一便士。即使是這樣高的價格，也還比我們所推算出亨利王子時代的平常零售價格低了很多。

在上一世紀的頭十二年間，上等小麥在溫莎市場的平均價格，是每一夸特（合九個溫徹斯特蒲式耳）一鎊十八先令三又六分之一便士。

但是，在一七六四年之前的十二年間（含一七六四年），同一容量的上等小麥在同一市場的平均價格是二鎊一先令九又二分之一便士。

由此看來，和一七六四年之前的十二年間（含一七六四年）相比，小麥在上一世紀的頭十二年間便宜了很多，而肉品則貴了很多。

在所有大國，大部分開墾過的土地，要不是用來生產人們的食物，就是用來生產牲畜的食物。這些土地的利潤和地租將牽制所有其他土地的利潤和地租。如果有任何特殊的產物所提供的利潤和地租比較少，這種土地便會很快轉爲草地或麥田。如果比較多，一部分草地或麥田便會很快轉爲耕作這種特殊產物。

確實有一些特殊的產物，若不是在種植初期需要花一筆較高的土地改良費用，就是每年都需要花比較多的耕種費用，才能讓土地適合栽植這些產物。和小麥或牧草相比，這些產物表面上通常會提供較高的地租（如果是屬於前面所說的第一種情況）或利潤（如果是屬於第二種情況）。然而，實際上高出來的部分，通常不過是那個比較大的土地改良費用或耕種費用的合理利息或報酬罷了。

譬如，就種植啤酒花、果園和菜園來說，不管是地主的地租或農夫的利潤，通常都比麥田或草地高一些。但是，要讓土地適合栽種這些作物，需要較大的花費，因此地主才會獲得較高的地租。再說，栽培這些作物，需要更爲細心，也比較需要管理技巧。因此，農夫才會獲得比較高的利潤。此外，這些作物的收成較不穩定，特別是啤酒花和果樹。因此，其價格除了應當補償偶爾會發生的一切損失之外，還必須提供類似保險利潤的收入。這些園主的生活情況，一般來說屬於清寒，頂多不過中庸。因此，我們也許可以斷定，他們的園藝技巧雖然了不起，但是通常並未獲得過高的報酬。他們這種賞心悅目的技藝，被許多有錢人當成娛樂消遣的藝術，以致把它當作牟利手段的人，便沒有多少賺頭。因爲那些有錢人本來應當是他們的最佳顧客，現在卻利用自己的寶貝產品自給自足起來了。

地主從這種土地改良獲得的利益，似乎從來未曾高過足以抵償改良的成本。在古代的農業經營術裡，一座灌溉良好的菜園，似乎向來被認爲是農場裡產物價值最高的地方，僅次於葡萄園。但是，在大約兩千年前著述農業經營術，被古人尊爲這種技術創始人之一的德默克里特斯（Democritus）卻認爲，在自家農場裡圍起一座菜園的做法是錯誤的。他說，菜園的利潤不足以抵償石牆的成本；而磚牆則禁不起雨雪風霜的侵蝕，容易崩塌，經常需要維修（我想，他說的那種磚塊是在太陽底下曬乾的）。引述德默克里特斯這個論點的科盧梅拉（Columella）沒有提出反駁，他倒是提議，利用野薔薇和白石南做成的圍籬，不僅相當經濟，而且根據他自己的經驗，也很耐久牢靠。不過，在德默克里特斯的時代，這種圍籬似乎不常見。派拉蒂爾斯（Palladius）採納了科盧梅拉的建議，而在他之前，瓦偌（Varro）對於該建議也頗讚揚。根據這些古代農藝改良者的判斷，菜園的產出似乎僅僅足夠抵償額外的栽培和灌溉費用。由於這些地方的陽光非常熾烈，所以和現在相同，那時候的人們也認爲，應當要掌握一股水流，以便把水引到菜園裡的每一壟菜圃。目前在歐洲大部分的地方，人們普遍認爲，不值得特別爲菜園搭建比科盧梅拉建議的那一種更好的圍籬。在大不列顛以及一些歐洲北部的國家，如果沒有圍牆，便無法栽培出比較高貴的水果。因此，在這些國家，這類水果的價格必定足夠支付建立和維護圍牆的費用。由於果園的圍牆常常環繞著菜園，於是菜園便享有本身的產出價值很少承擔得起的圍籬。

選種適當且栽培完善的葡萄園，是每一座農場裡最有價值的部分。就像現代所有葡萄酒生產國的農業界那樣，古代的農業界似乎也把這種說法當作一則毋庸置疑的經營格言。然而根據科盧梅拉的記載，開闢新的葡萄園是否有利可圖，在古代義大利的農夫之間，卻是眾說紛紜。他本人的見解，像似一個對栽培一切奇特植物都很喜愛的人那般袒護葡萄園，並且以評估比較利潤和費用的方式，使勁的證明開闢新葡萄園是一項最有利的土地利用改良。然而，專業作家對各種新投資項目利潤和費用的評估比較，通常是漏洞百出，尤其在農業方面更是如此。開闢新葡萄園通常獲得的利益，如果實際上如他想像的那樣好，古代義大利的農夫就應當不會有爭議。同樣的問題，到了現在，仍然是葡萄酒生產國國內爭論不休的話題。一般來說，農業作家以及一些喜愛鼓吹高級耕作的人，似乎傾向接受科盧梅拉的見解，支持開闢葡萄園。法國舊葡萄園的園主滿懷焦急的希望阻止別人經營新葡萄園。這種焦急的心情，似乎有利於農業作家的看法，因爲這似乎暗示，在葡萄園經營方面已有經驗的那些人，意識到目前這種作物在該國比其他任何作物更爲有利可圖。然而，這似乎也有另一層含意，也就是一旦目前限制自由栽種葡萄的法令被取消了，便不再有高利潤。一七三一年，議會通過一項命令，除了禁止人們開闢新葡萄園，還禁止某些舊葡萄園恢復：如果舊葡萄園曾經連續中斷兩年沒有栽種葡萄，除非得到國王的特許令，不得恢復。而國王要頒發這種特許令，必須根據省級行政長官提報的消息，保證他本人考察過要求恢復的那塊地，並且保證那塊地不能栽種任何其他作物。頒布這個命令的藉口，是基於小麥和牧草供應稀少，以及葡萄酒供應過剩。但是，如果葡萄酒眞的供應過剩，根本用不著議會的任何命令，便足以有效防止人們栽種新葡萄園，因爲供應過剩會使栽種葡萄相對於栽種小麥或牧草的利潤低於合理自然的比例。至於所謂因爲葡萄園倍增以致小麥供應稀少的問題，據我所知，在法國適合栽種小麥的地方當中，沒有任何地方比那些生產葡萄酒的省分更用心栽種小麥，譬如勃根第、吉耶納和上朗格多克。因爲雇用來栽種葡萄的大量勞動者，必然會讓栽種小麥的事業得到激勵，畢竟他們爲小麥提供了廣大的現成市場。把買得起小麥的人數降低，無疑是一個最不可能達到鼓勵小麥種植目的的辦法。這樣的辦法就好像是爲了發展農業而以政策打壓製造業。

因此，那些在開始種植的時候需要花一筆較高的土地改良費用，才能讓土地適合栽種的特殊作物，或者每年都需要花較多耕種費用的特殊作物，所提供的地租和利潤雖然經常遠比小麥或牧草來得優厚，但是當這些收入只能補償額外的費用時，這樣的地租和利潤，事實上可以說是受制於普通作物的地租和利潤。

的確，有時候適合栽種某種特殊作物的土地數量實在太少，以致無法供應有效的需求量。於是，這種土地的全部產出，便能夠賣給出價高於自然價格的買者。也就是說，它的市價會高過足以按照自然報酬率，或按照其他大部分耕地所支付的報酬率，支付生產它的土地租金，以及支付栽種和運送它上市所需的勞動工資和資本利潤。在這種情況下，而且也只有在這種情況下，它的實際價格，在支付了全部的土地改良和栽種費用之後，剩餘的部分，通常和小麥或牧草的剩餘沒有正常的比例關係，有時甚至超過小麥或牧草的剩餘千百倍。這種超額的剩餘大部分會自然成爲地租落入地主的口袋。

我們必須注意，前文談到那種通常且自然的比例關係，例如，葡萄酒通常相對於小麥或牧草的地租與利潤比例，是一種只限於一些普通的葡萄園才會有的關係。這些普通的葡萄園只會生產一般的好酒；這種葡萄幾乎在任何有疏鬆砂礫或沙質土壤的地方都能栽種。釀成的酒，除了濃度適當和營養衛生之外，沒有其他特別值得推許的品質。鄉間的一般土地，只可能和這類葡萄園競爭，顯然不可能和性質特殊的葡萄園競爭。

葡萄樹比其他任何果樹更容易受到土壤差異的影響。據說從某些土壤得來的風味，不管如何費心栽培或經營，都無法在其他土壤上複製出來。這種葡萄的風味，不管是眞實的或是人們想像出來的，有時是少數幾座葡萄園特有的，有時擴及一個小區域的大部分葡萄園，有時涵蓋一個廣大省分的大部分葡萄園。這種葡萄酒在市場上的全部供應量，小於有效的需求量，或者說，小於某種人士的需求量。這種人願意按照平常的報酬率，或按照普通葡萄園所給付的報酬率，給付製造這種葡萄酒並運送到市場所需的全部地租、利潤和工資。因此，全部的供應量便能夠賣給願意付比平常貴一點的買者，這樣就會把這種葡萄酒的價格抬高到普通葡萄酒之上。價差的大小，要看這種酒風靡人心和稀少的程度，究竟使得買方的競爭有多麼激烈而定。不管價差是大或是小，大部分的好處會當作地租分給地主。雖然這種葡萄園通常比其他大多數葡萄園被耕種得更用心，但是這種酒的高價格，與其說是用心耕種的結果，似乎不如說是用心耕種的原因。牽涉到這麼高價位的產物，工作上稍微粗心大意所導致的損失將很可觀，即使是最漫不經心的人也會有一股心理壓力，迫使他集中注意力。因此，只要從這種酒的高價格當中勻出一小部分，便足夠支付用來栽種這種葡萄的額外勞動工資，和用來驅遣這些勞動的額外資本利潤。

一些歐洲國家在西印度群島占有的蔗糖殖民地，可以和前述珍貴的葡萄園相提並論。其全部產出不足以供應歐洲的有效需求，因此全部產出便只能賣給出價較高的買者。也就是說，蔗糖在歐洲的市價會高於按照其他任何農作物所給付的報酬率，給付栽種、製造和運送它們上市所需的全部地租、利潤和工資。在越南，上等精製的白砂糖售價通常是每一昆特耳（quintal）三枚披亞斯德（piastres），約合英幣十三先令又六便士。這是《一位哲學家的航行記》（*Voyages d'un Philosophe*）作者波窩爾（Poivre）提供的數字，他對該國的農業觀察得很仔細。那裡稱作昆特耳的單位，重量從一百五十到兩百巴黎磅不等。如果取中位數一百七十五巴黎磅，並換算爲英制，白砂糖價格便約等於每一百磅八先令英幣。這樣便宜的價格，和我們從殖民地進口的黑糖平常售價相比，還不到四分之一。和我們進口的上等白砂糖相比，還不到六分之一。在越南，大部分的耕地被用來生產小麥和稻米，是大多數越南人的主食。米、麥和蔗糖的個別價格，在越南大概是處在自然的比例關係。也就是說，處在大部分耕地上各種不同的農作物收益之間自然會發生的比例關係。這種價格比例關係，讓每一位地主和農夫，都按照平常開始種植的土地改良成本，和平常每年耕種費用的大小，依比例獲得近乎精算過的報酬。但是，在我們生產蔗糖的殖民地，蔗糖的價格，不管和歐洲或美洲生產的稻米或小麥價格，都沒有那種自然的比例關係。根據一般的說法，每一位蔗農都預期，從蘭姆酒和糖蜜獲得足夠的收入以抵償全部的耕種費用，而生產的蔗糖收入則應該全是他自己的純利。我不敢肯定這是否屬實，但如果眞是這樣，那就好比是說，麥農預期用穀殼和麥稈抵償他的耕種費用，而生產的麥穀全部應該是他自己的純利。在倫敦和其他貿易商雲集的都市，我們時常可以看到，商業團體在生產蔗糖的英國殖民地購置荒地，透過當地的代理商和經紀人去改良和耕種這些荒地，希望賺取利潤。儘管這些土地位在千里之外，而且由於當地的司法行政不健全、正義不彰，非常不確定是否眞能獲利；即使有最肥沃的土地，也沒有任何人會嘗試借助代理商和經紀人，去改良和耕種蘇格蘭、愛爾蘭或北美的小麥產地。雖然這些地方的司法行政比較嚴謹，比較能伸張正義，正常的利潤也較有保障。

在維吉尼亞和馬里蘭州，人們比較喜歡種植菸草而不喜歡種植小麥，因爲前者獲利較豐。歐洲大部分的地方，種植菸草原本也是有利可圖的。但是，目前幾乎在歐洲的每一個地方，菸草都已經變成一個主要的徵稅標的。而且有人認爲，如果要在全國從每一個偶爾可能種植菸草的農場收稅，不如在海關等它進口時收取來得容易些。基於這樣的理由，歐洲大部分的地方便非常荒謬的禁止種植菸草。這種禁令當然使得允許種植菸草的國家，享有某種獨占地位。由於維吉尼亞和馬里蘭是最大的菸草產地，所以雖然有一些競爭者，但這兩州無疑享有大部分的獨占利益。然而，種植菸草似乎不像種植甘蔗那樣有利。我甚至從未聽過，有任何住在大不列顚的商人，花錢請別人到這兩州改良或耕種菸草。而且從這兩個菸草殖民地回國的人當中，也沒有我們時常看到的那種從英國的蔗糖殖民地衣錦還鄉的富農。儘管從這兩個殖民地偏愛種植菸草勝於小麥的事實看來，歐洲對菸草的有效需求似乎沒有完全得到供應，但供應不足的程度大概小於蔗糖不足的程度。因此，目前菸草的價格雖然很可能高過——按照麥田所給付的報酬率——給付栽種和運送它上市所需的全部地租、利潤和工資，但超過的程度，必然比不上目前蔗糖價格超過的程度。因此，我們的菸農，也像法國舊葡萄園園主擔心葡萄酒生產過剩那樣，早就開始擔心菸草生產過剩的問題。他們利用州議會通過的一條法律，將菸草的種植數目，限制在每一個年齡在十六至六十歲的黑奴平均六千株。如此一來，每個黑奴估計可以生產一千磅菸草。除了這個數量的菸草之外，菸農估計，一個這種年紀的黑奴還能夠照料四畝玉米田。根據道格拉斯博士（Dr. Douglas）的記述（我懷疑他在這一點可能被誤導了），在菸草豐收的年頭，為了防止市場供應過剩，有時會按照擁有黑奴的比例焚燬一定數量的菸草，正如傳聞中荷蘭人處理香料供應過剩的方式。如果為了支撐目前的菸草價格，必須採取這種激烈的手段，那麼菸草相對於小麥種植的優勢，即使目前仍然存在，大概也持續不了多久。

生產人民主食的耕地所獲得的地租，便是依照這種方式牽制其他大部分耕地的地租。沒有任何特殊作物能夠長期提供比主食耕地還低的地租水準，因為那種耕地會很快轉作其他用途。如果有任何特殊作物通常提供比這水準還高的地租，這是因為能夠被整理得適合種植這種作物的土地，數量實在太少了，以致無法充分供應有效需求。

在歐洲，土地主要用來種植直接供人食用的小麥。因此，除了某些特殊地方的土地，麥田的地租在歐洲牽制了所有其他耕地的地租。我們不須羨慕法國的葡萄園或義大利的橄欖園。除了在某些特殊的地方，這些葡萄園或橄欖園的價值其實都受到麥田價值的牽制。而就麥田的肥沃程度來說，我們自己的國家並不會比這兩個國家差多少。

在任何國家，如果一般人民偏愛的主要植物性食物來自於某種農作物，而這種農作物在最普通的土地上，用相同或接近相同數量的勞動耕作，生產出來的數量，比小麥在最肥沃的土地上的產量還要多。如果是這樣，那麼該國地主的地租，或者說，土地產出在給付了耕作所需的勞動工資，和抵償了農夫用於耕作的資本，連同資本的平常利潤之後，剩餘下來分給地主的食物數量，必然會比較多。不管勞動在該國通常是依照什麼樣的待遇水準獲得供養，比較多的剩餘一定能夠供養數量比較多的勞動，因此一定會讓地主有能力購買或支配比較大的勞動數量。地租的實質價值，地主的權力和威信，以及對於其他人民能夠供應的各種生活必需品和便利品，地主的支配力量必然都會比較大。

普通的稻田比最肥沃的麥田生產更多數量的食物。稻田一年收成兩次，據說每英畝每次的收成通常介於三十至六十蒲式耳。因此，雖然耕作稻田需要較多的勞動，但是在勞動全部獲得供養之後，還是會有更多的剩餘。因此，和小麥生產國相比較，在一般人民偏愛稻米作爲主要植物性食物，而且耕種稻田的勞動也主要食用稻米爲生的稻米生產國，在前述那個比較多的剩餘當中，應當會有比較大的一部分被當作地租分給地主。在卡羅來納，一般來說，就像其他英屬殖民地，土地的耕種者本身既是農夫也是地主，所以地租和利潤是混淆在一起的。在那裡，人們發現種植稻米比種植小麥獲利更豐，雖然他們的稻田一年只收成一次，而且由於從歐洲帶過去的生活習慣使然，稻米不是當地人民偏愛的主要植物性食物。

優良的稻田四季都是濕地，而且有一季還必須是注滿水的濕地。這種田地不適合種植小麥、牧草、葡萄，或甚至其他任何對人類非常有用的植物性食物，而且適合種植這些作物的土地，也不適合種植稻米。因此，在稻米生產國，對於永遠不能轉作爲稻田的其他耕地地租，稻田的地租發生不了牽制或牽引作用。

馬鈴薯田生產的食物數量不亞於稻田，而且遠優於麥田。每畝一萬兩千磅的產量對馬鈴薯田來說不算多，但每畝兩千磅的產量對麥田來說卻不算少。沒錯，從這兩種作物分別抽取出來的食物或固體養分，不完全和其重量成正比，因爲馬鈴薯的水分比較多。然而，即使把根莖作物的含水量算作百分之五十（這已經是很高的含水比例了），每一畝馬鈴薯田生產的固體養分仍然有六千磅，是每一畝麥田食物產量的三倍。此外，馬鈴薯田所需的耕種費用比麥田少。小麥播種前通常會有的休耕費用，甚至抵得過馬鈴薯田一定要花的鬆土和其他額外耕種費用。這種根莖作物，無論在歐洲哪一個地方，如果眞能像稻米在某些稻米生產國那樣，也變成是一般人民偏愛的主要植物性食物，以致這種根莖作物占據的耕地比例，變成等於目前小麥和其他供人類食用的穀類作物在當地占據的比例時，那麼同一數量的耕地便可以養活更多的人民。而且由於種田的勞動者也食用馬鈴薯，因此耕地的馬鈴薯產出，在抵償了全部的耕作材料和供養了耕種的勞動之後，會有比較多的剩餘。而這剩餘當中分給地主的部分也會比較大。換言之，人口將會增加，而地租將會比目前高很多。

適合種植馬鈴薯的田地，也適合種植幾乎任何其他有用的農作物。如果馬鈴薯占據的耕地比例等於目前小麥占據的比例，那麼馬鈴薯田的地租，依相同的方式，也將牽制或牽引其他大部分耕地的地租。

有人告訴我，在蘭開郡有一些地方人士認爲，燕麥片製的麵包，會比小麥粉製的麵包讓勞動朋友更健康更有力氣。在蘇格蘭，我也經常聽到同樣的說法。然而，我對其眞實性有點懷疑。一般來說，吃燕麥片的蘇格蘭平民，並不如同一階層、吃小麥麵包的英格蘭人民雄壯英挺。前者在工作上和體型上都不如後者；然而，這兩個國家的上層階級卻沒有這種差異，因此這項事實似乎顯示，蘇格蘭平民吃的東西，不像他們鄰居的英格蘭平民鄰居吃的那樣適合人體。不過，馬鈴薯似乎大不相同。倫敦的轎夫、挑夫和煤夫，以及以賣身爲生的不幸婦女，也許是大英帝國最強壯和最美麗的男女，據說大部分出自愛爾蘭底層的人民，而這個階層的人民在當地通常是吃馬鈴薯長大的。沒有任何食物能夠提供比這個更具有決斷力的證據，來證明它的營養成分，或證明它特別適合人體健康。

要保存馬鈴薯一整年很困難；要像小麥那樣把馬鈴薯連續儲存兩、三年，根本不可能。無法在腐爛之前把馬鈴薯賣掉的恐懼，打擊了人們種植馬鈴薯的興趣。也許主要是由於這個緣故，馬鈴薯才不能像小麥那樣，在任何大國變成所有階層人民的主要植物性食物。

二、論有時讓地主有地租可拿，有時則不然的土地產物

食物似乎是唯一必定對地主提供地租的土地產物。其他產物有時候讓地主有地租可拿，有時候則不然，視情況而定。

除了食物之外，衣服和住屋是人類兩個最主要的需求。

在原始未開發的狀態下，土地在衣、住材料方面所能供應的人數，比它在食物方面所能供應的人數多很多。經過開發改良之後，土地在食物方面所能供應的人數，有時候比它所能供應的衣、住材料要來得多。至少就人們實際需要這些材料，並且願意給付代價的情形來說，會有這樣的狀況。因此，在前述第一種狀態下，衣、住材料總是供給過剩，所以交換價值總是很低。在第二種狀態下，衣、住材料時常供給不足，從而抬高其價值。在第一種狀態下，它們大部分被當作沒有用的東西丟棄，而被拿來使用的那一部分衣、住材料的價格，也僅僅等於整理它們以便利用所需的勞動和費用，因此無法提供任何地租給地主。在第二種狀態下，它們全部被充分利用，而且實際的需要時常大於供給。總是有人爲了得到這種材料，而願意給付大於供應它們上市所需的最低代價。因此，其價格總是能夠對地主提供一些地租。

大型動物的毛皮是原始人類使用的衣服材料。就狩獵和畜牧的民族來說，他們的食物主要是這種動物的肉，因此，當每個人在獵取自己的食物時，也順便獲得了自己穿不完的衣

服。如果沒有國外貿易，大部分的獸皮便會被當作沒有價值的東西丟棄。在歐洲人發現北美洲之前，北美的狩獵民族大概就處於前述這種情形。他們現在用多餘的獸皮和歐洲人交換毛毯、火器和白蘭地，於是獸皮便有了一些價值。就世界目前已知的商業往來狀態而言，即使是最未開化的民族，只要有了私有土地的制度，想必都有一些這類的國外往來，從而會發現一些比較富有的鄰居，對自己土地上生產的這種自己無法予以加工製造也消費不完的材料有強烈的需求，以致其價格超過了運交到富有鄰居手上所需的花費。因此，這些材料便會讓地主獲得一些地租。當大部分蘇格蘭高地出產的牲畜在附近山丘就被消費掉的年代，牲畜皮革的出口是蘇格蘭最重要的貿易項目，而且用它們換來的物品也提高了高地上地主的地租。從前英格蘭出產的羊毛，他們自己無法予以加工製造也消費不完，在當時比他們富有且勤奮的法蘭德斯找到了出口市場，那裡的羊毛價格讓生產羊毛的土地多拿了一些地租。一些開墾狀態不如當時的英格蘭，或者不如現在蘇格蘭高地的國家，如果沒有國外貿易，所生產的衣服材料，顯然將會因為供應過剩而大部分被當作沒用的東西丟掉。即使是被使用的部分，也不會對地主提供任何地租。

住屋的材料未必都能像衣服的材料那樣被長距離輸送，因此較不容易成為國外貿易的項目。即使在目前世界的商業往來狀態下，當某些住屋的材料在生產國國內發生供應過剩時，對地主也往往是毫無價值可言。一處優良的採石場，若位於倫敦附近，會提供一筆可觀的地租。但是，在蘇格蘭和威爾斯，許多地方的採石場提供不了任何地租。只能當作建材的樹木，如果位於人口密集而且耕種完善的國家，價值必然不凡，而生產這種樹木的林地會讓地主獲得可觀的地租。但是，在北美的許多地方，地主會很感激每一個把他的大部分大樹移走的人。在蘇格蘭高地的一些地方，由於缺乏陸上和水上的通路，樹皮是整根樹木當中唯一能夠送往市場的部分。當建材供應過剩，被利用的那部分建材的價值，將僅僅包含整理它們以便利用所需的勞動和費用。這個部分不會提供任何地租，任何人只要開口要求，地主一般都會允許他免費拿去用。然而，富國的需求有時候會讓地主有地租可拿。倫敦街道的路面鋪設工程，讓蘇格蘭沿海一些寸草不生的岩石場主人，獲得了從來沒有拿過的地租。挪威和波羅的海沿岸出產的木材，在英格蘭找到了在國內不可能找到的市場，因此才讓它們的主人獲得了一些地租。

一國人口的多寡，不是按照其產出能夠讓多少人有衣服穿和有房子住而定，而是按照該國能夠讓多少人有食物吃而定。有了食物以後，要供應必需的衣服和住屋便比較容易。目前甚至在大英帝國的某些地方，所謂一間房子，一個人用一天的勞動也可以建成。用獸皮製成最簡單的衣服，需要多一點勞動來鞣製處理。然而，這種衣服畢竟不需要花費很多工夫。就尚未開化的原始民族來說，利用全年勞動當中的百分之一或稍微多一點點，便足以供應讓大部分人民覺得滿意的衣服和住屋。其餘的百分之九十九往往還不夠填飽他們的肚子。

但是，透過土地的改良和耕種，當一個家庭的勞動能供應兩個家庭所需的食物，一半的社會勞動便足以供應整個社會所需的食物。因此，另一半的社會勞動，或至少是這一半勞動當中的大部分，便能夠用來提供其他東西，或者說，用來滿足人類其他實際的需要和想像的偏好。衣服、住屋、家具和全套的馬車裝備，是這些需要和偏好大部分投注的主要對象。富人消費的食物不會比他的窮鄰多。在質地上，他消費的食物也許大不相同，而且在挑選和烹調方面，也許需要比較多的勞動和手藝。然而，在重量上，他們消費的食物其實非常接近相同。但是，如果就富人寬敞的宅邸以及塞滿華服的衣櫥，和窮人的棚舍以及幾件破衣服稍加比較，一定會注意到他們的衣服、住屋和家具在數量上的差異，幾乎就像在品質上的差異那樣巨大。每個人對食物的欲望都受限於肚子的狹小容量；但是，在住屋、衣服、馬車和家具方面，對各種便利品和裝飾品的欲望，似乎沒有任何止境或確定的界限。因此，食物數量自己吃不完的人，總是願意用多餘的食物，或者說，總是願意以食物爲代價，交換在其他方面讓他們覺得愉快的東西。換句話說，在滿足了有限的欲望之後，多出來的東西全部都會被用來排遣那些似乎毫無止境、永遠無法饜足的欲望。爲了得到食物，窮人會盡力滿足富人想像的偏好，而爲了更有把握得到食物，他們便會在工作上競相降價，並且競相提高產品的品質。當食物的數量增加，或土地的改良和耕種進步時，工人的數目也跟著增加。由於他們的工作性質允許非常細密的分工，他們能夠加工製造的材料數量，增加的比例遠大於他們的人數。於是，不管是基於實際的效用，或只有裝飾作用，舉凡人類想得到能夠用在住屋、衣服、馬車或家具方面的各種材料，譬如藏在地底的各種化石燃料和其他礦物，以及珍貴的金屬和寶石，便都有了市場需求。

食物不僅是地租的原始來源，而且其他每一種後來提供地租的土地產物，它的那一部分地租價值，也是由於土地改良和耕種進步後，生產食物的勞動力進步的結果。

但是，後來才提供地租的土地產物，未必總是會提供地租。即使在大部分土地已被改良耕種的國家，市場對它們的需求，未必總是會讓其價格高過足以支付必要的勞動工資，以及抵償運送它們上市所需的資本花費以及平常的利潤。產物的價格是否能夠提供地租，視情況而定。

例如，一處產煤的礦坑是否能夠提供地租，一方面要看蘊藏是否豐富，另一方面也要看所處位置。

不管是什麼礦，如果一定數量的勞動從某一處礦坑可以挖得的數量，比相同數量的勞動從其他大部分生產同一種礦的礦坑挖得的數量多，那麼該處礦坑便可以說是蘊藏豐富。反之，便可以說蘊藏貧瘠。

有些煤礦坑的地理位置相當有利，但因爲蘊藏貧瘠，不值得開挖。其生產的煤礦數量無法支付所需的勞動和資本費用。這種礦坑無法提供任何利潤或地租。

有些煤礦坑的產量，僅僅足夠支付必要的勞動、抵償開挖所需的資本花費，以及平常的利潤。它們能夠提供一些利潤分給負責開挖工作的企業家，但無法提供地租分給地主。除了地主之外，任何人來經營這種礦坑都無法獲利，如果地主親自負責經營，他也只能獲得用在礦坑那筆資本的平常利潤。在蘇格蘭，有許多煤礦坑是以這種型態經營的，也沒有其他可行的經營方式。如果不支付一些地租，地主便不准任何人開挖他的礦坑，可是沒有人付得起任何地租。

同樣是在蘇格蘭，有許多煤礦坑，蘊藏雖然夠豐富，但由於地理位置的因素而無法開挖。利用平常數量或甚至比平常數量少的勞動，挖得的煤礦數量雖然足夠抵償挖掘的費用，可是這些煤礦坑位處內地，周圍人煙稀少，又沒有良好的陸上或水上通路，因此挖得的煤礦無處銷售。

煤炭是一種比木料更令人討厭的燃料，據說煤炭比較不利人體健康。因此，煤炭在消費地的售價，一般必須略低於木料的售價。

木料的價格亦隨著農業發展的狀態而發生變化，幾乎就像牲畜的價格變化那樣，而且原因完全相同。每個國家在起初尚未開發的時候，大部分的地方長滿了樹木，當時對地主來說，這些樹木只是一種毫無價值的累贅，任何人只要不嫌麻煩把它砍倒，他都會很樂意奉送。隨著農業的進步，一部分林地被清理出來作爲耕地，一部分由於牲畜的數目增多而遭損毀。這些牲畜，雖然不像小麥那樣完全憑人們的勤奮便可以取得，所以增加的速度也不像小麥那樣快，但牠們畢竟是在人們的照料和保護下繁衍。飼主在豐盛的季節把飼料儲存起來，以備在青黃不接的時候供牠們食用。從年頭到年尾，飼主提供的食物數量，比未經開墾的大自然供給的還要多；而且人類消滅和驅逐了牠們的天敵，讓牠們可以安心的自由享受大自然提供的一切東西。爲數眾多的牛群或羊群，一旦被放到樹林裡四處遊蕩，雖然不會損毀老樹，但必然會阻礙幼苗長大，所以一、兩個世紀後，整片森林便化爲烏有。於是，木料的稀缺導致價格抬升，帶來優渥的地租，因此地主有時候會發現，要利用自己最好的土地來生財，幾乎沒有什麼比生產純粹的建材更有利的方式，儘管林木成材需要較長的時間，但高額的利潤往往能抵銷這個缺點。目前在大不列顛的許多地方，情況似乎就是這樣。在當地，人們發現種植樹木的利潤等於種植小麥或牧草。地主從種植樹木得到的利益，無論在什麼地方，至少就長期來說，都不可能超過種植小麥或牧草能夠提供給他的地租。在土地開發程度高的內陸地區，林地提供的地租經常不會低於小麥或牧草提供的地租。沒錯，即使是土地開發程度很高的國家，就沿海地區來說，如果方便取得煤炭當燃料，那麼從開發程度較低的外國進口建材，有時候也許會比在國內生產來得便宜。譬如，在過去幾年內建立起來的愛丁堡新鎮上，也許找不到一根蘇格蘭生產的木材。

不管木料的價格高低，如果煤炭的價格高到用煤炭生火的費用等於用木料生火，我們便可以篤定的說，在那個地方，在這樣的情況下，煤炭的價格已經高到不可能再高了。在英格蘭的一些內陸地區，特別是牛津郡，情況似乎便是如此。那裡的人民，即便是普通的老百姓，通常把煤炭和木料混在一起生火，可見這兩種燃料的費用差異不大。

在產煤的國家，煤炭價格到處都比上述的最高價格低很多。如果不是這樣，煤炭就無法承擔長程運輸的費用，不管是陸運或水運。僅有少量的煤炭能夠按最高的價格賣出。因此，煤礦主和地主會發現，以略高於最低的價格賣出大量的煤炭，比按最高的價格賣出少量的煤炭，對自己更有利。另外，蘊藏最豐富的煤礦坑，會牽制所有其他鄰近礦坑的煤炭價格。地主和經營礦坑的企業家會發現，以略低於鄰近煤炭的價格出售，對他們兩人都有利：對前者來說，可以獲得較多的地租；對後者來說，可以獲得較高的利潤。鄰近的煤炭商很快就不得不同樣的降低價格出售煤炭，儘管他們承受削價競爭的能力不如人，儘管跟隨對手降價一定會降低自己的地租和利潤，有時候甚至會完全沒有剩餘。有些礦坑便因此倒閉，有些則無法提供任何地租，只能由地主親自經營。

就任何一段不算短的期間來說，煤炭能夠維持的最低售價，也像其他所有的商品那樣，剛好足夠抵償供應其上市所需的資本花費，以及資本的平常利潤。一般來說，在地主得不到任何地租（因此，他必須自己經營或完全放任不管）的煤礦坑，煤炭的價格一定相當接近這個最低價格。

一般來說，即使在煤炭能夠提供地租的地方，地租在煤炭價格當中占去的比例，比其他大多數土地產物價格當中的地租比例小。一塊地皮的地租，通常等於地面產出毛額估計的三分之一，而且這種地租通常是事先確定的，不會隨著實際收成偶爾的變化而調整。就地底的煤礦坑來說，地租了不起占產出毛額的五分之一，通常是十分之一，而且這種地租很少是事先固定的，因爲它會隨著實際產出偶爾的變化而調整。這種變化調整的幅度時常很大，以致如果年收益的三十倍在某個地方被認爲是普通地皮的中等價格，那麼年收益的十倍在該地便會被認爲是很好的煤礦坑產權價格。

對於地主重視的價值來說，煤礦坑的位置和蘊藏量，通常是同等重要。相形之下，對金屬礦坑的價值來說蘊藏量比位置更有影響力。即使是卑金屬，從礦砂分離出來以後的價值也很高，通常能夠承受長距離的陸路運輸，甚至更遠的海上運輸費用，貴金屬就更不用說了。其市場不限於礦坑附近的國家，而是擴及全世界。譬如，日本生產的銅在歐洲買得到；西班牙的鐵在智利和祕魯也都買得到。祕魯生產的銀不僅出現在歐洲，而且經由歐洲輸入中國。斯特摩蘭郡或什羅浦郡的煤炭價格，不太可能會影響紐加塞爾的煤炭價格；而賴恩諾伊斯的煤炭價格對外地的煤炭價格，則不可能會有任何影響。這些煤礦坑生產的煤炭相距這麼遠，永遠不可能湊在一起相互競爭。但是，相距最遠的金屬礦坑生產的東西，也許時常可以湊在一起相互競爭，事實上這種情況很普遍。因此，所有的卑金屬，更不用說貴金屬，在世界上蘊藏最豐富的礦坑的產地價格，必然對世界各地的產地價格會有一些影響。譬如，日本的銅價必定會影響歐洲銅礦產區的銅價。祕魯的銀價，或者說，白銀在祕魯可以買到的勞動或其他物品的數量，不僅會影響歐洲銀礦產區的銀價，也會多少影響中國銀礦產區的銀價。在祕魯的銀礦被發現以後，歐洲大部分的銀礦便被廢棄。因爲銀價大爲滑落，以致銀價不再能夠抵償挖掘歐洲銀礦的費用，也就是說，不再能夠抵償挖掘作業所消耗的食物、衣服、住屋和其他必需品，並且提供些許利潤。當時古巴和聖多明哥的銀礦，情況也和歐洲一樣；甚至在波多西的銀礦被發現了以後，連祕魯的一些古老銀礦也有同樣的遭遇。

因爲每一種金屬在每個礦坑的價格，在一定程度上，受到世界上實際開採中且蘊藏最豐富的礦坑的產地價格所牽制，因此在大部分的礦坑，其價格在抵償了開採的費用之後，不可能會有很多的剩餘。所以，不太可能提供很高的地租分給地主。於是大部分礦坑分得的地租，只占卑金屬價格很小的比例，當然在貴金屬價格當中，地租所占的比例就更小了。勞動工資和資本利潤構成這兩種金屬價格的大部分。

康瓦爾郡是目前世界上已知蘊藏最豐富的錫礦產區，然而根據錫礦區副委員薄萊士牧師（Borlace）的記述，產量的六分之一可以視為當地錫礦坑的平均地租。他說，有些礦坑的地租高一點，但是有些礦坑沒有提供這麼高的地租。產量的六分之一，也是蘇格蘭許多蘊藏非常豐富的鉛礦坑分得的地租。

佛雷奇爾（Frezier）和巫洛亞告訴我們，在祕魯的銀礦區，銀礦的所有人通常除了要求礦坑的經營者，必須用磨坊磨碎礦石，並且付給他平常的磨碎代價外，其他一無所求。沒錯，在一七三六年以前，西班牙國王課徵的稅等於標準成色白銀價值的五分之一，這個比例也許可以視為當時祕魯大部分銀礦坑實際的地租。祕魯是世界上已知最富饒的銀礦產區。如果沒有課稅，這五分之一自然會歸屬給地主，而許多當時因為承受不起這種稅，以致沒有開採的礦坑，也許便會被開採。康瓦爾公爵課徵的錫稅，估計超過錫價的百分之五，或者說二十分之一。不管康瓦爾公爵得到的比例是多少，如果錫不用繳稅，他那部分稅收自然會歸屬給錫礦坑地主。如果把二十分之一加上六分之一，就會發現康瓦爾郡錫礦坑平均全部的地租，相對於祕魯銀礦坑平均全部的地租，是十三比十二。但是，目前祕魯的銀礦坑卻付不起這樣低的地租，所以在一七三六年銀稅從五分之一降至十分之一。然而十分之一的銀稅一定會比二十分之一的錫稅誘發更多的走私活動，更何況走私袖珍的貴重物品必定比走私大體積的粗賤物品容易得多。因此，西班牙國王的銀稅據說繳納情況不佳，而康瓦爾公爵的錫稅繳納的情況卻很好。因此，地租在最豐饒的錫礦坑占去錫價的比例，很可能大於地租在世界上最豐饒的銀礦坑占去銀價的比例。在抵償了這些不同的礦坑開採所需的資本花費，以及給付平常的資本利潤之後，剩下來留給礦坑所有人的部分，在卑金屬礦坑似乎優於貴金屬礦坑。

在祕魯，銀礦坑經營者的利潤通常不是很高。前述兩位令人敬佩且相當博聞的作者，也告訴我們，在祕魯任何著手經營新礦坑的人，都會被眾人視爲注定將破產之人，因此每個人都會盡可能規避他。在祕魯，人們看待採礦行業的態度，似乎就像我們這裡看待抽獎彩票的態度。中獎的全部獎金雖然不夠彌補抽中空籤損龜的損失，但是有幾張可以贏得鉅額獎金的彩票，卻可以誘使許多冒險家，將他們的財富全數押注在這種希望不大的項目。

然而，因爲西班牙國王有一大部分的收入來自銀礦的生產稅，所以在祕魯法律便盡可能鼓勵人們去發現和開採新的礦藏。不管是誰發現了新的礦藏，便都有權順著自己猜測的礦脈走向，在周圍畫出兩百四十英尺長一百二十英尺寬的區域。他可以變成這區域礦脈的所有人，自己進行開採，無須對地皮的主人表示任何謝意。康瓦爾公爵個人的利益，也在那個古老的大公國產生了幾乎是同一性質的法令規定。在荒廢而且沒有圈圍起來的土地上，任何發現錫礦藏的人，都可以在一定程度內畫出礦藏的範圍。人們把這樣的動作稱爲「圍住礦脈」。圍住礦脈的人便成為礦脈的所有人，他可以自己開採，或租給別人開採，都不需要得到那塊土地所有人的同意。不過，在開採出來的錫礦當中，必須勻出很小的一部分當作謝禮給土地所有人。不管是在祕魯或是在康瓦爾，為了奉獻所謂公共收入的假設性利益，神聖的私有財產權就這樣變成了犧牲品。

在祕魯，法律也同樣鼓勵人們發現和開採新的金礦。西班牙國王的金稅只有標準成色黃金價值的二十分之一。它曾經是五分之一，後來變成十分之一，就像前述的銀稅那樣。但是，人們發現，即便是兩者當中最低的稅率，開採黃金的事業也無法承擔。佛雷奇爾和巫洛亞這兩位作者表示，若說想要找到因開採銀礦而致富的人很困難，那麼想要找到因開採金礦而致富的人就是難上加難。這二十分之一的金稅，似乎就是智利和祕魯大部分的金礦坑提供的全部地租。此外，黃金甚至比白銀更容易走私逃稅，不僅是因為這種金屬比起白銀體積更小且價值更高，也因為大自然生產它的方式非常特別。銀礦開採出來的時候很少是不含雜質的，而是像其他大多數金屬那樣，通常和其他一些物質化合形成礦石。要從這種礦石分解出足夠抵償分解成本的白銀分量，根本不可能，除非經過某種既費事又冗長的程序，而這種分解程序也不可能執行得很好，除非在特別為執行這種分解程序而設立的工廠裡作業。因此，整個生產白銀的過程便暴露出來，方便稅吏的稽查。相反的，黃金開採出來的時候幾乎總是不含雜質。有時候可以採到一些體積頗大的純金塊。即使採到的黃金顆粒小得幾乎看不見，而且和砂土或其他雜質混在一起，也只要經過簡單快速的程序，便可以把黃金顆粒分解出來，而這種程序只要有少量的水銀，任何人在自己家裡便可以執行。因此，如果說國王的銀稅繳納的情形不佳，那麼金稅繳納的情形很可能更糟糕。所以，金價當中地租占去的比例，一定會比銀價當中地租占去的比例更小。

就任何一段不算短的期間來說，貴金屬能夠維持的最低售價，或者說，至少能夠交換到的其他物品數量，和所有其他商品最低的平常售價一樣，都取決於相同的原則。開採時通常所需的資本花費，包括從礦坑裡把它們帶到市場，通常必定會消耗掉的食物、衣服、住屋等，決定了最低的平常售價。換句話說，這個價格至少必須足夠抵償供應其上市所需的資本花費，以及資本的平常利潤。

然而，貴金屬的最高售價似乎除了本身數量的多寡之外，不受其他任何因素的節制。其他任何商品的價格都限定不了貴金屬的最高售價，不像煤炭的價格會受制於木料的價格，不管煤炭是多麼稀少，都不可能高過木料的價格。換作是黃金，只要把稀少性提高到一定的程度，那麼一丁點黃金也許會變成比鑽石更珍貴，可以比鑽石換得更多的其他物品。

貴金屬的需求，一部分起源於其效用，一部分起源於其美麗。如果把鐵排除在外，那麼貴金屬也許比其他任何金屬都來得有用。由於貴金屬較不容易腐蝕或遭到污染，也較容易保持乾淨；因此，用貴金屬製成的餐桌或廚房器具，通常比較討人喜歡。譬如，銀鍋比鉛鍋、銅鍋或錫鍋乾淨；就乾淨程度來說，金鍋更是勝過銀鍋。然而，其主要優點在於美麗，因此特別適合作爲衣服和家具的裝飾。任何漆料或染料的顏色都無法像燙金或鍍銀那樣光采耀眼。此外，這種美麗的優點會由於稀少而益發彰顯。對大部分有錢人來說，享受財富在於展示財富；在他們的眼中，如果他們看起來沒有擁有除了自己之外任何人都不可能擁有的物品，以致他們的富裕無法不容置疑的標誌出來時，財富提供的享受便有所缺憾。在他們的眼中，一件物品不管多麼有用或多麼美麗，如果它眞是難得一見，或者說，如果要大量收集這種物品，需要花非常多的勞動，導致除了自己之外任何人都付不起，那麼它的優點就會益發凸顯。在這種物品上他們願意花的錢，大於那些比較美麗、比較有用、但比較常見的東西。效用、美麗和稀少，這三種性質是金屬價格之所以高，或者說，金屬之所以無論在什麼地方都可以交換到大量其他物品的根本原因。在金屬被作爲錢幣之前，這個價值便已獨立存在，而且是它們之所以適合作爲錢幣的一個主要因素。不過，由於這種用途使得金屬有了新的需求，從而減少了能夠供應其他用途的數量，也許有助於維持或提高它們的價值。

各種寶石的需求完全起源於其美麗。除了作爲裝飾，寶石沒有別的用處。它們稀少的程度，或從礦坑裡開採出來必須克服的困難和花費，會大大提高其美麗的價值。因此，在大多數的場合，工資和利潤幾乎構成寶石全部的價格。地租只占很小的一部分，甚至通常沒有；只有蘊藏最豐的礦坑才能多少提供一些地租。當一位名叫塔文尼爾的珠寶商到哥爾康達和維夏波爾參觀當地的鑽石礦坑時，有人告訴他，所有礦坑的開採利益全歸國王，但是國王已經下令關閉所有礦坑，除了出產的鑽石顆粒最大且品質最好的礦坑。對國王來說，其餘的礦坑似乎不值得開採。

由於無論在什麼地方，貴金屬或寶石的價格，同樣受制於世界上蘊藏最豐富的礦坑的產地價格。因此，出產貴金屬或寶石的礦坑，能夠提供給礦坑所有人的地租，不是依比例取決於它的絕對蘊藏量，而是依比例取決於相對的蘊藏量，或者說，取決於蘊藏量優於其他同種礦坑的程度。譬如，若有新的銀礦被發現了，當其蘊藏量勝過波多西的銀礦，而且程度就像波多西的銀礦勝過歐洲的銀礦，那麼銀價也許會大幅滑落，以致波多西的銀礦也許會變成如現在歐洲的銀礦那樣不再值得開採。在西印度群島的西班牙殖民地被發現以前，歐洲蘊藏最豐富的銀礦提供給所有人的地租，就價值來說，也許和目前祕魯蘊藏最豐的銀礦提供給所有人的地租一樣高。雖然當時那些歐洲銀礦的產量比祕魯目前的產量少很多，但是，當時較少的白銀數量也許曾經換到了相等數量的其他物品，而礦坑所有人分得的那一份白銀產量，也許曾經讓他能夠購買或支配相等數量的勞動或其他商品。不管是白銀的全部產出或是地租，就它們的價值，或者說，就它們對社會大眾和地主提供的實質收入來說，過去和現在也許沒有兩樣。

即便是蘊藏量最豐富的礦坑，不管是出產貴金屬或寶石，對全世界的財富增益都非常有限。如果一種產物的價值主要來自於稀奇，那麼當數量變多時，其單位價值必然會下跌。整套鍍金鑲銀的餐具，以及其他一些瑣碎的衣著和家具裝飾，也許會變得比較便宜，用比較少量的勞動或其他商品就可以買到。這就是全世界從這兩種礦坑的豐饒能夠獲得的唯一好處。

地面上的地產，情況就不同了。無論是它們的產出或是地租，價值的大小都依比例取決於絕對的，而非相對的肥沃程度。生產一定數量食物、衣服或住屋的土地，總是能夠在食物、衣服或住屋方面供養一定數目的人民。而且不管地主分得多少，他那一部分必定會讓他對人民的勞動，或對那些勞動能夠供應的商品，有相對比例的支配力。最貧瘠土地的價值，不會因爲附近有了最肥沃的土地而下降。相反的，它們的價值通常會因此而增加。倚賴肥沃土地的供養而存在的許多人，爲貧瘠土地的許多產出帶來了市場，而這市場是這些貧瘠土地永遠不可能在自己的產出能夠養活的人民當中找到的。

無論是什麼改良提高了哪一塊土地的食物生產力，這項改良不僅會提高那塊土地的價值，而且也有助於提高其他許多土地的價值，因爲這項改良爲它們的產品創造出新的需求。由於土地改良使得許多人有了自己吃不完的食物，這種富裕的情況，是對貴金屬、寶石，以及衣著、住屋、家具和馬車配備等方面，許多便利品和裝飾品產生需求的主要原因。食物不僅是全世界的主要財富，而且其餘財富價值當中的主要部分，也是由於食物充裕才得以存在。古巴和聖多明哥貧窮的居民，當初被西班牙人發現的時候，他們習慣在頭髮或衣服簪上一些小小的金片當作裝飾。他們那時看重這些裝飾的程度，似乎就像我們現在對待稍微漂亮一點的小卵石那樣，認爲雖然值得從地上把它們撿起來，但如果有人要，卻不值得開口拒絕。當新到的訪客第一次開口向他們索取的時候，他們便把金片交出來，似乎想都沒想到他們給了那些客人什麼了不起的禮物。看到西班牙人瘋狂爭取金片的樣子，他們非常訝異。他們向來欠缺食物，因此想都沒想到世界上會有這樣的國家，那裡有許多人自己可以支配的多餘食物，數量是這麼多，以致爲了換得少量亮晶晶的小飾物，願意交出可以讓一家人吃上好幾年的食物。如果有人能夠讓他們明白這一點，那些西班牙人的激情便不會讓他們感到驚奇。

三、論一定提供地租的產物，和有時提供有時不提供地租的產物，兩者個別價值的比例變化

土地改良與耕種的範圍擴大以後，食物供應更加豐富，必然提高人們對其他各種非食用產物的需求，不管有什麼實際用途或僅具裝飾作用。因此，如讀者所預期，在整個土地改良進步的過程中，這兩種產物的相對價值變化應只有一種方向，即有時提供有時不提供地租的產物之價值，相較於一定能提供地租的產物，應該會不斷的提升。

隨著工藝和產業的進步，人們對各種衣服和住屋的材料、地底下有用的化石和礦物、貴金屬和寶石等的需求應該愈來愈大，其換得的食物數量也愈來愈多。或者換句話說，這些物品應該變得愈來愈貴。在大多數場合，對大多數的非食用產物來說，情形確實如此。而且如果不是發生了特殊事故，使得這種產物供給增加的比例，超過了需求增加的比例，否則所有非食用產物在所有的場合，應該會變得愈來愈貴。

譬如，砂石場的價值必然會隨著附近土地的改良和人口的增加而提高，尤其當它是鄰

近地區唯一的砂石場時。但是，一座銀礦坑的價值，即使它是方圓一千英里之內唯一的銀礦坑，未必會因爲所在國國內的改良進步而增加。砂石場的產品市場，很少能夠延伸到方圓數英里以外的地方，因此，一般來說，它面對的需求，必定會按照該範圍內的土地改良和人口增加情形而成比例增加。但是，一座銀礦坑的產品市場也許擴及整個已知的世界。因此，除非全世界在土地改良和人口增加方面普遍都有進步，否則，即使礦坑附近的大國進步了，白銀的需求也不見得有絲毫增加。此外，即使是全世界普遍都有進步，然而在這種進步的過程中，如果發現了一些新的礦藏，比過去已知的礦坑蘊藏更豐富，那麼一方面雖然白銀的需求增加了，但另一方面供給增加的比例可能更高，以致其實質價格會逐漸下跌。也就是說，任何既定數量的白銀，譬如，一磅白銀能購買或支配的勞動數量，或者能夠換到的小麥數量（小麥是勞動者生存所需的主要成分），會變得愈來愈少。

白銀的主要市場，是這個世界裡商業文明的部分。

如果由於普遍的改良進步，這個市場的需求增加了，同時供給卻沒有等比例的增加，那麼白銀相對於小麥的價值便會逐漸提高。任何既定數量的白銀，便可以換得愈來愈多數量的小麥。換句話說，小麥的平均金錢價格會愈來愈便宜。

相反的，如果由於一些意外的發現，使得白銀供給連續好幾年增加的比例都大於需求，那麼這種金屬便會愈來愈便宜。換句話說，儘管土地普遍改良進步，小麥的平均金錢價格仍然會愈來愈貴。

但是，另一方面，如果這種金屬供給增加的比例幾乎等於需求增加的比例，那麼它便能夠持續買到或支配接近相等數量的小麥。換句話說，儘管土地普遍的改良進步，小麥的平均金錢價格仍然會持續接近同一水準。

這三種組合，似乎是改良進步的過程中所有可能發生的情況。在本世紀之前的四百年間，如果我們能夠根據法國和大不列顛兩國的歷史下判斷的話，在這三種不同的組合情況當中，似乎每一種都曾經在歐洲市場上發生過，而且其實際發生的順序，和我在前文所排列的順序幾乎一模一樣。

附論前四世紀間銀價的變化

第一個時期

根據估計，在一三五〇年以及之前數年間，英格蘭每夸特小麥的平均價格，似乎從未低於四盎司白銀，以砲塔磅計算，約等於現在的二十先令。似乎從這個價格逐漸下跌到兩盎司白銀，約等於現在的十先令。我們發現這是十六世紀初人們估計的價格，而且似乎有人繼續記敘相同的價格估計，一直到一五七〇年左右。

在一三五〇年，也就是愛德華三世第二十五年，制定了所謂「勞工條例」。此條例的序文大加撻伐那些極力向雇主爭取加薪的僕役和職工，說他們傲慢無禮；於是規定，所有的僕役和職工未來應該心滿意足的接受，該國王在位第二十年以及之前四年期間，習慣配給的工資和「制服」（那時候，「制服」一詞不僅表示衣服，也包含食物配給）。據此標準規定他們的小麥配給，不管在什麼地方，都不應該按超過每一蒲式耳十便士的價格來估計，而且雇主永遠有權決定以小麥或金錢支付這部分的酬勞。據此看來，在愛德華三世第二十五年，人們曾經認為每一蒲式耳十便士是一個中等偏低的價格，因為人們當時必須借助這一條特殊的法律，強迫僕人接受按此價格折算的金錢，以代替他們平常獲得的食物配給。而且看來在制定該條例之前十年，也就是愛德華三世在位第十六年，人們也曾經認為，每一蒲式耳十便士是一個合理的價格，因為這是該條例參考的基準。但是，在愛德華三世第十六年，十便士包含大約砲塔磅半盎司的白銀，接近我們現在的金錢半克朗（約二．五先令）。據此看來，當時人們必定認為，砲塔磅四盎司白銀，等於那時候的六先令又八便士，也接近等於現在的二十先令，是每一夸特或八蒲式耳小麥的中等價格。

關於那時候人們認為穀物的中等價格是多少的問題，這個條例所提供的證據，顯然優於一些歷史學者和其他作家的紀錄。這些人記錄下來的，都是一些特殊年分的價格，而一般來說，它們之所以被記錄下來，是因為超乎平常的貴或超乎平常的便宜，因此，我們很難根據這些紀錄判斷平常的價格是多少。此外，有其他理由讓我們相信，在十四世紀初，以及之前的一段時間，小麥的平常價格少於每夸特四盎司白銀，而其他穀物的價格也按比例低於小麥。

一三〇九年，坎特伯里的聖奧古斯丁修道院副院長羅夫地伯恩（Ralph de Born），在就職當天大肆宴請賓客。威廉．梭恩（William Thorn）不僅保存了當時宴會的餐單，還保存了當時許多食物的採買價格。那次宴會消耗掉的東西，首先是五十三夸特的小麥價值十九鎊，即每夸特價值七先令又二便士，約等於現在的二十一先令又六便士；第二是五十八夸特的麥芽價值十七鎊十先令，即每夸特價值六先令，約等於現在的十八先令；第三是二十夸特的燕麥價值四鎊，即每夸特價值四先令，約等於現在的十二先令。這些麥芽和燕麥的價格，似乎高於平常相對於小麥的價格。

這些價格，不是因爲超乎尋常的貴或便宜而被刻意記錄下來，而是在描述那一次以豪華聞名的宴會所消耗的大量食物時，附帶提到的食物實際採買價格。

在一二六二年，即亨利三世第五十一年，恢復了一條稱作「麵包和啤酒價格法」的舊法律。國王在法律的序文裡說，這條法律在先人的時代便已制定。在先人當中，有些人曾經是英格蘭的國王。據此看來，這條法律很可能至少在他祖父亨利二世的時代便已存在，甚至在諾曼第人征服英格蘭的時代也許便已制定了。這條法律根據小麥的時價規範麵包的價格，並假定當時每夸特小麥的金錢價格會在一到二十先令之間浮動。一般來說，人們在制定這種法律的時候，對於所有偏離中等價格的可能情況，即對於低於中等價格以及高於中等價格的情況，想必都會給予同等的注意和考量。根據這個假定，當時砲塔磅六盎司白銀的十先令（約等於現在的三十先令），在這條法律最初被制定的時候，必定曾經被人們認爲是每夸特小麥的中等價格，而且直到亨利三世第五十一年，人們必定都還維持這樣的見解。所以，我們不可能錯得離譜，如果把小麥的中等價格，想成不會小於這條法律用來規範麵包價格的最高小麥價格的三分之一，或者說，想成不會小於當時的金錢六先令又八便士，這些錢包含砲塔磅四盎司的白銀。

從這些不同的事實看來，我們似乎有些根據可以說，在十四世紀中葉，以及之前一段不算短的期間，每一夸特小麥的平均或平常的價格，想必不會少於砲塔磅四盎司的白銀。

大約從十四世紀中葉到十六世紀初，被人們視為合理中等，或者說，被人們視為平常或平均的小麥價格，似乎逐漸下跌到原來的一半。也就是說，最後跌到了大約是砲塔磅二盎司的白銀，約等於現在的十先令。一直到一五七〇年，這個價格繼續被視為中等或平常價格。

在第五代諾森伯蘭伯爵亨利於一五一二年記下來的家計帳簿裡，有兩個不同的小麥價格估計。其中之一，被算作每夸特六先令又八便士，另外一個只有五先令又八便士。在一五一二年，六先令又八便士只包含砲塔磅二盎司的白銀，約等於現在的十先令。

從愛德華三世第二十五年起，到伊莉莎白統治初期，這一段超過兩百年的期間，許多不同的法令證據似乎顯示，六先令又八便士持續被認為是小麥所謂合理中等、平常或平均的價格。然而，在這段期間，由於錢幣制度有所更動，該名目金額所包含的白銀重量不斷減少。但是，另一方面，由於白銀價值增加的幅度，在那段期間，似乎大致抵銷了白銀含量減少對該名目金額所造成的實質影響，以致國會不認為值得把這種增減情況納入考量。

譬如，一四三六年制定的一條法律規定，當小麥的價格低到六先令又八便士時，小麥出口便不需政府核准。到了一四六三年，又制定了一條法律，規定除非價格超過每夸特六先令又八便士，否則小麥便不准進口。國會顯然以爲，當價格是那麼低，小麥出口不會在國內造成任何困擾，而當價格升高時，允許小麥進口是一種審慎的做法。據此看來，六先令又八便士，含銀量約等於現在的十三先令又四便士（這個含銀量比愛德華三世時同一名目的金額少了三分之一），當時被人們視爲小麥所謂合理中等的價格。

在一五五四年，即菲利浦國王第一年或瑪麗女王第二年，以及一五五八年，即伊莉莎白女王第一年，小麥的出口同樣遭到立法禁止。也就是說，一旦每夸特的價格超過了六先令又八便士，便不准出口。當時這個名目金額的含銀量，不會比現在的含銀量多上二便士。但是，人們很快便發現，政府限制小麥出口，直到小麥的價格變得如此低，實際上等於完全禁止小麥出口。所以，到了一五六二年，即伊莉莎白女王第五年，小麥便允許從某些港口出口，只要每夸特的價格不超過十先令。它的含銀量，幾乎等於現在這個名目金額的含銀量。據此看來，在當時，這個價格被一般人視爲小麥所謂合理中等的價格。它幾乎符合一五一二年諾森伯蘭伯爵家計帳簿裡的價格估算。

在法國，杜普瑞聖摩（Dupre de St. Maur）和著述《糧食策論》（*Essay on the Policy of Grain*）那位文風簡明優雅的作者都注意到，十五世紀末和十六世紀初，法國穀物的平均價格同樣比前兩世紀低很多的事實。在同一期間，歐洲大部分地方的穀物價格很可能同樣都是下跌的。

這段期間，白銀相對於小麥的價值上升，一則也許完全是由於土地改良和擴大耕種，使得這種金屬的需求增加，而同時供給保持不變，所造成的結果。二則也許完全是由於當時世界上大部分已知的礦藏幾乎消耗殆盡，以致開採成本不斷增加，供給逐漸減少，而同時需求保持不變。三則也許前述兩種情況同時都是一部分的原因。在十五世紀末和十六世紀初，歐洲大部分地方逐漸有了比前幾個世紀更爲安定的政府組織。政治和社會安定程度增加，必然會促進產業活動和土地改良。隨著社會財富增加，各種貴金屬，以及其他各種奢侈品和裝飾品的需求，一定都會增加。社會每年的產出變多了，便需要較多的錢幣來流通較多的產出。有錢的人變多了，便需要較多的銀盤和其他銀質的裝飾品。此外，供應白銀到歐洲市場的礦坑蘊藏，大部分想必已幾乎消耗殆盡，因此開採費用變得很高。這毋寧是極其自然的猜測，畢竟這些礦坑有許多是從羅馬人的時代便開始開採了。

然而，大部分討論古代商品價格的作者卻認爲，從諾曼第人征服英格蘭的時候，甚至也許是從凱撒入侵開始，一直到發現美洲的銀礦爲止，白銀的價值是不斷下跌的。他們之所以有這種見解，一部分是基於他們自己在小麥和其他某些初級產物方面偶爾觀察到的價格。一部分是基於一般流俗的想法，認爲當社會財富增加，每個國家擁有的白銀數量自然會跟著增加，所以白銀的價值會下跌。

在小麥價格的觀察方面，他們似乎經常受到三種不同情況的誤導。

首先，古時候幾乎所有的租金都以實物支付，比如一定數量的小麥、牲畜或家禽等。然而，地主有時候會規定，他可以隨意選擇要承租人以實物或改以固定金額支付每年的租金。在蘇格蘭，這種將實物租金折算爲金錢的價格稱爲物品的「折算價格」。由於選擇收取實物或折算價格的權利，一定是在地主這邊，爲了保障承租人，折算價格必然應當低於而不是高於平均的市價。因此，在許多地方，折算價格不會比平均市價的一半多很多。目前在蘇格蘭大部分的地方對於雞鴨禽類，以及少數地方對於牛羊牲畜仍保留這個習慣。在小麥方面，如果不是被所謂「公定標準」（public fiars）的制度取代了，同樣的習慣很可能也會被保存下來。蘇格蘭每一個郡，每年都會根據「巡迴價格裁判法庭」（an assize）的判斷，評定各種穀物在當地的平均價格；也會按各種穀物的實際市價評定其品質。任何穀物每年的這種平均價格和品質評等，稱作公定標準。有了這個制度，承租人每年便可以安全的按公定標準價格，而不是按任何固定的價格折算小麥租金給地主，而這種做法對地主也很方便。但是，那些收集古代小麥價格資料的作者，似乎時常誤把蘇格蘭所謂的折算價格當作實際市價。傅立特伍德（William Fleetwood）有一次便承認自己曾犯下這種錯誤。然而，在他那本爲了某個特殊目的而寫的書裡，卻沒想到需要承認這種錯誤，直到他重複引述了同一個折算價格十五次以後。這個價格是小麥每夸特八先令。這個金額在一四二三年，也就是他所敘述的故事開始的那一年，包含的白銀重量，等於現在的十六先令。可是到了一五六二年，也就是故事結束的那一年，該價格的含銀量不會大於現在同一名目金額所含的白銀。

第二，他們被一些偷懶的謄寫員誤導了，這些謄寫員在抄錄公定價格的法規條文時，常會有很多遺漏。有時候也許國會擬定的條文原來便不清不楚。

古時候的公定價格法規條文，似乎總是在開頭時先按小麥和大麥的最低價格，決定麵包和啤酒的價格應該是多少，然後按照這兩種穀物若從最低價格逐步升高時，按部就班的依序決定麵包和啤酒的價格應該是多少。但是，抄錄這些條文的謄寫員，似乎時常以爲把條文規定抄錄到開頭第三或第四個最低價格便夠了，這樣他們比較省事。我想，他們大概也認爲這樣便足以表示，在比較高價的部分，應該遵守什麼樣的價格比例。

譬如，在亨利三世第五十一年通過的麵包和啤酒公定價格法，麵包的價格是按照不同的小麥價格，從每夸特當時的金錢一先令到二十先令依序規定。但是，在勒夫海德（Ruffhead）之前，每個刊印的法規彙編版本所根據的手稿，謄寫員從未把這個條文在十二先令以上的規定抄錄下來。因此，許多被這種不完整的抄錄誤導的作者，便很自然會以爲中間的價格，即每夸特六先令，約等於現在的十八先令，是當時小麥的平均或平常的價格。

大約同時通過的「懲戒椅和示眾枷條例」（Tumbrel and Pillory），按大麥價格從每夸特二先令開始一直到四先令爲止，每上升六便士便有一個規定的啤酒價格。然而，我們可以根據此條例的最後一段文字推知，四先令並不被認爲是當時大麥的最高價格，而且二先令到四先令的價格，只是用來例示在所有可能的大麥價格下，不管是高於四先令或低於二先令，啤酒價格應該遵守的比例。條文最後一段文字是「et sic deinceps crescetur vel diminuetur per sex denarios」，寫得很馬虎，但意思應該夠明白：「啤酒的價格是依這個方式，按大麥價格每上升或下降六便士予以增減。」在擬定這條法律條文時，國會本身似乎和某些謄寫員在抄錄其他法律時一樣輕率。

在一本稱作《*Regiam Majestatem*》的蘇格蘭古律書的古抄本裡，有一則公定價格的法律條文，按所有從每一蘇格蘭博爾（boll）十便士到三先令不同的小麥價格規定麵包的價格。一個蘇格蘭博爾約等於半個英格蘭夸特。在被認爲是這條法律制定的時候，三先令蘇格蘭幣約等於現在的英幣九先令。魯迪曼（Ruddiman）似乎據此認爲，三先令是當時小麥曾經漲升到的最高價格，而十便士、一先令，或頂多二先令是平常的價格。然而，參考這個古抄本，立即能清楚看出，這些價格全都只是用來例示小麥和啤酒的個別價格應該遵守的比例。那條法律的最後一段文字是「reliqua judicabis secundum praecripta habendo respectum ad pretium bladi」，意即：「你將按照前述關於小麥價格的比例判定其餘情況的價格。」

第三，他們似乎也被很久以前有時非常低的小麥售價誤導了，以至於認爲，既然當時最低價格比後來低很多，那麼當時的平常價格必定也會比後來低很多。然而，他們也許更應該發現，那時候最高價格也高於任何後來曾經出現過的高價，正如最低價格低於任何後來曾經出現過的低價。譬如，傅立特伍德給了我們兩個一二七〇年每夸特小麥的價格。第一個是當時的錢幣四鎊十六先令，等於現在的十四鎊八先令；第二個是六鎊八先令，等於現在的十九鎊四先令。換作是在十五世紀末和十六世紀初，根本不可能找到任何高到如此離譜的價格。小麥的價格雖然不管在什麼時候都難免有所變動，但如果社會動盪不安、毫無秩序，國內所有的商業往來中斷，以致某個地方的豐饒無法舒緩其他地方的匱乏，那麼小麥價格的波動就會更爲激烈。從十二世紀中葉到十五世紀末，在金雀花王朝的統治之下，英格蘭非常沒有秩序，即使某個地區的小麥很充裕，而另一個距離不遠的地區，由於氣候反常導致意外歉收，或由於某個鄰近的豪門巨室入侵毀了收成，也許正在忍受饑荒所帶來的極端痛苦。然而，如果有某個敵對貴族的領地橫亙在這兩個地區的中間，那麼豐饒地區也許便無法給予鬧饑荒地區絲毫協助。從十五世紀末葉開始，以及整個十六世紀，英格蘭在都鐸王朝有力的治理下，任何豪門巨室都沒有足夠的力量膽敢擾亂社會的安全和秩序。

在本章末，讀者可以找到一二〇二至一五九七年間（包含首尾兩年）由傅立特伍德所蒐集的小麥價格資料，折算成現在的金錢，並依時間順序整理成七個部分，每部分有十二個年分的價格資料。在每一部分的末了，讀者也可以找到十二年的平均價格。在那段漫長的期間，傅立特伍德只找到了八十年的價格資料，所以要湊足最後那一部分的十二年，便缺了四年。因此，我才從伊頓中學的帳簿找來一五九八、一五九九、一六〇〇和一六〇一年的價格加上去。這四年是我唯一增添的資料。讀者會看到，從十三世紀初一直到十六世紀中葉以後，每十二年的平均價格逐漸降低。到了接近十六世紀末，才又開始上升。沒錯，傅立特伍德之所以能蒐集到這些價格，似乎多半因爲價格是出奇的貴或便宜。因此，我也不敢說能夠據此獲得什麼確定的結論。然而，如果這些價格眞能證明什麼，我們至少能說證實了我在前面試圖說明的論點。然而，傅立特伍德本人似乎和其他大多數的作者一樣相信，在這整段期間，由於白銀數量不斷增加，所以它的價值不斷下跌。他本人蒐集的那些小麥價格資料，顯然和這種意見不符。資料反而完全契合杜普瑞聖摩的意見，以及我在前面試圖說明的見解。在古代物價的蒐集研究方面，傅立特伍德主教和杜普瑞聖摩先生，似乎是兩個最用功也最忠實的作者。想起來未免有點奇怪，雖然他們兩人的意見大相逕庭，但是他們所根據的事實，至少就小麥的價格資料來說，竟然如出一轍。

然而，大部分審慎的作者之所以推斷很久以前的年代銀價很高，與其說他們是根據小麥的價格很低，不如說是根據其他某些初級產物的價格很低。有人曾經說，由於小麥可以說是一種製造品，因此在早期的蠻荒時代，相對於其他大部分商品的價格會貴很多。我想，這種說法的意思是，小麥比大部分非製造品貴很多，譬如，牛羊牲畜、雞鴨禽類、各種野味等。毫無疑問，在早期貧窮未開化的時代，這些東西是比小麥便宜很多。但，這並不是高銀價的結果，而是這些東西本身價値很低。也就是說，不是因爲那個時候白銀可以買到或代表比較多的勞動數量，而是因爲這些東西當時可以買到或代表的勞動數量，比後來更爲豐饒進步的年代少很多。顯然，白銀在西屬美洲必定比在歐洲便宜；也就是說，它在生產國必定比在輸入國便宜，因爲多了長程海陸運輸的搬運費和保險費。然而，巫洛亞告訴我們，不久以前在布宜諾斯艾利斯，一頭公牛的價格是二十一又二分之一便士英幣，而且這種公牛還是從三、四百頭的牛群當中精挑細選的。詩人拜倫也表示，在智利的首都，一匹好馬的價格是英幣十六先令。在土地肥沃、但大部分尚未開墾的國度，由於只需要花少量勞動便可以獲得牛羊牲畜、雞鴨禽類、各種野味，因此這些物品只能買到或支配很少的勞動數量。它們可以賣得的金錢價格很低，並不能證明那裡的白銀實質價值很高，而只能證明它們本身的實質價值很低。

讀者必須時時記得，白銀和其他所有商品價值眞正的衡量標準，是勞動，而不是任何特定的一種或一組商品。

在幾乎全是荒野或人煙稀少的國家，由於牲畜、家禽、野味都是大自然的自發性產品，所以數量經常大於居民消費所需。在這種情況下，供給量通常超過需求量。但是，在社會不同的發展或改良階段，這種商品將會代表或等於數量非常不同的勞動。

不管社會處於什麼樣不同的發展或改良階段，小麥都是人類辛勤活動的產物。而且凡是需要辛苦才能生產出來的東西，它的平均生產數量，總是會配合平均的消費需要。換句話說，平均的供給量會配合平均的需求量。此外，不管社會處於什麼樣不同的改良階段，在同樣的土壤和氣候下，要生產等量的小麥，平均來說，需要花費接近相等的勞動數量。耕種方式逐漸進步，雖然使勞動生產力不斷提高，但同時作爲主要農業用具的牲畜價格也不斷提高，多少抵銷了勞動生產力提高的效果。根據前述理由，我們可以篤定，不管社會處於什麼樣不同的發展或改良階段，等量的小麥都會比任何等量的其他土地初級產品，更接近代表或等於等量的勞動。因此，正如我們在第五章所言，不管社會處於什麼樣不同的富裕和改良階段，小麥都是比其他任何一種或一組商品更精確的價值衡量標準。所以說，在社會各種不同的發展階段，若拿白銀和小麥相比，會比拿白銀和其他任何一種或一組商品相比，更能正確判斷白銀的眞實價值。

此外，在每個文明的國家，小麥或一般民眾偏愛的植物性食物，通常是維持勞動者生存的主要食物。由於農業擴展的結果，每個國家的土地所生產的植物性食物，數量都遠大於生產的動物性食物。而不管在哪一個國家，勞動者主要賴以爲生的，都是當地最豐富也最便宜的食物。肉鋪裡的牲畜肉品，除非是在最欣欣向榮或勞動待遇最高的國家，通常只占勞動者飲食當中一個很小的部分；雞鴨禽類所占的比例更小，而山珍野味則根本沒有。在法國，乃至在勞動待遇比法國稍微好一點的蘇格蘭，貧窮的勞動階級很少吃牛羊牲畜的肉品，除非是在節日或其他特殊場合。由於小麥是勞動者的主食，因此，小麥的平均金錢價格，比肉品或其他任何初級產品的平均金錢價格，對勞動的金錢價格更有影響。金銀的眞實價值，或者說，眞正能夠買到或支配的勞動數量，因此便主要取決於能夠買到或支配的小麥數量，至於能夠買到或支配的肉品或其他任何初級產品的數量，對於眞實價值影響就沒有那麼大。

如果這些作者沒有同時受到流俗想法的影響，人云亦云的以爲當社會財富增加時，每個國家擁有的白銀數量自然會跟著增加，所以白銀的價值會下跌，那麼少數幾個小麥或其他商品的觀察值，不會誤導這麼多聰明的作者。畢竟，這個想法似乎是毫無根據的。

無論在哪一個國家，有兩種不同的原因會導致人民持有的貴金屬數量增加：一是供應的礦藏變得更豐富了，二是人民每年的勞動產出增加，財富變多了。毫無疑問，第一個原因必然會牽動貴金屬價值下跌。但是，第二個原因則不然。

當有更多蘊藏豐富的礦藏被發現時，數量較多的貴金屬便會被供應到市場，然而，由於在市場上必定會和貴金屬交換的各種生活必需品和便利品仍維持和從前一樣的數量，因此等量的金屬現在必定只能換到數量較少的商品。因此，在任何國家，只要貴金屬數量的增加是因為礦藏更豐富，必然會連帶發生貴金屬價值有些下跌的現象。

相反的，當一國的財富隨著每年勞動產出的商品數量增加，而逐漸變得愈來愈大時，便需要較多的錢幣來流通較多的商品。另一方面，由於人民比較有能力購買貴金屬，也就是說擁有比較多的商品來交換貴金屬，所以自然會購買愈來愈多的金碗或銀盤。他們的錢幣數量增加，是基於實際的需要；他們的金碗或銀盤數量增加，是基於虛榮的心理，而這種心理也正是各種精緻美妙的雕塑品和圖畫數量，以及其他每一種奢侈品和稀奇品，之所以很可能會隨同金碗或銀盤一起增加的理由。但是，正如雕塑家和畫家，在富裕繁榮的時代所獲得的待遇，不會比貧窮蕭條的時代差，所以同樣的黃金和白銀所換得的商品數量也不可能變得比較少。

如果意外發現新的礦藏並沒有把金銀的價格壓低，那麼由於其價格會隨著一國的財富而自然提高，因此，不管實際的礦藏情況如何，也無論在什麼時候，富國的金銀價格自然都會高於貧國。就像所有的其他商品那樣，金銀自然會追尋出價最高的市場，而最有購買能力的國家，對每一樣物品所給付的價格通常是最高的。讀者一定還記得，勞動是我們對每一樣東西所給付的最終價格，而且在勞動報酬同樣好的國家，勞動的金錢價格，會依勞動者生存所需食物的金錢價格成比例調整。但是，金銀在富有國家交換到的食物數量，自然會比在貧窮國家交換到的多，或者說，金銀在食物豐富的國家交換到的食物數量，自然會多於食物不豐的國家。如果兩國距離很遠，其間的金銀價格便可能差異很大。雖然這些金屬自然會從價格較差的市場移到價格較佳的市場，然而想要運送大量的金銀，使兩地的價格接近相等，也許會有實際的困難。如果這兩個國家距離很近，差異便會比較小，有時候也許幾乎看不出有什麼差異；因爲在這種情況下，想要運送大量的金銀，不會有什麼困難。譬如，中國比歐洲任何國家都要來得富裕，而食物的價格在中國和歐洲差異很大。稻米在中國比小麥在歐洲各國便宜很多。相反的，英格蘭雖然遠比蘇格蘭富有，但小麥的金錢價格在兩國之間的差異卻很小，幾乎看不出來。以數量或容量而言，蘇格蘭小麥通常看起來比英格蘭小麥便宜很多。但是，若論品質，蘇格蘭小麥顯然比較貴一些。蘇格蘭幾乎每年都從英格蘭取得大量的小麥供給，而每一種商品在被運往的國家，必然通常會比啓運國家稍貴一些。因此，英格蘭小麥在蘇格蘭必然比在英格蘭貴，但是，若以品質而言，或考量其製成的麵粉或麥片的數量和品質，英國小麥在蘇格蘭能夠賣到的價格，通常不可能高過與之競爭的蘇格蘭小麥。

勞動的金錢價格在中國和歐洲的差異，比食物的金錢價格在中國和歐洲的差異更大。因爲勞動在歐洲的實質報酬比中國高很多，而這又是因爲大部分歐洲處於正在進步的階段，而中國似乎處於停滯狀態。勞動在蘇格蘭的金錢價格比英格蘭低，因爲實質報酬更低；蘇格蘭雖然正邁向富裕，但進步的速度比英格蘭緩慢。時常有人從蘇格蘭移民到英格蘭，但很少有人從英格蘭移民到蘇格蘭，光是這項事實便足以證明兩國的勞動需求差異很大。讀者應該還記得，勞動的實質報酬在不同國家之間的相對比例，不是按照國家實際財富的多寡，而是按照國家財富處於進步、停滯或衰退的狀態自然決定的。

正如金銀在最富有的國家自然有最高的價值，所以在最貧窮的國家自然只有最低的價值。完全未開化的國家是所有國家當中最貧窮的，所以在那裡，金銀幾乎毫無價值。

小麥在大城市總是比在偏遠的鄉村地區貴。然而，這不是因爲白銀在大城市的實質價值比較低，而是因爲小麥在大城市的實質價值比較高。把白銀運到大城市，所花的成本不會小於把白銀運到偏遠的鄉村地區。但是，把小麥運到大城市，所花的成本就高很多。

在非常富有的商業化國家，譬如荷蘭和熱內亞，小麥很貴，道理一如小麥在大城市很貴。這些國家生產的小麥不夠維持居民的生存，雖然擁有許多工匠和製造業者的勤勞和技巧、各種可以節省和幫助勞動的機器、船舶，以及其他各種運輸和商業往來的工具和手段。但是，這些國家欠缺小麥，必須從遠方的國家把小麥運過來，因此除了小麥在產地的價格，還必須支付從產地運送的運費。把白銀運到阿姆斯特丹，所花的勞動成本不會小於把白銀運到但澤。但是，把小麥運到阿姆斯特丹，所花的勞動成本就高很多。因此，白銀的實質成本在這兩地必定接近相等，但小麥的實質成本必定有很大的差異。假設我們降低荷蘭或熱內亞的富裕程度，但是維持其居民人數；也就是說，假設降低這些國家從遠方取得小麥供給的能力，那麼小麥的價格，不僅不會隨著該國持有的白銀數量減少而下跌（白銀數量必然會伴隨富裕程度降低而減少，不論是作爲原因或結果），反而會大幅上漲達到宛如發生饑荒的水準。欠缺生活必需品的時候，我們必定會賣掉所有的奢侈品，因此奢侈品的價值，正如在豐饒繁榮的時候會上漲那樣，在貧窮困苦的時候會下跌。但是必需品的價值就不是這樣，必需品的實質價值，也就是能購買或支配的勞動數量，在貧窮困苦的時候會上漲，而在豐饒繁榮的時候會下跌。豐饒繁榮的時候一定是小麥供應充裕的時候，否則就不能稱爲豐饒繁榮。小麥是一種必需品，而白銀只是一種奢侈品。

總而言之，不管貴金屬的數量在十四世紀中葉至十六世紀中葉增加了多少，由於這是土地改良和社會財富增加所引起的，所以對貴金屬在大不列顛或歐洲其他任何地方的價值沒有抑低的作用。因此，如果說蒐集古代物價的作者，沒有理由根據他們觀察到的任何小麥或其他商品價格，推斷銀價在這段期間下跌，那麼他們就更沒有理由援引土地改良和社會財富或許增加，而做出銀價下跌的推論。

第二個時期

儘管學者對於前述第一個時期的銀價走勢看法相當分歧，他們對於第二個時期的看法倒是完全一致。

從一五七〇年左右到一六四〇年，大約是七十年的時間，白銀相對於小麥的價值，變動的方向一反從前。白銀的實質價值下跌，即白銀換得的勞動數量比以前少；而小麥的名目價格上升，不再像以往通常每夸特大約賣兩盎司白銀，或大約是現在的十先令，而變成是每夸特要賣六至八盎司白銀，或大約是現在的三、四十先令。

美洲發現豐富的礦藏，似乎是這段期間白銀相對於小麥價值下跌的唯一原因。每個人都是這樣說明這段期間銀價的下跌；不管是對於銀價下跌的事實，或是對於銀價下跌的原因，都沒有絲毫爭議。在這段期間，歐洲大部分地區在各種產業和土地改良上都有進步，因此白銀的需求量必定會隨之逐漸增加。但是，白銀供給量增加的幅度，似乎遠超過需求量，以致這種金屬的價值下跌，而且跌幅相當可觀。值得一提的是，儘管當時波多西的礦藏已經被人發現超過了二十年，美洲豐富礦藏的發現，對英格蘭的物價似乎未曾有任何顯著的影響，直到一五七〇年。

從一五九五到一六二〇年，包含首尾兩年，頂級的小麥每九蒲式耳夸特在溫莎市場的平均售價，根據伊頓中學的帳簿記載，看來是二鎊一先令六又十三分之九便士。根據這個金額，略去分數，然後減掉九分之一，即減掉四先令七又三分之一便士，得到小麥每八蒲式耳夸特的價格是一鎊十六先令十又三分之二便士。根據這個金額，同樣略去分數，然後減掉九分之一，即減掉四先令一又九分之一便士，當作是頂級小麥和中等小麥的價差，得到中等小麥的價格大約是一鎊十二先令八又九分之八便士，或大約是六又三分之一盎司白銀。

從一六二一到一六三六年，包含首尾兩年，同一容量的頂級小麥在同一市場的平均價格，根據同一帳簿記載，看來是二鎊十先令；根據這個金額，進行和上面同樣的抵減，得到中等小麥每八蒲式耳夸特的平均價格是一鎊十九先令六便士，或大約是七又三分之二盎司白銀。

第三個時期

在一六三〇年和一六四〇年之間，或者說，大約在一六三六年，美洲礦藏大發現降低銀價的作用看來已經結束，因爲後來白銀相對於小麥的價值，似乎未曾跌到比那個時候更低的價位。自十八世紀初以來，銀價似乎略呈上升趨勢。事實上，也許在上一世紀結束前便已開始略微上升了好幾年。

從一六三七到一七〇〇年，包含首尾兩年，也就是上一世紀最後的六十四年，頂級小麥每九蒲式耳夸特在溫莎市場的平均價格，根據伊頓中學的帳簿記載，看來是二鎊十一先令又三分之一便士。這只比一六三七年之前十六年的平均價格貴了一先令又三分之一便士。但是，在這六十四年的期間中，發生了兩件必定會產生小麥匱乏的大事，而且必然會遠比純粹的氣候因素導致的匱乏更嚴重。因此，要解釋這個時期價格的小幅上漲，光是用這兩件事便綽綽有餘，根本用不著假設銀價下跌。

第一件事是內戰。經由打擊農業生產並阻斷商業往來，內戰必定會把小麥的價格抬高，比純粹的氣候因素會導致的高價再高。對國內每一個市場，這件事必定或多或少產生這樣的影響，但位於倫敦附近的市場受到的影響肯定特別大，因爲它們必須從最遠的地方獲得供給。因此，一六四八年頂級小麥每九蒲式耳夸特在溫莎市場的價格，根據同一帳簿的記載，看來是四鎊五先令，而一六四九年的價格是四鎊。這兩年高出二鎊十先令的部分（二鎊十先令是一六三七年以前的十六年間的平均價格），加起來是三鎊五先令。把這個金額平均分攤在上一世紀最後的六十四年，便幾乎可以完全說明，這段期間小麥價格似乎曾經發生很小的漲幅。前述這兩年雖然是價格最高的兩年，卻非絕無僅有的高價年，而其餘的高價年似乎也和內戰有些牽連。

第二件事是一六八八年開始實施的小麥出口補貼政策。有許多人向來認爲，小麥出口補貼，有鼓勵小麥耕作的作用，長期而言，會使小麥供應更爲充裕，從而使國內的小麥價格比沒有出口補貼時更爲便宜。關於不管在什麼時候，出口補貼究竟會產生多少這種效果，我將在〈卷四〉第五章仔細說明。現在我想指出，在一六八八年和一七〇〇年之間，事實上完全沒有產生這種效果。在這個很短的期間內，出口補貼僅有的效果必定是，鼓勵人們把每年多餘的產出輸送到國外，因而妨礙豐年的產出彌補荒年的匱乏，以致提高了國內的小麥價格。一六九三至一六九九年間，包含首尾兩年，發生在英格蘭的小麥匱乏，無疑主要是異常惡劣的氣候所導致的，因此，有一大部分歐洲也同樣受到影響。然而，也正因這樣，出口補貼必然會稍微加重當時英格蘭的匱乏程度。所以，一六九九年，小麥出口便被禁止了九個月。

在同一段期間，還發生了第三件事。雖然這件事既不會導致小麥匱乏，也或許不會提高通常對小麥給付的白銀眞實數量，但是必定多少會提高所給付的白銀名目數量。這件事就是以削剪和磨損的手段，大大貶損銀幣的眞實價值。這種弊端在查理二世統治時期，即一六六〇至一六八五年便已開始，而且直到一六九五年都不斷惡化。根據隆德斯（Lowndes）的估計，那時流通的銀幣所含銀量，平均比法定標準低了將近百分之二十五。就每一種商品來說，在市場上和它交換的名目金額，與其說是必然取決於該名目金額按照法定標準應該含有的白銀重量，不如說是必然取決於該名目金額按照經驗推斷實際含有的白銀重量。因此，和錢幣接近法定標準的時候相比，在錢幣被削剪和磨損，以致價值大減時，名目金額必然會比較高。

自本世紀初以來，銀幣所含銀量，從來沒有像現在這樣低於法定標準。但是，銀幣雖然磨損得非常嚴重，其價值卻被可以換到的金幣價值撐了起來。這是因爲，雖然在上一次金幣重鑄之前，金幣也磨損得很厲害，但磨損的程度還是小於銀幣。相反的，在一六九五年，銀幣的價值便失去金幣價值的支撐。那時候，一枚基尼金幣通常可以交換三十枚嚴重磨損的先令銀幣。在上一次金幣重鑄之前，銀塊的價格很少高於每盎司五先令又七便士，這只比鑄幣廠的價格高五便士。但是，在一六九五年，銀塊的價格通常是每盎司六先令又五便士，這就要比鑄幣廠的價格高十五便士。也就是說，在上一次金幣重鑄之前，金幣或銀幣，和銀塊相比，低於法定標準的程度估計甚至不會超過百分之八。相反的，在一六九五年，銀幣的價值估計比法定標準低了將近百分之二十五。但是，在本世紀初，也就是說，在威廉國王大規模重鑄銀幣之後仍然在位的那段短暫的期間，大部分流通的銀幣必然比現在更接近法定標準重量。此外，自本世紀初以來，也沒有發生過任何重大的公共災難，會像內戰那樣打擊農業耕作，或阻斷國內商業往來。再說，本世紀初以來大部分時候實施的出口補貼，在耕作面積和集約程度既定的情況下，雖然必定會稍微抬高小麥的價格，但是，從本世紀初至今，出口補貼政策應該已經有了充分的時間，產生人們普遍認爲應該歸功於它的一切美好結果。譬如說，鼓勵耕作，從而增加國內市場的小麥供應。我們也許可以假定，出口補貼一方面已經多少發揮了抑低小麥價格的作用，正如另一方面它也多少抬高了小麥價格。有許多人認爲出口補貼的效果還不只這些。總之，在本世紀最初的六十四年間，頂級小麥每九蒲式耳夸特在溫莎市場的平均價格，根據伊頓中學的帳簿記載，看來是二鎊先令六又三十二分之十九便士，比上一世紀最後的六十四年便宜了大約十先令又六便士，或便宜了超過百分之二十五。也比一六三六年之前的十六年間，平均便宜了大約九先令又六便士。美洲礦藏大發現的作用，到了一六三六年也許可視爲已經結束。另外，也比一六二〇年之前的二十六年間，平均便宜了大約一先令，在這段期間，美洲礦藏大發現的影響應當還存在。根據前面的說明，在本世紀最初的六十四年間，中等小麥每八蒲式耳夸特在溫莎市場的平均價格，大約等於三十二先令。

所以說，自本世紀初以來，白銀相對於小麥的價值，似乎略呈上升趨勢。甚至也許在上一世紀結束前便已經開始略微上升了好幾年。

一六八七年，頂級小麥每九蒲式耳夸特在溫莎市場的平均價格，是一鎊五先令又二便士，這是從一五九五年以來曾經有過的最低價格。

葛萊哥雷．金是一位因爲具有這方面知識而聞名的人，他在一六八八年估計，在中等收成的年分，麥農收到的小麥價格，平均是每蒲式耳三先令又六便士，或每夸特二十八先令。根據我的理解，這種所謂麥農的價格，和有時稱作「契約價格」是一樣的概念，都是指農夫按照契約在若干年內把一定數量的小麥交給商人時，按約定可以獲得的價格。由於這種契約幫農夫節省了銷售費用和麻煩，所以契約價格通常會比估計的平均市價低。葛萊哥雷．金研判，每夸特二十八先令是當時中等收成年分平常的契約價格。在上一次異常惡劣的氣候所導致的小麥匱乏之前，我也確信那是所有普通年分平常的契約價格。

一六八八年國會通過了穀物出口補貼法案。地方鄉紳當時在國會占有的席次比例比現在還要大，他們早就覺得穀物的金錢價格往下滑，想利用這個出口補貼的手段，把穀物的價格以人爲方式抬高到查理一、二世時代經常可以看到的水準。因此，這個法案規定出口補貼會繼續實施，直到小麥的價格高達每夸特四十八先令。和葛萊哥雷．金在該年所估計的中等收成年分的麥農價格相比，這個價格要貴上二十先令或七分之五。只要他這個享有盛名的估計還有一丁點名實相符，那麼若沒有某種像出口補貼這樣的權宜辦法，每夸特四十八先令在當時便是一個不可能達到的價格，除非發生了非常匱乏的荒年。但是，威廉國王統治下的政府當時尚未完全鞏固，沒有條件拒絕地方鄉紳的任何需索，更何況當時還正想遊說他們同意創立按年徵收的土地稅制。

據此研判，相對於小麥的價值來說，白銀的價值很可能在上一世紀末以前便略有上漲。而且自十八世紀初以來，似乎在大部分時間也繼續這樣的趨勢。不過，在實際的小麥耕種情況下，出口補貼的政策干預，必然會讓白銀價值上漲的趨勢不那麼明顯。

在豐年時，出口補貼會導致額外數量的出口，因此必然會抬高小麥的價格，超過豐年本來會有的價格。出口補貼制度宣稱的目的，畢竟是要在收成最好的豐年，把小麥的價格撐高以鼓勵耕種。

的確，在嚴重歉收的荒年，一般而言，出口補貼會暫停實施。然而，即使暫停出口，仍會對許多荒年的價格造成一些影響。由於補貼在豐年時導致了額外的出口，所以必定經常阻止豐年的產出彌補荒年的匱乏。

因此，不管是豐年或荒年，出口補貼都會抬高小麥的價格，超過小麥在實際耕種情況下本來自然會有的價格。因此，本世紀最初六十四年的平均價格，固然低於上一世紀最後六十四年的平均價格；然而，要不是因爲出口補貼發揮了作用，否則在同樣的耕種情況下，本世紀最初六十四年的平均價格就會比實際更低。

但是，也許有人會說，如果沒有出口補貼，耕作情況便不會相同。關於這個政策對英國的農業究竟會產生什麼效果，我將在〈卷四〉第五章特別討論各種補貼政策時仔細說明。

現在我想指出，本世紀最初六十四年間，白銀相對於小麥價值的上升，不是英格蘭特有的現象。根據三位非常忠實且勤勉的小麥價格研究者，即杜普瑞聖摩、米尚斯，以及《糧食策論》一書作者的觀察，同一時期在法國，白銀相對於小麥的價值也上升了，而且上升的比例和英格蘭相當接近。但是，直到一七六四年，法國的法律一直禁止穀物出口。儘管法國禁止小麥出口，但那裡的小麥價格也幾乎一樣下跌，因此，想要把同樣發生在英格蘭價格下跌的現象，說成是由於出口得到了額外的鼓勵，實在有點牽強。

把這段期間小麥平均價格的變化，想成是由於白銀的實質價值在歐洲市場逐漸上升，而不是由於小麥的實質平均價值有了任何下跌，也許比較適當。我在前文第五章已經指出，就距離遙遠的任何兩個時點來說，作爲衡量價值的標準，糧食或小麥會比白銀或其他任何商品來得精確。當小麥的金錢價格，在美洲發現了豐富的礦藏後，上漲到原來的三、四倍時，這個變化被普遍認爲是反映白銀的實質價值下跌，而不是反映小麥的實質價值上漲。因此，當本世紀最初六十四年小麥平均的金錢價格，跌到稍微低於上一世紀大部分時間平均的金錢價格時，我們也應該同樣的把這個變化，看成是由於在歐洲市場白銀的實質價值上升，而不是由於小麥的實質價值有了任何下跌。

在剛過去的十或十二年間，小麥的價格的確很高，也許會讓人懷疑，歐洲市場的白銀實質價值還在繼續下跌。不過，小麥價格高，顯然似乎是氣候異常不利的結果，因此應當被視爲一時偶然而非恆常持久的現象。過去十或十二年間，歐洲大部分地區的氣候不利於耕種。

而波蘭的動亂也使許多國家缺糧的情況惡化，這些國家過去在國內歉收的時候，向來是從波蘭獲得補充供應。像過去幾年這樣長時間的連續壞天氣，雖然不常見，但也非空前絕後的現象。只要深入研究過早期小麥價格的歷史，任何人都能輕易想起其他許多同樣的例子。此外，連續長達十年異常歉收，並不會比連續長達十年異常豐收來得更爲神奇。一七四一至一七五〇年間，包含首尾兩年，小麥的價格非常低，也許可以拿來和過去的八或十年對照。從一七四一到一七五〇年，每九蒲式耳夸特頂級小麥在溫莎市場的平均價格，根據伊頓中學的帳簿紀載，看來只有一鎊十三先令九又五分之四便士，比本世紀最初六十四年的平均價格低了將近六先令又三便士。據此記載，在這十年間，每八蒲式耳夸特中等小麥的平均價格，算來只有一鎊六先令八便士。

然而，在一七四一至一七五〇年間，出口補貼政策肯定在國內市場發揮了作用，阻止小麥的價格下跌到原本自然會跌到的低價。在這十年間，各種穀物的出口數量，根據海關的紀錄，總計不會低於八百零二萬九千一百五十六夸特又一個蒲式耳。補貼的金額總計是一百五十一萬四千九百六十二鎊十七先令四又二分之一便士。在一七四九年，當時的首相裴爾翰（Pelham）告知下議院，過去三年政府支付的穀物出口補貼金額非常可觀。他顯然有很好的理由這麼說，而次年他的理由也許會更好。單是那一年，付出的補貼金額便不下於三十二萬四千一百七十六鎊十先令又六便士。迫使這麼大量的穀物出口，必然會把國內市場的穀物價格抬高到原本該有的水準之上，至於抬高了多少，更是無須贅述。

在本章附錄小麥價格歷年資料表的最後，讀者可以從資料中單獨找到這十年的價格紀錄。同樣也可以找到前十年的價格紀錄，這十年的平均也同樣低於本世紀最初六十四年的全部平均，但不像後來的十年平均那樣低。然而，一七四〇年卻是異常歉收的一年。一七五〇年之前的這二十年，也許可以拿來和一七七〇年之前的二十年互相對照。如同前者大幅低於本世紀以來的全部平均，儘管有一、兩個高價年卡在中間。所以一樣的，後者大幅高於本世紀以來的全部平均，儘管有一、兩個低價年卡在中間，比如一七五九年。如果前者不是大幅低於全部平均，也就是說，不是低得那麼像後者高於全部平均的樣子，那麼我們也許應當把兩者之間的變化，想成是由於出口補貼的緣故。另外，這個變化顯然又太過急驟，很難說是反映白銀價值的變化，因爲白銀的變化總是緩慢漸進的。這種急驟的結果，只能用一種能夠急速發揮作用的原因說明，也就是氣候的意外變化。

在大不列顛，勞動的金錢價格自本世紀以來確實呈上升走勢。然而，與其說是白銀價值在歐洲市場下跌的結果，倒不如說是因爲在大不列顛到處幾乎都很繁榮，以致勞動需求上升所產生的結果。在繁榮程度差很多的法國，勞動的金錢價格，自上一世紀中葉以來，事實上跟隨小麥的平均金錢價格逐漸下滑。不管是在上一世紀或本世紀迄今，據說普通勞動每天的工資在法國相當穩定，都維持在大約每賽蒲第（septier）小麥平均價格的二十分之一。一個賽蒲第的容量，比四個溫徹斯特蒲式耳稍微多一點。第八章說明過，在大不列顛，勞動的實質報酬，或者說，勞動者獲得給付的各種生活必需品和便利品的眞實數量，自本世紀以來的增幅相當可觀。那裡的勞動金錢價格上漲，似乎不是白銀價值在歐洲市場普遍下跌的結果，而是因爲大不列顛特別幸運的情況，使得當地勞動的實質價格特別上升所產生的結果。

在美洲的礦藏首次被發現之後，想必會有一段時間，白銀仍繼續按原來的價格買賣，至少不會比原來的價格低很多。換句話說，會有一段時間，銀礦的開採利潤非常好，比自然的利潤率高出很多。然而，把這種金屬運入歐洲的人不久便發現，他們無法按這樣高的價格把每年進口的數量全部賣掉。於是用白銀交換到的其他物品數量逐漸愈來愈少。白銀的價格日漸下滑，跌到自然價格。也就是跌到剛好足夠按各種自然的報酬率，給付把白銀從礦坑帶到市場所需支付的勞動工資、資本利潤和地租。在大部分祕魯的銀礦，西班牙國王課徵的稅等於礦坑生產毛額的十分之一。本章的前面已經指出，這個稅吃掉了全部的地租。稅原本是生產毛額的一半，後來很快跌到三分之一，然後跌到五分之一，最後跌到十分之一，目前仍繼續按此稅率課徵。祕魯大部分的銀礦中，礦坑產出的白銀，抵償了經營者的開採成本和平常利潤之後，剩下來的全部似乎便是這十分之一的稅。而且開採這些礦坑的利潤，過去雖然曾經非常高，但現在似乎普遍認爲已經低到不能再低，否則開採的工作便無法繼續。

西班牙國王的銀稅，在一五〇四年降到白銀生產登記量的五分之一，這件事比一五四五年在波多西發現銀礦早了四十一年。從一五四五到一六三六年，大約九十年間，全美洲最豐富的礦藏應當有足夠的時間完全發揮影響力。也就是說，在一六三六年左右，美洲礦藏已經把白銀在歐洲市場的價值壓到最低了，如果再低便無法繼續繳交銀稅給西班牙國王。就任何沒有獨占保護的商品來說，九十年的時間應當足夠把它降到自然價格，也就是說，降到可能長期繼續供應市場的最低價格，如果再低，就無法一方面繳納特定的稅捐，同時又能長期維持供應。

事實上，歐洲市場的銀價也許會跌得更低，也許必須再降低銀稅，不只是像一七三六年那樣降到十分之一，而是像金稅那樣跌到二十分之一，或者也許必須放棄大部分開採中的美洲礦坑。阻止這些事情發生的原因，也許正是白銀需求逐漸增加，或美洲銀礦產出運銷的市場規模逐漸擴大，而這個原因不僅在歐洲市場撐住了銀價，也許甚至把銀價抬高到稍微超過上一世紀中葉的水準。

自從首次發現美洲的銀礦以來，吸納美洲銀產的市場，規模逐漸變得愈來愈大。

首先，歐洲市場的規模變大。自從首次發現美洲的銀礦以來，歐洲大部分地方已有很大的進步。英格蘭、荷蘭、法國和德國，甚至連瑞典、丹麥和俄羅斯，在農業和各種製造業都有顯著進步。義大利似乎沒有退步。義大利的退步發生在祕魯被征服之前。從那以後，它反而似乎恢復了一點點。沒錯，西班牙和葡萄牙似乎退步了。然而，葡萄牙只是歐洲的一小部分，而且西班牙的退步也許並沒有一般想像的那樣大。在十六世紀初，西班牙是個非常貧窮的國家，甚至比法國還差，但從那時以後西班牙已經進步很多。經常在這兩國遊歷的法國皇帝查理五世有一句出名的簡評，他說，每一樣東西在法國都很充裕，但每一樣東西在西班牙都很缺乏。歐洲農業和製造業的產出不斷增加，必然需要愈來愈多用來流通各種產品的銀幣。另外，愈來愈多的富人必然會要求擁有更多的銀盤和其他銀質的裝飾品。

第二，對美洲的銀礦來說，美洲本身便是一個新的市場。而且由於在農業、其他產業和人口方面，發展速度比歐洲成長最快的國家還要快，因此美洲的白銀需求量必然也會增加得比較快。英國在美洲的殖民地，完全是白銀的新市場；不僅吸納銀幣，也吸納銀盤，而且這一大片原本毫無此需求的大陸，現在到處都需要不斷增加白銀供給。屬於西班牙和葡萄牙的殖民地大部分也是新的市場。新格拉納達、猶加敦半島、巴拉圭和巴西，在歐洲人發現他們之前，都是尚未開化的國家，既沒有農業也沒有任何工藝。現在他們在這兩方面都已經引進了相當可觀的進展。甚至墨西哥和祕魯，雖然不能視爲嶄新的市場，但現在那裡的市場規模，顯然要比從前任何時候都更大。儘管有許多不可思議的故事描述這兩個國家早期輝煌的狀態，但只要腦筋稍微清醒一點，任何人在讀到他們首次被發現和征服的歷史時，顯然都可以看出，在各種工藝、農業和商業上，他們當時無知的程度更勝於現在烏克蘭的韃靼人。即便是兩國當中文明程度較高的祕魯，那裡的人當時雖然使用金銀作爲裝飾品，但仍沒有任何鑄幣。他們進行的交易完全是以物易物，因此幾乎沒有任何分工的程度可言。耕種土地的人必須動手蓋自己的房子，自己製作家具、衣服、鞋子和農具。他們當中少數的幾個工匠，據說全部仰賴他們的君主、貴族和教士過活，因此很可能是這些人的家僕或奴隸。所有墨西哥和祕魯早期的工藝，從來沒有對歐洲提供過任何製造品。西班牙派去那裡的每一支軍隊，儘管很少超過五百人，甚至經常還不到這個數目的一半，到了當地以後，發現幾乎到處都很難取得軍糧。儘管有人說當時這些地方人口眾多且耕種良善，然而他們同時又說西班牙軍隊所到之處幾乎都鬧糧荒，這充分證明所謂人口眾多且耕種良善的故事大體上是個虛構的神話。和英國的殖民地政府相比，統治這些西班牙殖民地的政府，有許多做法對當地農業、經濟發展和人口較爲不利。然而，在這些方面，這些殖民地似乎都比歐洲任何一個國家的進步更快。據此看來，凡是新殖民地都有的相同情況，即肥沃的土壤和幸運的氣候，以及極爲充裕和便宜的土地，似乎是一個很大的優點，足以彌補許多內政上的缺陷。曾於一七一三年到過祕魯的佛雷奇爾說，利馬當時的人口介於兩萬五千至兩萬八千人之間。一七四〇至一七四六年住在祕魯的巫洛亞說，利馬當時的人口超過五萬人。對於智利和祕魯其他許多主要城鎮的人口，他們兩人前後所做的估計，差異也大致和利馬相同。由於似乎沒有理由懷疑兩人提供了不實的消息，因此，這個差異應當足以顯示，這些地方的人口成長幾乎不亞於英國在美洲的殖民地。所以說，對美洲的銀礦來說，美洲本身便是一個新的市場，而且這個市場的白銀需求，必然比歐洲成長最快的國家增加得還要快。

第三，東印度是美洲銀產的另一個市場，從那些礦藏首次被發現以來，這個市場所吸納的白銀數量愈來愈大。從那時以後，美洲和東印度之間，由阿科波爾哥港的船隻載運的直接貿易數量不斷增加，而經由歐洲轉運的間接貿易數量增加得更快。在十六世紀，全歐洲只有葡萄牙人經常和東印度貿易。到了十六世紀末，荷蘭人才開始蠶食葡萄牙人的獨占地位，並且在短短幾年之後，把他們趕出在東印度的主要根據地。上一世紀大部分的時間，這兩個國家瓜分了絕大部分的東印度貿易。荷蘭人和東印度的貿易數量，增加的速度比葡萄牙人減少的速度還要快。英國人和法國人在上一世紀經營的東印度貿易規模雖然不大，但在本世紀已經大幅增加。瑞典人和丹麥人在本世紀也開始和東印度進行貿易。甚至俄羅斯人現在也經常組織某種商隊，經由陸路穿過西伯利亞和韃靼地區到達北京，和中國進行貿易。除了法國，因爲上一次戰爭已經幾乎徹底毀滅了它的東印度貿易，所有這些國家的東印度貿易幾乎一直都是不斷擴大。歐洲市場消費的東印度商品，數量似乎增加得很快，以致整個東印度的就業人數都逐漸增加。譬如，像茶葉這種會使人上癮的東西，在上一世紀中期以前，在歐洲很少有人飲用。現在英國的東印度公司，每年進口供英國人飲用的茶葉，價值超過一百五十萬英鎊。這個進口量甚至還不夠英國人飲用，英國國內經常有大量走私進來的茶葉，有的來自荷蘭的港口，有的來自瑞典的古登堡，而且如果法國東印度公司的財務狀況還不錯，茶葉也會從法國沿海走私進入英國。中國的瓷器、摩鹿加群島的香料、孟加拉的布匹，以及其他數不清種類的商品，在歐洲市場的消費量，也幾乎都以同樣的比例增加了。因此，在上一世紀，全歐洲用在東印度貿易的船隻噸位總計，也許並不會比英國東印度公司在最近被命令縮減船隊之前，一家公司所擁有的船隻噸位大很多。

當歐洲人剛開始和東印度的國家貿易時，當地的貴金屬價值比歐洲高很多，尤其是中國和印度斯坦。即使是現在，情況仍沒有改變。稻米生產國，每年通常有兩次收成，有時候甚至三次，而且每次收成的數量皆高於小麥普通的收成。因此，稻米生產國的食物供給量，必定會比任何相同面積的小麥生產國大很多。所以，像中國和印度斯坦這種稻米生產國，人口便比較稠密。而且，這些國家的富人，自己吃不完的食物數量也比較多，可以自由支配，也就是說，和小麥生產國的富人相比，他們有能力購買較多的他人勞動數量。因此，所有的記載都顯示，中國或印度斯坦的高官顯貴擁有的家僕人數和隨扈排場，比歐洲最富有的臣民都更多且更華麗。同樣的，他們可以自由支配較多的食物數量，也讓他們出得起較多的食物，換取自然界產量非常少的各種稀世珍品，譬如貴金屬和寶石等世上富人競相爭逐的主要物品。因此，縱使供應東印度市場的礦藏，向來和供應歐洲市場的礦藏同樣豐富，這種商品在東印度交換到的食物數量，也自然會比在歐洲交換到的多。但是，實際上，供應東印度市場的貴金屬礦藏，豐富的程度似乎遠遜於供應歐洲市場的礦藏，而供應東印度市場的寶石礦藏，則遠比供應歐洲市場的礦藏豐富。因此，和歐洲相比，貴金屬在東印度自然可以交換稍微多一點的寶石，可以交換的食物數量也自然更多。鑽石可說是所有奢侈品之最，在東印度的金錢價格會比在歐洲稍微低一點，而所有必需品之最的食物，在東印度的金錢價格會比在歐洲低很多。然而，第八章已經指出，勞動的實質價格，即勞動者被給付的生活必需品的眞實數量，在中國和印度斯坦這兩個東印度最大的市場，都比歐洲大部分地方要來得低。勞動者的工資在當地買到的食物數量比較少。而且由於食物的金錢價格，在東印度比在歐洲低很多，所以東印度勞動的金錢價格，便有雙重的因素會比較低。一則由於勞動換來的食物數量比較少，二則由於食物的金錢價格比較低。此外，在工藝技術和勤勉程度相等的國家，大部分製造品的金錢價格，其高低會和勞動的金錢價格成正比。而在製造業技術和人民勤勉方面，中國和印度斯坦雖然差一些，但似乎並不會比歐洲任何一個國家差很多。因此，大部分製造品的金錢價格，在這兩個龐大的帝國自然會比歐洲到處都低很多。再說，歐洲大部分地方，陸路的運輸費用大大提高了大部分製造品的實質和金錢價格。經由陸路首先把材料運過來，再把製成品運到市場，花費的勞動比較多，所以花費的金錢當然也比較多。相反的，在中國和印度斯坦，範圍廣大和網絡複雜的內河航行，把這種勞動和金錢花費大部分省了下來，因此也把他們大部分製造品的實質和金錢價格壓得更低。基於這所有因素，把貴金屬從歐洲運到東印度便成爲一樁極爲有利可圖的生意。過去這一直是一樁好生意，而現在也是。對歐洲商人來說，在東印度幾乎沒有任何一樣商品，會比貴金屬賣得更好的價格。也就是說，相對於各種商品在歐洲能夠換得的勞動或其他商品的數量來說，幾乎沒有一樣東西，會比貴金屬在東印度買到或支配更高比例的勞動或其他商品數量。再說，把白銀運到東印度，會比把黃金運到東印度更爲有利可圖。因爲在中國以及其他大部分的東印度市場，純銀和純金的交換比例通常只有十比一，頂多是十二比一，而歐洲的比例是十四或十五比一。在中國以及其他大部分的東印度市場，十或頂多十二盎司的白銀便可以買到一盎司的黃金，而在歐洲則需要十四或十五盎司。因此，大部分從歐洲航向東印度的船隻，所裝載的貨物當中，白銀向來通常是最有價值的商品之一。從阿科波爾哥港航向馬尼拉的船隻，白銀更是唯一最有價值的貨物。於是，新大陸的白銀，似乎就這樣變成了歐亞舊大陸兩端主要的商業往來項目，而且主要也由於白銀貿易的緣故，相隔遙遠的地方才相互有了聯繫。

為了充分供應廣大的市場，每年從礦坑開採出來的白銀數量，不僅必須足夠讓所有成長中國家所需的錢幣和銀盤數量不斷增加，而且必須彌補所有國家在使用白銀時不斷發生的損耗。

錢幣的磨損，以及銀盤的磨損和擦洗，會不斷消耗貴金屬。然而，這種商品的使用範圍又是如此廣泛，因此，光是磨損和擦洗的消耗，每年就需要數量相當可觀的貴金屬供應。某些特別產業消化掉的金屬數量，雖然總合來說也許不會大於這種逐漸的磨損消耗，然而因為產業的消化比較快，所以更為顯而易見。光是伯明罕的製造業，每年用來燙金鍍銀而永遠不可能回收的金銀消耗數量，據說價值超過五萬英鎊。從這個數字，我們也許可以約略推估，全世界各個不同的地方，不管是用在像伯明罕的製造品，或是用在製作飾邊、飾帶、刺繡、其他一些金銀物品、燙金的書籍、家具等全部加起來，每年消耗掉的金銀數量會有多大。再說，每年在運送這些金屬的過程中，不管是海運或陸運，都必然會有相當可觀的數量損失。此外，大部分的亞洲國家，人民私底下悄悄把金銀財寶埋藏在地底的習俗非常普遍。由於藏寶的祕密時常會隨著藏寶人身亡而完全消失，所以這種習俗必然會導致數量更大的金銀損失。

根據最佳的估計，目前卡迪斯和里斯本每年進口的金銀數量（不僅包括正式登記的進口，也包括推估的走私進口數量），大約價值六百萬英鎊。

根據美庚斯（Meggens）的記述，西班牙在一七四八至一七五三年包含首尾的六年間平均每年進口的貴金屬，和葡萄牙在一七四七至一七五三年包含首尾的七年間平均每年進口的貴金屬，如果合起來算，白銀是一百一十萬一千一百〇七磅，黃金是四萬九千九百四十磅。這些白銀，按每金衡磅價值六十二先令計算，等於英幣三百四十一萬三千四百三十一鎊又十先令。這些黃金，按每金衡磅價值四十四又二分之一基尼計算，等於英幣兩百三十三萬三千四百四十六鎊又十四先令。這些金銀合起來等於英幣五百七十四萬六千八百七十八鎊又四先令。他向我們保證，所引用的正式進口登記量完全正確。對於正式進口的金銀是從哪些地方來的，以及根據正式紀錄，每個來源地所提供的金和銀的個別數量，他都有詳細交待。在全部的進口數量當中，他也約略估進了每一種金屬可能走私進口的數量。由於他是一位頭腦精明又經驗老到的商人，因此他的意見應當頗爲可靠。

雷納爾（Raynal）是《歐洲勢力在東、西印度興起的政治與思想史》（*Philosophical and Political History of the Establishment of the Europeans in the Two Indies*）一書的作者，辯才無礙，有時消息也滿靈通。根據他的記述，西班牙在一七五四至一七六四年包含首尾的十一年間，平均每年正式登記進口的金銀合計，等於一千三百九十八萬四千一百八十五又四分之三個披亞斯德（piastres，每一個披亞斯德等於十個里亞爾）。加上走私進口的部分，他估計，西班牙每年全部進口的金銀價值也許等於一千七百萬個披亞斯德。按每一披亞斯德等於四先令六便士計算，這個金額等於三百八十二萬五千英鎊。對於正式進口的金銀是從哪些地方來的，以及根據正式紀錄，每個來源地所提供的金和銀的個別數量，他也都有詳細交待。他還說，如果我們按葡萄牙國王徵收的金稅紀錄（稅率似乎等於標準成色黃金產量的五分之一），來推估每年從巴西進口到里斯本的黃金數量，那麼也許可以估計爲一千八百萬枚葡萄牙克魯協豆幣（cruzadoes），或四千五百萬枚法國里弗爾幣，約等於兩百萬英鎊。關於走私進口的部分，他說，我們可以安全的估計八分之一，或二十五萬英鎊，因此全部加起來的黃金進口金額大約是兩百二十五萬英鎊。總之，根據雷納爾的估計，西班牙和葡萄牙合起來，每年進口的金銀價値約爲六〇七萬五千英鎊。

我曾經查閱過其他許多確實可靠的記述，雖然都只是手抄稿，但內容都一致認爲這兩國全部的進口量，每年平均約爲六百萬英鎊；有時多一點，有時少一點。

每年進口到卡迪斯和里斯本的貴金屬數量，當然不等於美洲那些礦坑每年全部的產量。這當中，每年有一部分會從阿科波爾哥港出海運往馬尼拉，也有一部分會被這些西班牙的殖民地用來和其他歐洲國家的殖民地進行非法貿易，當然也會有一部分留在美洲的產地。世界上出產金銀的，當然不是只有美洲的礦坑，但是美洲的蘊藏顯然最爲豐富。大家都承認，世界上所有其他已知礦坑的產量，和美洲相比實在微不足道。而且大家也都承認，美洲每年的產出大部分被進口到卡迪斯和里斯本。然而，光是伯明罕一地的消費量，如果每年按五萬英鎊估計，便占去了這個每年按六百萬英鎊來估計的全部進口量的一百二十分之一。因此，全世界每個使用金銀的國家加起來，每年全部消耗掉的金屬，也許接近等於全世界每年全部的產出。剩下來的數量也許僅僅足夠供應所有成長中國家不斷增加的需求。甚至這個數量有時候也許會低於這種需求，以致略微抬高這些金屬在歐洲市場的價格。

每年從礦坑開採出來供應市場的銅和鐵，數量之大，不知道超過金銀多少倍。然而，我們卻不會因此認爲，這些卑金屬的產量會多過市場的需求量，或認爲它們會逐漸變得愈來愈便宜。爲什麼我們反而會認爲貴金屬可能會變得愈來愈便宜呢？沒錯，這些卑金屬雖然比較堅硬，但是被用來承擔比較粗重的工作，而且由於比較沒有價值，所以人們比較不會細心呵護。然而，貴金屬未必會比卑金屬更能保持永恆不滅。相反的，貴金屬也和卑金屬一樣有許多種遺失、磨損與消耗的方式。

所有金屬的價格，雖然都免不了會有緩慢漸進的變化，但是和其他任何自然界的初級產物相比，逐年的價格變化幅度比較小。而貴金屬的價格比卑金屬更不容易驟然發生變化。金屬的耐久性是金屬價格特別穩定的根本原因。去年剛上市的小麥，也許早在今年底之前，就會完全或幾乎完全被消費掉了。但兩、三百年前從礦坑開採出來的鐵，乃至兩、三千年前從礦坑開採出來的黃金，有一部分也許現在都還在使用。在不同的年分，分別供應世人消費的各堆小麥，大小幾乎總是會和不同年分的產出數量成正比。但是，在兩個不同年分所使用的兩堆鐵，它們之間大小的比例，卻不會因爲鐵礦產量在這兩年發生了任何意外的差異而有所改變。而不同年分所使用的金堆大小比例，更不會因爲金礦在不同年分的產量差異而改變。因此，雖然大部分金屬礦坑產量逐年變動的幅度也許還大於大部分的麥田，但是，這些變動卻不會像影響小麥價格那般對金屬價格造成相同的影響。

金銀相對價值的變化

在發現美洲那些礦藏之前，歐洲各國鑄幣廠規定的純金和純銀兌換比率，介於一比十和一比十二之間。也就是說，一盎司的純金被當作價值十至十二盎司的純銀。大約在上一世紀的中期，這個規定的兌換比率變成介於一比十四和一比十五之間。也就是說，一盎司的純金被當作價值十四至十五盎司的純銀。黃金的名目價值變高了，也就是說，黃金被給付的白銀數量提高了。但是，這兩種金屬的實質價值卻下降了，也就是說，它們能買到的勞動數量變少了；而白銀下降的幅度還大於黃金。就蘊藏豐富的程度來說，雖然美洲的金礦和銀礦都超過從前所有曾經發現的礦藏，但是，銀礦蘊藏優越的程度，似乎在比例上更勝於金礦蘊藏優越的程度。

每年從歐洲運到東印度的大量白銀，在那裡的英國殖民地，已經使得這種金屬相對於黃金的價值下跌了。譬如，在加爾各答的鑄幣廠，一盎司純金，也像歐洲那樣被當作價值十五盎司的純銀。依黃金在孟加拉市場的價值來說，純金在鑄幣廠的兌換比率也許太高了。在中國，黃金和白銀的交換比率仍維持在一比十，或一比十二。在日本，據說是一比八。

根據美庚斯的記述，每年進口到歐洲的金銀數量，相對比例接近一比二十二。也就是說，相對於每一盎司進口的黃金，便有稍微比二十二盎司多一點的白銀進口到歐洲。他認爲，每年被大量運到東印度的白銀，把留在歐洲的金銀數量相對比例降爲一比十四或十五，而這也是金銀價值在歐洲的相對比例。他似乎以爲，金銀相對的價值比例，必然等於其相對的數量比例。因此，要不是因爲大量的白銀出口，金銀相對的價值比例將會變成一比二十二。

但是，兩種商品平常相對的價值比例，不一定會等於在市場上通常存在的相對數量。一頭公牛的價格若是十基尼，大約是一隻羔羊價格的六十倍，每隻羔羊的價格是三先令又六便士。如果有人據此認爲，市場上相對於每一頭公牛便有六十隻羔羊，那就未免過於荒謬。同理，如果因爲一盎司黃金通常交換到十四或十五盎司白銀，便推論市場上相對於每一盎司黃金只有十四或十五盎司白銀，那也是同樣荒謬。

市場上，通常存在的白銀數量相對於通常存在的黃金數量，比例上很可能遠大於任一定量黃金相對於等量白銀的價值比例。一種便宜的商品在市場上的全部供應量，通常不僅在數量上大於較貴的商品在市場上的全部供應量，它的全部價值也通常會高於貴重商品的全部價值。譬如，每年供應市場的麵包，不僅全部的數量會大於全部的牲畜肉品數量要，全部的價值也大於牲畜肉品。同樣的，全部的牲畜肉品，在數量和價值上都大於全部的雞鴨家禽；而全部的雞鴨家禽，在數量和價值上都大於全部的野生禽類。購買便宜商品的人次，比購買昂貴商品的人次多很多。因此，市場上便宜的商品，通常能夠賣掉的數量較多，全部賣得的價值也較高。所以，便宜商品相對於貴重商品的全部供應量比例，通常必定會大於任一定量貴重商品相對於等量便宜商品的價值比例。如果拿白銀和黃金比較，白銀顯然是一種便宜的商品，而黃金是一種貴重的商品。因此，我們自然應當推測，市場上總是應該會有不僅數量大於黃金，而且全部的價值也高於黃金的白銀。假設有一個人，他兩種金屬都擁有少許，比較自己的銀器和金盤，很可能會發現，不僅在數量上，而且在全部價值上，前者是大於後者的。此外，有許多人擁有不少的銀器，卻沒有金盤。而且即使是擁有黃金的人，有的也通常僅限於錶殼、鼻煙盒等小玩意上面的裝飾品，因此，整體價值不可能很大。的確，在英國全部的錢幣裡，所含黃金的價值遠大於所含白銀的價值，但是，就所有國家的錢幣來說，情況就不同了。在某些國家的錢幣裡，這兩種金屬的價值大約相等。譬如，在蘇格蘭和英格蘭合併之前，蘇格蘭錢幣平均所含黃金的價值，不會比所含白銀的價值大多少；雖然從鑄幣廠的紀錄看來，它的確稍微大了一些。在許多國家的錢幣裡，白銀的使用量比黃金多。在法國，要支付大筆款項時，通常會使用銀幣；在那裡，街上的行人口袋裡總是必須準備少許金幣，但是想要取得更多的黃金，是很困難的一件事。總之，在所有的國家，銀盤都比金盤的全部價值高很多，用來抵銷只有在少數國家金幣多於銀幣價值的情況，應該是綽綽有餘。

就某個意義來說，白銀雖然一直比黃金便宜許多，而且將來也很可能維持如此。但是，從另一個角度來說，在目前西班牙市場的狀態下，黃金也許可以說是比白銀便宜。要說一種商品是貴或是便宜，不僅可以根據平常價格的絕對大小，也可以根據價格是高於或低於長期維持供應市場所需的最低價格。這個最低價格僅僅剛好可以抵償供應該商品上市所需墊付的資本，以及附帶給予普通的利潤。這樣的價格，不會讓地主得到任何利益，也就是說，地租不是價格的一個成分，價格只分解成工資和利潤。就目前西班牙市場的情況來說，黃金顯然稍微比白銀更接近最低價格。西班牙國王課徵的金稅，目前只有標準成色黃金產量的二十分之一或百分之五；而課征的銀稅是十分之一或百分之十。此外，前文已經指出，西屬美洲大部分的金礦和銀礦所提供的地租，全部就是這些稅。而且實際的繳納情況，金稅還比銀稅差。再說，和經營銀礦的人相比，更難得看到有人因經營金礦而致富。因此，一般來說，金礦的利潤必然比銀礦更爲微薄。既然黃金不僅比西班牙的白銀提供更少的地租、更少的利潤，在西班牙市場，黃金的價格必定稍微比白銀更接近長期維持供應所需的最低價格。若把所有的費用都算進來，在西班牙市場出售黃金全部所得的利益，似乎不可能像出售白銀全部所得的利益那樣有利。沒錯，葡萄牙國王對巴西黃金課徵的稅率，和西班牙國王很早以前對墨西哥和祕魯白銀課徵的稅率，兩者是一樣的，都等於標準成色金銀的五分之一。因此，對整個歐洲市場來說，美洲黃金全部的出售價格，是否比美洲白銀全部的出售價格，更接近長期維持供應所需的最低價格，那就很難說了。

鑽石和其他寶石的價格，也許比黃金更接近長期維持供應所需的最低價格。

像銀稅這樣的稅，不僅是針對最適宜課稅的標的之一（奢侈品）徵收的稅，也是政府收入一個非常重要的來源。因此，只要人民還付得起，政府不太可能放棄。雖然不太可能，然而，在一七三六年由於人民無法負擔，西班牙國王的銀稅不得不從五分之一降爲十分之一。人民無法負擔這個因素，也許遲早還會迫使銀稅不得不進一步下降，就像過去金稅被迫降到二十分之一那樣。西屬美洲的銀礦，正如所有其他礦藏，開採費用也逐漸變高，因爲挖掘的深度必須愈來愈深。另外，把礦坑裡的水抽出，並且打進新鮮空氣，費用隨著挖掘的深度也愈來愈貴。每個曾經考察過這些銀礦的人，都會承認這個事實。

這些因素等於是說白銀變得愈來愈稀少了（要取得一定數量的某種商品，如果變得愈來愈困難，花費的勞動愈來愈多，那麼該商品便可以說變得愈來愈稀少），所以遲早會產生下面三種情況之一。增加的生產費用，一、必須完全從相應提高的白銀價格獲得抵償。二、必須完全從銀稅相應的減讓獲得抵償。三、必須有一部分按第一種方式，另外一部分按第二種方式獲得抵償。發生第三種情況的可能性相當大，如果眞是如此，即使金稅已有大幅減讓，同樣的，黃金相對於白銀的價格依然會上升。儘管銀稅已有相同幅度的減讓，白銀相對於勞動或其他商品的價格也許依然會上升。

然而，銀稅的逐步降低，雖然不至於完全阻止，但是顯然必定多少會減緩白銀價格在歐洲市場的上漲。銀稅降低以後，許多原本付不起舊銀稅而無法開採的礦坑，如今可以開採了。因此，和銀稅維持不變的情況相比，每年供應市場的白銀數量必定會稍微多一些，而任何既定數量的白銀價值必然會稍微小一些。由於一七三六年降低了銀稅，目前白銀在歐洲市場的價值，雖然也許不會比降稅以前低，但是，如果和西班牙王室繼續課徵舊銀稅的假設情況相比，很可能至少低了百分之十。

那麼，是不是儘管經歷那一次的降稅，歐洲市場的白銀價值仍然已經在本世紀開始略微上升了?前面陳述的事實和論證，讓我傾向於相信確有其事，或者更妥切的說，讓我傾向於猜測可能有這回事。因爲在這個課題上，我能拿定的最佳主意，也許很難稱得上「相信」。沒錯，即使我們假定有上升這回事，上升幅度到目前爲止畢竟還是極爲輕微。因此，儘管我已經費力詳加解說，也許還會有很多人，不僅不敢肯定確實有上升這回事，甚至還會覺得說不定發生了相反的事情，也就是說，白銀在歐洲市場的價值或許持續下跌。

然而，讀者必須注意的是，不管黃金和白銀每年的進口量是多少，必定會有某個時期，這些金屬的年消費量等於進口量。一般來說，消費量必定會隨著供應量變大而增加，或者更正確的說，必定會按更大的比例增加。當供應量增加時，其價值會下降，於是這些金屬會被使用得更多，而且不被珍惜的使用，因此消費量會比供應量增加得更快。經過一定的時間之後，如果進口量沒有不斷的增加，這些金屬的年消費量必定會變成等於年進口量。一般認爲，進口量在本世紀確實沒有不斷的增加。

當年消費量等於年進口量的時候，如果年進口量開始逐漸減少，年消費量也許會在一段時間內超過年進口量。於是，這些金屬的供應量會一點一滴的逐漸減少，其價值會一步一步的逐漸上升，直到年進口量再度停留在一定的水準，這時年消費量就會慢慢的逐漸向年進口量可以維持的消費量自然靠攏。

懷疑白銀在歐洲市場的價值仍然持續下跌的理由

歐洲的財富增加，以及某個普遍的想法，認爲由於貴金屬的數量會隨著財富擴大而自然的增加，而且因爲數量增加了，所以價值會下跌。這樣的事實和論證，也許讓許多人傾向於相信貴金屬在歐洲市場的價值還在繼續下跌。而自然界許多初級產物價格逐漸上漲的事實，則更進一步加強對這種想法的信心。

無論在哪一個國家，由於財富擴大而增加的貴金屬數量，並不會降低貴金屬的價值。這一點，我在前文已經努力證明過了。黃金和白銀自然會流向富國，原因和各種奢侈品以及珍奇古董流向富國並沒有兩樣。不是因爲在富國比在窮國便宜，而是因爲在富國比較貴，或者因爲在富國被給付的價格比較好。吸引黃金和白銀湧向富國的誘因，是富國的高價格。一旦高價格消失了，貴金屬必然不再湧向富國。

若排除小麥和其他完全需要人類辛勤栽種才能獲得的植物性產物，那麼當社會的生產和財富不斷進步時，自然界其他所有的初級產物，像是牲畜、禽類、各種野外的獵物、有用的地底化石燃料和礦物等，自然會變得愈來愈貴。這一點我在前面也已經努力說明過了。因此，雖然這些商品現在換到的白銀數量比從前多，但是這並不等於白銀眞的變便宜了，或者白銀現在買到的勞動數量比從前少。我們只能說這些商品實質價格變貴了，或它們現在買到的勞動數量比從前多了。在社會進步的過程中，上升的是它們的實質價格，不是名目價格而已。名目價格上升，是實質價格上升的結果，完全不是白銀價值下跌的結果。

社會進步對三種初級產物造成不同的影響

初級產物大致可以分爲三種。第一種是人力幾乎不可能增加供應的初級產物。第二種是人力可以按照實際需求增加供應的初級產物。第三種是人力可以幫助增加供應，但效果有限或不確定的初級產物。在社會財富進步的過程中，第一種商品的實質價格，似乎沒有任何確定的界限，也許會上漲到離譜的高價。第二種商品的實質價格，雖然也許會大幅上漲，但會有一個明確的界限，不可能一直超過界限太多。第三種商品的實質價格，在社會進步的過程中，自然趨勢雖然也是上漲，但是，在同一個進步階段，有時候也許下跌，有時候也許維持原來的價位，有時候也許多少上漲一些。這要看各種不同的意外事件，使人類爲了增加供應這種初級產物而花費的辛勤努力，獲得了多少成果而定。

第一種初級產物

在社會進步的過程中，價格會上升的第一種初級產物，是人力幾乎不可能增加供應的產物。這些產物，自然界只生產一定的數量，而且都是極易腐敗的東西，不可能把好幾個季節的產量累積起來。這類初級產物，包括了大部分稀奇的鳥類和魚類、各種野生獵物、幾乎所有的野生禽類，尤其是所有的候鳥，以及其他許多物品。當社會財富，以及隨之而來的奢華習慣升高時，人們對這些物品的需求也很可能隨之增加。然而，任何人力都無法增加其供應量，以滿足增加的需求量。因此，這類物品的供給量便維持不變或幾乎保持一樣。但是另一方面，買方熱烈競爭的程度卻不斷提高，以致這類初級產物的實質價格可以上漲到任何離譜的高價，似乎沒有明確的限制範圍。如果山鷸流行起來，以致每隻要賣二十基尼，任何人力都無法使供應上市的山鷸，大大超過市面上現有的數目。這也許可以說明，在羅馬帝國最輝煌的時代，羅馬人對稀奇的鳥類和魚類所給付的高價。這種產物的價格之所以高，不是因爲當時白銀的價值很低，而是因爲人力無法輕易的擴大供應這種稀奇的東西，因此價值很高。在羅馬共和國覆亡前後，白銀在羅馬城的實質價值，比目前在歐洲大部分地方的實質價值還要高。三個賽斯特提的羅馬幣，約等於英幣六便士，是當時羅馬共和國對西西里官麥每一秣迪耳（modius）或每一配克所給付的價格。不過，這很可能低於市場的平均價格，因爲依照降書規定，西西里的農夫有義務按照這個價格交出十分之一的小麥收成給共和國，這個規定無異是一種課稅的方式。但是，當羅馬人需要訂購的數量超過這個十分之一的稅量時，根據西西里降書的約定，他們對超出的部分每配克就必須給付四個賽斯特提，約等於英幣八便士。之所以約定這個價格，很可能是因爲在當時被認爲是合理的，也就是說，這是當時平常或平均的小麥契約價格，大約等於每夸特二十一先令。在上一次連續歉收那幾年之前，每夸特二十八先令是英格蘭小麥平常的契約價格。這種小麥的品質比西西里的小麥差一點，在歐洲市場的售價一般也比較低。據此看來，從前羅馬時代的白銀，相對於目前白銀的價值比例是三比四。也就是說，每三盎司白銀在那時能買到的勞動和商品的數量，等於目前四盎司白銀能買到的數量。所以，當我們在普林尼的書裡讀到，席歐（Seius）買了一隻白色的夜鶯，當作禮物送給亞格麗披納（Agrippina）女皇，價錢是六千個賽斯特提，約等於現在的五十鎊。或是當我們讀到，阿西尼爾斯．席勒（Asinius Celer）買了一條緋鯢鰹，價錢是八千個賽斯特提，約等於現在的六十六鎊十三先令又四便士。這些荒唐的價錢，不管令人多麼驚奇，卻還是可能讓我們誤以為比實質價格低了三分之一。它們的實質價格，或者說，為了得到它們而花費的勞動或食物數量，大約比名目價格目前可能給我們的印象多了三分之一。席歐為了那隻夜鶯花費的勞動或食物數量，等於現在的六十六鎊十三先令又四便士可以買到的數量。席勒為了那條緋鯢鰹花費的勞動或食物數量，等於現在的八十八鎊十七先令九又三分之一便士可以買到的數量。當時這兩個價格之所以高得這麼離譜，與其說是因為白銀數量非常充裕，倒不如說是因為勞動和食物數量非常充裕，以致羅馬人除了日常生活必要的勞動和食物以外，還有很多剩餘可以自由支配。他們當時支配一定數量的勞動和食物可以掌握到的白銀數量，比現代運用等量勞動和食物能夠換到的白銀少很多。

第二種初級產物

在社會進步的過程中，價格會上升的第二種初級產物，是人力可以按照實際需求而增加生產的產物。這些產物包括一些有用的動植物。在尚未開墾的地區，這些產物的自然產量非常豐富，以致價值很低，甚至毫無價值。所以當開墾耕種的面積逐步擴大時，第二種初級產物被迫逐步讓位給比較有利可圖的產物。於是，在長期進步的過程中，第二種初級產物的數量不斷減少；然而同時人們的需求卻不斷增加。因此，第二種初級產物的實質價值，或者說，實際買得到或可以支配的勞動數量逐漸提高，最後終於提高到和其他任何人力可以栽種培植的作物一樣有利可圖，一樣可以在最肥沃且開墾得最好的土地上，獲得商業上的成功。當第二種初級產物的價格提高到這種程度，就不太可能再提高了。如果再提高，那麼很快便會有更多的土地和人力被用來增加第二種初級產物的產量。

譬如，當牲畜的價格不斷升高，直到爲牠們耕種土地栽培牧草的利益，和爲人們耕種土地栽培糧食的利益相同時，那麼價格便不太可能再上升了。如果價格眞的再上升，很快便會有更多的麥田被轉作種植牧草。當土地的耕種範圍擴大時，一方面會減少野生的牧草，從而減少鄉村地區無須勞動或耕種便可以自然生產出來的牲畜肉品數量。另一方面，耕種的範圍擴大，會讓更多人有更多的小麥，或有更多價值等同於小麥的物品，可以拿來交換牲畜肉品。也就是說，耕種的範圍擴大，會增加肉品的需求。因此，肉品的價格，以及連帶牲畜的價格，必定都會逐漸上升，直到在最肥沃且開墾最好的土地上，栽培牧草和栽培小麥都有同等的利益。不過，在社會進步的過程中，總是要到了晚期的階段，土地耕種的面積才會擴大到讓牲畜價格如此高漲的地步。在達到這個地步之前，如果社會財富有所進步的話，牲畜的價格必定會不斷上升。歐洲目前也許還有一些地方的牲畜價格尚未到達這樣的階段。在跟英格蘭合併之前，蘇格蘭任何地方都還沒有到達這樣的階段。在蘇格蘭，有很高比例的土地除了飼養牲畜沒有其他用途。因此，如果蘇格蘭的牲畜永遠像合併之前那般，只限在蘇格蘭的市場出售，那麼牠們的價格，也許幾乎永遠不可能上升到值得爲牠們耕種土地栽培牧草的地步。在英格蘭，前文已經指出，大約在十七世紀開始的時候，倫敦附近的牲畜價格似乎也已經高到這種程度了。但是，大部分較偏遠的郡，很可能遲了很久才達到這種程度。甚至有一些比較偏遠的郡，到目前爲止尚未達到這種程度。然而，在所有屬於第二種初級產物的物品當中，牲畜也許是在社會進步的過程中，價格最早提高到這種程度的物品。

的確，在牲畜價格上升到這種程度以前，大部分的土地，即使是最適合高度墾殖的土地，似乎不太可能完全被人們開墾來種植作物。在所有距離太遠以致城鎮的糞肥供應不到的農莊（在廣闊地區，這等於說是大部分的土地）。得到妥善墾殖的土地面積，必然會受限於農莊自己能夠生產的糞肥數量，而這個數量必然又會受限於農莊自己飼養的牲畜數量。土地有兩種施肥方式，一是在土地上放牧牲畜，二是把牲畜養在畜舍裡，然後把排泄物搬運到土地上。但是，除非牲畜的價格足夠支付耕地的地租和利潤，否則農夫不可能在耕地上放牧牲畜。如果農夫連這種方式都辦不到，那就更不可能把牲畜養在畜舍裡。要把牲畜養在畜舍裡，非得使用改良的耕地上種植的牧草不可，因爲在沒有改良過的荒地上到處去蒐集稀稀落落的牧草，需要花費太多的勞動，太不划算了。因此，如果牲畜的價格不足以支付耕地的地租和利潤，或者說，當牲畜價格還不允許在耕地上放牧的時候，這個價格就更不夠支付額外的大量勞動，到耕地上去蒐集牧草，然後搬回畜舍來飼養牠們。因此，在這種情況下，值得在畜舍裡飼養的牲畜數量，頂多就是必須用來耕田的牲畜。但是，這幾頭耕田的牲畜所提供的糞肥，必定不足以讓全部的耕地經常保持良好狀態。既然不夠整個農莊使用，那麼牠們所提供的糞肥，便自然留給那些最方便或最值得施肥的土地使用。也就是說，留給那些也許是農家庭院附近或最肥沃的土地使用。因此，這些土地就會經常保持良好狀態，並且適宜耕種。其餘大部分的土地，便任其荒蕪，除了少得可憐的一點牧草，幾乎寸草不生，只能讓零零落落的幾頭餓得半死的牲畜過活。這樣的農莊所飼養的牲畜，相對於要妥善耕種農莊的全部土地所需的數目來說，雖然嫌少，然而相對於農莊實際的產出，卻時常又嫌太多。然而，農莊裡這種任其荒蕪的土地，有一部分在淒涼的連續放牧了六、七年以後，也許可以翻耕起來種植一、兩次收成不怎麼樣好的次級燕麥，或是其他粗糙的穀物。然後地力便耗盡了，必須再像從前那樣廢耕放牧。這時會再選一塊荒地，翻耕起來種植，一樣的耗盡地力，然後廢耕放牧，如此反覆輪替。在和英格蘭合併之前，全部蘇格蘭低地的農莊經營模式大體便是如此。當時一般的農莊裡，經常施肥保養、狀況良好的土地，很少超過全部農莊面積的三分之一或四分之一，有時候甚至只有五分之一或六分之一。其餘土地從來沒有施過肥，然而當中經常會有一部分輪流被用來耕種，直到耗盡地力。在這種經營模式下，蘇格蘭的土地，即便是最適宜耕種的部分，實際能夠生產的數量顯然遠低於土地的潛能。不管這種經營模式看起來多麼不好，但是，在和英格蘭合併之前，依牲畜價格低賤的情況來說，這也許是幾乎無法避免的。在牲畜價格大幅上升之後，上述耕作方式仍然在蘇格蘭大部分土地上盛行，或許在許多地方是由於人們的無知和積習難改。但是，在大多數的地方，卻是由於事情自然演變的過程中，難免會存在自然的障礙，讓較佳的經營模式無法迅速建立起來。譬如，第一，由於租種土地的佃農很窮，或是由於他們還沒有時間取得足夠的牲畜，以致無法更妥善的耕種土地。另外，因為牲畜價格上漲，對他們來說，雖然多飼養幾頭牲畜變得較為有利，但是這也讓他們一時更難取得牲畜來飼養。第二，即使他們能夠取得牲畜，卻沒有時間把土地狀況改善到適宜飼養牲畜的地步。牲口增加和土地改良必須齊頭並進，任何一方絕不可能比另一方大幅改善。如果牲口沒有增加，土地便幾乎不可能獲得改善；但是，除非土地已經大幅改善，否則牲口便不可能大幅增加。因為未經改善的土地，不可能維持牲口存活。讓比較好的經營模式無法建立起來的自然障礙，除非經過長期的勤儉努力，否則無法排除。老舊的經營模式目前雖然漸趨衰微，不過，也許還必須再經過半個或一個世紀，才可能完全從蘇格蘭各地消失。和英格蘭合併，讓蘇格蘭得到許多商業上的利益，然而，在所有的利益當中，牲畜價格大幅提高也許是最大的利益。這不僅提高了所有蘇格蘭高地上的地產價值，而且也許是蘇格蘭低地進步的主要原因。

所有新殖民地都有大量的荒地，而這些荒地會有好幾年除了飼養牲畜，不可能有其他的利用方式。因此過不了多久，牲畜的數量便會變得非常多，而就每一種物品來說，非常便宜總是數量非常多的必然結果。在美洲的殖民地，所有牲畜雖然都是從歐洲帶過去的，但是在美洲繁殖得很快，不久數量變得很多，價值變得很低，甚至低到連好馬都被放到樹林裡亂跑，也沒有任何馬主想出面指認。首批移民在殖民地定居以後，一定需要經過很長的一段時間，以墾殖的牧草飼養牲畜才可能變得有利可圖。因此，諸如欠缺糞肥，以及用來耕田的牲畜數目，相對於需要牠們耕種的土地面積不成比例等因素，很可能會在當地導致如同目前在蘇格蘭許多地方仍然可以看到的那種經營模式。有一位名叫卡姆（Kalm）的瑞典旅行家，曾於一七四九年拜訪北美的英格蘭殖民地，他後來在遊記裡描述當地的農業經營模式。他說，儘管英格蘭人一向以嫻熟各種農業經營技巧聞名，但是，他在那裡幾乎看不到英格蘭人這種特性。他說，他們很少爲麥田準備糞肥，當一塊地因爲不斷的耕種而耗盡地力，他們便會清理出另一塊全新的土地來耕種。當那塊地力也同樣耗盡，便會接著去找第三塊地。他們放任牲畜在樹林和其他尚未開墾的土地上漫遊，而牲畜在那裡顯然是半餓半飽的過活。所有一年生的牧草幾乎都在很久以前根絕，因爲他們老是在春天便急著收割，牧草根本來不及開花或散落種籽。一年生的牧草從前似乎是北美洲最佳的天然牧草。當首批歐洲人剛移民到那裡定居的時候，牧草長得很茂密，而且可以長高到三、四英尺。在他寫遊記的時候，根據他的考察，只能飼養一頭母牛的一塊地，在從前可以飼養四頭母牛，而且從前每一頭生產的牛乳，產量是後來的四倍。他認爲，牧草的品質低劣導致牲畜品質惡化，而且牲畜一代不如一代的惡化速度相當明顯。牠們很可能頗像三、四十年前在蘇格蘭到處可見那種發育不良的品種。

目前在蘇格蘭低地大部分的地方，牲畜的品種已經有了大幅的改良，而這種改良，與其說主要是更換品種的緣故（雖然某些地方的確使用了這個辦法），倒不如說由於原來的品種獲得了比較豐富的飼料照顧。

所以說，在社會進步的過程中，雖然一定要到晚期的階段，牲畜的價格才會上升到值得墾殖牧草來飼養，然而，在所有屬於第二種初級產物的各種物品當中，也許牠們是最早達到這種價格的。甚至在牠們達到這種價格之前，社會進步的階段，似乎不太可能接近目前歐洲許多地方才剛達到的完善境界。

如果說牲畜是最早有這種價格的物品之一，那麼鹿肉也許是最後有這種價格的第二種初級產物之一。在大不列顛，不管鹿肉的價格目前看起來是高得多麼離譜，也還沒有高到足以抵償經營養鹿場的成本。這一點，每一個稍有養鹿經驗的人都很清楚。如果不是這樣，養鹿便會很快變成一個普通的農業項目。古羅馬人曾經飼養一種他們稱為特迪（Turdi）的小鳥，瓦偌和科盧梅拉都說這是一種最有賺頭的生意。在法國的某些地方，據說把蒿雀養肥便類似這種生意。蒿雀是一種候鳥，當它們剛飛抵法國的時候很瘦。如果鹿肉繼續風行，大不列顛的財富和奢華也繼續像從前那樣增加，那麼鹿肉的價格很可能會漲得比現在還高。

在社會進步促使牲畜這類必需品的價格達到頂點之後，會有很長一段期間，社會進步才能促使鹿肉這類奢侈品的價格達到頂點。在這段期間，許多其他初級產物的價格也會逐漸各自達到頂點，有些比較快，有些比較慢，視各種產物不同的情況而定。

譬如，在每一個農莊，穀倉和畜舍裡的碎屑可以用來養雞鴨家禽。由於這些家禽是用原本要丟棄的廢料飼養的，因此純粹是廢物利用得來的物品。而且由於幾乎沒讓農夫花到什麼錢，所以農夫可以隨便以低價賣出。凡是得到的幾乎都是淨賺，但是，家禽的價格也不太可能低到讓農夫毫無興趣飼養。不過，在土地大多尚未開墾，人煙稀少的國家，這類幾乎免費飼養的家禽數量，時常可以充分供應全部的需求。因此，在這種情況下，家禽時常和牲畜肉品或其他任何動物性的食物一樣便宜。不過，一般農莊這類幾乎免費飼養的家禽，全部數量一定會比農莊飼養的全部牲畜肉品數量少很多。在富裕奢華的時代，凡是稀有的物品，儘管和常見的物品具有幾乎相同的實質優點，但是前者總是更討人喜愛。因此，當土地改良和耕種進步使得社會富裕奢華的程度增加時，家禽的價格便逐漸上升，高過牲畜肉品的價格，直到終於值得特別墾殖土地來飼養。當家禽的價格達到這種程度時，就不太可能再上升了。如果真的再上升，那麼便會有更多的土地轉作這種用途。在法國的許多省分，飼養家禽被認為是非常重要的農業經營項目，而且利潤也足以鼓勵農夫種植數量相當可觀的玉米和蕎麥作為家禽的飼料。在那裡，中產的農夫有時候會在院子裡飼養四百隻家禽。在英格蘭，一般來說，飼養家禽似乎還沒有達到被認為如此重要的地步。然而，家禽在英格蘭顯然比在法國貴，因為英格蘭從法國進口供應的數量相當可觀。在社會進步的過程中，就每一種動物性食物來說，最貴的時期，一定會自然落在為了普遍飼養而特別墾殖土地的前夕。在這種飼養的模式普遍之前，會有一段時間，稀少性必定會抬高價格。在這種飼養模式普及之後，通常會有一些新的飼養方法被想出來，讓農夫能夠在同一數量的土地上飼養出更多的這種動物性食物。於是，豐富的供應會迫使他不得不賣得更便宜，而那些飼養方法的進步，也能讓他賣得更便宜。如果他無法賣得更便宜，那麼供應豐富的狀況便不會持久。苜蓿、蕪菁、紅蘿蔔、甘藍等新飼料，很可能便是以這種方式發揮影響，把牲畜肉品從目前在倫敦市場的平常價格，壓低到略低於十七世紀初的水準。

豬這種牲畜通常在亂七八糟的廢物堆裡尋找食物。許多被其他動物拒吃的東西，牠們都津津有味的狼吞虎嚥。因此，豬最初也像家禽那樣，被人們當作廢物利用的牲畜來飼養。這種幾乎免費飼養的畜牲，只要數目足夠充分供應需求，豬肉價格在市場上便會低於其他牲畜肉品。但是，當需求超過豬隻數目能夠供應的時候，也就是說，到了必須專門種植飼料來餵食豬隻的時候，豬肉的價格必然會上漲。至於豬肉相對於其他牲畜肉品的價格比例，將變得更高或更低，會按照一國的自然條件，以及農業的發展情況，是否湊巧使得飼養豬隻比飼養其他牲畜的成本更貴或更便宜而定。在法國，根據布豐（Buffon）的估計，豬肉的價格相當接近牛肉。在大不列顛大部分地方，目前豬肉的價格稍微比牛肉高一些。

在大不列顛，人們時常認爲豬和家禽的價格之所以大幅上漲，是因爲俗稱「矮屋人」的佃農和其他小面積土地的承租戶人數變少了。歐洲任何地方，在土地改良和耕種進步的前夕，必定都會發生這種身分的人減少的現象。不過，這也許有助於提高那些牲畜的價格，使牠們的價格，不僅比這種現象如果沒有發生時稍微漲得早一點，而且也稍微漲得快一點。如同最窮的家庭也能夠不費分文的飼養一隻貓或一條狗那般，最窮的土地承租戶通常也能夠花一點錢養幾隻雞鴨，或養一隻母豬和幾隻小豬。他們吃剩的少量廚餘，以及自製乳酪時分離出來的少量乳漿、脫脂奶粉、酪乳等，可以供應這些動物所需的一部分飼料，而其餘讓牠們自己到附近田野裡覓食，對任何人也不會有明顯的傷害。因此，當小面積土地的承租戶人數減少時，這類幾乎免費飼養的禽畜供應顯然會大量減少，因此牠們的價格，必然會比承租戶人數如果沒有減少時，上漲得更早也更快些。然而，在社會進步的過程中，牠們的價格遲早會上漲到最高點。這個最高的價格，會讓耕種土地以飼養牠們的勞動，以及資本所獲得的酬勞，和這些勞動以及資本用在其他大部分耕地上所獲得的酬勞相比，是一樣的好。

和飼養豬隻或家禽一樣，酪農業最初也是一項廢物利用的工作。農莊必備的牛隻所生產的牛乳，不僅牠們自己的小牛吃不完，農夫的家人也吃不完。特定的季節生產的牛乳會特別多，然而，在所有自然界的產物當中，也許要以牛乳最容易腐敗。在溫暖的季節，牛乳產量最爲豐富，但是過不了二十四小時便會腐敗。如果加工製成新鮮奶油，農夫便可以把一小部分的牛乳保存一週；如果製作加鹽奶油，可以保存一年；如果製作乳酪，可以把大部分的牛乳保存好幾年。農夫會把這些製品的一部分留給家人食用，其餘的就運到市場，盡可能找個最好的價錢賣掉。這個價格不可能太低，否則他就不會費事的把用不完的部分帶到市場去賣。如果價格非常低，他在處理乳酪的時候，便很可能非常馬虎，非常不衛生。甚至也許不會認爲，值得爲製作乳酪的工作，特別撥出一間房間或一棟建築，而是索性將就在自家的廚房裡進行，搞得煙霧瀰漫骯髒噁心。三、四十年前，在蘇格蘭，幾乎所有的農夫在製作乳酪時都是這樣子，即使到了現在，仍有許多人繼續這種做法。如前文所述，由於墾殖土地的範圍擴大，使得幾乎不用花費便可以飼養的牲畜數量減少，同時需求增加，逐漸抬高牲畜肉品的價格。所以，同樣的理由也同樣會使乳酪產品的價格逐漸上漲。這種產品的價格，自然和牲畜肉品的價格或飼養牲畜的成本有關。較高的價格可以支付較多的勞動、細心的工作態度和整潔的工作環境。於是，製作乳酪的工作愈來愈受農夫重視，乳酪產品的品質愈來愈好。價格最後終於高到值得專門為了製作乳酪，使用一部分最肥沃且開墾最好的土地飼養牲畜。當乳酪的價格上升到這種程度，就不太可能再上升了。如果價格再上升，很快便會有更多的土地轉作為酪農事業用地。目前在英格蘭大部分的地方，乳酪價格似乎已經達到這種程度，通常有不少優良的土地被用來生產乳酪。相反的，如果把少數幾個大城市附近的地方排除在外，目前全蘇格蘭的乳酪價格可以說似乎尚未達到這種程度，一般農夫很少純粹為了製作乳酪而利用優良的土地種植牲畜飼料。在蘇格蘭，乳酪價格這幾年來上漲的幅度雖然可觀，但很可能仍然太低了，不允許一般農夫專門經營乳酪事業。沒錯，蘇格蘭的乳酪不僅價格不如英格蘭的乳酪，品質也比不上。但是，蘇格蘭乳酪的品質較差，也許不是價格較差的原因，而是價格較差的結果。以目前蘇格蘭的發展情況來說，即使乳酪的品質提升，送到市場的乳酪，我想，大部分也無法按較高的價格出售。而目前的價格，很可能還不夠支付所需的土地和勞動成本，來生產品質更好的乳酪。在英格蘭大部分的地方，儘管乳酪價格比較高，但使用土地專門經營乳酪事業，目前仍然無法比種植小麥或飼養牲畜這兩種主要的農業項目更爲有利可圖。據此看來，在蘇格蘭大部分的地方，專門生產乳酪甚至不可能像種植小麥或飼養牲畜那樣有利。

顯然，就每個國家來說，土地不可能會全部開墾和改良，除非每一種必須施加人力才能生產出來的產物價格，都已經上漲到了足夠抵償全部開墾和改良費用的地步。一國的土地如果全部要得到開墾和改良，那麼每一種產物的價格就必須滿足以下條件：第一，足夠支付優良麥田的地租，因爲調節其他大部分耕地租金高低的，正是優良麥田的地租。第二，如同優良麥田通常給付的報酬那般，支付農夫的勞動和其他費用。或者換句話說，抵償農夫用於經營的資本，並且附帶平常的利潤。每一種產物價格的上漲，顯然必須發生在前，然後生產的土地才會得到改良和耕種。所有改良的目的無非在於獲利，而必然會發生虧損的事情也不配稱爲改良或進步。但是，如果某種產物價格不可能讓成本回收，這時，專門爲它開墾和改良土地，必定會帶來虧損的結果。在所有對公眾有利的事情發展當中，如果一國的土地全部得到了開墾和改良是最重要的事情（事實上它顯然是），那麼各種初級產物價格的上漲，不僅不該被想成是公眾的災難，反而應該被視爲對公眾最有利的事情發展前兆和附帶現象。

另外，各種初級產物的名目或金錢價格之所以上漲，不是因爲白銀的價值下降，而是因爲它們的實質價格上升所造成的結果。初級產物不僅比從前價值數量更多的白銀，也比從前價值數量更多的勞動和食物。因爲現在要花費更多的勞動和食物才能供應它們上市，所以這些產物在市場上，便代表或等於一個比較大的勞動和食物數量。

第三種初級產物

在社會進步的過程中，價格自然會上漲的第三種，同時也是最後一種初級產物，是人力可以幫助增加供應，但效果有限或不確定的物品。這種初級產物的實質價格，在社會進步的過程中，雖然自然趨於上升，但是，人們辛勤努力企圖增加供應，實際得到的成果，會因各種意外事件有所不同。所以實質價格有時候甚至下跌了；有時候在非常不同的社會進步階段維持相同的價位；有時候也許在同一進步階段微微上漲了一些。

有一些初級產物天生是其他初級產物的附帶物，所以就任何國家來說，全國能夠提供這類初級產物的數量，必然受限於該國其他初級產物數量。譬如，一國所能提供的羊毛或生皮數量，必然受限於該國飼養的牲畜數目。而該國的進步狀況，以及該國的農業性質，又必然會影響牲畜數目。

也許有人會以為，在社會進步的過程中，使牲畜肉品價格逐漸上漲的原因，也同樣會對羊毛和生皮價格產生相同的影響，而且會以幾乎相同的比例抬高其價格。如果在社會進步的最初階段，羊毛和生皮的市場，也像牲畜肉品一樣，局限於同一處狹窄的範圍內，情形很可能真是如此。但是，實際上，這兩種商品個別的市場範圍通常是大不相同的。

牲畜肉品的市場幾乎到處都僅限於產地附近。愛爾蘭和英屬美洲某些地方經營的醃製肉品生意的確相當可觀；但是，我相信，在目前的商業世界裡，他們是唯一這樣做的國家，也就是說，只有他們把數量可觀的牲畜肉品出口到別的國家。

相反的，從社會進步的最初階段開始，羊毛和生皮的市場很少局限於產地附近。它們很容易運送到遠方的國家。運送前，羊毛根本無須事先加工，而生皮所需的加工也相當有限。再說，由於它們是許多種製造品的材料，因此，其他國家的產業也許會很需要，儘管原產國沒有這種需要。

在開墾程度不高，人煙稀少的國家，羊毛或生皮占整頭牲畜的價格比例，總是遠高於土地墾殖和人口密度比較進步的國家，因爲後者對牲畜肉品的需求量比較大。大衛．休謨（David Hume）指出，在撒克遜時代的英格蘭，羊毛估計是整頭羊價值的五分之二，而這個比例比目前羊毛的價值估計高很多。我曾經考察過，在西班牙的一些省分，人們時常只爲了取得羊毛和羊毛脂而宰羊。羊體時常就地留置任憑腐爛，或任憑猛禽野獸呑噬。這種情形有時甚至發生在西班牙本土，而智利、布宜諾艾利斯，以及西屬美洲的許多地方更是經常發生。在那裡，人們經常只爲了取得生皮和獸脂而宰殺帶角的牲畜。這種情形過去也經常發生在希斯巴紐拉島，那時候該島附近的水域經常有海盜出沒，後來法國人大量移民到那裡開闢土地，墾殖大規模的莊園（目前這些莊園幾乎占滿了該島西半部的沿海地帶），才使得西班牙移民在島上飼養的牲畜開始具有價值。目前西班牙移民仍然持續占有該島東半部的沿海地帶，以及全島的內陸和山區。

隨著土地改良和人口增長，整頭牲畜裡外的價格雖然必定都會上漲，但這種價格上漲趨勢對於牲畜肉體的影響，很可能會遠大於對羊毛和生皮的影響。由於牲畜肉體的市場在社會進步的最初階段總是局限於產地附近，所以這個市場必然會隨著產地附近的改良和人口成長而按比例擴大。但是，即使是完全未開化國家所生產的羊毛和生皮，市場往往早已擴及整個商業世界，所以它們的市場不太可能再按照同樣的比例擴大。整個商業世界的狀況，不太可能會因爲特定國家的進步而受到很大的影響。因此，在進步之後，羊毛和生皮的市場需求也許會維持和從前完全或接近一樣的狀況。不過，整體來說，在某些特定國家進步了以後，這種商品的市場需求稍微擴大，應當是極其自然的發展。特別是，當以這種商品作爲材料的製造業，也在產地附近蓬勃興起時，即使市場不會因此而大爲擴增，但是至少會比從前更接近產地。因此賣得的價格，也許至少可以比從前高，高出把它們運到遠方出售通常必需支付的運費。因此，雖然其價格不會像牲畜肉品那樣上漲，但應當會稍微上漲一些，至少不會下跌。

儘管英格蘭的羊毛紡織業相當發達，但是自從愛德華三世以來，英格蘭羊毛價格下跌的幅度卻很可觀。有許多可考的紀錄顯示，在該國王統治的時代（將近十四世紀中期，或一三三九年左右），人們認爲羊毛的合理價格，每一托德（tod，約二十八磅）不會少於當時的十先令。這些錢，按照每二十便士含銀一盎司換算，總計含銀六盎司（砲塔磅），約等於現在的三十先令。在本世紀，就品質很好的英格蘭羊毛來說，每托德如果能賣到二十一先令，已經是相當不錯的價格了。因此，就羊毛的金錢價格來說，愛德華三世時代相對於本世紀的比例是十比七。就它的實質價格來說，愛德華三世時代高於本世紀的幅度更大。按照每一夸特小麥賣六先令又八便士的單價來算，當時的十先令是十二個蒲式耳小麥的價錢。按照每一夸特小麥賣二十八先令的單價來算，本世紀的二十一先令只是六個蒲式耳小麥的價錢。因此，當時和現代的羊毛實質價格比例是十二比六，或二比一。當時每托德羊毛可以買到的食物數量是目前的兩倍。如果勞動的實質報酬在前後兩個時期維持同樣水準，當時每托德羊毛可以買到的勞動數量也會是目前的兩倍。

羊毛價值在實質和名目兩方面都下跌的現象，絕不可能是事情自然發展的結果。實際上，這的確是種種人爲政策扭曲的結果。這些政策包括，第一，完全禁止英格蘭羊毛出口。第二，允許西班牙羊毛免稅進口。第三，禁止愛爾蘭羊毛出口到英格蘭以外的國家。由於這些政策管制，英格蘭的羊毛不僅沒有因爲英格蘭的進步而擁有稍微擴大的市場，反而局限於本國。同時面對其他許多國家的羊毛被允許自由進口的競爭，也面對愛爾蘭的羊毛被強迫進口的競爭。此外，由於愛爾蘭的羊毛紡織業受到了許多幾近不公平的政策刁難和壓抑，以致愛爾蘭的羊毛織造能力只能消化處理一小部分本國生產的羊毛。因此，不得不把大部分的羊毛運往唯一允許出口的市場，也就是大不列顛。

關於生皮在古代的價格，我未能找到任何可靠的紀錄。從前羊毛通常用來抵付特別稅，並撥給國王使用，因此在抵付這種特別稅時的估價，至少在某一程度內，可以反映羊毛在當時的平常價格。但是，生皮似乎從來沒有這種用途。不過，傅立特伍德根據一四二五年牛津郡伯塞斯特修道院副院長和修道院參事會某會員之間的書面說明，描述當時生皮的價格，至少是那份文件就該場合所陳述的生皮價格：五張公牛皮，價格十二先令。五張母牛皮，價格七先令又三便士。三十六張兩年羊的羊皮，價格九先令。十六張小牛皮，價格二先令。在一四二五年十二先令包含的白銀數量，約等於現在的二十四先令。因此，一張公牛皮在那份文件裡記錄的白銀價值，等於現在的四又五分之四先令。據此研判，它的名目價格比現在低很多。但是，按每夸特六先令又八便士的單價計算，十二先令在當時可以買到十四又五分之四個蒲式耳的小麥。按目前每個蒲式耳三先令又六便士的單價計算，那些小麥目前的成本是五十一先令又四便士。因此，一張公牛皮在當時可以買到的小麥數量，和目前的十先令又三便士可以買到的小麥數量是相同的。也就是說，它的實質價值等於我們現在的金錢十先令又三便士。在從前，牲畜經常是半餓半飽的度過大部分的冬天，所以體型想必不會很大。目前一張公牛皮的重量如果是常衡（avoirdupois）四石（stones）的話，就算是品質不錯的牛皮了。從前，這樣的公牛皮很可能會被認爲品質優良。但是，根據我的理解，這樣的牛皮目前（一七七三年二月）每石的價格普通是半克朗（二．五先令）。按此單價計算，這樣的牛皮一張目前的價格是十先令。因此，雖然現在牛皮的名目價格比從前高，但是，現在的實質價格，也就是牛皮現在可以買到或支配的食物數量，卻比從前略微低一些。前述文件裡提到的母牛皮價格相對於公牛皮的比例，和目前常見的價格比例相當接近。文件裡提到的羊皮價格相對於公牛皮的比例，比目前常見的價格比例高一大截。這些羊皮很可能是跟羊毛一起販賣的。相反的，文件裡提到的小牛皮價格相對於公牛皮的比例，比目前常見的價格比例低很多。在牲畜肉品價格很低的地方，人們通常提早把不打算養來耕田的小牛宰掉。二、三十年前，這種情形在蘇格蘭還很常見。如此一來，可以把牠們原本會消耗的牛乳節省下來，因爲牠們的價格無法完全抵償這部分的牛乳。因此，牠們的皮只要能隨便賣個價錢，通常便算是不錯的了。

目前各種生皮的價格比幾年前低很多，很可能是由於海豹皮的進口關稅被取消了，以及在一七六九年開始的一段限期內，愛爾蘭和海外殖民地的生皮可以免稅進口。就本世紀以來的整個期間平均來說，生皮的實質價格很可能比從前（譯註：一四二五年左右）稍微高一些。這種商品的性質不像羊毛那樣適合運銷到遙遠的市場，品質比較不容易保存。醃過的生皮品質被認爲不如新鮮的生皮，所以價格較低。在鞣革業不發達而必須出口獸皮的生產國，這個因素必然會傾向於降低生皮的價格。而在鞣革業發達的獸皮生產國，同一因素必然會相對的傾向於提高生皮的價格。這必然會使生皮價格在未開化的國家稍低一些，也必然會使生皮價格在文明進步的生產國稍高一些。因此，它必定會使古時候的生皮價格比現代稍微低一點。此外，迄目前爲止，英國的鞣革業者還不像織造業者那樣成功說服了國人認同他們的主張，以爲國家的安全與否取決於該特殊行業是否繁榮。因此，鞣革業者得到的政策偏袒也就遠不如織造業者那樣優厚。沒錯，各種生皮出口已經被禁止了，而且政府還說生皮出口對公眾有害。但是，外國的生皮進口仍需繳交關稅。雖然愛爾蘭和海外殖民地的生皮進口現在不必繳這種稅（僅限於一七六九年開始的五年內），然而愛爾蘭剩餘的生皮，或者說，愛爾蘭出產但沒有在本國鞣製的那部分生皮，並不受只能出口到大不列顛的限制。海外殖民地出產普通牲畜的生皮，也是這幾年才列入限制只能出口到母國的商品名單當中。而且愛爾蘭的鞣革業不曾因爲英國政府支持大不列顛的鞣革業而遭到壓制。

在土地墾殖進步的國家，凡是傾向於把羊毛或生皮價格降低到自然價格以下的管制規定，都會傾向於提高牲畜肉品的價格。牲畜不管大小，只要是在經過人力改良的耕地上飼養的，價格就必須足夠滿足地主和農夫的合理預期。也就是說，足夠支付他們照理從這種土地可以獲得的地租和利潤。若非如此，他們很快便會停止飼養牲畜。因此，全部的價格當中，凡是羊毛和生皮沒有給付的部分，必定會落在牲畜的肉體上。如果其中一種賣得的價格比較低，另一種的價格就必須賣得比較高。不管全部的價格是如何在整頭牲畜不同部位之間分配，對於地主和農夫來說並不重要，只要他們如數得到了全部的價格。因此，在土地墾殖進步的國家，這種管制規定，對地主和農夫的利益不會有影響；但是，對消費者的利益會有影響，因爲它會抬高食物的價格。然而，在大部分土地尚未墾殖改良的國家，情況就大不相同了。那裡的大部分土地，除了用來飼養牲畜，不可能會有其他用途。而且在那裡，羊毛和生皮是整頭牲畜主要的價值所在。在這種情況下，地主和農夫的利益就會深受這種管制規定的影響；但是，消費者利益受到的影響卻非常小。在這種情況下，即使羊毛和生皮的價格下跌，牲畜肉體的價格也不會抬高。因爲那裡的大部分土地，除了用來飼養牲畜，不可能會有其他用途，所以仍然會有同一數目的牲畜繼續得到飼養，也就是說，會有同一數量的牲畜肉品供應市場。而市場對牲畜肉品的需求量不會比從前更大。因此，肉品的價格會跟從前一樣，整頭牲畜的全部價格會下跌，所有以牲畜爲主要產出的土地，也就是說，這種國家裡大部分土地的地租和利潤也都會跟著下跌。大家誤以爲是愛德華三世下令執行長期禁止羊毛出口的政策，如果確有其事，那麼在英國當時所處的情況之下，它將會是凡人想得到的各種管制當中，最具破壞力的一種。不僅將會降低當時國家大部分土地的實際價值，而且經由降低所有小型牲畜當中最重要牲畜的價格，也將會大大的阻礙這種牲畜日後的改良。

跟英格蘭合併之後，蘇格蘭羊毛價格下跌的幅度相當可觀，因爲合併事件使得蘇格蘭羊毛不准出口到廣大的歐陸市場，僅能在狹小的大不列顛市場出售。蘇格蘭南部的一些郡，主要以飼養綿羊爲生，要不是因爲羊肉的價格上升充分抵銷了羊毛的價格下跌，否則那裡大部分土地的價值，將會因爲合併事件而深受重創。

以增加羊毛或生皮的供應而言，當其依賴於本國的產出時，人力的增產效果是有限的；而若依賴他國的產出，其成效則不確定。人力的效果是否確定，所倚賴的因素，與其說是他國的產出數量是否確定，倒不如說是他國未加工製造的數量是否確定，以及他國是否對這種初級產物實施出口限制。由於這些因素完全和國人的辛勤努力無關，所以必然使得人們辛勤努力的效果多少有些不確定。因此，人們爲了增加供應這種初級產物所做的一切努力，效果不僅有限，而且也不確定。

以增加供應另一種很重要的初級產物而言，也就是在增加市場的魚貨供應，人力的增產效果同樣既有限且不確定。就每個國家來說，人力的效果受限於該國本身的自然條件。譬如，每個省分距離大海的遠近，湖泊和河川數目的多寡，以及這些大海、湖泊和河川，這種初級產物的蘊藏量是否豐富。當一國的人口增加，土地和勞動每年的產出數量變得愈來愈大，魚貨的買主會逐漸增加，而且這些買主擁有數量更多、種類更繁的其他物品。或者換句話說，他們也擁有在價值上等同於前述物品的一些東西，可以用來購賣魚貨。但是，一般來說，爲了供應廣大的市場而雇用的勞動數量，在相對比例上，應該大於從前供應狹小的市場時雇用的勞動數量。譬如，一個原本每年只需要一千噸魚貨供應的市場，如果現在變成需要一萬噸，那麼如果現在雇用的勞動數量，沒有比從前足夠供應市場的勞動數量多十倍以上，市場便很難獲得一萬噸的魚貨供應。一般來說，要捕獲這個數量的魚貨，必須到更遠的地方去尋找，必須使用更大艘的漁船，以及各種更昂貴的機器。因此，這種商品的實質價格自然會隨著社會進步而逐漸上漲。我相信，在每一個國家，這種現象或多或少都已經發生了。

雖然特定某一天捕獲的魚貨數量也許很不確定，不過，在一國既定的自然條件下，一定的辛勤勞動大致供應的魚貨數量，就一整年或好幾年的期間來說，也許有人會認爲應當大致確定才是。而事實也的確如此。然而，由於人們的辛勤在漁獲增產的效果，仰賴本國自然條件的成分比較大，仰賴本國財富和產業發展狀況的成分比較小。因此，就這一點來說，人們辛勤勞動的漁獲效果，在幾個發展階段不同的國家也許是一樣的，但是在發展階段相同的幾個國家之間也許差異很大。也就是說，人們辛勤勞動的漁獲效果，和社會的進步階段，兩者之間的關係不確定，而我在這裡談的正是這種不確定。

就增加各種原來埋在地底的礦物和金屬的供應量來說，特別是比較貴重的金屬，人們辛勤勞動的效果似乎不能說是有限的，而應該說是完全不確定的。

任何一個國家實際擁有的貴金屬數量，完全不受該國任何自然條件，譬如，該國的礦藏是否豐富這類因素的限制。事實上，完全沒有這種礦藏的國家，往往擁有不少的貴金屬。貴金屬在每一個特定國家實際存在的數量，似乎取決於兩種不同的因素。第一，取決於該國的購買力、產業發展狀況、土地和勞動每年的產出數量，因爲這個數量會決定一國能夠使用多少勞動和食物，從本國或他國的礦坑，挖得或購得多少諸如金銀這樣的奢侈品；第二，取決於在任何特定時點，供應這些金屬給整個商業世界的礦藏豐饒或貧瘠的程度。即使是距離那些礦藏最遠的一些國家，它們擁有的金屬數量，也必然多少會受到礦藏豐饒或貧瘠的影響。因爲這些金屬體積不大，很容易運送，運費很低，而且價値很高。譬如，這些金屬目前在中國和印度斯坦的數量，必然曾經受到美洲豐富礦藏的影響。

就一國擁有的貴金屬數量取決於前述第一種因素（購買力）來說，在該國內貴金屬的實質價格，很可能會像其他奢侈品那般，隨著該國的財富和發展進步而上升，當然也會隨著該國的貧窮和衰退而下跌。多餘的勞動和食物數量愈多的國家，愈花得起更多的勞動和食物，去購買任何特定數量的貴金屬。

就一國擁有的貴金屬數量取決於前述第二種因素（也就是供應貴金屬給整個商業世界的礦藏豐饒或貧瘠的程度）來說，在該國內貴金屬的實質價格，或者說，貴金屬實際購買或交換到的勞動或食物數量，顯然多少會隨著這些礦藏的豐饒或貧瘠而下跌或上升。

然而，在任何特定時點，供應這些金屬給整個商業世界的礦藏，其豐饒或貧瘠的程度，顯然是一個和特定國家的產業發展狀況完全無關的因素。這個因素，甚至和全世界的產業發展狀況，似乎沒有很強的必然關聯。的確，當各種工藝活動和商業往來逐漸擴及地球上愈來愈多的地方時，尋找新礦藏的活動，也會跟著擴及更廣大的地表。這樣也許會比原來局限於狹窄的範圍時，多一點成功機率。然而，當舊礦藏逐漸耗盡，是否剛好會有新發現來接替，是一個極不確定的問題，是任何凡人的技巧或努力都無法保證的問題。沒有人會否認，所有礦藏的徵兆都是不可靠的。唯有實際發現和開採成功，才能確定礦藏確實存在，乃至確定新礦坑的價值。人們尋找新礦藏的努力，將獲得多大的成功或挫折，似乎沒有任何一定的限度。很可能在一、兩個世紀的時間內，人們也許會發現一些新礦藏，比世人曾經見識過的任何礦藏都更爲豐富。但是，在相同的時間內，人們所知最豐富的礦藏，也許比美洲礦藏大發現之前，任何曾經開採的礦坑都更爲貧瘠。這兩件事情當中，不管將來發生的是哪一件，對於這個世界的實質財富和繁榮，或對於人類每年的土地和勞動產出的實質價值，都極不重要。每年產出的名目價值，或者說，可以用來表示每年產出的金銀數量，無疑會大不相同。

但是，每年產出的實質價值，也就是說，每年產出實際可以購買或支配的勞動數量，其實是完全相同的。在第一種情況下，一先令所代表的勞動數量，也許不會大於目前的一便士。在第二種情況下，一便士所代表的勞動數量，也許和目前的一先令一模一樣。在第一種情況下，一個口袋裡有一先令的人，不會比目前只有一便士的人更富有。在第二種情況下，口袋裡只有一便士的人，和目前有一先令的人同樣富有。如果發生第一種情況，全世界得到的唯一好處是金盤和銀盤的數量變多了，而且價格變便宜了。如果發生第二種情況，全世界遭受的唯一不便，是無足輕重的奢侈品數量變少了，而且價格變貴了。

附論銀價變化的結論

大部分研究古代商品金錢價格的作者素來似乎認爲，小麥和一般商品的金錢價格低，或者說，金銀的價值高，不僅證明了從前金銀的數量很少，也證明了當時國家很窮，而且尚未開化。這個想法和某種政治經濟學的理論系統關係密切。這種理論認爲一國是否富裕或貧窮，端看擁有的金銀數量多寡而定，即認爲金銀數量愈多，國家愈富有。關於這種理論，我將在〈卷四〉盡力詳加解釋和研究。在此我想指出，當貴金屬價值高的時候，並不能證明任何特定國家當時很窮或尚未開化，只是證明了當時供應貴金屬給整個商業世界的礦坑蘊藏不豐。和富有的國家相比，一個貧窮的國家無力購買比較多的金銀，同樣也付不起比較高的代價去購買金銀。因此，這些金屬在貧國的價值不可能高於在富國的價值。譬如，在中國這個遠比歐洲任何一國都更富有的國家，貴金屬的價值遠高於歐洲任何一個國家。沒錯，自從美洲礦藏發現以來，歐洲的財富已經大幅增加，同時金銀的價值也逐漸下跌。然而，其價值之所以下跌，不是由於歐洲的實質財富增加，或是由於歐洲的土地和勞動每年的產出數量增加，而是由於意外發現了前所未見的豐富礦藏。歐洲的金銀數量增加和歐洲在製造業和農業的進步，是兩碼子的事情。雖然這兩件事情大約同時發生，但是源自不同的原因，而且幾乎沒有任何牽連。前者來自一個純粹意外的事件，其中完全沒有，也不可能有任何人爲盤算或政策的成分。後者來自封建制度的崩解，和一種新式政府的興起。這種政府提供人民勤奮工作所需的唯一激勵，也就是讓人民擁有基本的安全保障，可以享受自己辛勤勞動的成果。繼續實施封建制度的波蘭，現在仍然像美洲礦藏發現之前一樣，是一個極爲貧窮的國家。然而，那裡的小麥價格已經上漲了，也就是貴金屬在那裡的實質價值下跌了，正如歐洲其他國家。因此，貴金屬在波蘭的數量，必定也像其他國家一樣增加了，而且這種增加相對於每年土地和勞動產出數量的比例，也必定相當接近其他國家增加的比例。然而，貴金屬數量的增加，似乎並未提高該國每年的產出數量。也就是說，既沒有增進該國的製造業和農業，也沒有改善該國人民的生活情況。西班牙和葡萄牙這兩個占有金山銀礦的國家，也許是兩個排在波蘭之後歐洲最貧窮的國家。然而，貴金屬在西班牙和葡萄牙的價值必定會低於歐洲任何其他國家。貴金屬從當地運到其他歐洲國家，除了必須負擔運費和保險費之外，還必須負擔走私的花費。因為這兩個國家不是完全禁止出口貴金屬，就是課徵出口稅。因此，就相對於每年的土地和勞動產出數量的比例來說，貴金屬在西班牙和葡萄牙的數量必定大於歐洲任何其他國家。然而，這兩個國家卻比歐洲大部分國家貧窮。在西班牙和葡萄牙，封建制度雖然已經被廢棄了，但是取而代之的制度卻也好不了多少。

所以，一國的金銀價值低，並不能證明該國富有繁榮，同樣的，一國的金銀價值高，或者說，一般物品（特別是小麥）的金錢價格低，也不能證明該國貧窮落後。

雖然一般物品或小麥的金錢價格低，不能證明當時的社會貧窮落後，但是，某些特別的物品，譬如，牲畜、家禽、各種野外獵物等等，相對於小麥的金錢價格低，卻是最可靠的一個證明。這清楚證明了，第一，這些特別的物品相對於小麥的數量很多，這表示牠們占用的土地面積，比例上遠大於小麥占用的面積。第二，牠們占用的土地相對於麥田的價值很低，這表示一國大部分的土地尚未開墾改良。這清楚證明了，一國的農業資本和人口相對於領土面積的比例，和文明開化國家通常會有的比例大不相同。因此也證明了，這種國家在當時的社會發展尚處於草莽階段。從一般物品或小麥的金錢價格高低，我們只能推斷，當時供應金銀給商業世界的礦坑蘊藏豐富與否，而無法推斷一國富有或貧窮。但是，從某些特種物品相對於其他特種物品的金錢價格高低，我們能夠幾近完全確定的推斷，一國是富裕或貧窮；一國大部分的土地已經或尚未開墾改良；以及一國應該尚處於草莽階段，或應該已經屬於文明開化的社會了。

如果商品的金錢價格上漲完全是由於銀價下跌所致，那麼這種上漲趨勢應當對各式各樣的商品有同等的影響。也就是按照銀價實際下跌三分之一，或四分之一，或五分之一的比例，把商品的價格全面個別向上推升三分之一，或四分之一，或五分之一。但是，人們時常議論的一個話題，即一般食物價格上漲的趨勢，對各種不同食物的價格影響卻不一致。以本世紀以來的平均趨勢來說，即使是把小麥價格上漲歸因於銀價下跌的那些人，也都不會否認，小麥價格的漲幅遠小於其他食物。據此看來，其他食物價格之所以上漲，不可能完全是由於銀價下跌的緣故。某些其他原因也必須納入考量，而我們在前文舉出的原因，也許無須再訴諸銀價下跌的假設，很可能便足以解釋這些特定食物的價格上漲，特別是上漲的幅度實際上高於小麥的漲幅。

至於小麥本身的價格，在本世紀最初的六十四年間（這也是在最近一次接連數年氣候反常之前）的價格，稍微低於上一世紀最後的六十四年。這項事實的佐證，不僅有溫莎市場的紀錄，也有蘇格蘭各郡巡迴價格裁判法庭的紀錄，還有在法國，杜普瑞聖摩和米尙斯等人勤勉忠實的保存了許多市場紀錄。就本質上很難確定的事情來說，這樣的證據已經相當完整了。

至於小麥在剛過去十或十二年間價格很高的事實，可以從氣候反常的觀點充分獲得解釋，無須假設銀價曾經有絲毫下跌。

因此，所謂銀價不斷下跌的意見，不管是在小麥價格上，或是在其他食物價格上，似乎都沒有可靠的事實觀測可作基礎。

也許有人會說，即便是根據我前文的陳述，同一數量的白銀，在現代所能買到的好幾種食物數量，也還少於在上一世紀的某些時候所能買到的數量。而且這種價格變化，究竟是由於這些物品的實質價值上升，或是由於銀價下跌所致，即使想盡辦法確定了，結果只不過確立了毫無用處的分辨方法。就一個只擁有一定數量白銀或金錢收入的人來說，對於他能在市場上買到多少東西，這種分辨方法毫無意義。我當然不認爲，如果他懂得分辨價格變化的原因，便可以占到什麼便宜。然而，也不能因此就說這種分辨方法毫無用處。

這種分辨方法可以輕易斷定一國的繁榮程度。就這點來說，也許對社會大眾還有些許用處。如果某些食物的價格上漲，完全是由於銀價下跌的緣故，那麼這種價格上漲，便是由於發生了某種特殊情況，一種除了美洲礦藏確實豐富之外無法歸屬於其他任何原因的情況（譯註：白銀數量增加）。儘管發生了這種情況，一國的實質財富，或它每年的土地和勞動產出數量，也許會像葡萄牙和波蘭那樣逐漸衰退，或像歐洲大部分國家那樣逐漸進步。但是，如果某些食物的價格上漲，是由於生產食物的土地實質價值上升，由於這些土地變得更肥沃，或由於長期的改良和妥善的耕種，土地變得更適宜種植小麥，那麼我們便可以說，造成這種價格上漲的情況，明確顯示國家正處於進步繁榮的狀態。以面積廣闊的國家來說，土地在它的全部財富當中，無疑是最大最重要，也是最耐久的部分。如果有一個明確的辦法，可以向社會大眾證明，他們的財富當中最大、最重要也最耐久的部分，價值正在增加，那麼這個辦法顯然是有些用處的，至少可以讓社會大眾的心裡覺得安慰。

此外，分辨食物價格上漲的原因，就調整低階職工的金錢待遇而言，對於社會大眾也有一些用處。如果某些食物價格的上漲是由於銀價下跌所引起的，這些職工的金錢待遇顯然應當按銀價下跌的幅度予以調升，尤其當他們的待遇原本就不是很高時。如果他們的金錢待遇沒有調升，實質報酬便會隨著銀價下跌的比例縮小。但是，如果價格上漲，是由於生產食物的土地，經過改良以後價值增加所引起的，那麼這時候，想要斷定原來的金錢待遇應該按多少比例調升，或甚至究竟該不該調升，便成了比較棘手的問題。當土地開墾改良和耕種的面積擴大時，必然會使得各種動物性食物相對於小麥的價格上升，但是我相信，這同樣也必然會使得各種植物性食物的價格下跌。會抬高動物性食物的價格，是因爲有一大部分生產它們的土地，經過改良以後，變得適宜生產小麥了，所以現在必須按麥田的標準，對地主和農夫給付地租和利潤。會降低植物性食物的價格，是因爲這提高了土地的肥沃度，使得植物性食物的供應變得更豐富。此外，農業改良進步會帶來許多新的植物性食物，需要的土地比小麥少，而需要的勞動不會比小麥多，因此可以按較低的價格供應市場。譬如，歐洲農業兩項最重要的進展，馬鈴薯和玉米（或所謂印地安小麥），便是這類的植物性食物。它們也許是在貿易和航海範圍擴大之後，歐洲自外地引進的兩種農作物。再說，許多植物性食物，譬如蕪菁、紅蘿蔔、甘藍等，在農業發展初期，原本僅限於在自家用的菜圃裡用手鏟栽種。到了農業比較進步的時候，這些植物性食物變成是在普通的農田裡用馬犁或牛犁來耕種。因此，如果在社會進步的過程中，某一種食物的實質價格自然上漲，而另一種食物的實質價格自然下跌，那麼想要判斷前者的上漲被後者的下跌抵銷了多少，便成爲相當棘手的問題。牲畜肉品的實質價格一旦達到頂點（就每一種牲畜肉品來說，也許除了豬肉，因爲豬肉在英格蘭大部分地方的價格，似乎已經達到這種地步超過一個世紀了），其他任何動物性食物價格的上漲，對於低階層人民的生活情況，不可能會有很大的影響。譬如，雞鴨家禽、魚類、野生禽類，或鹿肉等食物價格，若有任何上漲，對英格蘭大部分地方的窮人生活情況，顯然不會造成太大的衝擊，因爲這些動物性食物價格上漲的影響，大部分會被馬鈴薯價格下跌抵銷。

在目前歉收的季節裡，小麥價格高漲，無疑讓窮人的生活更苦。但是，在一般中等收成的年分，小麥的價格恢復平常或長期平均的水準時，其他任何初級產物價格的上漲，對他們便不會有太大的影響。對窮人的生活造成負面影響的，也許是某些製造品的價格因爲課稅的緣故而被人爲的抬高了。譬如，鹽巴、肥皂、皮革、蠟燭、麥芽、啤酒、麥酒等。

社會進步對各種製造品實質價格的影響

然而，社會進步的自然效果，是促使幾乎所有製造品的價格逐漸降低。所有製造品的人工成本，也許毫無例外的都會下降。由於使用更好的機器，工作技巧更爲熟練，以及作業的分工和分配更加適當，所有這些社會進步的自然結果，都促使完成任何一件製品所需的勞動數量變少了。雖然，由於社會繁榮了，勞動的實質價格會顯著上漲。但是，一般來說，勞動數量的大量減省，會抵銷勞動價格大幅上升的影響，而且還綽綽有餘。

沒錯，總會有少數幾種製造品所使用的材料，由於社會進步而自然引起的實質價格上漲，無法被社會進步所帶來的各種施工方便和減省完全抵銷掉。譬如，木屋和細緻的木器，以及比較不那麼講究精密的櫥櫃製品，即便是使用了最好的機器，最熟練的工作技巧，和最適當的作業分工和分配，所能減省的人工成本也無法抵銷土地開墾改良之後，木材實質價格自然上漲的影響。

但是，如果材料的實質價格完全沒有上漲，或上漲得不多，那麼該材料製造的物品，實質價格便會大幅下降。

本世紀和上一世紀，在以卑金屬爲材料的製造品身上，這種價格下降的趨勢最爲可觀。一只普通的錶，在上一世紀也許要賣二十鎊，現在一只走得更準的錶，也許只要二十先令便買得到。同一期間，家用的刀叉湯匙、鎖鑰、所有用卑金屬製成的玩具，以及所有通常稱爲伯明罕和雪菲爾什麼什麼之類的東西，價格也都大幅下降，雖然降幅並不像手錶那麼大。然而，其降幅已經足夠讓歐洲其他每個國家的所有工匠大吃一驚。就許多製品來說，工匠都坦然承認，即使花上兩倍或甚至三倍的成本，自己仍做不出品質一樣好的東西。也許沒有其他的製造品，比這些以卑金屬爲材料的製品，允許更爲精細的分工，或允許工人所使用的機器進行更多樣的改良。

在同一期間，衣物織造業方面卻沒有這樣顯著降價。相反的，我曾經仔細考察過，頂級布料的價格，相對於品質來說，在過去這二十五或三十年稍微上漲了一些。據說是由於原料價格上漲了，這原料全部是西班牙出產的羊毛。據說，完全用英格蘭羊毛織成的「約克郡布料」，相對於品質來說，價格自本世紀初以來已經下降了很多。然而，品質好壞實在是頗富爭議性的一件事。因此，我把所有這方面的消息都視爲不太確定。衣物織造業目前的分工情況和一世紀以前幾乎相同，所使用的機器也沒有很大的變化。不過，它在這兩方面也確實有些小改進，因此，也許已經使得價格稍微下降了。

但是，不容否認，它的價格跌幅將來會更爲顯著。如果我們把目前這種製品的價格，拿來和過去比較遙遠的一個時期，大約是十五世紀末做比較，那時這行業的分工程度很可能遠不如目前細膩，所使用的機器也比較不完善。

在一四八七年，也就是亨利七世第四年，制定了一條法律，規定：「任何凡是以超過每一寬碼十六先令的零售價格，出售頂級的紅色條紋布料，或出售其他頂級條紋布料，將按實際出售數量被課每碼四十先令的罰鍰。」據此看來，每一碼十六先令（這個金額所含白銀約等於現在的二十四先令），在當時認爲是頂級布料還算合理的價格。此外，由於這條法律旨在抑制奢侈，因此，這種布料實際上的平常價格很可能要比當時的十六先令高一些。每碼一基尼也許可以視爲目前頂級布料的最高價格。據此看來，即使假定從前那時候的布料品質和目前一樣好（實際上，目前的布料品質鐵定比那時候好多了），即使在這樣的假定下，自十五世紀末以來，頂級布料的金錢價格看來也已經大幅下降了。但是，它的實質價格降得更厲害。當時，以及之後一段很長的時間，六先令又八便士被認爲是每一夸特小麥的平常價格。因此，十六先令當時是二夸特又三個蒲式耳多一點小麥的價格。如果按每一夸特二十八先令來估算目前小麥的價格，那麼從前那時候每一碼頂級布料的實質價格，至少等於現在的三鎊六先令又六便士。如果某人在當時買了一碼頂級布料，他在支配勞動和食物的權利方面所放棄的數量，等於目前三鎊六先令又六便士的金額可以買到的數量。

在同一期間，較粗糙的布料，其價格下跌雖然也很可觀，但幅度不像高級的布料那麼大。

在一四六三年，也就是愛德華四世第三年，制定了一條法律，規定：「所有農莊上的長工，或普通的勞動者，或城市外的工匠師傅手下的工人，所穿戴的衣飾，不得含有任何價格超過每一寬碼二先令的布料。」愛德華四世第三年，二先令錢幣所含白銀，相當接近等於現在的四先令。但是，目前約克郡出產的每碼賣四先令的布料，品質很可能遠優於從前做給最窮的普通工人階層穿用的布料。據此看來，現在這個階層人民的衣物，相對於品質來說，金錢價格也許比從前那時候稍微便宜了些。如果就實質價格來說，顯然便宜得更多。十便士在當時被認爲是每一蒲式耳小麥合理的價格。因此，二先令當時是二蒲式耳又將近二配克小麥的價格。這個數量的小麥，按每一蒲式耳三先令又六便士的單價計算，共值八先令又九便士。爲了一碼這種布，當時貧窮的工人，在食物方面必須放棄購買的數量，等於目前八先令又九便士可以買到的數量。此外，這也是一條旨在抑制貧窮階層奢侈浪費的法律。因此，當時他們的衣物想必通常會比法定的標準貴一些。

根據同一條法律，同一階層的人民也禁止穿每雙超過十四便士的長統襪。這個價錢所含白銀，約等於現在的二十八便士。但是，十四便士當時是一蒲式耳又將近二配克小麥的價格。這個數量的小麥，按每蒲式耳三先令又六便士的單價計算，共值五先令又三便士。我們目前顯然會認爲，這樣一雙讓最窮且最底層人民穿的襪子，如果賣這個價錢，實在非常昂貴。然而，在那時候如果要穿這雙襪子，就必須付出當時實質等於這個價格的東西。

在愛德華四世的時代，全歐洲很可能沒有人知道如何編織襪子。那時候，他們穿的長統襪是普通布縫成的。這也許是長統襪之所以昂貴的原因之一。英格蘭第一個穿編織襪的人據說是伊莉莎白女王，聽說當時是西班牙大使送給她的禮物。

不管是粗糙或精緻的毛織品，從前所使用的機器，遠比現在更不完善。從那時以來，織物機器獲得了三項非常重要的改良，很可能也獲得了許多次要的改良，但是在數目和重要性方面都很難確定。這三個非常重要的改良是，第一，以轉動紡輪取代搖晃紡錘，使同一數量的勞動可以完成超過兩倍的工作量。第二，使用好幾種非常巧妙的機器，所節省的勞動比第一項改進更大。這些機器既方便又簡化了捲繞精紡絨線和毛紗的工作，也就是說，既方便又簡化了經紗和緯線餵入織布機之前，所需適當安排的工作。發明這些機器之前，這種工作必然非常繁瑣費事。第三，使用漂洗車坊取代在水裡用腳去踩，把布弄得更密實。不管是哪一種風車或水車，在十六世紀初，英格蘭都沒有任何人見識過；就我所知，阿爾卑斯山以北的歐洲各國也一樣。但是在這個時期之前，這些機器已經在義大利出現一陣子了。

關於不管是粗糙或精緻的織造品，從前的實質價格爲什麼比現在貴很多的問題，在考量了這些因素之後，我們心裡也許可以獲得一些答案。當時要向市場供應這種物品，所需花費的勞動數量比較多。因此，當它們送達市場的時候，必定可以買到或交換到一個代表較多勞動數量的價格。

從前，在英格蘭，一般粗糙織物的製作方式，很可能是像各種工藝和製造業尚處於萌芽階段的國家，一定會採取的製作方式。它很可能是一種普通家庭的製品。幾乎在每個人的家裡，每個不同的家庭成員，偶爾都會幫忙做這種製品的各個部分。但這只是他們閒暇時偶爾兼差的副業，不是賴以維生的主要工作。第十章已經指出，以這種方式做出來的製品，供應市場的價格，總是會比施工者主要或完全賴以維生的製品便宜。另一方面，從前精緻的織物不是在英格蘭生產，而是在富有的商業國家法蘭德斯生產的，而且當時很可能像現在這樣，是由主要或完全倚賴這種工作過活的工人專門生產出來的。此外，精緻織物當時是一種國外的製品，一定需要支付一些稅，至少必須支付古時候那種按重量課徵的關稅給國王。沒錯，這種關稅負擔可能並不大。當時歐洲各國的政策，不是要以高關稅限制國外製品的進口，而是要鼓勵進口，以便讓國內產業無法生產，但國內大人物卻想要的各種生活便利品和奢侈品，盡可能獲得民間商人充分廉價供應。

這些因素也許多少可以解釋，爲什麼粗糙織物相對於精緻織物的實質價格，從前比現代低很多。

結論

在這漫長一章的結尾，我想指出，社會各種情況的每一項改善進步，都直接或間接傾向提高實質的地租，增加地主的實質財富，增加他對他人勞動或勞動產出物的購買力。

土地開墾改良與耕種面積擴大，直接傾向提高實質的地租。土地的產出增加，地主獲得的那部分產出勢必跟著增加。

有些自然界的初級產物，實質價格上漲，起初是土地開墾改良與耕種面積擴大的結果，後來反而成為改良與耕種面積進一步擴大的原因。譬如，像牲畜這種東西，實質價格上漲，也傾向直接提高地租，而且效果更大。地主獲得的那部分土地產出的實質價值，也就是他實際可以支配的他人勞動數量，不僅隨著土地產出的實質價值增加而提高，他獲得的那部分占全部產出的比例也提高了。土地的全部產出，在實質價格上升後，並不需要比從前花更多的勞動去採收。因此，在全部產出當中，只要勻出比較小的一部分，便足夠抵償雇用和墊付勞動的資本，並附帶平常的利潤。所以，在全部產出當中，必定會有比較大的一部分歸屬地主。

在勞動生產方面，所有傾向直接降低製造品實質價格的進步，也傾向間接提高土地的實質地租。地主的那一部分初級產物當中，他自己消費不完的部分，或者說，這一部分的價錢，他可以用來交換各種製造品。凡是降低製造品實質價格的一切因素，都會提高初級產物的實質價格。製造品的實質價格降低後，數量相等的初級產物變成等於數量比較多的製造品。於是只要地主願意，便可以購買數量比較多的各種生活便利品、裝飾品或奢侈品。

社會實質財富的每一分增加，以及社會裡有用的勞動受雇數量的每一分增加，都會間接傾向提高實質的地租。這種勞動有一定的比例自然會流向土地的耕作。因此，土地會有比較多的勞動和牲畜來耕種，土地的產出數量跟著投入耕種的資本數量而增加，而地租也隨著土地產出而增加。

另一方面，相反的情況下，譬如社會荒廢耕種和漠視改良，任何初級產物的實質價格下跌，社會的製造技術和勤奮程度退步，社會的實質財富減少等情況，都傾向降低土地的實質地租，降低地主的實質財富，以及降低他對他人勞動或勞動產出的購買力。

第六章已經指出，每個國家的土地和勞動每年全部的產出，或者每年產出的全部價格，都自然會拆解成三個部分：土地租金，勞動工資和資本利潤。這構成三種不同階層人民的收入：分給靠地租過活的人，分給靠工資過活的人，以及分給靠利潤過活的人。這三種人是每一個文明社會當中為數最多也最根本的成分，他們的收入是社會其他每一種人收入最根本的來源。

前述三種主要社會成分當中的第一種，也就是靠地租過活的人，他們的利益，從上述這些關係看來，顯然和社會的一般利益密不可分。不管是什麼因素促進或妨礙了地主的利益，也必然會促進或妨礙全社會的利益。因此，在任何商業管制或政策方面，地主階級絕不可能為了促進自己的特殊利益，而去誤導社會大眾（至少當他們對於自己的利益有起碼的認識時）。沒錯，他們對於自己的利益常常認識不清。他們是三種社會階級當中，唯一無須出力也不必費心即可獲得某些收入的階級。這些收入好像自動掉到地主手中似的，而且不受他們籌謀算計的影響。無憂無慮的悠閒日子過慣了，自然會讓他們養成懶惰的習性，導致他們不僅經常無知，也喪失了用心思考的能力，從而欠缺任何人想要預知和理解任何政策管制後果，都必須具備的心智條件。

第二種社會成分的利益，也就是靠工資過活的人，他們的利益，和社會一般利益密不可分的程度，和第一種不相上下。第八章已經說明，勞動者的工資若要上升，市場對勞動的需求必須不停的上升。或者說，社會雇用的勞動數量必須逐年不斷顯著增加。當社會的實質財富停滯不前的時候，他的工資便會很快下降，直到剛好足夠養家活口，或剛好足夠延續他這種人的數目。當社會財富衰減，他的工資甚至會跌落至這個水準以下。社會繁榮的時候，地主階級獲得的好處也許大於勞動階級。但是，當社會衰退，沒有其他階級像勞動階級這樣殘酷的遭殃受苦。雖然勞動者的利益和社會的利益密不可分，但是，他既沒有能力認識社會利益，也沒有能力了解社會利益和自己的關係。生活條件讓他沒有時間吸收必要的資訊，即使資訊相當充分，他的教育和思維習慣，也通常讓他不太能夠做出正確的判斷。因此，在公共政策辯論的場合，他的聲音很難被大家聽到，也不受重視。除了在某些特殊的時候，也就是當他被雇主慫恿、煽動、支持，不是為自己而是為雇主的利益而大吵大鬧時。

他的雇主構成第三種社會成分，也就是靠利潤過活的人。在每個社會，讓大部分有用的勞動開始運作的，正是為了追求利潤而墊付出去的資本。這種資本的雇主採取各種計畫，指揮製動了所有最重要的勞動運作，而利潤則是所有計畫追求的目的。但是，利潤率不像地租或工資，不會因為社會繁榮而上升，也不會因為社會衰退而下降。情況正好相反，國家愈富有，它自然愈低；國家愈貧窮，它自然愈高；它總是在最快趨向滅亡的國家裡最高。因此，第三階級的利益和社會一般的利益之間，顯然沒有其他兩種階級和社會那樣的關係。在這種階級當中，通常是商人和製造業主運用的資本數量最大，他們非常富有，因此也最受社會大眾景仰和注意。由於他們的全部人生專注在算計籌謀，所以理解能力通常會比大部分的鄉紳更為敏銳。然而，由於他們的心思通常是花在照顧自己特殊事業部門的利益，而不是思考社會的一般利益，所以他們的見解和判斷，即使是本著最崇高的正直而坦然說出的（事實上並非在每個場合都是如此），拿來用在這兩種利益標的當中的第一種，也許會比用在第二種更靠得住。他們比鄉紳優越的地方，與其說是他們對公眾的利益認識比較清楚，不如說是他們對自己的利益清楚認識的程度，遠勝過鄉紳。他們正是憑著對自己的利益有著優越的認識，過去才屢次讓慷慨豁達的鄉紳吃虧上當；才能說服鄉紳相信，是商人的利益，而不是鄉紳的利益，才是公眾的利益；也才讓鄉紳很誠實的本著這樣一個非常簡單的信念，把自己和公眾的利益完全拋棄。商人的利益總是在於擴大市場和限制競爭。擴大市場也許時常符合公眾的利益；但是，限制競爭，必定會違反公眾的利益，而且只會讓商人得以透過把利潤抬高到超過自然水準的手段，對他們的同胞課徵一種荒謬的稅捐，用以自肥。任何新的法律或商業管制提議，如果是出自這個階級，我們就一定要極其戒慎恐懼聽清楚，而且一定不要採納，除非我們已經非常小心翼翼，並且步步存疑，長時間仔細徹底研究過了。這種提議來自一種特殊的階級，他們的利益和公眾的利益絕不會完全相符。因此，一般來說，他們有利益動機去欺騙，或甚至壓榨社會大眾，而且在過去許多場合，他們確實曾經欺騙和壓榨社會大眾。

表一

年分	每夸特小麥每年的價格			同一年不同價格之平均			按十八世紀金錢計算的每年平均價格		
	鎊	先令	便士	鎊	先令	便士	鎊	先令	便士
1202	—	12	—	—	—	—	—	—	—
1205	—	12	—	—	13	5	2	—	3
	—	13	4						
	—	15	—						
1223	—	12	—	—	—	—	1	16	—
1237	—	3	4	—	—	—	—	10	—
1243	—	2	—	—	—	—	—	6	—
1244	—	2	—	—	—	—	—	6	—
1246	—	16	—	—	—	—	2	8	—
1247	—	13	4	—	—	—	2	—	—
1257	1	4	—	—	—	—	3	12	—
1258	1	—	—	—	17	—	2	11	—
	—	15	—						
	—	16	—						
1270	4	16	—	5	12	—	16	16	—
1270	6	8	—						
1286	—	2	8	—	9	4	1	8	—
1286	—	16	—						
總計							35	9	3
平均價格							2	19	1 & 1/4

表二

年分	每夸特小麥每年的價格			同一年不同價格之平均			按十八世紀金錢計算的每年平均價格		
	英鎊	先令	便士	英鎊	先令	便士	英鎊	先令	便士
1287	—	3	4	—	—	—	—	10	—
1288	—	—	8	—	3	1/4	—	9	3/4
	—	1	—						
	—	1	4						
	—	1	6						
	—	1	8						
	—	2	—						
	—	3	4						
	—	9	4						
1289	—	12	—	—	10	1 & 2/4	1	10	4 & 3/4
	—	6	—						
	—	2	—						
	—	10	8						
	1	—	—						
1290	—	16	—	—	—	—	2	8	—
1294	—	16	—	—	—	—	2	8	—
1302	—	4	—	—	—	—	—	12	—
1309	—	7	2	—	—	—	1	1	6
1315	1	—	—	—	—	—	3	—	—
1316	1	—	—	1	10	6	4	11	6
	1	10	—						
	1	12	—						
	2	—	—						
1317	2	4	—	1	19	6	5	18	6
	—	14	—						
	2	13	—						
	4	—	—						
	—	6	8						
1336	—	2	—	—	—	—	—	6	—
1338	—	3	4	—	—	—	—	10	—
總計							23	4	11 & 1/4
平均價格							1	18	8

表三

年分	每夸特小麥每年的價格			同一年不同價格之平均			按十八世紀金錢計算的每年平均價格		
	鎊	先令	便士	鎊	先令	便士	鎊	先令	便士
1339	—	9	—	—	—	—	1	7	—
1349	—	2	—	—	—	—	—	5	2
1359	1	6	8	—	—	—	3	2	2
1361	—	2	—	—	—	—	—	4	8
1363	—	15	—		—	—	1	15	—
1369	1	—	—	1	2	—	2	9	4
	1	4	—						
1379	—	4	—	—	—	—	—	9	4
1387	—	2	—	—	—	—	—	4	8
1390	—	13	4	—	14	5	1	13	7
	—	14	—						
	—	16	—						
1401	—	16	—	—	—	—	1	17	4
1407	—	4	4 & 1/4	—	3	10	—	8	11
	—	3	4	—					
1416	—	16	—	—	—	—	1	12	—
總計							15	9	4
平均價格							1	5	9 & 1/3

表四

年分	每夸特小麥每年的價格			同一年不同價格之平均			按十八世紀金錢計算的每年平均價格		
	鎊	先令	便士	鎊	先令	便士	鎊	先令	便士
1423	—	8	—	—	—	—	—	16	—
1425	—	4	—	—	—	—	—	8	—
1434	1	6	8	—	—	—	2	13	4
1435	—	5	4	—	—	—	—	10	8
1439	1	—	—	1	3	4	2	6	8
	1	6	8						
1440	1	4	—	—	—	—	2	8	—
1444	—	4	4	—	4	2	—	8	4
		4	—						
1445	—	4	6	—	—	—	—	9	—
1447	—	8	—	—	—	—	—	16	—
1448	—	6	8	—	—	—	—	13	4
1449	—	5	—	—	—	—	—	10	—
1451	—	8	—	—	—	—	—	16	—
總計							12	15	4
平均價格							1		3 & 1/2

表五

<table>
<tr><td>年分</td><td colspan="3">每夸特小麥每年的價格</td><td colspan="3">同一年不同價格之平均</td><td colspan="3">按十八世紀金錢計算的每年平均價格</td></tr>
<tr><td></td><td>鎊</td><td>先令</td><td>便士</td><td>鎊</td><td>先令</td><td>便士</td><td>鎊</td><td>先令</td><td>便士</td></tr>
<tr><td>1453</td><td>—</td><td>5</td><td>4</td><td>—</td><td>—</td><td>—</td><td>—</td><td>10</td><td>8</td></tr>
<tr><td>1455</td><td>—</td><td>1</td><td>2</td><td>—</td><td>—</td><td>—</td><td>—</td><td>2</td><td>4</td></tr>
<tr><td>1457</td><td>—</td><td>7</td><td>8</td><td>—</td><td>—</td><td>—</td><td>—</td><td>15</td><td>4</td></tr>
<tr><td>1459</td><td>—</td><td>5</td><td>—</td><td>—</td><td>—</td><td>—</td><td>—</td><td>10</td><td>—</td></tr>
<tr><td>1460</td><td>—</td><td>8</td><td>—</td><td>—</td><td>—</td><td>—</td><td>—</td><td>16</td><td>—</td></tr>
<tr><td rowspan="2">1463</td><td>—</td><td>2</td><td>—</td><td rowspan="2">—</td><td rowspan="2">1</td><td rowspan="2">10</td><td rowspan="2">—</td><td rowspan="2">3</td><td rowspan="2">8</td></tr>
<tr><td>—</td><td>1</td><td>8</td></tr>
<tr><td>1464</td><td>—</td><td>6</td><td>8</td><td>—</td><td>—</td><td>—</td><td>—</td><td>10</td><td>—</td></tr>
<tr><td>1486</td><td>1</td><td>4</td><td>—</td><td>—</td><td>—</td><td>—</td><td>1</td><td>17</td><td>—</td></tr>
<tr><td>1491</td><td>—</td><td>14</td><td>8</td><td>—</td><td>—</td><td>—</td><td>1</td><td>2</td><td>—</td></tr>
<tr><td>1494</td><td>—</td><td>4</td><td>—</td><td>—</td><td>—</td><td>—</td><td>—</td><td>6</td><td>—</td></tr>
<tr><td>1495</td><td>—</td><td>3</td><td>4</td><td>—</td><td>—</td><td>—</td><td>—</td><td>5</td><td>—</td></tr>
<tr><td>1497</td><td>1</td><td>—</td><td>—</td><td>—</td><td>—</td><td>—</td><td>1</td><td>11</td><td>—</td></tr>
<tr><td>總計</td><td></td><td></td><td></td><td></td><td></td><td></td><td>8</td><td>9</td><td>—</td></tr>
<tr><td>平均價格</td><td></td><td></td><td></td><td></td><td></td><td></td><td>—</td><td>14</td><td>1</td></tr>
</table>

表六

<table>
<tr><td>年分</td><td colspan="3">每夸特小麥每年的價格</td><td colspan="3">同一年不同價格之平均</td><td colspan="3">按十八世紀金錢計算的每年平均價格</td></tr>
<tr><td></td><td>鎊</td><td>先令</td><td>便士</td><td>鎊</td><td>先令</td><td>便士</td><td>鎊</td><td>先令</td><td>便士</td></tr>
<tr><td>1499</td><td>—</td><td>4</td><td>—</td><td>—</td><td>—</td><td>—</td><td>—</td><td>6</td><td>—</td></tr>
<tr><td>1504</td><td>—</td><td>5</td><td>8</td><td>—</td><td>—</td><td>—</td><td>—</td><td>8</td><td>6</td></tr>
<tr><td>1521</td><td>1</td><td>—</td><td>—</td><td>—</td><td>—</td><td>—</td><td>1</td><td>10</td><td>—</td></tr>
<tr><td>1551</td><td>—</td><td>8</td><td>—</td><td>—</td><td>—</td><td>—</td><td>—</td><td>2</td><td>—</td></tr>
<tr><td>1553</td><td>—</td><td>8</td><td>—</td><td>—</td><td>—</td><td>—</td><td>—</td><td>8</td><td>—</td></tr>
<tr><td>1554</td><td>—</td><td>8</td><td>—</td><td>—</td><td>—</td><td>—</td><td>—</td><td>8</td><td>—</td></tr>
<tr><td>1555</td><td>—</td><td>8</td><td>—</td><td>—</td><td>—</td><td>—</td><td>—</td><td>8</td><td></td></tr>
<tr><td>1556</td><td>—</td><td>8</td><td>—</td><td>—</td><td>—</td><td>—</td><td>—</td><td>8</td><td>—</td></tr>
<tr><td rowspan="4">1557</td><td>—</td><td>4</td><td>—</td><td rowspan="3">—</td><td rowspan="3">17</td><td rowspan="3">8&1/2</td><td rowspan="3">—</td><td rowspan="3">17</td><td rowspan="3">8&1/2</td></tr>
<tr><td>—</td><td>5</td><td>—</td></tr>
<tr><td>—</td><td>8</td><td>—</td></tr>
<tr><td>2</td><td>13</td><td>4</td><td></td><td></td><td></td><td></td><td></td><td></td></tr>
<tr><td>1558</td><td>—</td><td>8</td><td>—</td><td>—</td><td>—</td><td>—</td><td>—</td><td>8</td><td>—</td></tr>
<tr><td>1559</td><td>—</td><td>8</td><td>—</td><td>—</td><td>—</td><td>—</td><td>—</td><td>8</td><td>—</td></tr>
<tr><td>1560</td><td>—</td><td>8</td><td>—</td><td>—</td><td>—</td><td>—</td><td>—</td><td>8</td><td>—</td></tr>
<tr><td>總計</td><td></td><td></td><td></td><td></td><td></td><td></td><td>6</td><td>—</td><td>2&1/2</td></tr>
<tr><td>平均價格</td><td></td><td></td><td></td><td></td><td></td><td></td><td>—</td><td>10</td><td>5/12</td></tr>
</table>

表七

年分	每夸特小麥每年的價格			同一年不同價格之平均			按十八世紀金錢計算的每年平均價格		
	鎊	先令	便士	鎊	先令	便士	鎊	先令	便士
1561	—	8	—	—	—	—	—	8	—
1562	—	8	—	—	—	—	—	8	
1574	2	16	—	2	—	—	2	—	—
	1	4	—						
1587	3	4	—	—	—	—	3	4	—
1594	2	16	—	—	—	—	2	16	—
1595	2	13	—	—	—	—	2	13	—
1596	4	—	—	—	—	—	4	—	—
1597	5	4	—	4	12	—	4	12	—
	4	—	—						
1598	2	16	8	—	—	—	2	16	8
1599	1	19	2	—	—	—	1	19	2
1600	1	17	8	—	—	—	1	17	8
1601	1	14	—	—	—	—	1	14	10
總計							28	9	4
平均價格							2	7	5&1/3

※一五九四至一七六四含首尾兩年間，頂級小麥每九個蒲式耳夸特在溫莎市場的價格。這價格是每年聖母領報節（Lady-day）和聖米迦勒節（Michaelmas）這兩個交易日最高價的平均。

年分	鎊	先令	便士	年分	鎊	先令	便士
1595	2	0	0	1621	1	10	4
1596	2	8	0	1622	2	18	8
1597	3	9	6	1623	2	12	0
1598	2	16	8	1624	2	8	0
1599	1	19	2	1625	2	12	0
1600	1	17	8	1626	2	9	4
1601	1	14	10	1627	1	16	0
1602	1	9	4	1628	1	8	0
1603	1	15	4	1629	2	2	0
1604	1	10	8	1630	2	15	8
1605	1	15	10	1631	3	8	0
1606	1	13	0	1632	2	13	4
1607	1	16	8	1633	2	18	0
1608	2	16	8	1634	2	16	0
1609	2	10	0	1635	2	16	0
1610	1	15	10	1636	2	16	8
1611	1	18	8	總計	40	0	0
1612	2	2	4	平均	2	10	0
1613	2	8	8				
1614	2	1	8 & 1/2				
1615	1	18	8				
1616	2	0	4				
1617	2	8	8				
1618	2	6	8				
1619	1	15	4				
1620	1	10	4				
總計	54	0	6 & 1/2				
平均	2	1	6 & 9/13				

（續上表）

年分	鎊	先令	便士	年分	鎊	先令	便士
1637	2	13	0	前項小計	79	14	10
1638	2	17	4	1671	2	2	0
1639	2	4	10	1672	2	1	0
1640	2	4	8	1673	2	6	8
1641	2	8	0	1674	3	8	8
1642	0	0	0	1675	3	4	8
1643	0	0	0	1676	1	18	0
1644	0	0	0	1677	2	2	0
1645	0	0	0	1678	2	19	0
1646	2	8	0	1679	3	0	0
1647	3	13	8	1680	2	5	0
1648	4	5	0	1681	2	6	8
1649	4	0	0	1682	2	4	0
1650	3	16	8	1683	2	0	0
1651	3	13	4	1684	2	4	0
1652	2	9	6	1685	2	6	8
1653	1	15	6	1686	1	14	0
1654	1	6	0	1687	1	5	2
1655	1	13	4	1688	2	6	0
1656	2	3	0	1689	1	10	0
1657	2	6	8	1690	1	14	8
1658	3	5	0	1691	1	14	0
1659	3	6	0	1692	2	6	8
1660	2	16	6	1693	3	7	8
1661	3	10	0	1694	3	4	0
1662	3	14	0	1695	2	13	0
1663	2	17	0	1696	3	11	0
1664	2	0	6	1697	3	0	0
1665	2	9	4	1698	3	8	4
1666	1	16	0	1699	3	4	0
1667	1	16	0	1700	2	0	0
1668	2	0	0	總計	153	1	8
1669	2	4	4	平均	2	11	1/3
1670	2	1	8				
小計	79	14	10				

※一六四二至一六四五年缺少紀錄。一六四六年資料是由傅立特伍德主教提供。

（續上表）

年分	鎊	先令	便士	年分	鎊	先令	便士
1701	1	17	8	前項小計	69	8	8
1702	1	9	6	1734	1	18	10
1703	1	16	0	1735	2	3	0
1704	2	6	6	1736	2	0	4
1705	1	10	0	1737	1	18	0
1706	1	6	0	1738	1	15	6
1707	1	8	6	1739	1	18	6
1708	2	1	6	1740	2	10	8
1709	3	18	6	1741	2	6	8
1710	3	18	0	1742	1	14	0
1711	2	14	0	1743	1	4	10
1712	2	6	4	1744	1	4	10
1713	2	11	0	1745	1	7	6
1714	2	10	4	1746	1	19	0
1715	2	3	0	1747	1	14	10
1716	2	8	0	1748	1	17	0
1717	2	5	8	1749	1	17	0
1718	1	18	10	1750	1	12	6
1719	1	15	0	1751	1	18	6
1720	1	17	0	1752	2	1	10
1721	1	17	6	1753	2	4	8
1722	1	16	0	1754	1	14	8
1723	1	14	8	1755	1	13	10
1724	1	17	0	1756	2	5	3
1725	2	8	6	1757	3	0	0
1726	2	6	0	1758	2	10	0
1727	2	2	0	1759	1	19	10
1728	2	14	6	1760	1	16	6
1729	2	6	10	1761	1	10	3
1730	1	16	6	1762	1	19	0
1731	1	12	10	1763	2	0	9
1732	1	6	8	1764	2	6	9
1733	1	8	4	總計	129	13	6
小計	69	8	8	平均	2	0	6&19/32

（續上表）

年分	鎊	先令	便士	年分	鎊	先令	便士
1731	1	12	10	1741	2	6	8
1732	1	6	8	1742	1	14	0
1733	1	8	4	1743	1	4	10
1734	1	18	10	1744	1	4	10
1735	2	3	0	1745	1	7	6
1736	2	0	4	1746	1	19	0
1737	1	18	0	1747	1	14	10
1738	1	15	6	1748	1	17	0
1739	1	18	6	1749	1	17	0
1740	2	10	8	1750	1	12	6
總計	18	12	8	總計	16	18	2
平均	1	17	3&1/5	平均	1	13	9&4/5

卷二

論物品積蓄的性質、累積與運用

序言

當社會處於原始狀態時（尚未分工、很少交易活動、每個人都爲自己張羅一切），要進行日常的生活運作是不須事先貯存或積蓄任何物品的。每個人都倚賴自己的辛勤努力，盡可能隨時供應自己需要的物品。肚子餓就到森林裡打獵；衣服破了，就把獵殺到最大的動物剝下皮來裹身；棚屋快要傾倒的時候，就從最近的地方找來樹幹和茅草，盡可能加以修建。

但是，一旦徹底實施社會分工，每個人隨時需要的各種物品，他自己的勞動產出只能供應極小的一部分。其餘絕大部分要靠別人的勞動產出供應，這可得用自己的勞動產出來購買，或者說，用自己的勞動產品價格購買。不過，這個購買動作，必須等到自己的勞動產品不僅完成了，而且已經出售以後，才得以進行。因此，必須有一定數量的各種物品事先積蓄在社會的某個角落，至少足夠維持個人的生活，並且提供個人工作所需的原材料和工具，直到製作和出售完畢。譬如，任何織工都無法全心投入他那門特殊的行業，除非有一定數量的各種物品事先積蓄在社會的某個角落（不管是由他自己或由其他某些人占有），足夠維持他的生活，並且提供他工作所需的原材料和工具，直到他不僅完成且售出他的布匹。顯然，早在他投身於這種專門行業之前，這些物品積蓄必然已經在社會某個角落累積很久了。

按照自然的道理，各種物品的累積必然先於社會分工。所以，只有當事先積蓄起來的各種物品數量愈來愈多，勞動分工才可能愈來愈細膩。當勞動分工愈來愈細膩，同一數目的工人所能加工處理的原材料數量，將會依更高的比例增加。而且由於每個工人執行的工序愈來愈簡單，將會有各式各樣的新機器發明出來，方便或減少這些工序的難度。因此，當勞動分工愈來愈細膩，若要讓相同數目的工人經常工作，除了必須有相同數量的食物積蓄事先累積起來，事先累積的原料和工具數量，也必須比勞動分工粗略時還要多一些。再說，每個行業的工人數目，通常會隨著該行業的分工日細而增加，甚至可以說，正是由於工人數目增加，才讓勞動分工得以更加細膩。

如果說物品積蓄的累積必須在先，否則勞動生產力便不會有重大進步，那麼我們同樣可以說，物品積蓄的累積自然會導致生產力進步。每個運用物品積蓄以維持勞動工作的人，必然都希望盡可能使運用方式產生最大的工作成果。首先，他會竭盡心力安排勞工執行各種工作，務必使雇用的勞工適才適所。第二，盡可能提供最好的機器給勞工使用，不管是他在自己能力範圍內發明出來的，或是他從外頭買進來的機器。他在這兩方面的能力，通常和他運用的物品積蓄數量成正比，或者說，通常和積蓄數量所能雇用的勞工數目成正比。所以說，每個國家勞動工作的數量，不僅會隨著雇用勞動工作的物品積蓄數量增加而增加，而且同樣也由於物品積蓄數量增加了，同一數量的勞動所獲得的工作成果也會變得更大。

以上是綜論物品積蓄數量的增加，對勞動工作數量和勞動生產力所造成的影響。

在〈卷二〉，我將盡力說明，物品積蓄的性質，這種積蓄累積成各種不同的資本，以及這些資本的各種運用方式造成的影響。本卷共分五章。在第一章，我將盡力說明，不管是特定某個人占有的，或是整個社會占有的全部物品積蓄，都自然會分成哪些不同的成分或種類。在第二章，我將盡力說明，如果在社會全部的物品積蓄當中，我們把金錢視為一個特殊的積蓄種類，其性質和作用有什麼特殊之處。各種物品積蓄累積成為某種資本之後，或許是由擁有者本人直接運用，或許是借給他人運用。因此，在第三章和第四章，我將盡力分別探討，資本在這兩種情況下的作用方式。第五章也是最後一章，討論各種不同的資本運用方式，對全國的勞動工作數量，以及對全國土地和勞動每年的產出數量，會直接造成哪些不同的影響。

1 論物品積蓄的種類

當某個人擁有的物品積蓄僅足夠維持幾天或幾週的生活，他不太會想到利用這項積蓄來衍生任何收入。他會盡可能省吃儉用的消費，並且在全部吃光用盡之前，努力憑自己的勞動，獲取一些可以替補的物品。在這種情況下，他的收入完全來自勞動。各國從事勞動的窮人，大部分的情況便是這樣。

可是當他擁有的物品積蓄足夠維持幾個月或幾年的生活，他便自然會盡力利用大部分的積蓄來衍生收入，而只保留一小部分的積蓄，在前項收入開始進帳之前足夠供應他消費。所以，他的全部積蓄可區分成兩部分。其中他期望衍生收入的部分，可以說是他的資本。另外一部分則是直接供應他消費使用的積蓄。後者包括：第一，全部積蓄之中原本就爲這種目的而保留下來的部分；第二，漸次進帳的收入，無論來源爲何；第三，前幾年利用前述兩項財源添購，但尚未完全消費掉的物品，譬如衣櫥裡的衣物、仍在使用的家具等。人們通常保留下來，供自己直接消費使用的積蓄，不外乎這三種物品。

資本有兩種不同的運用方式，可以讓運用它的人獲得收入或利潤。

第一，資本可以用來栽種、製造或購買物品，然後將這些物品賣出牟利。若一個人以這種方式運用資本，當資本還在他的掌控之下，或還保持原有型態時，並不能爲他帶來收入或利潤。譬如，商人手上的物品，在賣出換得金錢之前，不會給他帶來任何收入或利潤。而換來的金錢，沒有再換成物品之前，也同樣不會爲他帶來什麼好處。他的資本不斷以某種型態離開他，又不斷以另一種型態回到他的掌握。也唯有以這種循環的方式，或藉著不斷的交換，他的資本才會爲他帶來利潤。所以，這種資本若稱之爲「循環資本」，也許非常適當。

第二，資本可以用來改良土地、購置有用的機器和做生意的工具，或購置其他類似這種無須易主或進一步循環，便能產生收入或利潤的東西。所以，這種資本若稱之爲「固定資本」，也許非常適當。

不同行業所需固定與循環資本的比例非常不同。

譬如，商人的資本幾乎全部都是循環資本。他幾乎不需要任何機器或生意工具，除非他的店面或倉庫被視爲屬於這一類東西。

就每個工匠師傅或製造業主來說，他的一部分資本必定會固著在他的生意工具上。然而，這一部分資本在某些行業所占的比例很小，在另外某些行業所占的比例很大。除了一包針之外，裁縫師傅不需要任何其他工具。製鞋師傅的工具稍貴一些，但也不會貴上太多。織布師傅的工具就比製鞋師傅貴得多。但是，所有工匠師傅的資本，絕大部分是用來循環的，也就是用來支付工人的工資，或支付原材料費，再從成品的售價連本帶利收回來。

有些行業所需的固定資本可大得多。例如，就一家大鐵工廠來說，熔礦爐、鍛鐵爐、裁鐵機，都是必要的生意工具，沒有大筆經費是無法設置的。至於煤礦場及各式各樣的採礦場，要安裝必備的抽水機和其他用途的機器，費用通常更高。

就每個農夫來說，用來購置農事工具的資本是固定資本，用來維持手下工人生活和給付工資的資本則是循環資本。他憑藉持續占有固定資本而獲取這部分資本的利潤，也憑藉割捨循環資本而獲得該部分的利潤。他用來耕田的牲畜，其價格成本或價值，和農具價格成本或價值一樣，都是一種固定資本。但是，維持牲畜的費用，和維持手下工人生活的費用一樣，都是一種循環資本。農夫憑藉持續保有耕田的牲畜，和付出耕畜的維持費來獲取利潤。那些買來養肥準備出售，而非用來耕田的牲畜，購入和飼養牠們的價格成本和費用，都是一種循環資本。這時農夫便是靠割捨或付出這部分資本而賺取利潤。在繁殖和培育牲畜種源的地方，買入的羊群或牛群，既不是爲了耕田，也不是爲了養肥了出售，而是想利用羊毛、乳汁和育種繁殖來牟利，這時牛羊便是一種固定資本。這部分資本的利潤，來自於保有牠們。牛羊的飼養或維持費是一種循環資本。這部分的利潤也是先有割捨，然後才有獲得。而從羊毛、乳汁和育種繁殖的售價收回來的，不僅有這部分循環資本本身的利潤，也包含整頭牲畜的價格成本該得的利潤。種子的全部價值同樣也應當視爲一種固定資本。雖然種子往來於田地和穀倉之間，但是，它從未易主，所以並未眞正發生循環。農夫不是靠出售種子，而是靠培育繁殖種子而牟利。

一個國家或社會全部的物品積蓄，等於所有居民或成員物品積蓄的總和，因此它也自然分成同樣的三部分，各自有不同的功能或作用。

第一是留作直接消費使用的部分，特徵是它不會提供收入或利潤。舉凡那些由最終消費者購買，但尚未完全消費掉的糧食、衣服、家具等物品積蓄，都包括在這部分。一國在某一時點所有僅供住家使用的全部房屋，也都屬於這部分的積蓄。花在購置房屋的積蓄，如果是當作業主的住家，從花掉積蓄那時開始，便不再充作資本來使用，或者說，不再對業主提供任何收入。像這樣的一棟住家用房屋對住戶提供不了收入。即使這房屋對住戶毫無疑問是極爲有用，但是，住家就像他的衣物和家具一樣，雖然有用，仍然只是生活花費的一部分，而不是收入的來源。即使將房屋租給他人當作住家以收取租金，房屋本身也並未生產任何東西，租戶必定以某些得自於勞動、資本或土地的其他收入來支付租金。所以，一棟住家用房屋，即使給業主帶來了收入，對業主本人發揮了資本的作用，但是，它既不會給社會大眾帶來任何收入，也不會對社會大眾發揮資本的作用，而社會整體的收入也絕不會因它而有絲毫增加。同樣的，衣物和家具有時候會產生收入，因此對特定某些人發揮資本的作用。譬如，在化裝舞會盛行的國家，按夜出租化裝舞會穿戴的服裝是一種正式的行業。家具業者通常論月或論年出租家具。葬儀社業者論天或論週出租葬儀用具。許多人出租備有家具的房屋，索取的租金，不僅包含房屋的使用費，還包含家具的使用費。但是，這類物品所產生的收入，最終還是得從其他收入來源撥付。無論就個人或整個社會來說，所有留作直接消費使用的物品積蓄之中，花在住屋的那部分積蓄消費得最慢。衣物的積蓄也許可以使用好幾年；家具的積蓄也許可以使用五十年或一個世紀；但是，住屋的積蓄，如果施工妥善且細心維護，也許可以使用好幾個世紀。住屋雖然需要很長的時間才會被完全消費殆盡，但實際上仍是留作直接消費使用的積蓄，和衣物或家具沒有兩樣。

分成三部分的社會全部積蓄，第二項就是固定資本，其特徵是無須循環或易主，便可以提供收入或利潤。主要包含下列四項：

第一，舉凡能夠提高勞動效率和減免勞動的各種有用機器和生意工具。

第二，所有可以用來賺取利潤的建築物，不管是對於出租以收取租金的業主，或是對於付出租金的承租人來說，都是獲取收入的工具；諸如店鋪、倉庫、工廠、農舍，以及搭配的必要建築，譬如畜舍、穀倉等。這類建築和僅供居住的房屋大不相同。它們是某種生意工具，而且也該從這樣的角度來看待。

第三，用在土地改良的積蓄，譬如開闢土地、改善排水、圍籬、施肥等，將土地變成適宜耕種狀態的有利投資。一塊經過改良的農地，就能和提高勞動效率，以及節約勞動的有用機器相提並論。相同數量的循環資本，如果有經過改良的農地可利用，便能爲循環資本的業主帶來更大的收益。和任何機器相比，一塊經過改良的農地可說是同樣的有利，而且更爲耐久。如果農夫運用自己的循環資本耕種時，採取了對自己最有利的耕種方式，農地通常就不需要其他額外的維修保養。

第四，全體社會居民或成員所習得的有用才能。要取得這種才能，在接受教育、研習或當學徒期間，總是必須在學習者身上投注不少的生活維持費，不管是由誰墊付，這都是一筆不輕的費用，可說是一種附加並體現在學習者個人身上的固定資本。這些才能對於學習者而言是個人財富的一部分，因此也是他所屬社會的一部分財富。從這樣的觀點來看，附加在工人身上經過改良的技術熟練度，和提高勞動效率以及節省勞動的機器和生意工具，都是相同的東西，雖然都需要花費一定的成本，但成本也都可以連本帶利的回收。

自然分成三部分的社會全部積蓄，其中最後，也是第三項，就是循環資本。其特徵是唯有透過循環或來回易主，才可能提供收入。循環資本也同樣包含四項東西：

第一，金錢或貨幣積蓄，藉著這種媒介，其他三項循環資本才得以流通，分配到最終消費者手上。

第二，屠宰商、畜牧業者、農夫、穀物商、釀酒商等人為了銷售牟利而掌握的各種食物積蓄。

第三，製作各種衣物、家具和建築物等等的原材料積蓄，不論是完全未經加工，或略經過加工，但尚未製造成形，並且仍掌握在栽種者、製造業者、布商、木材商、木匠與細木工、磚瓦匠等人手中。

第四，也是最後一項，是各種製成品積蓄，這些東西已經完工，但仍掌握在商人或製造業者手中，尚未賣出或分銷到最終消費者手上。譬如，在五金店、家具行、金飾店、珠寶店、瓷器行等場所，我們時常會看到的製成品。總之，循環資本涵蓋了所有各種商人手中的食物、原材料及製成品，以及爲了把這三種物品流通，分配到最終使用者或消費者手中所需的錢幣積蓄。

上述四項東西當中，有三項，即食物、原材料和製成品，一般正常情況下，都會在一年內，或在稍微長一些或短一點的期間內，從循環資本轉變成固定資本，或轉變成留作直接消費使用的物品積蓄。

任何一筆固定資本原先都出自某一筆循環資本，也都不斷需要另外某一筆循環資本的支援或輔助。所有管用的機器和生意工具都源自於某一筆循環資本，後者提供製作這些機器和工具的原材料，並且提供維持生活的費用給製作它們的工人。另外，機器和生意工具也需要一筆循環資本，以保持堪用的狀態。

唯有利用某一筆循環資本，否則任何一筆固定資本都不可能產生收入。即便是最有用的機器和生意工具，若沒有循環資本提供原材料讓它們加工，或讓使用器具的工人維持生活，便生產不出任何東西。土地，不論如何改良，如果沒有一筆循環資本，讓從事耕種和收割的勞工維持生活，也產生不了任何收入。

固定資本和循環資本兩者最終且唯一的目的，就是要維持並增加留作直接消費使用的物品積蓄。正是後面這部分物品積蓄讓人們有得吃、有得穿、有得住。人民的貧富取決於這兩種資本提供了多少物品，可以讓人民保留，當作直接消費使用的積蓄。

循環資本中有相當大一部分，會不斷的抽取出來，轉作另外兩種積蓄使用（即固定資本和留作直接消費使用的物品積蓄）。因此循環資本本身也不斷需要注入替補品，否則會很快枯竭。替補品主要來自三方面：土地的產出、礦坑的產出和漁場的產出。這三種來源不斷供應食物和原材料，其中有一部分後來經過加工成爲各種製成品。這些東西全都被用來替補從循環資本中不斷抽取出來的食物、原材料和製成品。此外，從礦坑裡也必須抽取出一部分物品，來維持和增加循環資本中錢幣占有的那一部分。因爲，雖然在正常的商業活動中，這一部分循環資本，不像其他三項那樣，一定會被抽取出來轉作另外兩種積蓄。然而，就像其他物質一樣，錢幣畢竟難免會有所磨損消耗，有時甚至會遺失或運往國外，因此一定需要持續的替補。雖然這項循環資本需要的替補無疑比其他三項少很多。

土地、礦坑和漁場都需要固定資本和循環資本兩者共同來栽種、開採和養殖。其產出不僅替補了這兩種資本花費在它們身上的消耗，並且附帶利潤，也同樣替補了社會上其他產業的資本消耗。譬如，農夫每年的產出，替補製造業者去年消耗的食物和加工用掉的原材料；製造業者每年的產出，替補農夫在同一期間磨損消耗的製成品。這兩個階級每年都得進行這樣的實質交換。雖然一方的初級產品和另一方的製成品，很少直接進行以物易物的交換；因爲農夫出售穀物、牲畜、亞麻或羊毛的對象，很少正是農夫想要向他購買衣物、家具或農作工具的那個人。因此，農夫便出售他的初級產物換取錢幣，藉此，他可以隨時隨地購買想要的製成品。土地的產物甚至可以替補一部分用於漁場養殖或開採礦藏的資本消耗。將水裡的漁產打撈上來，正是土地的產出；將地底的礦藏挖掘出來，也正是地表的產出。

不同的土地、礦坑或漁場，當自然繁殖力或蘊藏同等豐富時，其產出大小，便按照投入經營的各種資本大小，以及各種資本的運用是否得當而增減。當投入經營的各種資本都相等，各種資本的運用也同等適當時，產出大小便按照其自然繁殖力或蘊藏豐富的程度高低來決定。

在所有安全保障尚可的國家，只要是常人，都會盡量運用自己可以支配的一切積蓄，不管是用來滿足眼前的享受，或是用來追求未來的利潤。若是用來滿足眼前的享受，他的積蓄就變成一種為了方便直接消費而保留下來的物品貯存或積蓄。若是用來追求未來的利潤，那麼他就只有兩種選擇：繼續占有或暫時釋出自己的積蓄。如果是前一種選擇，那麼他的積蓄就變成固定資本；如果是後一種選擇，他的積蓄就變成循環資本。在安全保障尚可的國家，除非腦筋壞了，否則任何人都會在前述三種當中選擇適合自己的方式，運用自己可以支配的一切積蓄，不管這些積蓄是自己的或是向別人借來的。

的確，在上位者不斷殘民以逞的不幸國家裡，人們往往將大部分的積蓄，在身邊找個隱密的地方埋藏起來，以備一旦有任何風吹草動，覺得某些災難就要來臨時，隨時能夠把積蓄挖出來，隨身帶往安全的地方。據說，這種情形在土耳其、印度斯坦相當普遍，我相信亞洲大多數國家也是一樣。從前在封建政府的肆虐下，我們的祖先似乎也是如此。當時無主的發掘物，在歐洲可不是君主、大公的收入當中可以忽視的部分。這種東西是指某些寶藏被發現隱埋在地底，可是又無人能夠提出任何權利的證明。當時這種東西極受重視，被認爲應該歸屬君主所有，而不該歸屬發現者或地主，除非地主持有的土地權狀中，有一特別條款載明土地發掘物屬於地主本人。也就是說，隱埋在地下的寶藏，和自然的金礦或銀礦的地位是相同的，一般的土地權狀如果沒有特別條款，那麼這些礦藏就不被認爲包含在權狀授與權利之中。不過，鉛、銅、錫、煤等礦藏，因爲被視爲無關緊要，所以被認爲包含在土地權狀授與的一般權利之中。

2 論貨幣作爲社會全部積蓄中的一個特殊種類，或論國家資本的維持費用

〈卷一〉已經說明過，大部分商品的價格都自然拆解成三種成分。其一支付勞動的工資，其二支付資本的利潤，其三支付土地的租金，作爲商品受雇生產和運送商品上市的報酬。有些商品的價格的確僅由其中兩種成分構成，也就是勞動的工資和資本的利潤，還有極少數的商品價格單由其中一種成分構成，也就是勞動的工資。但是，每一種商品的價格，必定會自然拆解成上述三種成分當中的一種或兩種，或全部三種。而每一種商品價格中，凡是沒有拆解成地租或工資的部分，必定是某人的利潤。

前文指出，正因就每個特定的商品分別來說是如此，所以，就每個國家全部土地與勞動在每年生產的所有商品總和來看，也必然如此。換句話說，每年產出的全部價格或交換價值，必定自然同樣拆解成這三種成分，以勞動工資、資本利潤或土地的租金等三種形式，分配給該國各階層的居民。

雖然每個國家每年土地和勞動產出的全部價值，是按照這種方式分配到不同居民手

中，成爲個別居民的收入。但是，就像在私有地產的地租中，我們會區分毛地租和淨地租那樣，對一國所有居民的收入，或許也可以做同樣的區分。

就一塊私有的地產來說，凡是農夫付給地主的，不管多少，都是毛地租。而淨地租則是毛地租在減去管理、維護和其他所有必要費用後，地主可以自由支配的部分。或者說，在無損該地產生產力的條件下，淨地租可以讓地主全部用來添補自己留作直接消費的物品。或者說，可以讓他全部花來享受美食、全套馬車和隨從、豪宅和家具裝潢、各式各樣的個人享樂和娛樂。地主的眞正財富，不是和毛地租成正比，而是和淨地租成正比。

同樣的，一國全體居民的毛收入，等於該國每年全部的土地和勞動產出。而淨收入，則是在毛收入中減去維持固定資本和循環資本的費用以後，剩下來讓他們自由支配的部分。或者說，在無損該國資本生產力的條件下，淨收入可以讓居民全部用來添補他們留作直接消費的物品。或者說，用來購買食物、各種生活便利品和娛樂。他們的眞正財富，同樣不是和毛收入成正比，而是和淨收入成正比。

顯然，維護固定資本的費用，必須剔除在社會的淨收入之外。在社會的淨收入中，絕不能把支援各種有用的機器、生意工具或建築等所需的原材料計算進去，當然也不能把從事這些原材料加工的勞動產出計算進去。這些勞動的價格也許是社會淨收入的一種成分；如同受雇從事這支援工作的工人也許可以把他們的工資，全部用來添補自己留作直接消費的物品。但是，就其他種類的勞動來說，不僅勞動的價格，就連勞動的產出，都可以全部變成留作直接消費的物品，也就是說，勞動的價格變成工人自己留作直接消費的物品，而勞動的產出變成他人留作直接消費的物品。這些工人的勞動產出增添了他人生活所需的各種食物、便利品和娛樂品。

購置固定資本的用意，是要提高勞動生產力。或者說，是要使得同一數量的勞動者能夠完成更多的工作量。就農場來說，如果必備的各種建築物、圍籬、排水溝渠和聯絡道路等，一應俱全且處於最佳狀態，那麼同一數量的勞動者和耕畜栽種出來的物品數量，一定會比土地面積和肥沃度相等、但各種農作設施較不便利的農場大很多。在機器設備最好的製造工廠，同樣的人手加工生產出來的商品數量，一定會比工具設備不完善的工廠來得大。花在任何一種固定資本的開銷，如果花得適當，總是會得到厚利回報。而且每年增加的產出價值，也一定會大於每年所需的維修支援費用。但是，這種維修支援費用仍然需要花掉一定比例的產出價值。也就是說，一定數量的原材料，以及一定數目工人的勞動，原本可以直接用來增加生產整個社會的食物、衣物和住屋等生活必需品和便利品，現在卻因爲設置了固定資本，而被雇來從事另外一種工作，儘管這種工作效益很高，但畢竟不是直接生產生活必需品和便利品。正是基於這樣的考量，所以機器在維修方面的各種改進，一定都會被視爲對社會是有利的，因爲這種改進使得同一數目的工人，利用比從前更簡單、便宜的機器，可以完成同一數量的工作。於是，一定數量的原材料，以及一定數目工人的勞動，從前是用來維修比較複雜、昂貴的機器，今後便可以用來增加這種或其他任何機器專門生產的產品數量。譬如，某家大型製造廠的老闆，目前每年花費一千鎊保養機器。如果他能將這部分開銷減爲五百鎊，自然會利用其餘五百鎊多買一些原材料，交給多雇用的工人，施工製造出更多產品。因此，他的機器專門生產的產品，數量自然會增加，整個社會從工廠獲得的好處和便利也會跟著增加。

一國花在維持保養固定資本的費用，和地主花在維持保養私有地產的費用，兩者或許可以相提並論。爲了維持地產的產出，同時也是爲了維持地主的毛地租和淨地租，地產的維持保養費通常不可避免。然而，如果運用得更爲妥當，這種經費即使降低也不致減少產出，那麼毛地租至少會和以前一樣，而淨地租自然有所增加。

雖然固定資本全部的維持費必須從社會的淨收入中剔除，但是，循環資本全部的維持費卻不一樣。循環資本包含四個部分：錢幣、食物、原材料和製成品。前文指出，後面三項經常從循環資本中抽離出來，成爲社會的固定資本，或是成爲人們留在身邊供作直接消費使用的物品積蓄。所有可消費的物品當中，凡是沒有用來維持固定資本的，都變成了人們留在身邊供作直接消費使用的物品積蓄。也就是說，都變成是社會淨收入的一部分。因此，在社會每年的產出中，這三項循環資本的維持費，除了會排擠固定資本所需的維持費之外，並不會排擠掉社會淨收入的任何部分。

在這方面，整個社會的循環資本有別於個人的循環資本。個人的循環資本完全剔除在個人的淨收入之外，這種淨收入必定完全來自他的利潤。雖然每個人的循環資本是社會循環資本的一部分，不過，我們卻不能據此認爲，社會的循環資本完全不是社會淨收入的一部分。某個商人在店裡陳列的全部物品，雖然不能算是他自己留作直接消費使用的積蓄，卻可以算是其他某些人留供直接消費使用的積蓄，這些人有其他固定的收入來源，他們也許會定期向那個商人購買物品，讓他連本帶利收回這些物品的價值，同時又不會導致他或他們的資本有所減損。

因此，在社會全部的循環資本當中，唯有錢幣這部分的維持費，才會導致社會淨收入有所減少。

就影響社會收入的觀點來看，固定資本和循環資本中的錢幣部分，是極其相似的。

第一，如同各種機器和生意工具都需要一定的花費，先是用來建構它們，然後用來維持保養。這兩項費用雖然是社會毛收入的一部分，但必須從社會淨收入中剔除。同樣的，在任何國家裡流通的貨幣積蓄也需要一定的花費，先是用來聚集它們，然後用來維持保養。這兩項費用雖然是社會毛收入的一部分，但同樣必須從社會淨收入中剔除。一定數量價值非常高貴的材料，例如黃金與白銀，以及一定數量非常巧妙的勞動，不是用來增加供應可以直接消費的物品積蓄，譬如，基本的食物、各種生活便利品和娛樂，而是用來維持保養一種商業工具，一種用途無窮但造價高昂的工具，有了它，社會上每個人才得以經常按適當的比例獲得基本的食物、各種生活便利品和娛樂。

第二，如同各種機器和生意工具，不管是當作社會或個人的固定資本，都不是社會或個人的毛收入，更不是社會或個人的淨收入。同樣的，儘管藉著錢幣積蓄的媒介，社會的全部收入經常在各個不同的社會成員之間流通分配，然而錢幣積蓄卻不屬於社會或個人的收入。換句話說，循環流通的巨輪，和倚賴這個巨輪循環流通的物品，完全是兩回事。社會的收入完全在於這些物品，而不在於流通這些物品的巨輪。因此，在計算任何社會的毛收入或淨收入時，我們必須從社會每年流通的錢幣和物品總值中，將錢幣積蓄的全部價值扣除。在這種積蓄中，每一個銅板都絕不能算作毛收入或淨收入的一部分。

這個論點如果讓人覺得疑惑或矛盾，那只可能是語意上的模糊所致。若能將語意解釋清楚，這個論點幾乎是不證自明的。

當我們談到任何特定的錢幣數額時，有時候只不過是指這個數額的金錢而已，沒有其他涵義。但是，有時候我們還暗指這個數額金錢所能換到的物品。或者說，還暗指這個金錢數額的購買力。譬如，當我們說英格蘭的流通錢幣餘額估計是一千八百萬英鎊時，我們只是在表示，某些作家曾經估計或假定國家流通中的錢幣數量有這麼多。但是，當我們說某人的身價每年值五十或一百英鎊時，我們的意思通常不僅是指每年付給他的錢幣有這麼多，而且還包含他每年能夠購買或消費的物品價值有這麼多。我們通常是想確定他是怎樣過活或應該怎樣過活。或者說，我們想確定依照他的能力，他應該享受什麼品質的生活必需品和便利品。

如果在我們的意思裡，某一特定的錢幣數額不僅表示這個數額的錢幣，而且還暗指這個數額的錢幣所能換得的物品，那麼它所表示的財富或收入，在這兩個以同樣字眼暗示得稍嫌模糊的價値中，就只等於其中一個，而且是後者要比前者來得更恰當。說某一筆財富或收入等於該數額錢幣的價値，要比說它等於該數額的錢幣更爲恰當。

譬如，當某人每星期的養老金是一基尼時，他在一星期內可以用這一基尼買到一定數量的必需品、便利品和娛樂。這個數量有多大，他的實質財富或他每星期的實質收入就有多大。他每星期的收入，顯然不會既等於一基尼錢幣，又等於一基尼錢幣所能購買到的物品數量，而是只會等於這兩種價値中的一種，而且等於後者要比等於前者來得更貼切。也就是說，等於一基尼錢幣的價値，要比等於一基尼錢幣來得更貼切。

如果這個人的養老金不是以基尼金幣給付，而是每星期以代表一基尼金幣的票據給付的話，那麼很明顯的，他的收入與其說是那一張紙，不如說是那一張紙讓他獲得的物品來得更爲貼切。一枚基尼金幣也許可以視爲一張票據，能夠向附近所有商家兌換一定數量的必需品和便利品。被給付這一枚基尼金幣的人，他的收入與其說是這一枚金子，不如說是那一枚金子讓他獲得或換到的物品來得更爲貼切。如果金幣什麼東西都換不到，金幣就像破產者開出的票據，和不值一文的紙張沒有兩樣。

同樣的，就任何國家來說，各個居民每星期或每年的收入，也許是（通常實際上就是）以錢幣的方式獲得給付。然而，他們的實質財富大小，或者說，他們每年或每星期全部加總的實質收入多寡，必然總是和他們全體用那個錢幣數能買到的消費品數量成正比。顯然，人民全體的收入，不會是既等於該錢幣數額，又等於該消費品數量，而只會等於這兩個價値中的一個，而且說它等於後者，要比說它等於前者來得更爲恰當。

因此，我們雖然通常是以每年支付給某人的錢幣數量來表示他的收入，這是因爲錢幣數量會影響他的購買力大小，或影響他每年能夠消費價值多少的物品。但是，我們仍然會認爲，他的收入在於購買力或消費能力，而不在於傳送購買力的錢幣。

如果就某個人來說，這已經是夠清楚了，那麼就整個社會來說，更是再清楚不過。某人每年被給付的錢幣數目往往正好等於他的收入，而也正因爲這樣，所以就他的收入價值來說，這個錢幣數目是最簡捷且最佳的表達方式。但是，在一個社會流通的錢幣數目，絕不可能等於所有社會成員的總收入。因爲，今天當作每週的養老金付給某甲的同一枚基尼幣，也許明天就會用來當作每週的養老金付給某乙，而隔日也許又會用來當作每週的養老金付給某丙。所以，每年在任何國家裡流通的錢幣數目，一定會比每年用它們支付的全部養老金數目要少很多。但是，陸續以錢幣給付的養老金全部的購買力，或者說，養老金陸續能夠買進的物品價值，一定會正好等於所有養老金的全部價值。這好比是在每個人身上發生的情形那樣，他的收入一定等於他所領取養老金的購買力。所以，社會收入不可能是在於流通的錢幣（這些錢幣的數目，比社會收入的數目小多了），而是在於人們陸陸續續用這些輾轉流通的錢幣能夠買進的物品價值。或者說，是在於陸陸續續以流通的錢幣傳輸的購買力。

因此，錢幣積蓄這個循環流通的巨輪，這個偉大的商業工具，也像其他所有生意工具，雖然是資本的一部分，而且是很有價值的一部分，然而卻不是社會收入的一部分。而且，雖然構成錢幣積蓄的錢幣，在每年輾轉流通的過程中，讓每個人都分到屬於他的收入，但是，那些錢幣卻不能說是他的收入。

第三也是最後一點，構成固定資本的產業機器和工具等，和循環資本當中的錢幣積蓄，還有這一點相似之處。正如在安裝和保養這些機器的開銷方面，節省下來的每一毛錢，如果無損於勞動生產力，都代表社會淨收入有所增加。所以在聚集和維持循環資本當中錢幣積蓄的開銷方面，節省下來的每一毛錢，也代表同樣意義的進步。

在維持固定資本方面節省下來的開銷，如何使得社會淨收入增加，是很明顯的事實，前文已稍加說明。每個企業主的全部資本，必然可分成固定資本和循環資本這兩部分。如果全部資本維持不變，某一部分占的比例小些，另一部分占的比例必然會大些。然而，提供原材料並支付勞動工資，推動生產工作進行的，正是循環資本。所以，在維持固定資本方面，任何節省下來的開銷，如果無損於勞動生產力，必然會使得推動生產工作這部分的資本增加，從而增加每年的土地和勞動產出，以及社會的實質收入。

以紙鈔取代金幣和銀幣，是以一種比較低廉，而且有時同等便利的商業工具，代替另一種非常昂貴的商業工具。於是，商業流通變成由一具新輪來推動，其建構和維持費用比起舊輪要省得多。可是，這具新輪的運作方式，以及如何增加社會的毛收入或淨收入，卻不太明顯，因此也許需要進一步說明。

紙鈔有好幾種類別，但是銀行和銀行家發行的流通票據，是最爲人熟知的一種，也似乎最適合本文的說明目的。

在任何特定國家，如果人民對某一特定銀行家的財富、信用及謹慎有信心，相信以他開出的本票，隨時向他提示請求付款，他都有足夠的錢幣準備立即予以兌現。這時這些本票便會像金幣和銀幣那樣，在社會上流通，因爲人們相信憑本票隨時可以換到金幣和銀幣。

讓我們假設，某位銀行家發行總值十萬英鎊的本票，借給他的顧客。由於這些本票具備一般錢幣所有的功能，所以他的債務人便如同借入了同一數額的錢幣，付給他同樣的利息。這種利息就是銀行家的獲利來源。雖然不斷會有些本票回流，向他要求兌現，但仍會有一部分本票經年累月在外流通。所以，即使他通常發行了十萬鎊的本票在外流通，只要有兩萬鎊的金幣和銀幣準備時常擺在身邊，便足以隨時應付兌現的要求。於是，藉著這樣的操作方式，只需兩萬鎊的金幣和銀幣，便足以發揮十萬鎊所有的作用。人們利用他所發行的十萬鎊本票，就好像利用等值的金幣和銀幣，可以進行同樣的交易，流通分配同一數量的消費品給最終的消費者。因此，在這種情況下，八萬鎊的金幣和銀幣便可以從社會的錢幣積蓄中節省下來。如果在同一期間，許多不同的銀行和銀行家都採取類似的操作方法，要進行整個社會的物品流通，也許會變成只需要原來的五分之一金幣和銀幣。

再舉個例子，假設某一特定國家在某一特定期間，整體流通錢幣共計一百萬英鎊，這數額當時足夠流通分配該國土地和勞動每年的全部產出。再假設經過一段時間，許多不同的銀行和銀行家分別發行本票，答應隨時兌現給持有者，總值一百萬英鎊，並各自在金庫內保留了一些金幣和銀幣，總計二十萬鎊，以備隨時應付兌現請求。因此，該國仍在流通中的金幣和銀幣便只剩下八十萬鎊，但多了一百萬英鎊的銀行本票，所以該國的流通工具總共是一百八十萬鎊的錢幣和紙鈔。但是，該國每年的土地和勞動產出，以前只需要利用一百萬鎊便足夠流通分配給最終消費者，而每年的產出，並不會因爲這些銀行的運作而立即增加。因此，在這些銀行的運作之後，該國仍然只需要一百萬英鎊便足夠流通每年的產出。既然待買與待售的物品完全和以前一樣，那麼同一數量的通貨就足以應付這些買賣了。流通的管道，如果允許我使用這個字眼，仍將維持和從前一模一樣。我們已經假定一百萬英鎊的通貨便足以填滿這個管道。因此，注入這個管道的通貨，凡是超過這個數額的部分，非但不能在管道裡流通，反而必然會溢出來。現在有一百八十萬鎊被倒入了這個管道。因此，一定會有八十萬鎊溢出來，因爲有這麼多通貨，超過該國的流通管道所能容納運用的上限。雖然這個數額的通貨無法在國內運用，但是，這麼有價值的東西置之不用未免可惜，所以這筆金額會被運往國外，尋求在國內找不到的獲利機會。可是，通貨中的紙鈔部分不能運出國門，因爲國外離發行紙鈔的銀行很遠，而且國外的法律不能強制本國銀行家兌現本票，所以國外的人們不會接受紙鈔作爲日常支付的工具。因此，高達八十萬鎊的金幣和銀幣便會被運出國門，而國內的流通管道將充斥一百萬鎊的紙鈔，而不是原先一百萬鎊的金幣和銀幣。

雖然有這麼一大筆金幣和銀幣就這樣送到國外，但是，我們不能認爲它沒有任何回報，或認爲這些金幣和銀幣的主人把它們當成禮物送給外國了。金幣和銀幣的主人會利用它們交換外國的各種物品，然後把物品運回國內或銷往別國，供應當地人民消費使用。

假如金幣和銀幣的主人用它們在外國甲購買各種物品，然後運往外國乙供應當地的消費，此即所謂的「海外販運貿易業」（carrying trade），由此獲得的利潤不管多寡，都算是國內的淨收入。這就好比是一筆新增的資本積蓄，可以用來進行新的貿易。國內的商業往來現在都利用紙鈔進行交易，而原來金幣和銀幣就轉化成新的資本積蓄，以進行新的貿易。

假如金幣和銀幣的主人用它們在外國購買各種物品，然後運回國內供應本國消費使用，他們所購買的不外乎：一，供應無所事事的閒人消費的物品，像是外國酒、外國絲綢等奢侈品。二，額外的原材料、工具及食物等，以便在國內維持和雇用額外數目的勤奮勞工，這些人會把自己每年消費掉的價值再度生產出來，並且還帶來利潤。

只要這筆積蓄是用在購買第一種物品，就無異是在鼓勵奢華，增加浪費；增加不具生產效果的消費行爲，也不會形成任何能維持這種浪費的永久積蓄。所以無論從什麼角度看，都對社會有害。

只要這筆積蓄是用在購買第二種物品，就無異是在促進勤奮。雖然這會增加社會的消費，但也提供了一筆永久積蓄，能夠永久維持這種消費。也就是獲得這種消費供應的人，會把自己每年消費掉的價值再度生產出來，並且還帶來利潤。社會因此而增加的毛收入，也就是社會每年的土地和勞動產出因此而增加的價值，將會等於這些人的勞動在這些額外的原材料上所施加的價值。在這個價值中，減去維護工具設備所需的開銷後，留下來的部分，便是社會淨收入因此而增加的價值。

因爲銀行業這類操作方式而被迫流向國外的金幣和銀幣，絕大部分會用來購買外國貨品供應國內消費，並且必然用在購買第二種物品。這種情況不僅可能發生，而且幾乎無可避免。雖然特定的一些人也許會在收入完全沒有增加的情況下，突然大肆揮霍起來，但是我們可以確定，絕不會有整個階級或階層的人都是如此。雖然普通審愼的消費原則，不見得總是能約束每個人的行爲，但是一定會影響每個階級或階層的大多數人。就整個階級或階層來說，那些閒人的收入，不可能會因爲銀行業的操作而有絲毫增加。因此，一般來說，他們的浪費不會因爲銀行業的操作而大增，雖然當中少數幾個人也許會，而有時候也確實更加浪費。既然無所事事的閒人，現在對外國貨品的需求，和以往的水準相同或幾乎相同，那麼因爲銀行業的操作而被迫流向國外，購買外國物品供應國內消費的那些錢幣，便只有很小一部分會用來購買外國物品，供應那些閒人使用。絕大部分自然是用來激勵勤勞，而不是用來縱容懶惰。

計算任何社會的循環資本所能雇用的勞動數量時，我們必須只計算循環資本中的食物、原材料和製成品這三部分積蓄。其餘的錢幣積蓄部分，只是用來流通這三部分，因此必須從循環資本中扣除。要想推動勞動進行生產工作，有三項東西是必備的：等待施工的原材料、堪用的工具，以及提供不可或缺的工作誘因，也就是給付適當的勞動工資或酬勞。錢幣既不是等待施工的原材料，也不是可以使用的工具。雖然工人的工資通常是以錢幣支付，但工人的實質收入，就像其他所有人那樣，不是在於錢幣，而是在於錢幣的價值。不在於錢幣，而在於錢幣能夠換得到的物品。

顯然，任何資本能夠雇用的勞動數量，必然等於某個數目的工人，也就是資本能夠充分提供原材料、工具和適當勞動待遇的工人數。要想購買原材料和工具，以及支付勞動的工作待遇，也許少不了錢幣。但是，全部資本所能雇用的勞動數量，顯然不會既等於用來購買各種東西的錢幣，又等於購買進來的原材料、工具和勞動生活費，而只會等於這兩個價值的其一，並且是等於後者要比等於前者來得更爲恰當。

當紙鈔取代了金幣和銀幣的地位以後，全部循環資本所能提供的原材料、工具和勞工生活費，數量便會增加。而且增加的價值，等於從前用作流通工具的金幣和銀幣的全部價值。也就是說，原本是金堆銀砌的流通分配巨輪，現在全部的價值都被轉注到透過它來進行流通分配的物品上。這種取代的運作模式，就某個程度來說，有點像大企業家的經營策略，當機械製作有所進步，便捨棄舊機器，換裝新機器，並將新舊機器的價格差額轉注到循環資本，也就是用來提供原材料和支付工資的那部分積蓄。

在任何國家流通的錢幣數量，和透過它來進行流通的每年產出的總價值，兩者之間的比例也許不太可能確定。不同的作者曾經估計過的比例，從錢幣數量占每年產出總值的五分之一、十分之一、二十分之一，到三十分之一都有。無論流通的錢幣數量占年產出總值的比例是多麼微小，由於年產出總值中只有一部分，而且通常是一小部分，提撥出來作爲循環資本維持產業活動，所以，流通的錢幣數量占這一部分年產出總值的比例必定不小。因此，利用紙鈔取代以後，流通所需的金幣和銀幣也許會減少到僅剩原來的五分之一。如果其餘那五分之四，有很大一部分被轉注到循環資本，作爲維持產業活動的積蓄，那必然會大大提高產業活動的數量，也會大大增加土地和勞動每年產出的價值。

蘇格蘭在近二、三十年間，幾乎每個稍具規模的城市，甚至有些鄉村小鎮，都設立了新銀行，從事這種取代錢幣的操作業務。這種操作業務的效果正如前文所述。現在那裡的商業活動，幾乎完全利用銀行發行的紙鈔來進行，也就是各種買賣支付通常利用紙鈔完成。除了用來找換銀行鈔票的零錢外，銀幣很難得看見，金幣就更不用說了。雖然所有銀行的業務操作不見得都完美無缺，也因此導致國會特別立法管理；然而，蘇格蘭顯然已經從這個新興的行業得到了莫大好處。我曾聽說，自從首次有銀行在格拉斯哥創立以來，在大約十五年間，當地的貿易增加了一倍。而自從兩家大眾銀行在愛丁堡設立，蘇格蘭的貿易也增加了不只三倍。其中一家叫作蘇格蘭銀行，是由國會通過法案在一六九五年創立。另一家是一七二七年由蘇格蘭皇室特許成立的蘇格蘭皇家銀行。不管是就蘇格蘭全境，或是就格拉斯哥一地來說，我都不敢肯定，在這麼短的期間內，它們的貿易量是否眞的成長到這麼高。即使的確有這種高倍數的成長，完全以銀行的設立來解釋這種高成長，未免有點過於誇張。不過，蘇格蘭的貿易和產業活動，在這段期間增長非常迅速，而這些銀行對此貢獻良多，卻是不容置疑的。

一七〇七年和英格蘭合併之前，在蘇格蘭境內流通的銀幣當中，合併後立即被蘇格蘭銀行召回重鑄的部分，總值爲四十一萬一千一百一十七鎊十先令九便士。關於流通的金幣部分，我手上沒有確切的統計資料，不過，據蘇格蘭鑄幣廠早期的帳冊，每年鑄造的金幣總值似乎都稍微超過銀幣。此外，當時有相當多的人懷疑是否能夠領回錢幣，而沒將銀幣交給蘇格蘭銀行。再說，當時有一些英格蘭錢幣在蘇格蘭境內流通，這部分並不在法律規定召回重鑄的範圍內。因此，合併前在蘇格蘭流通的金幣和銀幣，全部價值估計應當不會少於一百萬鎊。這似乎是當時蘇格蘭全部的通貨餘額；因爲，雖然當時的蘇格蘭銀行在沒有競爭對手的情況下，發行了不少紙鈔，但也只占全部通貨餘額非常小的一部分。目前蘇格蘭全部的通貨餘額，據估計絕不下於兩百萬鎊，其中金幣和銀幣部分很可能不會超過五十萬鎊。雖然蘇格蘭流通中的金幣和銀幣，在這段期間呈現大量縮減的現象，可是實質財富和繁榮絲毫不見受損。相反的，農業、各種製造業和貿易，連同每年的土地和勞動產出數量，在蘇格蘭都明顯增加了。

大部分銀行和銀行家發行本票的方式是靠貼現商業匯票，也就是說，在商業匯票到期之前墊付通貨。不管他們墊付了多少，總是會先從中扣除匯票到期前應付的利息。到期時，匯票兌付的款項，除了抵償銀行先前墊付的價值外，還多了利息收入。當商人拿匯票來貼現時，銀行家給他的墊付款不是金幣或銀幣，而是銀行家自己的本票。對銀行家來說，這樣的好處是可以做更多的貼現生意。如果他根據經驗發現，他的本票通常在外流通的餘額是五十萬鎊，那麼他便可以在自己所有的金幣和銀幣之外，以自己的本票多做五十萬鎊的貼現生意。這樣一來，淨賺的利息收入會更多。

蘇格蘭的商業活動，目前的交易量並不大，在前述那兩家銀行創立初期更是微不足道。如果當時這兩家銀行將業務局限在匯票貼現，營業額肯定少得可憐。因此，他們發明另一種發行本票的方式，即所謂的「透支戶墊款或貸款」。也就是說，銀行會授與任何人一定的信用額度（譬如兩、三千鎊），只要他可以提供兩名信用無虞且擁有良好地產的人幫他作保，並且在銀行請求時，如數清償他在授信額度內實際動用的墊款餘額和應付利息。我相信，世界各地許多銀行和銀行家通常也會授與顧客這種信用額度。但是據我所知，蘇格蘭各銀行允許的還款條件特別寬鬆，也許主要是由於這個原因，所以營業額非常大，同時整個蘇格蘭也受益匪淺。

假設某人在某家銀行擁有這種信用額度，並且透支了一千鎊，那麼他可以一點一滴的還，也許一次只還二、三十鎊，而每一次銀行都會自即日起按還款比例扣減全部透支餘額應付的利息，直到全部還清爲止。因此，所有的商人和幾乎所有其他行業的生意人，都覺得在銀行裡設立這種透支戶很方便，因此會主動幫銀行推廣生意。他們不僅自己樂於接受顧客以這些銀行的本票付款，還會發揮影響力鼓勵他人這麼做。當顧客上門借錢時，銀行通常是以自己的本票借給他們。銀行本票會被商人用來向製造業者購買各種製品，接著製造業者會用來向農夫買各種材料和食物，接著農夫會用來支付地主地租，接著地主會把這些本票交回到商人的手中，支付商人所供應的各種生活便利品及奢侈品，然後商人再將本票還給銀行結清透支的餘額，或償還原來的借款。就這樣，幾乎所有該國的貨幣交易都是利用銀行本票來進行。所以這些銀行的生意才會如此興隆。

有了這種信用透支戶的辦法，每位商人都能夠擴大經營規模，但同時仍然不違背謹慎的原則。譬如，假設有兩個商人，一在倫敦，一在愛丁堡，運用數量相同的積蓄從事同一種買賣，那麼在同樣謹慎經營的原則下，愛丁堡的商人和倫敦的商人相比，前者能夠經營較大的生意規模，雇用的工人也會比較多。倫敦的商人，為了隨時應付先前賒帳進貨而不斷產生的付款要求，必須經常在身邊保有一筆為數可觀的金錢。這筆錢也許是存放在他個人的金庫裡，或是同樣無息的存放在往來銀行的金庫裡。假若這筆金錢的數目平常是五百鎊，那麼，在倫敦商人的倉庫裡積存的物品價值，必然經常會比他不必保留這筆金錢閒置不用時，所積存物品的價值少了五百鎊。且讓我們假設，他每年通常將手上積存的物品全部賣掉一次，或者說，他每年賣掉的物品價值，通常等於他手上積存的全部物品價值。由於必須保留一大筆閒置不用的金錢，他每年就比不需保留這筆金錢時少賣了五百鎊的物品。他每年的利潤必然會比較少，少了如果能多賣五百鎊物品時可以賺進的利潤。而他雇用來整理物品銷往市場的工人數目也必然會比較少，少了如果能運用那五百鎊積蓄時可以雇用的人數。另一方面，愛丁堡的商人不須保留任何閒置不用的金錢，以隨時支應進貨的付款要求。當這種付款要求上門時，他就用銀行的信用透支戶支應，再隨時以銷貨收到的金錢或銀行本票逐步抵償銀行的借款。所以，儘管他個人的積蓄和倫敦的商人一樣多，也儘管他們兩人一樣遵守謹愼經營的原則，但不管什麼時候，他都能在倉庫裡積存較多的物品。因此，他不僅自己能夠賺到更多的利潤，也經常雇用更多的勤勞工人來整理物品銷往市場。整個國家也因此從這種銀行的貸款業務獲得很大的好處。

也許有人會認爲，商業匯票貼現的辦法給英格蘭商人帶來的方便，相當於蘇格蘭商人在銀行裡的信用透支戶。但是不要忘了，若想拿匯票到銀行貼現，蘇格蘭商人也和英格蘭商人享有同樣的方便。此外，他還多了信用透支戶的便利。

就每一種紙鈔來說，可以順利在任何國家裡流通的數量，絕不可能超過它所取代的金幣和銀幣的價值。也就是說，在交易數量維持不變的情況下，紙鈔的數量絕不可能超過原來流通的錢幣價值。例如，假使二十先令的紙鈔是蘇格蘭目前流通中面額最低的紙鈔，那麼這種紙鈔可以在該國順利流通的數量，絕不可能超過每年爲了在該國媒介所有價值等於或大於二十先令的各種交易，通常所需的金幣和銀幣總和。這種紙鈔的流通數量一旦超過了這個總和，那麼由於超出的部分既不能拿到國外去用，又不能在本國流通運用，必然會立即湧回銀行換成金幣和銀幣。換句話說，當這種紙鈔的流通數量超過了前面說的總和時，許多人便立刻會覺得，他們擁有的這種紙鈔超過他們在國內進行交易所需的數目。由於超出的部分不能拿到國外去用，所以他們必然會立即持往銀行要求兌換成錢幣。一旦他們把這部分多餘的紙鈔換成金幣或銀幣，然後拿到國外去，便很容易加以運用獲利。反之，多餘的紙鈔只不過是一堆紙罷了，不可能會有什麼用途。因此，多餘的紙鈔全部會立即湧向銀行要求兌換錢幣，這時如果銀行表現出任何困難或延宕，湧向銀行要求兌換的紙鈔就會更多。因為銀行信用不足引起的心理恐慌，必然會擴大擠兌的規模。

除了每一種行業都會有的費用，諸如房租、職工和會計師等的工資以外，銀行特有的費用主要有兩項：首先是保管錢幣的費用。為了應付持有銀行本票的人隨時上門要求兌現，銀行必須經常在金庫裡儲存一大筆錢幣，這筆錢不僅沒有利息收入，保管也需要額外的費用開銷。其次是金庫裡錢幣流失時的補充費用。金庫一旦因為應付前述兌現的要求而出現空隙時，銀行必須盡快予以補充。

銀行發行的紙鈔若超過國內流通所需使用的數目，超出的部分會不斷的湧回來要求兌現，於是銀行便必須提高金庫裡經常儲存的錢幣數量，提高的比例不會僅等於紙鈔發行過剩的比例，而是會更大。因為紙鈔加速湧回來的幅度遠大於紙鈔過剩擴大的比例。所以，如果銀行逞強超額發行紙鈔，那麼它必須承擔的第一項費用，遞增的比例不會僅等於紙鈔超額發行的比例，而是會更大。

此外，這種銀行的金庫雖然被注入較多的錢幣，但錢幣從中流出的速度，必定遠比紙鈔發行數量局限在更合理的範圍時快很多，以致為了補充庫存錢幣，需要更為激烈的行動，以及更為連綿不斷的努力和花費。再者，從這種銀行的金庫裡不斷流出的大量錢幣，也不可能用在國內充當交易媒介。流出來的錢幣只是取代了某些紙鈔的位置，而這些紙鈔原本就超過國內流通所需的數量，因此國內流通當然也用不著這些錢幣。然而，人們不會容許這些錢幣閒置不用，因此它們必然會以某種型態被送往國外運用，以尋求國內無法提供的各種獲利機會。金幣和銀幣不斷輸出的結果，必然會使得銀行更難找到金銀，因而必須花費更大的開銷，尋找新的金銀來源以補充快速空虛的金庫。所以，如果銀行逞強超額發行紙鈔，那麼它必須承擔的第二項費用，增加的幅度比第一項費用還要大。

假設某一銀行發行的紙鈔總數爲四萬鎊，而這個數目也恰好是國內流通的管道能夠順利吸納和運用的數目。又假設爲了不時應付要求兌現，該銀行必須在金庫裡經常儲存一萬鎊金幣和銀幣。如果該銀行嘗試發行四萬四千鎊的紙鈔進入流通管道，這就比流通管道所能順利吸納和運用的數目多出了四千鎊，多出的四千鎊紙鈔湧回銀行要求兌現的速度，幾乎會和發行出去的速度一樣快。因此，爲了不時應付兌現要求，該銀行必須在金庫裡經常儲存的錢幣數量，就不只是一萬鎊，而是一萬四千鎊。因此，該銀行不僅賺不到超額流通四千鎊紙鈔的利息收入，還會徒然損失不斷四處張羅四千鎊錢幣的費用。因爲不斷會有四千鎊的錢幣從金庫流出，而流出去的速度和張羅進來的速度一樣快。

如果每一家銀行隨時都了解並且照顧到自己的特殊利益，國內的流通管道就不會有紙鈔過剩的問題。但實際上，並非每一家銀行隨時都了解或照顧到自己的特殊利益，因此流通管道時常發生紙鈔過剩的問題。

許多年來，由於紙鈔發行的數量過大，而過剩的部分又不斷的湧回來要求兌換金幣和銀幣，因此英格蘭銀行每年都得鑄造爲數在八十萬至一百萬鎊之間的錢幣。平均來說，每年大約是八十五萬鎊。爲了鑄造這一大筆錢幣，英格蘭銀行時常必須以每盎司四鎊的高價購進金塊（這是因爲市面上流通的金幣在幾年早已嚴重磨損），隨後不久便以金幣的形式散發出去，每盎司僅值三鎊十七先令十又二分之一便士。因此，在鑄造這麼一大筆錢幣上，銀行所蒙受的損失，大約在百分之二・五到三之間。雖然銀行不用繳納鑄幣稅，錢幣的鑄造費用也完全由政府慷慨承擔，卻仍然無法讓銀行免除所有的開銷。

同樣是由於超額發行紙鈔的緣故，蘇格蘭的銀行不得不經常在倫敦雇用代理人幫忙蒐集錢幣，雇用這些人的費用很少低於收得錢幣總額的百分之一・五或百分之二。蒐集到的錢幣須以馬車運回，除了運費之外，還得支付運輸業者每百鎊十五先令或百分之〇・七五的保險費。這些代理人未必永遠能夠在雇主的金庫流失錢幣時迅速予以補足。這時，爲了籌措所需的金額，蘇格蘭的銀行必須開立商業匯票，向倫敦的通匯銀行借錢。後來當倫敦的銀行持匯票要求兌現和支付利息及手續費時，有些蘇格蘭的銀行因爲超額發行紙鈔而陷入困境，有時無法立即付現，只好再開立新的匯票向原來的通匯銀行或倫敦其他的通匯銀行借新還舊。同一筆金額，或不如說是好幾張同一面額的匯票，就這樣在眾銀行之間來回旅行，有時會超過二至三次。不管來回幾次，債務銀行總是需要承擔整個累計金額的利息和手續費。甚至有些蘇格蘭的銀行，即使向來並非以極端膽大妄爲出名，有時候也不得不使用這種飲鴆止渴的辦法。

在紙鈔發行數量超過國內流通所需數量的情況下，用來兌換超額紙鈔的金幣，不管是由英格蘭銀行或是蘇格蘭的銀行支付，因爲在國內的流通管道裡也同樣沒有用處，有時會以金幣的形式送到國外；有時會先熔成金塊再送到國外；有時被熔成金塊後，會以每盎司四鎊的高價賣給英格蘭銀行。這些運往國外或熔成金塊的金幣，都是從市面上所有的金幣中精挑細選出來的，最新、最重、最好的金幣。在國內，比較重的金幣，如果繼續保有錢幣的形式，價值不會大於比較輕的金幣。但是，比較重的金幣運到國外，則價值會比較高；在國內如果熔成金塊，則價值也比較高。儘管英格蘭銀行每年都鑄造大量錢幣，但是它每年都會很訝異的發現，錢幣稀少的情況竟然和一年前無異。儘管每年都有大量優良的新錢幣從銀行流出來，但是市面上錢幣的狀況，不僅不是愈來愈好，反而是一年不如一年，愈來愈差。英格蘭銀行每年都會發現，必須鑄造幾乎和去年同一數量的錢幣，並且由於市面上的錢幣不斷被磨損和削剪，導致金塊的價格不斷提高，每年鑄造一大筆錢幣的費用，便一年高過一年，不斷上揚。另外值得注意的是，英格蘭銀行在爲自家金庫張羅錢幣時，也間接等於是在爲全國張羅錢幣，因爲錢幣會以許多不同的方式，從金庫流到國內每個角落。因此，在蘇格蘭和英格蘭兩地，不管維持銀行紙鈔發行過剩的局面需要多少錢幣，也不管紙鈔過度發行使得全國必備的錢幣數量形成了多大的缺口，英格蘭銀行都必須予以補足。毫無疑問的，蘇格蘭的銀行，每一家都得爲本身的大膽輕率而付出昂貴代價。但是，英格蘭銀行不僅會因爲本身的超額發行而付出昂貴代價，還會因爲幾乎所有蘇格蘭銀行的膽大妄爲而遭殃受過。

在英格蘭和蘇格蘭兩地都有大膽的企業計畫家，他們過度擴張生意是銀行過度發行紙鈔的肇因。

銀行適宜授與任何商人或企業家的貸款數目，既不會構成他全部的循環資本，甚至也不會是那個資本的任何重要部分，而只不過是他原本必須以錢幣形式閒置在身邊以備不時之需的那部分資本。如果銀行借出去的紙鈔從不超過這個數目，那麼紙鈔發行的數目，就絕不可能超過原先在沒有紙鈔的情況下，必然會在國內流通的金幣和銀幣的價值。也就是說，紙鈔的數目絕不會超過國內流通管道能夠順利吸納運用的數量。

如果銀行據以貼現借給商人的匯票，是由實在的債權人向實在的債務人要求付款的實質匯票，並且在匯票到期時，該債務人確實立即付現。那麼銀行借給商人的款項，將只不過是他原本必須以錢幣形式閒置在身邊以備不時之需的那部分價值。匯票到期時收到的款項，正好可以抵償銀行原先墊付的價值加上利息。如果銀行墊款的對象僅限於這種客戶，那麼它的金庫就像一個水池，雖然會有一股水不斷流出，但也會有另一股水不斷流入，大小完全和流出的那一股相當。所以，無須給予特別的注意或照顧，這個水池總是會維持相等或非常接近相等的滿水位。這樣的銀行要讓金庫保持飽滿，所需的費用極少，甚至不需要任何費用。

一個從不過度擴張生意的商人，仍可能時常遇到需要動用大筆現金的情況，甚至有時候手上剛好沒有任何匯票可供貼現。如果除了經常貼現他的匯票，銀行在這時候透過信用透支戶爲他墊付各筆款項，並且按照蘇格蘭銀行實施的寬鬆模式，允許他隨時在賣出貨品並收到貨款後，一點一滴償還銀行的墊款，那麼他就完全不需要將任何一部分資本，以錢幣形式閒置在身邊以備不時之需。每當遇到需要動用現金的情況，他都能憑藉在銀行裡的信用透支戶來應急。然而，銀行在和這種客戶來往時，必須特別留意觀察，在某一短暫的期間內（譬如四個月、六個月或八個月），通常從他們那裡收到的各筆還款總額，是否完全等於通常爲他們墊付的金額總和。如果，在這樣短的期間內，從某些特定客戶那裡收到的各筆還款總額，在多數情況下，完全等於銀行爲他們墊付的總額，那麼銀行繼續和這種客戶往來也許不會發生問題。在這種情況下，雖然從銀行的金庫流出的錢幣數量也許很大，但不斷注入金庫的錢幣數量至少一定是同樣大。因此，無須額外的注意或照顧，銀行的金庫便很可能總是維持相等或非常接近相等的飽滿。換句話說，銀行要讓金庫保持飽滿，很少需要支付超乎尋常的費用。相反的，如果銀行從其他某些客戶收到的各筆還款總額，通常遠小於銀行爲他們墊付的總額，那麼銀行繼續和這種客戶往來便不可能安全，尤其是當他們打算繼續以這種方式來利用銀行時。在這種情況下，從銀行的金庫不斷流出的錢幣數量，必然遠大於不斷注入金庫的錢幣數量。所以，除非銀行持續大肆籌措錢幣補充金庫，否則金庫很快就會見底。

正因爲有這樣的認識，所以過去有很長一段期間，蘇格蘭的各個銀行非常嚴格要求所有客戶都必須規律的償還墊款。要是有誰無法時常規律的配合還款，不管他的財富或信譽如何，銀行都不會繼續和他來往。銀行堅守這個原則的理由，除了可以在補充庫存錢幣時省下幾乎所有異常的費用之外，還有另外兩個不小的好處。

首先，由於堅守這個原則，銀行只要根據內部的帳冊紀錄，便能對借款人的經營狀況好壞做出大致正確的研判，無須另外尋找其他任何證據。因爲借款人的還款紀錄正常與否，通常會反映他的經營狀況好壞。一個私下借錢給他人的有錢人，處理的貸款對象也許只有五、六個，或頂多十幾個，因此他自己或代理人經常可以仔細考察每位借款人的行爲和經營狀況。相對的，銀行放款的對象也許高達五百個，而且還要不斷的全力關注一些性質大不相同的事項。因此，銀行除了內部的帳冊紀錄之外，對於大部分貸款客戶的行爲和經營狀況，不可能經常取得其他相關訊息。蘇格蘭各銀行之所以要求所有客戶時常規律的償還貸款，很可能是考慮到這方面的好處。

其次，銀行堅守這個原則，還可以確保自己發行的紙鈔不致超過國內流通管道能夠順利吸納運用的數量。當銀行在每個長短適中的期間內，通常看到某個客戶的各筆還款總和，等於銀行貸給他的各筆借款總和時，銀行就可以確定自己借給他的紙鈔數量，從來不曾超過他在沒有銀行貸款的情況下，必須閒置在身邊以備不時之需的金幣和銀幣數量。從而也可以確定自己假借他的手流通出去的紙鈔數量，從來不曾超過如果沒有紙鈔時會在國內流通的金幣和銀幣數量。他的各筆還款，不管是就次數、規律或金額來說，將會充分證明銀行貸給他的各筆款項總和，從來不曾超過他原本必須以錢幣形式閒置在身邊以備不時之需的部分資本。這部分資本，也就是他爲了讓其餘的資本處於恆常運用的狀態而必須隨時保留在身邊的部分。他的全部資本中，也只有這部分才會以通貨的形式，不管是紙鈔或錢幣，不斷的在長短適中的期間內回流到他的手中，又不斷的以同一形式從他的手中流出。相反的，如果銀行借給他的金額通常超過他的這部分資本，那麼在各個長短適中的期間內，他平常歸還的總金額便不會等於銀行平常借給他的總金額。他的生意往來所導致的那一股不斷流入銀行金庫裡的錢幣，便不可能等於同一生意往來所導致的那一股不斷從銀行金庫流出去的錢幣。由於銀行借給他的紙鈔數量，超過了他在沒有銀行貸款的情況下，必須閒置在身邊以備不時之需的金幣和銀幣數量，所以銀行發行的紙鈔數量，很快就會超過原先沒有紙鈔時會在國內流通的金幣和銀幣數量（假定商業活動維持不變）。從而銀行發行的紙鈔數量，也就會超過國內流通管道能夠順利吸納運用的數量。於是，超過國內流通容量的那部分紙鈔便會立即湧回銀行，要求兌換金幣和銀幣。這項好處雖然和前面那項同樣眞實，但蘇格蘭各銀行對它的了解，也許不像對前述那一項如此清楚。

不管是在哪個國家，每個值得信賴的生意人，當銀行讓他享有匯票貼現和信用透支的雙重便利，讓他無須再將任何一部分資本以現金方式閒置，以備不時之需，照道理他就不該期待銀行和銀行家會進一步對他提供更多的協助。而銀行和銀行家爲了本身的利益和安全著想，也只能做到這個地步，不可能給予更多的方便。任何商人用來做生意的循環資本，如果全部或絕大部分是從銀行借來的，便不可能符合銀行本身的利益。因爲，這部分資本雖然會以通貨的形式不斷的回到商人手中，但也會以同一形式不斷從他手中花出去。而且在全部花出去以後，和在全部收回來之前，相隔的時間太過漫長，所以在任何長短適中的期間內，商人逐次歸還的金額總和，便不可能適合銀行的運作需要，也就是說，不可能等於銀行逐次借給商人的金額總和。根據同一道理，如果商人的固定資本中，有相當可觀的一部分是銀行借給他的，那就更不符合銀行本身的利益了。譬如，借錢給鐵工廠的老闆當資本，去興建鍛鐵爐和熔鐵爐，興建廠房和倉庫，或興建員工宿舍等；或借錢給經營礦坑的業者當資本，去挖掘坑道，安裝抽水機，鋪設道路和台車的車軌等；或借錢給土地改良者當資本，在未經開墾的荒地上進行開闢、排水、築籬、施肥和翻土的工作，或興建農舍以及所有必要的附加物，諸如畜舍、穀倉等。幾乎所有行業的固定資本，回收的速度都比循環資本慢很多。而且這種開支，即使在支出之前經過最審慎的評估和判斷，如果沒有經過長達數年的時間，不太可能會全部再回到投資者的手中。如此漫長的等待時間，對銀行來說是很不方便的。的確，商人和其他企業的經營者可以很正當的借很多錢，來執行各種商業計畫。然而在這種情況下，他們如果真想公平對待其債主，他們自己的資本便應該夠大，也許可以說應該大到足夠保障債主的資本。也就是說，他們自己的資本應該足夠讓債主極不可能蒙受任何損失，即使商業計畫執行的結果遠不如原先預期的那樣成功。但是，即使已經有了這樣充分的防範，這種打算經過好幾年的漫長時間才會歸還的借款，仍然不應該是從銀行借出來的；而應該是以設定擔保或抵押的方式，從某些私人手上借來的。這些有錢人不想費心運用自己的資本，而只打算靠借出去的錢賺取利息，悠閒過日子。因此，他們會願意將資本借給信用良好，並且很可能持續借好幾年的人來運用。的確，向銀行借錢既不需要繳納印花稅，也不需要支付律師費辦理擔保或抵押，而且如果銀行也允許客戶按蘇格蘭各銀行那樣寬鬆的條件歸還貸款，那麼，這樣的銀行對商人和企業的經營者來說，無疑是很方便的債主。但是，商人和企業的經營者，對這種銀行來說，顯然是最麻煩的債務人。

自從蘇格蘭各銀行的紙鈔發行數量，已經達到該國的流通管道可以順利吸納運用的數量，甚至也許已經稍微大於這個飽和的流通數量以後，迄今已超過了二十五年。因此，可以說在這麼長的時間以前，這些銀行已經在符合本身利益的範圍內，對蘇格蘭的商人和其他企業的經營者提供了一切可能的協助。事實上，這些銀行所做的生意已經算是有點過度擴張了，而且因爲在這種特殊的行業裡，任何絲毫的過度擴張，都免不了會導致損失或降低利潤，因此他們自己也已經吃了不少虧。然而，蘇格蘭的商人和其他業者，從各銀行和銀行家得到了這麼多協助以後，還想獲得更多。他們似乎認爲，不管需要借多少錢，銀行都可以充分借給他們，而且除了多買一些紙張之外，銀行並不需要花任何其他費用。他們抱怨銀行的主管視野狹隘、心態怯懦，還說這些銀行沒有按照全國買賣活動的擴張比例增加貸款金額。毫無疑問的，他們所謂擴大全國的買賣活動，眞正的意思是想在自己的資本能夠承擔的範圍之外，甚至在他們平常透過擔保和抵押可以從某些私人借到的資本之外，擴大他們自己的各種生意項目。他們似乎認爲，銀行在道義上應該供給他們欠缺的資本，或者說應該供應他們想要用來做生意的一切資本。然而，這些銀行的看法卻不是這樣。在銀行拒絕增加貸款之後，有一些生意人爲了達到目的，便採取了某種權宜辦法，這個辦法雖然費用高很多，但一時之間的作用，和銀行極度擴大貸款一樣有效。這個權宜辦法不是別的，正是眾所周知的「對開匯票」。這也是不幸處在破產邊緣的生意人有時會採用的手段。這種籌集現金的辦法在英格蘭行之已久。據說在上一次英法戰爭時，由於各種生意買賣的利潤很高，過度擴張生意的誘惑很大，這種辦法極為盛行。此法從英格蘭傳入蘇格蘭後，很快就變本加厲風行起來，不管是相對於蘇格蘭極為有限的商業活動來說，或相對於該國極為單薄的資本來說，利用這種辦法取得的資金所占的比重，遠比英格蘭過去任何時候都要來得大很多。

這種對開匯票的手法，所有生意人當然十分清楚，因此或許有人會認為沒必要加以說明。但是，因為本書的讀者不一定全是生意人，而且這種集資的手法對銀行業的影響，一般人，甚至包括運用這種手法的生意人自己在內，也不見得全然了解，所以我將盡可能解釋清楚。

從前在歐洲原始的法律尚未強制各種買賣合約履行時，商業界形成了某些慣例。後來在前兩個世紀之間，這些慣例終於被納入所有歐洲國家的法律。這賦予了商業匯票許多不尋常的特權，以致利用商業匯票比利用任何其他債務證書更容易借到現金，尤其開票日之後二至三個月就必須付現的短期匯票更是如此。當匯票到期時，持票人會向承兌人提示匯票，如果承兌人不能立即付現，那麼他的信譽從那時刻起便破產了。完成承兌人拒付的證書以後，這張匯票便會轉向開票人要求付款，如果他不能立即付現，那麼他也是信譽破產。如果這張匯票，在執票人向承兌人提示要求付現之前，曾經在其他好幾個人的手上輪流轉讓過，他們之間也許曾經依序把相當於匯票價值的現金或各種物品讓給了對方。爲了表示他們每個人都曾經輪流收到這張匯票換來的價值，他們會依序爲這張匯票背書，也就是在匯票的背面簽署自己的名字。每個背書人依序必須對匯票的持票人負責，支付自己曾經收到的價值。如果他不能支付，那麼自即刻起，他同樣也是信譽破產。縱使匯票的開票人、承兌人和背書人的信用全都有問題，可是由於匯票的期限很短，持票人多少會覺得有點保障。縱使他們每個人很可能都即將破產，然而每個人是否都在這麼短的時間內破產，卻是值得一搏的機會。就好像一位疲憊不堪的旅客喃喃自語的說，這房子不太正常，好像快要倒了，但不一定剛好在今晚倒塌，所以我就冒險在此睡上一宿吧。

且讓我們假設，愛丁堡的商人甲開出一張匯票，要求倫敦的商人乙在兩個月後支付一定的金額。實際上，倫敦的乙對愛丁堡的甲什麼也沒欠，但是，乙在某種條件下同意承兌甲的匯票，也就是在匯票到期之前，他將會向甲開出另一張匯票，要求甲同樣在兩個月後，支付第一張匯票的面額，加上利息和手續費。於是，乙按照這個條件，在最初的兩個月過完之前，開了一張匯票讓甲來承兌。而甲在第二次的兩個月過完之前，又開了一張匯票同樣讓乙承諾在兩個月後付款。然後在第三次的兩個月過完之前，倫敦的乙又開了一張匯票讓愛丁堡的甲承諾在兩個月後付款。這種做法有時候不止會持續好幾個月，而是好幾年。對應於愛丁堡的甲所開的每張匯票，總是會有另一張匯票開回來向他要求支付前一張匯票的本金，加上先前所有匯票所累積的利息和手續費。目前的利息是每年百分之五，而對方開立每張匯票的手續費，不會少於匯票面額的百分之〇．五。由於這種手續費每年至少發生六次以上，所以不管甲利用這個權宜的辦法籌集了多少資金，他每年支付的費用必然超過百分之八。當手續費提高時，或當他必須以複利的方式支付所有先前開出的匯票利息和手續費時，他籌集資金的成本就會比百分之八高很多。這種手法在商場上稱作「以匯票循環集資」（raising money by circulation）。

蘇格蘭大部分生意投資，平常的利潤，據推測僅介於百分之六到十。在這樣的國家，必須是很幸運的投機生意，才可能獲得足夠高的報酬，高到不僅可以抵償這樣集資經營必須支付的鉅額費用，還可以讓投機者獲得豐厚的剩餘利潤。然而，過去有許多大規模的生意項目開始經營的時候，乃至持續進行了好幾年，靠的全是這種支付鉅額費用籌集起來的資本。毫無疑問，籌畫這些生意項目的人，在美夢正酣的時候，對他們的生意項目將會獲得的龐大利潤，肯定有極爲清晰的憧憬。然而，當他們夢醒時，也許是在整個生意項目結束時，也許是在生意再也進行不下去的時候。我相信，他們很少有這等好運能找到夢中的利潤。

從愛丁堡的商人甲開出要求倫敦的商人乙付款的匯票，通常會在到期的兩個月前，被甲持往愛丁堡的銀行貼現；而從倫敦的乙開出要求愛丁堡的甲付款的匯票，也會被乙按同一規律持往英格蘭銀行或倫敦其他的銀行貼現。這種循環匯票貼現所獲得的款項，金額不管多少，如果在愛丁堡，得到的便是蘇格蘭各銀行發行的紙鈔；如果在倫敦的貼現銀行是英格蘭銀行，得到的便是該行發行的紙鈔。雖然銀行據以借出紙鈔的循環匯票，每一張在依序到期時都會立即獲得支付，不過，銀行在接受第一張匯票貼現時借出去的價值，絕不會眞正的回到該貼現銀行。因爲在每張匯票到期前，總是會有另一張匯票被開立出來，面額比即將獲得支付的那張稍微大一些。而這張新開出的匯票，基本上必須獲得原來的貼現銀行貼現，否則即將到期的那張匯票便不可能獲得支付。所以這種支付純粹是揑造出來的。原本在銀行金庫裡的錢幣，一旦因爲這種循環匯票的攪動而外流出去以後，就永遠不會有任何眞正替補它的東西流入金庫。

銀行將這種循環匯票貼現而發行出來的紙鈔，數量時常等於某些客戶在農業、商業或製造業進行大規模投資所需的全部資本；而不只等於在沒有紙鈔的情況下，這些客戶必須以現金形式閒置身邊以備不時之需的那部分資本。因此，這樣發行出來的紙鈔，大多超過原先沒有紙鈔時會在國內流通的金幣和銀幣數量。也就是說，銀行發行的紙鈔超過了國內流通管道能夠順利吸納運用的數量；於是，超過的那部分便立即湧回銀行兌換金幣和銀幣，而銀行也就必須盡可能四處張羅來供應。這些錢幣無異是取自銀行的資本，是那些野心勃勃的客戶利用巧妙的陰謀套取出來的。銀行不僅事先不知道，也未經深思熟慮才同意，甚至有時候銀行也許絲毫沒有想到，自己實際已經把這個資本借出去了。

如果有兩個人不斷互相對開匯票，並且總是拿到同一家銀行貼現，那家銀行必定會很快發現他們在進行什麼樣的勾當，而且也會清楚看出，他們不是用自己的資本，而是用銀行借給他們的資本在做生意。但事實上，銀行通常並不容易發現這種勾當，譬如，當這兩個人有時候在某家銀行貼現，有時候在另一家銀行貼現。或者，如果這兩個人並不是固定的彼此直接對開匯票，而是有時會繞一個大圈，勾結許多空頭企業家，彼此串連起來對開匯票。這些人既然認爲以這種方式互相幫忙取得資本對自己有利，於是爲了達到向銀行借錢的目的，他們便會盡可能讓銀行分不清楚匯票究竟是實質的，或是捏造的。也就是說，分不清究竟是實在的債權人開向實在的債務人請求支付的匯票，或是除了貼現銀行以外，並沒有其他稱得上是實際債權人的空頭匯票。這種匯票，甚至可以說，除了把銀行的現金套借出來使用的空頭企業家之外，並沒有其他任何眞正的債務人。即使有時銀行家會發現這種勾當，卻往往爲時已晚。甚至也許還會發現，他所貼現的這種空頭匯票，金額已經高到如果他拒絕繼續給予貼現，必然會迫使那些空頭企業家全部破產。而且如果他這樣把他們毀了，最後很可能也會毀了自己。因此，爲了自身的利益和安全，銀行家也許會決定，他必須在這種非常危險的狀況下，繼續給予貼現一陣子；不過，也會盡量想辦法把借出去的錢逐步追回來。基於這樣的考量，他對匯票貼現的態度會變得一天比一天刁難，以迫使那些空頭企業家逐漸轉向其他銀行借錢，或迫使他們利用其他方法集資，好讓他自己可以盡快跳出這種危險的圈套。像這樣，過了一段時間以後，當所有銀行都已經做了太多不該作的貼現生意時，首先是英格蘭銀行，接著是倫敦的各主要銀行，乃至連一些比較謹愼的蘇格蘭銀行，便會開始刁難匯票貼現。於是使得那些空頭企業家不僅大爲恐慌，也極端憤怒。毫無疑問的，各銀行採取這種謹愼和必要的保守措施是導致他們遭受苦難的近因。但是，他們把自己的苦難稱爲國家的苦難。他們說，國家的這種苦難完全是由於銀行的無知、膽怯和行爲惡劣所引起的。他們說，有些人爲了讓國家變得更美麗、更進步和更富裕而身體力行的打拚，但是那些人舉辦的各種崇高事業，銀行界並沒有給予足夠慷慨的協助。他們似乎認爲，銀行的義務是在他們想借多少時就給多少，想借多久時就給多久。然而，就銀行的觀點來說，銀行授與他們的信用已經太多了。現在以這種方式拒絕授與他們更多信用，只不過是採取了唯一也許可行的辦法，但願還能夠補救銀行本身，乃至全國人民的信用。

就在這種吵嚷抗議和許多生意陷入困頓之際，有一家新銀行在蘇格蘭成立了，宣稱要紓解國家的苦難。其立意良好，但是採取的手段太過輕率，而且對於這種困境的成因和性質，也許還不夠了解。這家銀行不管是在核發客戶信用透支額度或匯票貼現方面，都比其他任何銀行曾經有過的做法更爲寬鬆。在匯票貼現方面，它似乎毫不理會實質匯票和循環匯票之間的區分，而是將所有的匯票一視同仁一律予以貼現。它公開宣示的貸放原則是，任何人只要有合理的擔保，便可以從它那裡借到全部的資本，用來進行回收速度最慢，而且回收期限最長的各種投資項目，譬如土地改良。它甚至還宣稱，之所以設立的主要公益目的，就是想促進這種投資改良。毫無疑問，由於在核發信用透支額度和匯票貼現方面都很寬鬆，所以這家銀行發行了大量紙鈔。但是，這些紙鈔大部分都無法被國內流通管道順利吸納運用，所以一發出去便立即湧回來兌換金幣和銀幣。因此，它的各個金庫從來沒有裝滿過。這家銀行兩次認股所募到的股本總共是十六萬鎊，應付的股本只有百分之八十。應付的部分按理應該分幾期確實繳納。大部分股東在繳納了第一期應付的股本後，就在銀行設立了一個信用透支戶。而銀行的主管，由於認爲他們必須以對待其他所有客戶那樣寬鬆的條件來對待自己的股東，所以便允許很多股東利用這種信用透支戶向銀行借錢，繳納往後各期應繳的股本。因此，這種繳納股本的動作，只不過是把先前從銀行的某個金庫裡拿出的錢，放進銀行的另一個金庫。即使該銀行的各個金庫曾經裝得滿滿的，但超額發行的結果一定很快便把各個金庫淘空，而且這種淘空的速度，銀行一定無法應付。除非飲鴆止渴的開立匯票向倫敦貼現，並且在到期時，開立另一張匯票在同一個地方貼現，以支付前一張匯票的本金，加上利息和手續費。但實際上，它的金庫一開始就不太充裕，據說在開業後不久便被迫採取前述這種飲鴆止渴的手段。該行有一些股東，其私人地產合起來價值數百萬鎊，並且由於他們是該行最初的發起人，所以這些地產實際上是該行所有債務的擔保品。就因爲有這麼龐大的擔保品在支撐這家銀行的信用，所以儘管放款業務過於浮濫，它仍勉強維持營運超過了兩年。到了不得不停業的時候，這家銀行流通在外的紙鈔餘額將近二十萬鎊。爲了讓這些一發行出去便會不斷湧回來的紙鈔在外流通，銀行不斷開立匯票向倫敦方面貼現調集現金，這些匯票的張數和面額不斷攀升，到了不得不停業時，尙未償還的貼現金額超過了六十萬鎊。所以，它在短短兩年多一點的時間內，按百分之五的年息，對所有客戶的貸款餘額超過了八十萬鎊。以紙鈔形式借出去的那二十萬鎊，這百分之五的利息也許可以算是它的淨收入，因爲除了管理費以外，沒有其他費用需要扣除。但是，它不斷開立匯票向倫敦貼現調集過來的那六十多萬鎊，每年所支付的利息和手續費超過百分之八，因此每年有四分之三以上的貸款業務損失超過百分之三。

這家銀行營運所產生的效果，似乎和籌設並管理它的人士原先所預期的大相逕庭。他們原本似乎是想支持某些原本認爲朝氣蓬勃的事業，這些事業當時分散在全國各地進行。同時他們也想取代其他所有的蘇格蘭銀行，把全部的生意拉攏到自己的銀行。他們特別是想取代那些設在愛丁堡，對匯票貼現推三阻四，被認爲故意刁難的銀行。毫無疑問，這家銀行讓某些空頭企業家的困境暫時得到了舒緩，讓他們原本撐不下去的事業多活了兩年。但是這種做法只是讓他們的債務愈陷愈深，以致當他們創辦的事業墜落時，壓在他們自己和債主身上的力道，便相應的更爲沉重。因此，就長期的觀點來說，這家銀行的營運不僅無濟於事，事實上反而加深這些空頭企業家爲自己和國家所帶來的困境。不過，這家銀行所提供的協助，雖然只讓這些空頭企業家的困境獲得暫時舒緩，但對其他各蘇格蘭銀行來說，倒眞的是一種永久的救贖。那些進行循環匯票勾當的人，在其他銀行都對他們推三阻四的時候，全都轉到這家張開雙手熱烈歡迎他們的新銀行。因此，其他銀行便得以輕易從致命的圈套中脫身。這些銀行原本必須承受嚴重的損失，也許還必須賠上一定程度的信譽，否則無法擺脫這種圈套。

因此，長期來說，這家銀行實際加深了它原本想要幫國家紓解的困境，同時讓它想取代的競爭對手輕易的擺脫了一個致命的圈套。

在這家銀行剛設立的時候，有些人認爲，不管它的庫存錢幣流失的速度有多快，都能輕易利用客戶借款時所提供的有價證券籌錢來補充。我相信，實際的經驗很快便會讓他們相信，用這種方法籌錢實在緩不濟急。而且那時他們也會發現，這家銀行的庫存錢幣原本就不太充裕，現在又流失得這麼快，因此沒有其他的辦法可以補充應付，除了飲鴆止渴的開立一批匯票向倫敦貼現，並且在到期時，開立另一批匯票在同一個地方貼現，以支付前一批匯票的本金，加上利息和手續費。利用客戶借款所提供的有價證券，可以讓銀行很快如願的籌到錢；但是即使如此，這種做法不僅沒有利潤可賺，反而是每做一次便會虧本一次。所以長期來看，這麼做肯定會毀了自己的商業前途。儘管這種做法也許不像那種不斷開立匯票借新還舊的手段那樣昂貴，因此關門的時間或許可以向後延一些。但無論如何，銀行都不可能眞正賺到發行紙鈔的利息，因爲這些紙鈔超過國內流通管道所能吸納運用的數量，一旦發行出去隨即便會湧回來兌換金幣和銀幣。爲了應付這麼快速的兌現要求，銀行必須不斷到處借錢。到處借錢的全部花費，譬如雇人四處尋找金主、和金主協商，乃至擬定適當擔保或讓渡契約等費用，都一定是由自己來承擔，因此顯然都算是結帳時的損失項目。以這種方式補充庫存現金的工作，也許可以比擬某人有一處水塘，有一股水不斷從水塘流出，但沒有任何一股水不斷流入。但是，他決定要隨時保持水塘裡裝滿同一數量的水，所以便雇了一大堆人，要他們拎著水桶絡繹不絕的走到數英里外的一座水井，打水回來倒在水塘裡。

即使這種運作方式確實行得通，而且確實也可以讓銀行賺到平常的商業利潤，但是，這種運作方式對整個國家不僅沒有任何好處，反而會帶來重大損失。這種運作方式絲毫不可能增加整個國家的可貸資本，只會讓該銀行變成某種類似全國貸款總署那樣的機構。想借錢的人必然會集體向該銀行請求貸款，而不是分頭直接去找將錢借給銀行的私人請求貸款。但是，一家銀行也許貸款給五百個不同的客戶，對於大部分貸款客戶的品行和能力，銀行的各主管所知必然非常有限。因此在篩選貸款對象時，不可能像只借錢給少數幾個人的私人那樣有判斷力。這種私人只把錢借給自己認識的人，而且除非有很好的理由讓自己相信那些人的作風確實穩健，否則也不會外借。作風和前文所述的那家相似的銀行，其貸款客戶大部分很可能是異想天開的空頭企業家、相互勾結開立循環匯票借錢的人，還把借來的錢花在大而不當的事業投資。即便外界給予一切可能的協助，他們都不見得有能力完成這些事業投資。而且即使完成，投資報酬也絕不可能抵償投資時花掉的費用。換句話說，他們絕不可能提供一筆基金，大小足以維持和投資時所雇用的數量相等的勞動，以便繼續投入生產工作。相反的，一些因爲作風穩健而獲得私人貸款的企業家，比較可能穩健的利用借來的錢，經營和他們的資本大小相稱的事業。這些事業也許不那麼雄偉壯觀，卻比較穩固賺錢，而且投資的報酬不僅足以抵償投資時所花掉的全部費用，還會附帶豐厚的利潤。因此能夠提供一筆基金，足以維持比投資時所雇用的數量更多的勞動，繼續投入生產工作。總之，銀行這種運作方式，即使讓自己獲得成功，卻絲毫不會增加全國的資本供應。只是徒然將全國的一大部分資本，從某些謹慎和賺錢的事業撤出，轉而投入草率和賠錢的事業。

蘇格蘭之所以產業不振，是因爲缺錢推動的緣故。這是有名的約翰·勞（John Law）提出的看法，他認爲要改善這個缺錢的毛病，應該設立某種特殊的銀行大量發行紙鈔，他似乎曾經想像，發行的數量可以達到全國土地的總值。在他第一次提出這個計畫時，蘇格蘭國會認爲不適宜採納。後來，這個構想稍微經過變化，終於獲得奧爾良公爵的採納，當時他是法國的攝政王。有些人認爲，要將紙鈔的流通數量提高到任何程度，只要找對了方法，並非不可能。這樣的想法是所謂密西西比計畫（編註：十八世紀法國由約翰·勞主導的股票與紙幣投機泡沫，最終導致市場崩盤）的眞正基礎。這也許是世上僅見最爲荒唐的銀行運作和股票買賣計畫。關於該計畫所包含的各種不同操作手法，在杜弗奈（Du Verney）寫的《檢視杜鐸先生關於商業和財政的政治省思》（*Examination of the Political Reflections upon commerce and finances of Mr Du Tot*）一書裡已有非常完整清楚且條理分明的交待，我就不再詳述。該計畫所根據的各種原則，勞先生本人在一篇討論貨幣和貿易問題的論文中說明過，該文在他初次提出該計畫時就已在蘇格蘭發表。該文和其他數本根據同一套原則的著作，所鋪陳的各種宛如海市蜃樓那般富麗堂皇的理念，現在仍然能讓許多人深受感動。儘管近來在蘇格蘭和其他地方，人們對於紙鈔過度發行頗有怨言，而勞先生所宣揚的那些理念，對於人們抱怨的現象，也許曾經發揮一部分推波助瀾的作用。

英格蘭銀行是全歐洲紙鈔發行數量最大的銀行。它是根據國會通過的一項法案，由英王於一六九四年七月二十七日核准成立的。成立時借給政府一百二十萬鎊，收取年金十萬鎊。其中九萬六千鎊是每年的利息，利率百分之八，其餘四千鎊是管理費。所謂光榮革命建立起來的新政府，信用想必很差，所以才必須以這麼高的利息來借錢。

一六九七年，英格蘭銀行獲准由原股東增資一百萬零一千一百七十一鎊又十先令。因此，這時銀行總資本便等於兩百二十萬零一千一百七十一鎊又十先令。這次增資據說是爲了支援政府的信用。一六九六年，政府債券的市價僅有面值的四至六成，而英格蘭銀行紙鈔的價值則比現金低兩成。當時正逢銀幣大規模改鑄，英格蘭銀行認爲應該暫停兌換紙鈔，此舉必然造成該行信用下滑。

依照安妮女王第七年（一七〇八年）第七號令，英格蘭銀行又借給國庫四十萬鎊，借給國庫的總金額達到一百六十萬鎊，但每年仍然只收取原來的九萬六千鎊利息和四千鎊管理費。所以，到了一七〇八年，政府的信用已經和私人的一樣好了，因爲它能夠以百分之六的年利率借到錢，這是當時法定的和市場的一般借款利率。依照同一條法令，英格蘭銀行另外以年利率百分之六的代價註銷了一批政府匯票，金額共一百七十七萬五千零二十七鎊十七先令十又二分之一便士，並同時獲准招募新股將資本增加一倍。因此，到了一七〇八年，英格蘭銀行的資本便達到四百四十萬零兩千三百四十三鎊，而它借給政府的金額總共是三百三十七萬五千零二十七鎊十七先令十又二分之一便士。

一七〇九年，英格蘭銀行向原股東要求增資百分之十五，實收六十五萬六千兩百零四鎊一先令又九便士；一七一〇年，又向原股東要求增資百分之十，實收五十萬零一千四百四十八鎊十二先令又十一便士。所以，在這兩次股東增資以後，英格蘭銀行的資本增至五百五十五萬九千九百九十五鎊十四先令又八便士。

依照喬治一世第三年（一七一六年）第八號令，英格蘭銀行又註銷了一批政府匯票，金額兩百萬鎊。因此，到了這個時候，英格蘭銀行總共借給政府五百三十七萬五千零二十七鎊十七先令十又二分之一便士。依照喬治一世第八年第二十一號令，英格蘭銀行購進南海公司股份四百萬鎊。爲了取得資金進行這項買賣，它在一七二二年招募新股，結果資本增加了三百四十萬鎊。此時格蘭銀行借給政府的金額總共是九百三十七萬五千零二十七鎊十七先令十又二分之一便士，而它的股本只有八百九十五萬九千九百九十五鎊十四先令又八便士。這時，英格蘭銀行借給政府以收取利息的資金總額，首度超過它的全部股份資本，或者說超過它據以派發紅利給各個股東的那部分資本。換句話說，這時英格蘭銀行便開始在參與分紅的股本之外，另有一部分「不分紅的資本」（譯註：此處所謂不分紅的資本，今日稱爲保留盈餘）。從那以後，它便一直保有這種不分紅的資本。譬如，一七四六年，英格蘭銀行已經陸續借給政府一千一百六十八萬六千八百鎊，而經過幾次股東增資和招募新股，參與分紅的股本提升至一千零七十八萬鎊。從那年以後迄今，這兩筆錢的數目一直維持不變。依照喬治三世第四年（一七六三年）第二十五號令，英格蘭銀行同意付給政府十一萬鎊，以換取政府延長它的營業許可證。這筆錢政府既不用付息，也不用償還。所以，這筆錢並不會增加上述那兩筆錢的數目。

英格蘭銀行發放的紅利，按照政府借款在不同時期所給付的利率高低，以及其他情況而有所變化。政府借款的利率已逐漸從百分之八降至百分之三。過去幾年間，英格蘭銀行發放的紅利維持在百分之五．五。

英格蘭銀行的穩定度，和英國政府的穩定度一樣高。英格蘭銀行借給英國政府的錢，一定要全部泡湯了以後，銀行的債權人才可能蒙受損失。在英國，除了英格蘭銀行，任何銀行都不可以由國會立法成立，也都不可以由六名以上的股東組成。英格蘭銀行不只是一家普通的銀行，更是一部龐大的國家機器。它代理政府收付大部分公債的年金，買賣國庫短期票券，而且預先借給政府土地稅和麥芽稅的稅款，這些預付的稅款通常需要經過好幾年才會被還清。在這些五花八門的作業中，它承擔的公共責任，有時會迫使它不得不過量發行紙鈔。這當然不能算是銀行本身的過錯，但是，它也貼現商人開出的匯票，而且還曾經在許多不同的場合，支援某些大商號的信用，而且這些商號不全是設在英格蘭，有些是設在漢堡或荷蘭。據說，在一七六三年，有一次為了支援某家大商號的信用，英格蘭銀行曾在一週內提供了將近一百六十萬鎊，而且其中大部分還是金塊。但我不敢保證，那次支援行動所涉及的金額真有那麼多，或在這麼短的時間內，它真的可以調集那麼多現金。在其他一些場合，這家偉大的銀行曾經被迫不得不拖延付現的速度，而以六便士的小銅幣應付擠兌的人潮。

穩健的銀行業務運作之所以能促進國家的產業活動，並不是因為它把全國的資本擴大了，而是因為有了它以後，活潑且有生產力的那一部分資本便會比較大。商人不得不以現金形式閒置在身邊以備不時之需的那部分資本，可以說是「死的資本」。這部分資本只要一日處於這種狀況，對商人或國家都不會帶來正面的好處。穩健的銀行業務運作，讓商人可以將這種死的資本轉化成爲活潑有用的資本。譬如，轉化成爲加工用的材料、生產用的工具，或勞動者之所以工作追求的各種食物和生活必需品。也就是說，轉化成可以幫自己和國家生產出物品的資本。在任何國家裡流通的金幣和銀幣，固然是該國土地和勞動每年產出賴以流通和分配到最終消費者的工具，但是這些錢幣也全都和商人手中閒置的現金一樣，是死的資本。這些錢幣是一國資本中很有價值的一部分，卻沒有爲國家生產出任何東西。穩健的銀行業務運作，用紙鈔替代了大部分的金幣和銀幣，讓國家可以將這種死的資本大部分轉化成爲活潑有用、可以幫國家生產出某些物品的資本。在任何國家裡流通的金幣和銀幣，很適合拿來和公路相提並論。公路固然將全國的牧草和糧食流通輸送到市場，但是，它本身卻不生產任何牧草和糧食。穩健的銀行業務運作，如果允許我誇張比喻，就像是某種懸在空中的馬車道。好比可以讓國家把原來的公路轉化成爲肥沃的牧草地和麥田，大幅增加全國土地和勞動每年的產出。然而，必須注意的是，全國的工商活動雖然因此會稍微擴大，但是，當工商活動像是懸掛在紙鈔製成的「泰達路斯之翼」（編註：Daedalian wings，源自希臘神話中蠟與羽毛製成的翅膀，象徵飛得高卻不穩定的工具）上進行，安全性不可能像在金銀砌成的實地上那樣可靠。除了紙鈔的經營者技巧不夠熟練而可能帶來的意外傷害，還有好幾種其他的意外風險會造成直接衝擊。不管紙鈔的經營者是多麼審慎或有技巧，都無法提供周全的保護。

譬如，發生了一場不幸的戰爭，敵軍占領了首都，把支撐紙鈔信用的金銀財寶全拿走了。這時所產生的混亂，在全部的流通都是利用紙鈔來進行的國家，就會比大部分流通是利用金銀來進行的國家嚴重很多。正常的商業往來工具既然已喪失價值，除非透過以物易物或賒欠，否則任何交易都無法進行。再說，既然從前所有的賦稅通常都是以紙鈔繳納，因此君主現在便無法支付軍餉或補充軍火庫。於是，和大部分以金銀來進行流通的國家相比，這樣的國家要反敗為勝就會困難許多。因此，時時掛念要讓國家隨時保持最易防守狀態的君主，除了必須防止個別銀行因為胡亂發行紙鈔而自作自受，毀了自己以外，甚至還必須防止各發行銀行有機會將國內大部分流通管道，塞滿了它們發行的紙鈔。

每個國家的流通管道，也許可以想成是由兩股不同的支流所構成：商人和商人之間的流通，以及商人和消費者之間的流通。雖然同一批貨幣，不管是紙鈔或錢幣，有時在某一股支流裡流動，有時在另一股支流裡流動。可是，由於這兩股支流是不斷的同時流動，所以各需要一定數量的紙鈔或錢幣來流通。在商人之間流通的物品價值，絕不可能超過在商人和消費者之間流通的物品價值。因為凡是商人買進的物品，終究是要賣給消費者。由於商人之間的買賣是以批發方式進行，所以每筆交易通常都需要用到金額相當大的貨幣。相反的，商人和消費者之間的買賣，一般是以零售方式進行，所以往往只需要用到小額的貨幣，譬如一先令或半便士就足夠應付。但是，小額貨幣流通的速度比大額貨幣快很多。先令幣轉手的頻率比基尼幣高，而半便士幣流轉的速度又比先令幣快。因此，雖然所有消費者每年購買的物品總值至少等於所有商人每年購買的物品總值，進行前者交易所需使用的貨幣數量，通常會比進行後者交易所需使用的少很多。因爲轉手的速度比較快，所以同一數量的貨幣作爲消費者購買的手段時，所媒介的交易次數就比作爲商人購買的手段時多很多。

政府可以選擇管制紙鈔，讓它大多只在商人之間流通，或讓紙鈔也同樣充塞在商人和消費者之間大部分的流通管道。有些地方發行的紙鈔面額每一張都大於十鎊，在這種地方，譬如倫敦，紙鈔大都只在商人之間流通。當消費者收到一張十鎊的紙鈔時，通常不得不在第一家商店就把它換掉，即使他當時只需要購買五先令的物品。所以時常在消費者花掉它的四十分之一價值之前，這張十鎊的紙鈔便又回到了某位商人的手中。但是，在銀行連面額小到二十先令的紙鈔也發行的地方，譬如蘇格蘭，紙鈔自然會擴散充塞在商人和消費者之間大部分的流通管道裡。在國會立法禁止流通十先令和五先令紙鈔之前，這部分流通管道被紙鈔塞滿的情形更爲嚴重。就北美的各種通貨來說，時常可以看到銀行發行面額小到一先令的紙鈔，所以紙鈔幾乎充滿了商人和消費者之間的流通管道。約克郡發行的紙鈔，有些面額甚至小至六便士。

如果紙鈔允許這麼小的面額，而且實際上銀行也普遍發行小額紙鈔，那麼便不僅會讓許多卑鄙小人有機可乘，而且還會慫恿他們去當銀行家。連簽發五鎊的本票，甚至二十先令的本票都會被眾人拒絕的一個人，如果簽發的本票面額只有六便士那麼少，要讓眾人毫不猶豫的接受便容易多了。但是，這種像乞丐似的銀行家勢必經常破產倒閉，因此，對許多接受他們發行的紙鈔當作報酬的窮人，可能會造成相當大的不便，有時候甚至會造成很大的不幸。

或許較佳的做法是，英國各地不再發行面額低於五鎊的紙鈔。如此一來，全國各地的紙鈔便都只會在商人之間流通，就像倫敦，目前那裡發行的每一張紙鈔面額都大於十鎊。而在英國大多數地區，五鎊雖然只能購得大約等同於倫敦十鎊所能購買的一半商品，但五鎊仍被當地人視為一筆不小的金額，就像十鎊在繁華奢侈的倫敦，也很少會一次全數花光。

值得注意的是，在紙鈔大都只限於商人之間流通的地方，像倫敦，金幣和銀幣總是相當充裕。在商人和消費者之間的流通管道也被大量紙鈔侵入的地方，像蘇格蘭，以及侵入情形更為嚴重的地方，像北美，紙鈔幾乎把當地的金幣和銀幣全都趕走了。因此，當地內部平常的商業往來，幾乎全都利用紙鈔進行。蘇格蘭在禁止銀行發行十先令和五先令的紙鈔以後，當地金幣和銀幣匱乏的情況稍微緩和了一些。但是，如果連二十先令的紙鈔也禁止發行的話，舒緩的作用很可能會更好。自從美洲禁止銀行發行某些紙鈔之後，金銀據說變得比較多了。同樣的，在紙鈔出現以前，美洲的金銀據說比現在更多。

即使紙鈔受到管制，大都只在商人之間流通，銀行界有能力對國內工商業提供的協助，仍然會和紙鈔幾乎充斥整個國內流通管道時所提供的協助相當接近。每個商人必須保留在身邊以備不時之需的現金，完全是準備在向其他商人購買物品時流通使用的。他不需要保留任何現金在身邊，以備在他和消費者進行交易時流通使用，因為消費者是付給他現金的顧客，不會從他身邊拿走現金。所以，即使銀行僅被允許發行只在商人之間流通的大面額紙鈔；然而，一方面透過貼現實質匯票，一方面利用信用透支戶貸款，銀行界應當仍然能夠做到，讓大部分商人再也用不著爲了保留現金在身邊以備不時之需，而閒置了相當大的一部分資本。換句話說，銀行界仍然能夠對各種商人提供銀行能力範圍內合適的最大協助。

或許有人會認爲，當人們自己私下不管金額大小，都願意接受銀行本票作爲報酬時，政府卻限制他們接受；或者，當某銀行家的鄰居都願意接受他的本票時，政府卻限制他簽發這種本票，顯然是違反了某種天賦的自由，而這種自由任何法律都不僅不應侵害，反而應當支持。這種限制措施無疑在某方面違反了天賦的自由。然而，少數幾個人努力發揮這種自由的方式，如果會危害整個社會的安全，任何國家，不管是最自由的或是最專制的，都會而且也應該依法予以限制。爲了防止火災蔓延，而強制私人建造防火牆，也違反了天賦的自由。然而，這種強制防火的措施和前面那些管制銀行業的建議，本質上是完全相同的。

一國的紙鈔如果全是銀行的本票，而且如果這種本票都是由信用無虞的銀行簽發的，都無條件承諾見票即付，而事實上也總是一經提示便立即獲得給付，那麼在每一方面，這種紙鈔的價值都會等於金幣和銀幣。因爲任何人只要持有它，隨時都可以換得金幣和銀幣。任何物品，不管是用這種紙鈔購買，或被賣來換這種紙鈔，買賣的價格必然和用金幣或銀幣來買賣時一樣便宜或一樣昂貴。

有人曾經說，紙鈔增加會擴大全部通貨的數量，從而降低全部通貨的價值，因此必然會提高物品的貨幣價格。但是，因爲從全部通貨中撤走的金幣和銀幣數量總是會等於加入流通的紙鈔數量，所以紙鈔不一定會增加全部通貨的數量。從十七世紀初到現在，蘇格蘭的食物價格沒有比一七五九年更便宜。儘管那時由於十先令和五先令紙鈔的流通，蘇格蘭的紙鈔比現在還多。目前蘇格蘭的食物價格相對於英格蘭的比例，和蘇格蘭銀行業蓬勃發展之前沒有兩樣。大多數時候，英格蘭的穀物價格完全和法國一樣便宜，儘管在英格蘭紙鈔很多，而在法國紙鈔幾乎看不見。休謨的政治論文發表於一七五一和一七五二年，當時正值紙鈔大量在蘇格蘭發行後不久，而食物價格又確實上漲得很厲害。不過，這很可能是因為氣候惡劣使然，而不是紙鈔大量增加所導致的結果。

沒錯，如果紙鈔的性質和前面假定的不一樣，那也許就要另當別論。如果一國的紙鈔雖然也全是某些私人簽發的本票，但不見得能立即獲得兌現，而也許是要看簽發的人是否有足夠的誠意。或者，要看持票人是否滿足了某個不一定有能力做到的條件。或者，持票人要在若干年後才能強制發票人兌現，而在那一段等待期間，發票人不用承擔任何利息。這種紙鈔的價值無疑會跌到金幣和銀幣的價值以下，幅度大小將取決於人們認為獲得立即兌現的難易的程度或不確定性，或取決於距離強制兌現期間的遠近。

幾年前，蘇格蘭各銀行經常在紙鈔上加印一條所謂選擇權的條款。這個條款承諾，紙鈔一經提示，它們可以選擇立即支付錢幣給持票人，或選擇在六個月之後支付，加上六個月的法定利息。銀行的主管有時會利用這項選擇條款延後支付，有時候會利用它來威脅那些要求將數目可觀的紙鈔換成金銀的人，表示銀行選擇延後支付，除非那些人情願只兌換一部分原本想兌換的紙鈔。當時這些銀行的紙鈔構成蘇格蘭絕大部分的通貨，所以這種兌換的不確定性，必然使得蘇格蘭通貨低於金幣和銀幣的價值。在這種陋習存續的期間（主要是一七六二、一七六三和一七六四年），雖然卡萊爾和倫敦之間的匯兌是按平價交換，然而就鄧弗里斯和倫敦之間的匯兌來說，在鄧弗里斯支付的匯票價值，有時卻比在倫敦支付的同額匯票價值低了百分之四，儘管鄧弗里斯距離卡萊爾不到三十英里。但是，在卡萊爾，匯票是以金幣和銀幣支付，而在鄧弗里斯，匯票是以蘇格蘭的銀行紙鈔支付。據此看來，要將這些銀行發行的紙鈔換成金幣或銀幣時，會碰到的不確定性，讓紙鈔的價值比錢幣低了百分之四。蘇格蘭國會在禁止發行十先令和五先令紙鈔的法案中，也同時禁止加印這種選擇權條款，因此英格蘭和蘇格蘭之間的匯兌又恢復到自然的交換率。也就是說，恢復到兩地間的貿易往來和匯款需求情況所決定的水準。

就約克郡的紙鈔來說，甚至在人們要求兌換面額小至六便士的紙鈔時，銀行有時也會要求必須湊足可以換到一基尼的數目才准予兌換。對持有這種紙鈔的人來說，這個條件時常很難滿足，因此這種紙鈔的價值必然低於金幣或銀幣。後來，英格蘭國會通過了一條法律，宣告所有類似的條款皆屬非法，同時也像蘇格蘭那樣，禁止發行面額低於二十先令的紙鈔。

北美的紙鈔，不是由銀行發行對持有人承諾見票即付的本票，而是由殖民地政府發行若干年後，持有人才能要求兌現的本票，而且殖民地政府並不支付任何利息。然而，殖民地政府卻將這種紙鈔宣告為可以按面額作為支付手段的法償貨幣，而且事實上也讓它變成具有這種法律地位。即使殖民地政府十分穩固，沒有賴債不還的問題。但是，將來才會還的一百鎊紙鈔，譬如十五年後才支付的一百鎊紙鈔，在一個年利息爲百分之六的國家裡，現金的價值大約只有四十鎊。因此，強迫實際付出一百鎊現金的債權人，接受債務人以一百鎊的紙鈔作爲完全償還債務的工具，事實上是一種極爲粗暴的不義行爲，一種很少有其他任何自詡爲自由國家的政府曾經做過的行爲。這顯然是不誠實的債務人用來訛詐債權人的陰謀，正如誠實和率直的道格拉斯博士所說。沒錯，賓夕法尼亞州在一七二二年首次發行紙鈔時，爲了硬要使它的紙鈔價值等於金銀，甚至還制定了各種罰則，要懲處那些在出售物品時，按收到的是紙鈔或錢幣而索取不同價格的商人。這種法令和它想維護的法償貨幣規定，可說是同樣專橫霸道，但實際的效果卻遠不如那些規定。只需制定一條法律，也許就可以讓一先令變成償還一基尼債務的法償貨幣，因爲該條法律可以訓令民事法庭，在債務人支付了一先令之後免除其債務。但是，對任何可以隨自己的意思決定賣或不賣的生意人來說，沒有任何法律可以強迫他在販賣他的物品時，接受一先令當作是一基尼的貨款。儘管有各種諸如此類的法律規定，在北美和大不列顛例常的匯兌交換場合，在大不列顛支付的一百鎊匯票，有時候在某些北美殖民地可以換到一百三十鎊的紙鈔，甚至在其他某些殖民地可以換到高達一千一百鎊的紙鈔。之所以有這種價值差異，是因爲各殖民地政府所發行的紙鈔數量不同，以及紙鈔距離最後償付的期限遠近不一，而最後獲得償付的機率也不相同。

所以，沒有任何法令會比國會通過的這一條更爲公正，它宣告殖民地政府將來發行的紙鈔都不得作爲法償貨幣，然而法令在北美的殖民地卻不公平的遭到埋怨。

和英國在北美的其他殖民地相比，賓夕法尼亞在紙鈔的發行上向來比較溫和。因此，它發行的紙鈔，據說從來沒有降至它首次發行紙鈔以前，在當地流通的錢幣價值以下。早在首次發行紙鈔以前，賓夕法尼亞州便已提高了錢幣的面額。也就是說，由議會立法命令五先令的英格蘭錢幣在該州可以當作六先令三便士的錢幣使用，後來又提高到六先令八便士。因此，面額一鎊的該州通貨，即使當那一枚通貨還是金幣或銀幣時，就已經比一鎊英幣的價值低了百分之三十以上。當那一枚通貨變成了紙鈔時，價值很少高過一鎊英幣的百分之三十。該州提高錢幣面額的藉口，說是想讓同一數量的金銀在當地比在母國代表更多的金額，以防止金銀輸出。然而，事實上，當該州提高錢幣的面額時，所有來自母國的物品價格，便完全按照錢幣面額提高的比例跟著上漲，所以金銀輸出的速度和以前一樣快。

前文提到，各殖民地發行的紙鈔，根據其最後獲得償付的期限遠近和機率大小，而有不同的價值。但是按照規定，這些紙鈔還可以在當地按面額來支付各種州稅，而這種用途必然會在前述價值之外，賦予紙鈔額外的價值。這部分價值的大小，要看各殖民地發行的紙鈔數量，比當地人民用來繳稅所需的數量多了多少而定。在所有的殖民地，紙鈔發行的數量都超出用來繳稅所需的數量甚多。

如果某位君主規定人民必須以某種紙鈔繳納他所課徵的某一部分賦稅，這種紙鈔便會因此被賦予一定的價值，即使這種紙鈔最後獲得償付的期限任憑君主自由裁定。如果發行這種紙鈔的銀行，總是小心翼翼的將發行的數量控制在稍微低於用來繳稅所需的數量，那麼人們對這種紙鈔的需求也許還會使它的價值稍微超過它的面額，或是讓紙鈔在市場上可以換到比面額更多的金幣和銀幣。有些人便根據這個道理，企圖解釋所謂阿姆斯特丹銀行的升水（agio），或該行的紙鈔價值高於市面上流通現金的現象。儘管根據他們的說法，這種紙鈔不被允許由所有者隨意帶出該行。由於國外的商業匯票大部分必須用該行的紙鈔來支付，也就是說，必須透過設在該行的帳戶進行轉帳支付。而且他們還說，該行的主管總是小心翼翼，將該行全部的紙鈔發行量，控制在這種用途所需的數量以下。他們說，正是由於這樣的緣故，該行的紙鈔才得以按百分之四或五的溢價賣出。也就是說，該行的紙鈔實際換到的金銀數量，比紙鈔面額所示的金銀數量要多上百分之四或五。然而，稍後我將說明，這則關於阿姆斯特丹銀行的說法，大部分是荒唐不實的。

流通的紙鈔價值，即使降至金幣或銀幣的價值以下，也不會因此而降低那些金屬的價值。也就是說，同一數量的金銀換到的任何一種物品數量，不會因此而變得比從前少。無論在什麼情況下，金幣或銀幣相對於其他物品的價值比例，都不是取決於任何紙鈔在任何國家流通的性質或數量；而是取決於當時對整個商業世界供應這些金屬的礦藏是否豐富。換句話說，金銀錢幣相對於其他物品的價值，取決於兩種勞動數量的比例。其一是將一定數量的金銀供應上市所需的勞動數量，其二是將一定數量的其他物品供應上市所需的勞動數量。

如果所有銀行家都不准發行任何票面在一定金額以下的流通紙鈔或無記名票據，並且在這些紙鈔或票據請求支付時，都被強制負起立即支付的責任；那麼即使在其他各方面都放任銀行家完全自由經營，對大眾安全也許不會造成妨害。近年來，銀行的數目在蘇格蘭和英格蘭兩地都大幅增加，這個現象震驚了許多人，但其實這反而會增進大眾的安全。眾家銀行林立的局面，使得各銀行都必須更爲愼重的經營。爲了提防眾多競爭者激烈對抗隨時會導致的惡意擠兌，每家銀行都不敢讓紙鈔發行數量相對於庫存現金，超過某一適當的比例。因此，銀行間的競爭，便將每家銀行的紙鈔限制在一個比較狹窄的範圍內流通，同時還使他們的紙鈔發行量減少了。這樣便把全國的流通分割成爲數更多的幾個部分，因此，如果任何一家銀行倒閉了（按照常理，這種意外有時難免會發生），對社會大眾的影響便會比較小。這種自由競爭也使得每家銀行和客戶打交道時更爲慷慨大方，唯恐客戶會被競爭對手搶走。一般說來，任何一種行業或任何一種勞動部門，只要是對大眾有利的，那麼競爭愈是自由且愈爲普遍，對大眾就愈爲有利。

3 論資本的累積，兼論生產性和非生產性勞動

有一種勞動施加在物品上，會增加物品的價值，另外有一種勞動沒有這種效果。前者或許可以稱爲「生產性勞動」，因爲會產生價值。相對的，後者可以稱爲「非生產性勞動」。譬如，一般來說，製造工人的勞動，在他加工的材料上增加了一部分價值，可以提供本身生活所需和雇主利潤。相反的，侍奉主人的奴僕不會增加任何東西的價值。雖然製造工人由雇主先墊付工資給他，但實際上雇主的花費並不是損失，因爲這些工資通常會從物品加工後所增加的價值中收回來，還會附帶一些利潤。可是，主人維持奴僕的費用，花出去便永遠收不回來了。雇用許多製造工人可以致富，而維持許多奴僕卻會變得愈來愈窮。不過，奴僕的勞動本身還是有其價值，而且也和製造工人的勞動一樣理當享有報酬。但是，製造工人的勞動是附加並體現在某些特定物品，或可供出售的商品上。這些物品或商品在勞動施工以後，至少仍可以存在一陣子。這好比是某一數量的勞動被堆積貯存了起來，必要時可以在某些場合運用。也就是說，這些物品，或者說這些物品的價格也是一樣，可以在日後有需要的時候，拿來驅動某一數量的勞動工作，這個數量和當初生產該物品的勞動相等。相反的，侍奉主人

的奴僕，他的勞動並不附加或體現在任何物品，或可供出售的商品上。他的各種服務通常在工作的當下便消逝了，很少會留下任何痕跡或價值，事後可以再用來獲取數量相同的服務。

某些最高尚的社會階級，他們的勞動也像奴僕的勞動一樣，既沒有生產出任何價值，也沒有附加或體現在任何耐久的物品，或可供出售的商品上。所以他們的勞動一做完便消逝了，再也不能用來獲取或驅動同一數量的勞動。譬如，君主本人和麾下所有文官武將，以及全體的陸海軍士兵都是非生產性勞動者。他們都是公僕，每年的生活全都靠其他人民辛勤勞動產出的一部分來維持。他們的各種服務，不管是多麼的高尚、有用或必要，都沒有生產出任何事後可以再用來獲取同一數量服務的物品。保護國家的利益、安全與和平是他們今年的勞動成果，但這種成果保護不了國家明年的利益、安全與和平。同樣可以歸爲這一類型勞動的職業，有些極爲嚴肅且重要，有些則是極爲無關緊要。前者如牧師、律師、醫師、各種文人等；後者如演員、丑角、樂師、歌者、舞者等。這些勞動，即使是最卑賤的，也有某種價值。而決定此一價值的各種原則，和決定其他任何一種勞動價值的各種原則並無二致。此外，即使是最高貴又最有用的勞動，也沒有生產出任何事後可以再用來獲取同一數量勞動的東西。他們所有的勞動成果，就像演員各種誇張的動作、演說家的高談闊論或樂師吹奏的曲調，在表演的剎那間便消逝了。

無論在哪一國，不管是生產性勞動者或是非生產性勞動者，乃至完全不勞動的人，都要靠土地或勞動的產出維持生活。一國的產出，不管數量多大，絕不可能是無窮無盡的，而是一定會有某個限度。所以，在任何一年內，如果用比較多的產出去維持非生產性勞動者，剩下來維持生產性勞動者的產出就會比較少，而隔年的產出也會比較少。相反的，維持生產性勞動者的產出比較多，隔年的產出也會比較多。如果不把土地自發的產出算進來，那麼每年的全部產出都是生產性勞動工作的結果。

雖然全國土地和勞動每年的產出，毫無疑問的，最後都是供應居民的消費，並且會讓他們獲得一份收入。不過，當這個產出剛從土地或生產性勞動者的手中生產出來時，會自然分成兩部分。第一部分，通常是最大的部分，首先用來替補某一筆資本。也就是說，用來替補曾經從這一筆資本拿走的糧食、材料和製品。然後，剩下的產出才會構成收入，分給這一筆資本的所有者，作爲他的利潤；或是分給其他人，作爲他們的地租。譬如，就土地的產出來說，其中一部分替補農夫的資本，另一部分支付農夫的利潤和地主的地租。構成收入的那一部分，除了分給這筆資本的所有者作爲利潤，還分給其他人作爲地租。同理，就一座大工廠的產出來說，其中一部分，並且經常是最大的那部分，會用來替補工廠負責人的資本，剩下的部分支付他的利潤，因此構成這一筆資本所有者的收入。

就任何國家來說，在全國土地和勞動每年的產出中，用來替補資本的部分，絕不會直接用來維持生產性勞動以外的人員。這部分產出只會用來支付生產性勞動的工資。至於直接構成收入的部分，不管是支付利潤或地租，則可能用來維持生產性人員或非生產性人員。

不管一個人運用了自己的哪一部分積蓄當作資本，都會渴望連本帶利的收回來。所以，他會將當作資本的那一部分積蓄，完全花在維持生產性人員。這部分積蓄對他發揮了資本的功用之後，便構成了生產性人員的收入。一旦他準備把任何一部分積蓄用來維持某種非生產性人員，這部分積蓄立刻就不算是他的資本，而變成是供應他直接消費使用的積蓄了。

非生產性勞動者，以及完全不勞動的人，全都是靠構成收入的那部分全國產出來維持生活。他們靠的也許是原本將構成某些人收入的產出，不管是成爲這些人的地租或資本利潤。另一種可能是，原先完全用在替補資本和維持某些生產性勞動者生活的那一部分產出，在交給了這些生產性勞動者以後，其中也許會有一部分超出他們基本的生活需要，於是超出的部分可能用來維持生產性人員或非生產性人員。譬如，不僅大地主或富商，甚至普通的工人，如果他的工資相當豐厚，則可能會請一個奴婢在家裡侍奉他。或者，他有時也許會去欣賞一齣歌劇或一場木偶秀，這樣他便對某一群非生產性勞動者獻出了一部分他們賴以生活的產出。或者，他也許支付了一些稅，於是便幫忙維持了另一群人。雖然這群人確實比較高尚、也比較有用，但同樣也是沒有生產性的勞動者。然而，原本要用來替補資本的那部分產出，絕不可能會流向維持非生產性人員，除非它已經完成了使命。或者說，除非它已經在指定的用途上，驅動了它分內該驅動的生產性勞動。工人必定在完成了工作，賺到了工資以後，才可能將賺來的一部分花在非生產性的用途上。此外，工人花在這種用途上的，通常只占工資很小的一部分。因爲這一部分不過是他生活多餘的收入，而且生產性勞動者身上，多餘的收入通常很少。然而，他們通常還是會有一點餘錢。在納稅方面，他們個別的貢獻很小，但是全體的人數很多，也許多少會有一些平衡的效果。不過，無論在哪個地方，土地的租金和資本的利潤，都是非生產性人員獲得生計的兩個主要來源。在各種收入中，就以這兩種收入的所有者，生活多餘的收入最多。這些生活多餘的收入也許同樣可能被用來維持生產性人員或非生產性人員。然而，它們似乎比較傾向後一種用途。大地主的個人開銷所養活的閒人，通常多於勤勞工作的人。富商的資本雖然只被用來維持勤勞工作的人，但他個人的開銷，也就是說，他使用個人收入的方式，通常也和大地主一樣，用在養活同一種人。

因此，全國產出一離開土地或生產性勞動者的手中便分成兩部分，在每個國家，生產性人員和非生產性人員的比例，大都取決於這兩部分的比例。也就是說，取決於用來替補資本的那部分產出，和用來構成地租或利潤收入的那部分產出，兩者間的比例。在富國和窮國之間，這種比例大不相同。

譬如，目前歐洲的一些富國，每一塊土地的產出中，有很大的一部分，而且往往是最大的一部分，都是用來替補富農獨立經營土地的資本，其餘才用來支付他的利潤和地主的地租。但是，在從前的封建時代，土地的產出只要挪出很小的一部分，便足以替補用於耕作的資本。那時候，耕作的資本通常只有少數幾頭瘦骨嶙峋的牲畜，完全仰賴荒野上的天然牧草養活，因此牠們可以視爲荒野上天然產出的一部分。此外，耕作的資本通常都屬於地主所有，再由地主借給占用土地的人使用。替補了耕作的資本之後，其餘的產出也全都歸地主所有，不管是作爲土地的租金，或是作爲農作資本的微薄利潤。占用土地的人大多是農奴，這種人的身體和家當全都是地主的財產。另外一群不屬於農奴的土地占用者，則是地主可以隨意趕走的佃農。他們支付的地租雖然名目上時常不會比免役稅高多少，但實際上也幾乎等於土地的所有產出。地主平時可以任意支配他們的勞動，戰時則可以徵調他們從軍。雖然他們的住處和地主的家有一段距離，卻和地主家裡的侍從一樣，都仰賴地主的恩賜過活。因爲土地的產出完全屬於地主，所以，靠這些產出過活的所有人，其勞動和服務，地主當然都有權力支配。就歐洲目前的情況來說，地主獲得的產出，很少超過土地全部產出的三分之一，有時還不到四分之一。然而，在所有改良進步的國家，土地的租金已經比從前封建時代上漲了三、四倍；所以，地租目前所占的那三分之一或四分之一產出，似乎比從前全部產出的三、四倍還要多。在土地改良進步的過程中，地租雖然隨著土地產出的增加而增加，但地租相對於土地產出的比例卻下降了。

目前在歐洲的幾個富國裡，經營各種製造業所運用的資本極爲龐大。從前歐洲的商業活動很少，製造業也只生產少數幾種粗糙簡陋的製品，因此工商業所需的資本極少。然而，這些資本必定曾經獲得很高的利潤。當時任何地方的利率都沒有低於百分之十，而利潤必定要比這麼高的利息再高一些。目前在歐洲的發達國家，利率都低於百分之六，在最發達的國家，甚至低到百分之四、三或二。居民的收入中來自於資本利潤的那一部分，雖然在富國總是會比在窮國大很多，但這是因爲富國的資本比較多。一般來說，就相對於資本的比例來說，富國的利潤要比窮國低很多。

因此，在富國，每年的產出一離開土地或生產性勞動者的手中，便用來替補資本的那一部分，不僅要比窮國大很多，而且也比構成地租或利潤收入的那部分大很多。換句話說，在富國，準備用來維持生產性勞動的財源，不僅比窮國大很多，而且也比雖然同樣可能用於維持生產性或非生產性人員，但通常會偏向維持後者的那些財源大很多。

在每一個國家，這兩種財源的比例必然會決定一般居民的性格究竟是勤勞或是懶散。我們現在之所以比我們的祖先更為勤勞，是因為相對於那些可能用來維持懶散生活的財源來說，現在撥出來維持勤勞生活的財源，比例上要比兩、三個世紀以前大很多。我們的祖先因為缺乏足夠激勵勤勞的誘因而懶散。有句格言說：「嬉無益總好過勤無功。」在工商業發達的城鎮，下層社會的人民主要靠資本的雇用和驅動來維持生計，因此他們一般都很勤勞、認真、朝氣蓬勃，就像在許多英格蘭和大多數荷蘭的城鎮那樣。至於那些基本上因為是朝廷固定的所在地或朝廷偶爾會進駐而形成的城鎮，下層階級的人民主要仰賴他人收入的開銷來維持生計，他們一般都很懶惰、放蕩、萎靡，就像在羅馬、凡爾賽、康白尼和楓丹白露。除了盧昂和波爾多，在法國任何省會所在的城鎮，工商業都不發達。那裡的下階層人民主要靠法官大人的開銷，和富人前來打官司的花費來維持生計，所以他們一般都很懶惰、萎靡。盧昂和波爾多的商業之所以非常發達，似乎完全是因為所處的地理位置非常有利。幾乎所有供應大城市巴黎消費的物品，不管是從外國或從法國臨海省分運來的，都必須經過盧昂轉運。同樣的，波爾多也是一個貨物集散地。所有產自加龍河流域的葡萄酒都在這裡轉運。加龍河流域是世界上葡萄酒產量最豐富的地區之一，當地生產的葡萄酒似乎最適合外銷，或者說最適合外國人的口味。這麼有利的地理位置必然會吸引大量的資本，因為資本在這裡有很大的運用機會。這兩個城市的人民之所以非常勤勞，就是因為有大量的資本在這裡運用。在法國其他的省都，除了供應當地消費所需的資本之外，很少看到人們運用更多的資本做其他生意。也就是說，除了能夠在當地運用的最小量資本以外，很少有其他的資本活動。巴黎、馬德里和維也納的情形可說就是如此。在這三個城市中，巴黎目前顯然是最勤勞的，但是，巴黎本身是巴黎所有製造業的主要市場，而且巴黎商人所進行的買賣，也大都以巴黎當地的消費為主要市場。歐洲所有的城市當中，也許只有倫敦、里斯本和哥本哈根這三個地方，本身既是朝廷固定的所在地，同時又有資格稱為商業都市。也就是說，這三個城市不僅為當地的消費而做買賣，也為其他國家或城市的消費而做買賣。這三個城市所處的地理位置都極端有利，因此自然很適合作為大量供應遠方消費物品的轉運港埠。一個城市若有大量收入在當地以消費形式支出，那麼若想在供應當地的消費以外，運用某一筆資本獲利，很可能比在下階層人民只能靠資本運用驅動來維生的城市困難許多。在前一種城市裡，大部分的人都仰賴達官顯要的收入開銷來維持生計，自然會養成懶散的性格。而一般應該靠資本的雇用驅動來維持生計的人，他們的勤勞性格很可能因為其他大多數人的懶散而敗壞，使得在當地運用任何一筆資本，都會比在其他地方運用更不容易獲利。在英格蘭和蘇格蘭合併以前，愛丁堡沒有什麼工商業。但是，當蘇格蘭國會不再集會以後，愛丁堡便不再是蘇格蘭貴族和鄉紳的住所了，這時，愛丁堡才逐漸轉型爲一個稍微有工商業活動的城市。然而，愛丁堡目前仍然是蘇格蘭各級法院、關稅和貨物稅評議會等政府機關集中的地方。所以，仍然有爲數可觀的收入繼續在當地開銷。在工商業方面，愛丁堡就比不上格拉斯哥，那裡的居民主要靠資本的雇用和驅動來維持生計。有時候會聽到這樣的故事，說某一大村落的居民，曾經在各種製造業有相當可觀的進展，但是，自從某個大地主定居在附近以後，變成既懶惰又萎靡。

所以說，勤勞與懶惰的比例高低，不管在什麼地方，似乎都隨資本與收入的相對比例而起伏。資本比例高的地方，勤勞的比例也高；收入比例高的地方，懶惰的比例也高。因此，資本的增加或減少，自然會傾向增加或減少勤勞的實際數量，增加或減少生產性人員的數目，從而增加或減少一國土地和勞動每年產出的交換價值。也就是說，增加或減少該國所有居民的實質財富和收入。

資本因節儉而增加，因浪費和錯誤運用而減少。

每個人從自己的收入中節省下來的，都會加在自己的資本上。他可以自己運用這部分資本，直接拿來雇用更多的生產性人員，或者借給別人，讓別人雇用更多的生產性人員，而自己則收取利息。也就是說，收取別人的一部分利潤。正如一個人的資本每年增加多少，完全看他自己從每年的收入或收穫中儲蓄了多少，所以整個社會的資本也只能依同一方式增加，畢竟所謂整個社會的資本，只不過是每個社會成員的資本總和罷了。

資本增加的直接原因是節儉，而非勤勞。勤勞確實提供了物品，讓節儉得以累積。但是，不管勤勞可以取得多少物品，如果沒有節儉來儲蓄或貯存，資本便不可能增加。

由於節儉擴大了準備用來維持生產性人員的財源，所以節儉有助於提高生產性人員的數目。而生產性人員的勞動，則會使施工的物品價值增加。所以節儉有助於增加一國土地和勞動每年產出的交換價值。它驅動了額外數量的勤勞，而這額外的勤勞將增添每年產出的價值。

每年儲蓄下來的那部分收入，也和每年花掉的收入一樣，會被正常消費掉，而且幾乎是同時，只不過是被另一群人消費掉罷了。富人每年花掉的那部分個人收入，大都是供懶惰的賓客和奴僕消費使用，這些人消費完了以後，並沒有留下任何東西作爲回報。至於他每年節省儲蓄下來的那部分收入，會立即被當作一筆資本用來追求利潤。這部分產出雖然也同樣會被消費掉，而且幾乎是在同一時間；不過，它是被另一群人消費掉的，也就是說，被某些勞動者、製造工人和工匠消費掉。這些人會再生產出他們每年消費掉的價值，還會附帶一些利潤。且讓我們假設這位富人的收入是以金錢形式交到他的手上。如果他把這些錢全部當作個人生活消費花掉，那麼這些錢能夠購買的食物、衣服和住屋將悉數分配在前一群人身上。如果他把一部分的錢儲蓄下來，這一部分的錢，便會立即被自己或他人當作一筆資本，用來追求利潤。這時，這一部分的錢能夠購買的食物、衣服和住屋必然會保留給後面那一群人使用。他的收入，不管如何支用，同樣都會被消費掉。但是，支用收入的方式不同，消費的人群就會不同。

一個人節約消費而儲蓄下來的積蓄，不僅在當年或次年能讓若干額外的生產性人員獲得生計，而且就像每個貧民救濟院的創辦人那樣，他也好比是設立了一筆永久基金，可以永遠讓同一數目的生產性人員獲得生計。確實，這筆基金往後每年會怎樣分配運用，未必會有任何明文的法律規定，譬如信託或永久保管契約予以保護約束。然而，它的任何一部分，將來不管是附屬於哪一些人，勢必會受制於某個強大的分配運用原則，也就是每個人自己的明顯利益。它的任何一部分，將來不管被誰引入了歧途，用來維持非生產性人員，那個把它引入歧途的人，本身必然蒙受明顯的損失。

浪費無度的人才會把資本引入歧途，讓它去了不該去的地方。這種人不懂得量入為出，以致侵蝕了自己的資本。他把祖先克勤克儉，奉獻出來維持勤勞的神聖財源，用來支付遊手好閒者的工資。這就好像有人濫用某一筆虔誠奉獻而來的基金收入，褻瀆了神聖。他削減了雇用生產性勞動的財源，因此，只要還有這種勞動倚賴他維持和驅動，他必然會削減這種施加在物品上會增加物品價值的勞動數量，從而削減全國土地和勞動每年產出的價值。也就是說，削減全國人民的實質財富和收入。如果某些人的浪費無度沒有被其他人的節儉彌補，那麼每一位浪費者挪用勤勞者的麵包給懶惰者吃的行為，不僅會讓他自己趨向貧窮，也會使他的國家趨向貧窮。

即使浪費者的全部花費，買的都是本國生產的東西，從未購買外國的商品，然而這對社會生產性財源的影響仍然是一樣的。每年仍然會有某一數量的食物和衣服，原本會用來維持生產性人員，現在卻因爲他的浪費，而被用來維持非生產性人員。所以，全國土地和勞動的產出價值，每年仍然會比原本會有的價值少一些。

或許有人眞的會以爲，這種花費如果不是花在外國商品上，便不會導致任何金銀外流，因此留在國內的錢幣數量仍然會和從前一樣多。但是，如果這個數量的食物和衣服，沒有被非生產性人員消費掉，而是分配給某些生產性人員，後者便會把自己消費掉的價值全部再生產出來，還會附帶一些利潤。如此一來，不僅同一數量的錢幣仍然會留在國內，還會有同一價值的消費品再生產出來。也就是說，這樣便會有兩個價值，而不是只有一個價值。

此外，就任何國家來說，如果產出價值每年下滑，便不可能會有同一數量的錢幣長久停留在國內。金錢的唯一用途是促進各種消費品流通。藉助於金錢，食物、材料和製成品得以進行買賣，分發到消費者手上。所以，就任何國家來說，每年能夠運用的錢幣數量，必然取決於每年在國內流通的消費品價值。這些消費品，如果不是國內土地和勞動的直接產出，就是用部分國內的產出購買的外國物品。因此，當國內的產出價值減少時，在國內流通的消費品價值必然也會跟著減少，需要用來流通消費品的錢幣數量也會隨之減少。不過，因爲產出年年減少而從國內的流通管道撤離的錢幣，人們絕不會任其閒置。不管是誰占有了這些錢幣，都會想要用來爲自己牟利。然而，由於這些錢幣在國內沒有用處，所以，即使有種種的法律限制，也會被千方百計的送到國外，用來購買某些國內也許用得著的商品。每年出口的錢幣就這樣，會在某一段時間內，繼續讓國內在每年產出的價值之外，多了一些可供消費的東西。在過去繁榮的時候，每年節省下來購買金銀的那一部分國內產出，在國家生產衰退時，有助於在某一短暫的時間內維持國內的消費水準。這樣，金銀的輸出便不是生產衰退的原因，而是生產衰退的結果。金銀的輸出甚至可以暫時舒緩生產衰退所造成的不幸。

相反的，在每個國家，當每年產出的價值增加時，錢幣的數量自然會跟著增加。由於每年在社會流通的消費品價值變大了，所以需要比較多的錢幣來流通這些消費品。因此，新增的產出中，有一部分自然會送往可以買到金銀的地方，購買流通增產所需的金銀。在這種情況下，金銀的增加，不是社會繁榮的原因，而是社會繁榮的結果。無論在什麼地方，金銀都是這樣買來的。不管是在祕魯或英格蘭，獲得金銀的代價都是食物、衣服和住屋；或者說，都是把金銀從礦坑帶到市場的勞動和資本所有者賴以生活的物資和收入。付得起這個代價的國家，不會長期缺乏需要使用的金銀；而且沒有一個國家會長期保有不需要使用的金銀。

所以說，不管我們是根據簡單的道理，把整個國家的實質財富和收入，想成是全國土地和勞動每年的產出價值；或是根據通俗的成見，把整個國家的實質財富和收入，想成是在國內流通的貴金屬數量。從任何觀點來看，每個生活浪費的人都是大眾的敵人，而每個生活節儉的人都是大眾的恩人。

錯誤運用資本的結果，往往和生活浪費沒有兩樣。不管是在農業、礦業、漁業、商業或製造業，每一樁思慮欠周詳而導致失敗的生意，和生活浪費一樣，都會減少準備用來維持生產性勞動的財源。在每一樁這樣的生意中，資本雖然僅供某些生產性人員消費使用，但是，雇主沒有精明正確的運用這些人的勞動力，以致沒有把他們消費掉的價值全部再生產出來，所以必定會使社會既有的生產性財源有所減損。

的確，以大國來說，少數幾個人的奢華和錯誤經營，對於國家大局不會有太大的影響。多數人的勤儉和正確經營，通常會綽綽有餘，把某些人的揮霍或魯莽彌補過來。

說到揮霍，促使人們鋪張浪費的力量是即時享樂的激情衝動。這種衝動，雖然有時候非常強烈，而且非常難以克制；但一般來說，它不僅時效短暫，也不會時常發生。相反的，促使我們儲蓄的力量是想改善自己處境的欲望。這種欲望，一般來說雖然冷靜平和，但打從離開娘胎開始，就跟我們活在一起，從來不曾分開，直到進了墳墓。在從生到死的時間裡，很少有人對自己當下的處境覺得完全滿意，不希望做任何的改變或改善。當希望改善自己的處境時，大多數人能想到的手段便是努力增加自己的財富。這是最庸俗也最明確的手段。而最可能增加財富的方法，無非是把自己每年經常會獲得的物品，或自己在某些特殊場合獲得的物品，節省一部分並累積起來。所以，儘管凡是人幾乎都偶爾會抵擋不住炫耀性花費的衝動，甚至有些人完全無法抵擋這種衝動，但是就大多數人畢生平均而言，節儉的動機似乎不僅相對占優勢，而且優勢極大。

說到錯誤運用資本，不管在什麼地方，審慎經營和成功的企業案例，遠比思慮欠周以致失敗的案例來得多。儘管人們老是嘆息破產的悲劇時有耳聞，但是在所有從事商業或其他行業的人士中，不幸破產的人終究只占很小的比例，也許一千個當中不到一個。對於一個清白守法的人來說，陷入破產的局面也許是最大、也最沒面子的不幸。因此，大多數人無不小心翼翼，努力避免這種不幸。沒錯，有些人沒有避開破產的局面，就好像有人沒有避開斷頭台那樣。

大國絕不會因爲私人的奢華和誤用資本而陷於貧困，反倒是政府的浪費和措施失當時常會導致這種後果。在大多數國家，全部或幾乎全部的政府稅收都是用於維持非生產性人員，諸如爲數眾多在朝廷上袞服穿梭的王公大臣、龐大的教會神職人員、龐大的海軍艦隊和陸軍步兵等。這些人平時不事生產，戰時也無法取得足夠的財富來彌補過去維持他們的花費，甚至在戰爭延續期間，他們也無法取得足夠的財富來維持自己的生活。這些不事生產的人，全靠別人的勞動產出來維持生計。因此，如果他們增加到某一不必要的數目時，在某一特定的年分裡，被他們消費掉的產出份額也許會變得很大，以致剩下來的產出無法維持足夠的生產性勞動者，以便來年再生產同一數量的產出。這時，下一年的產出便會小於前一年；要是這種脫序現象持續下去，第三年的產出便會小於第二年的產出。一個國家按理應該只利用人們一部分多餘的收入來維持非生產性人員的生活，但非生產性人員實際消耗掉的收入份額也許非常大，結果迫使許多人不得不侵蝕資本，縮減原本要用來維持生產性勞動者的財源。這時不管人們多麼節儉，也不管企業經營多麼完善，也許都不足以彌補政府這種強烈扭曲和侵蝕資本的行爲對全國產出造成的浪費和損失。

然而在大多數場合，經驗似乎顯示一般人的節儉和審愼經營，不僅足以彌補少數人的生活浪費和魯莽輕率的生意投資，也足以彌補政府的揮霍。不管政府是多麼漫無節制的浪費，也不管政府的行政措施犯了多麼大的錯誤，每個人爲了改善自身的處境而恆常、穩定，並且從不間斷的努力，形成一股源源不絕的強大力量，時常足以讓整個局勢保持在自然改善的軌道上前進。這股力量正是社會富庶、國家富強和私人富裕的源頭。好比是動物生命中那股不爲人所知的力量，時常可以克服病痛，甚至在醫生開錯藥方的情況下，還可以讓身體恢復健康，讓動物重現生機。

除了提高生產性勞動者的人數，或提高受雇人員的生產力之外，沒有其他辦法可以增加任何國家土地和勞動每年生產的價值。顯而易見，除非資本有所增加，也就是說，除非準備用來維持這種勞動者生活的財源增加了，否則生產性勞動者的人數絕不可能大幅提高。再說，同一數目的勞動者，他們的生產力也不可能提高，除非各種方便和節省勞動工作的機器和工具有所增加並改良，或者工序的劃分和工作人員的指派比從前更爲恰當。不管用前述哪一種手段增加產出，幾乎一定需要事先準備好額外的資本。任何企業家都必須動用額外的資本，才能使受雇於他的工人獲得更好的機器，或對受雇的工人進行更恰當的工作分派。當某項完整工作包含許多不同的工序時，如果要讓每個工人都只固定不斷的執行其中某一工序，所需動用的資本，一定會比偶爾分派每個工人去執行各種不同的工序時多很多。因此，當我們比較某一個國家在兩個不同時期的狀況時，如果發現在後一期它的土地和勞動的每年產出明顯大於前一期，土地開墾情況優於從前，製造品種類更多，各種製造業更加繁榮，而且貿易範圍也更爲廣闊，我們當可相信：它的資本在這個時期之間必定有所增加，而且某一部分人民行爲良好而曾經增加的資本數量，必然大於其他人民個人行爲不當，加上政府公共支出浪費而曾經減損的資本數量。根據這個準則，我們將會發現，在所有還算是平靜的時期，幾乎所有國家的資本多少都會有所增加，甚至連政府並不算謹慎節儉的國家也不例外。的確，若想正確判斷一國的資本是否增加，我們必須拿兩個相隔稍遠的時期來比較。進步的過程經常十分徐緩，以致在比較任何兩個相當接近的時期時，任何改善不僅不容易察覺，甚至有時候儘管整個國家平均來說極爲繁榮，但是因爲看到某些產業或地區出現了衰退的情形，時常會讓人懷疑整個國家的財富和生產活動正在衰退。

例如，目前英格蘭土地和勞動每年的產出，肯定比一百多年前查理二世復辟時大很多。我相信現在很少有人會懷疑這一點，可是在過去一百年內，幾乎每五年就會出版一些書籍或小冊子。由於內容寫得還算不錯，因此贏得一些讀者信賴。這些刊物宣稱可以證明全國的財富正在迅速減少、全國的人口愈來愈少、農業荒廢、工業凋蔽、貿易不振。這些出版品不全然是朋黨基於骯髒齷齪的私利，用來造謠抹黑的宣傳品。當中的許多作者是正直和非常賢能的人。他們絕不會寫一些自己不相信的東西；而且除非因爲他們自己相信，否則也不會爲了其他的理由而寫作這些文章。

再說，查理二世復辟時，英格蘭土地和勞動每年的產出，肯定比前一百年左右，伊利莎白女王登基時，我們所能想像的產出水準大很多。我們同樣也有理由相信，英格蘭在伊利莎白女王時期，比再往前推一百年左右，也就是約克王室和蘭卡斯特王室爭霸的末期，要進步很多。甚至在這兩個王室對抗爭霸的末期，英格蘭的狀況很可能比諾曼征服時期好，而諾曼征服時期很可能也比混亂的撒克遜七國時代好。甚至在混亂的七國時代，英格蘭肯定也比凱撒入侵時進步。在凱撒入侵時，英格蘭的居民和目前北美洲的原住民幾乎沒有兩樣。

然而，在前文提及的每個時期，不僅民間和政府都曾有大肆揮霍的紀錄，而且還發生過許多費用龐大又沒必要的戰爭，導致為了維持非生產性人員，每年都大量挪用了維持生產性人員所需的財源。而且在某些時期，由於國內派系傾軋、社會混亂，完全棄置和損毀的資本積蓄想必不少，肯定不僅確定曾經妨礙財富自然累積的速度，甚至使國家在該時期結束時，變得比在該時期開始時還要貧窮。譬如，在前面提到的各時期中，查理二世復辟以來迄今的這段期間可說是最為幸福快樂。然而，讀者可知英格蘭在這一時期發生過多少次造成混亂和不幸的重大事件？如果當時有人預知這些事件，那麼他也許不僅會認為英格蘭將變窮，甚至還會認為英格蘭將全部淪為廢墟。這些事件包括：倫敦大火和瘟疫，兩次對荷蘭的戰役，革命期間的失序，對愛爾蘭的征伐，一六八八、一七〇二、一七四二和一七五六年共四次耗費不貲的對法戰役，還有一七一五和一七四五年的兩次國內叛亂。在四場對法國的戰爭中，除了每年額外的開銷負擔外，英國政府還發行了超過一億四千五百萬鎊的公債，所以全部的費用絕不可能少於兩億鎊。自從一六八八年的革命以來，基於各種不同的理由，每年全國土地和勞動的產出中，總是有很大一部分用來維持異常龐大的非生產性人員。如果不是這些戰爭挪用了這麼多的資本去維持非生產性人員，這些資本當中很大一部分自然會被用來維持生產性人員，而這些人的勞動自然會把他們消費掉的價值全部再生產出來，還會附帶一些利潤。如此一來，每年全國土地和勞動的產出價值便會有可觀的增長，而每年的增長又會使下一年獲得更大的增長。如果沒有這些混亂和不幸，有更多的房屋會被建造出來；有更多的土地會被改良，而先前經過改良的土地會被耕種得更好；會興起更多的製造業，而先前成立的製造業會擴大經營的規模。如果沒有這些混亂和不幸，目前全國實質的財富和收入會提高到什麼程度，恐怕連想像都不太容易。

政府的揮霍雖然毫無疑問的曾經延緩了英格蘭邁向財富和改良的自然進程，卻沒有力量使這個自然進程完全停頓。目前英格蘭土地和勞動每年的產出，無疑比從前的復辟時期或革命時期大很多。所以，目前用來耕種土地和維持勞動的資本，也一定比從前大很多。在政府的各種剝削徵用之下，資本之所以還能默默的緩慢累積，全憑民間的節儉和人們正確的經營。也就是說，全憑人們爲了改善自身的處境而恆常、穩定、從不間斷的努力。正是由於民間的努力，在法律的保護下，可以自由朝最有利的方向發揮，才讓英格蘭幾乎在過去每個時期，都維持在趨向富足和改良的軌道上前進。可以期待這股民間的力量，在未來的任何時期也產生同樣的效果。不過，正如英格蘭從來不曾幸運的擁有非常節儉的政府；同樣的，節儉也從來不是該國居民的特殊美德。因此，某些國王和大臣可以說是極端無禮、至爲厚顏。因爲他們竟敢假藉看管平民遵行儉樸生活的名義，頒布一些所謂禁止奢侈的法令，或禁止進口外國奢侈品，以限制平民的生活開銷。這些國王和大臣自己才是社會上最大的浪費者。他們只需好好注意自己的生活開銷，平民的生活可以放心的讓平民自己料理。如果王公貴族的浪費沒有毀滅國家，那麼平民的浪費更不可能讓國家滅亡。

正如節儉會增加社會的資本，而浪費會減少社會的資本；同理，當某人的開銷恰等於自己的收入時，他的行為便不會累積、也不會侵蝕社會的資本。也就是說，社會資本不會因他的行為而有任何增減。不過，某些生活開銷的方式，似乎比其他方式更有益於促進社會富裕。

一個人的收入可以用來購買一些直接被消費掉的物品，如果是這樣，那麼今天的花費便不可能減輕或支援他日的生活開銷。一個人的收入也可以用來購買一些較為耐久、能被累積的消費品，如果是這樣，那麼根據他自己的選擇，今天的花費也許能在日後減輕他的生活開銷，或在日後支援並提高一定生活開銷所帶來的效果。例如，富人可以把收入花來享受山珍海味、一大堆僕婢的體貼服侍，以及飼養賞玩一大群犬馬。或者，他也許甘於粗茶淡飯和輕車簡從，而把大部分收入用來裝飾自己在城裡的宅院或鄉間別墅，購置實用或充當排場的建築、實用或充當排場的家具，蒐藏書籍、雕塑和畫作。或者，他把大部分收入花在較為瑣碎的事物，譬如珠寶、玩物、各種設計巧妙的飾品。或者，他是把大部分收入花在最為瑣碎的事物上，譬如，一整櫃的錦衣華服，就像某王國幾年前才過世的一位寵臣那樣。假設甲乙兩人同樣富有，在花用各自的收入時，甲主要採取後一種方式，乙主要採取前一種方式。那麼，收入主要用來購買耐久性物品的甲，生活奢華的程度將可不斷增加。因為他每天的生活開銷都會或多或少支援並提高次日生活開銷的效果。相反的，收入主要用來購買直接消費品的乙，生活奢華的程度自始至終無法增加。經過一段時日，甲會變得比乙更爲富有。那時候，甲將會擁有一堆各式各樣的物品積蓄。這些物品的價值也許不及原先購置的成本，但總是有剩餘價值。至於乙的生活開銷則不會留下任何痕跡，十幾二十年奢華花費的效果，完全消失得無影無蹤，宛如從來沒有發生過一般。

正如對個人來說，某些生活開銷方式比其他方式更有利於提高富裕的程度；同樣的，對整個國家來說，某些生活開銷方式也比較有利於提高富裕的程度。有錢人的房子、家具和衣物，隔不了多久，就會變成中下階層人民可以使用的物品。當上階層社會對這些物品感到厭倦的時候，中下階層的平民便買得起。當這種開銷方式在有錢的上階層社會變得很普遍時，一般平民的住家設備便會逐漸獲得改善。在一些長久富裕的國家裡，時常可以看到下階層平民擁有十分完備且美觀的住屋和家具，這些住屋或家具起初顯然不可能是製作來供他們使用的。從前英國貴族西摩（Seymour）家族的別墅，現在已經變成巴斯路上的一家小旅館。詹姆士一世新婚時使用的床鋪，是他的新娘親自從丹麥帶過來，因此想必適合當作一位君主致贈另一位君主的重禮。可是幾年前，它卻成爲裝飾品，出現在蘇格蘭鄧弗姆林的一家啤酒店。在長期停滯或略顯衰退的古老城市裡，我們有時很難找到一棟當初是爲了供現在的住民使用而建成的房子。走進這些房子，時常可以看到許多雖然老舊、但很精美且仍然實用的家具。這些家具當初同樣不可能是爲了供現在的住民使用而製作的。莊嚴的宮殿、華麗的別墅，以及書籍、雕塑、畫作和其他各種奇珍異寶等大量珍藏，對它們的所在地和所屬的國家來說都一樣，通常既是一種外在的裝飾，也是一種內在的榮耀。對法國來說，凡爾賽宮既是裝飾也是榮耀，一如斯托宮（Stowe）和威爾頓宮（Wilton）是英國的裝飾和榮耀。義大利因為擁有不少這種不朽的建築，所以至今仍繼續在某方面獲得世人的尊崇，儘管產生這種不朽建築的財富早已式微，也儘管設計這種不朽建築的天才，也許因為沒有人繼續雇用他們從事同樣的工作，似乎已經絕跡了。

把收入花在購買耐久性物品，不僅有利於累積，也有利於維持節儉。任何人在耐久性物品方面的花費即使一時過度，也能輕易暗中改過，不用擔心暴露自己，招致社會譏評。相反的，如果他想大量削減奴僕的數目，或想把三餐從極奢侈改為極節儉，或在大肆添購了整套馬車與隨從之後感到後悔，要想捨棄就沒那麼容易了。因為這些改變不僅逃不過左鄰右舍的眼睛，而且別人也會認為他多少承認了自己過去的行為錯誤。因此，那些一開始採取這種花費方式，並且如此不小心以致過度浪費的人，在把他們的財產花光用盡之前，很少會有勇氣自動改弦更張，停止奢華的行為。但是，不管在什麼時候，如果某人覺得自己在住屋、家具、書籍或畫作的花費過大，即使他立即改變花費的行為，人們也不會認為他過去的做法不夠謹慎。這些物品是屬於買了一些以後，往往就不需要再買更多的物品。因此當某人不再花錢購置更多相同物品時，別人不會認為他的財力不濟，而會認為過去購買而累積起來的數量，已經讓他覺得心滿意足了。

此外，耐久性物品方面的開銷，比起大宴賓客，通常會讓更多人獲得生計。一場大型喜慶宴動輒需要用掉兩、三百磅的糧食，其中也許有一半會丟到垃圾堆，此外還少不了暴飲暴食的浪費。但是，這種大宴賓客的費用，如果是用來驅動石匠、木匠、裝潢工匠、機械工匠等勞動者工作，那麼同一價值的糧食數量便會分配給更多的人食用。他們會幾便士、幾磅的分次購買糧食，每一盎司都絕不可能浪費或丟棄。此外，按後一種開銷方式，所有的花費是用來維持生產性人員，而按前一種開銷方式，所有的花費卻是用來維持非生產性人員。因此，後一種開銷方式增加了全國土地和勞動每年產出的交換價值，而前一種開銷方式卻沒有增加這種價值。

不過，可不要因此而以爲我在說，某一種生活開銷方式比另一種開銷方式更富有慷慨大方的精神。當富人把收入主要花在宴請賓客時，他是把自己的大部分收入拿去和朋友與夥伴分享。但是，當他把收入花在購置前述那些耐久性物品時，往往是把全部的收入花在自己身上，除非有對等的回報，否則他不會和任何人分享。所以，後一種開銷方式，特別是當大部分的開支導向蒐購如衣服、家具、珠寶、珍玩等華而不實的飾品時，往往不僅表示這個富人生性輕浮，也表示他卑鄙自私。我想說的只是：有一種生活開銷方式，由於總會留下一些有價值的物品積蓄，也由於較有利於個人維持節儉，因此比較有利於促進社會累積資本。除此之外，由於這種生活開銷方式維持了生產性人員的生計，而不是維持了非生產性人員的生計，所以其實比另一種開銷方式更有利於社會財富的增長。

4 論貸出取息的積蓄

貸出取息的積蓄總是會被貸出者視爲資本。他預期貸出的積蓄在借貸期滿時，借用者將如數償還，也預期借用者在借用期間內會給付一定的租金。借用者也許是把借來的積蓄當作資本使用，或者用來供應日常的生活消費。如果借用者把它當作資本，就會用以維持生產性勞動者的生計。而這些勞動者便會把它的價值再生產出來，並且帶來利潤。在這種情況下，借用者便能償還資本且支付利息，無須挪用其他收入來源。如果借用者把這種積蓄用來供應日常的生活消費，那麼他便是一個揮霍者，把從前用在支持勤奮的財源消耗在遊手好閒的花費上。在這種情況下，除非借用者挪用其他收入來源，譬如財產或地租，否則便無法償還資本，也付不出利息。

貸出取息的積蓄，有時確實會用來供應日常的生活消費，但實際上更常當作資本使用。借錢來消費的人，很快會變得一貧如洗，以致借錢給他的人，終將因自己當初的愚蠢而懊悔不已。因此，除非是高利貸，否則以消費花用爲目的的借貸行爲，無論在什麼情況下，對借貸雙方都不利。雖然人們無疑有時會借錢給他人花用，有時也會爲了自己花用而向他人借錢。但是，鑑於人們都會關心自己的利益，我們當可相信，這種借貸行為不可能像我們想像的那樣常見。隨便找一個審慎的有錢人過來，問他把大部分的積蓄借給哪一種人，是借給他認為會用來賺取利潤的人，或是借給遊手好閒的人？他一定會笑你竟然會提出這樣的問題。所以，即使伸手借錢的人不屬於這世界上最為節儉的一群，但是，他們當中節儉勤勞的人，一定遠多於遊手好閒的人。

通常只有當鄉紳階級拿財產來抵押貸款時，債主才不會關心借款是否將用於賺取利潤。即使是鄉紳階級也很少純粹為了消費而舉債。我們也許可以說，他們通常在借錢以前，就把這些錢花光了。他們事先向各個零售商賒帳買來消費的物品，數量通常很大，以致不得不另外負擔利息借錢來還債。被他們借走的資本，其實是用來替補這些零售商的資本。要不是他們的田租不足以替補零售商的資本，鄉紳階級也不會拿田產去抵押貸款。所以，這種資本不該說是為了消費而借款，而應該說是借來替補已經花掉的資本。

幾乎所有必須支付利息的貸款，都是以紙鈔或金銀錢幣的方式交付的。但是，借款者眞正想要的，以及貸款者眞正提供給他的，並不是一筆金錢，而是這筆金錢的價值，或者說是這筆金錢所能買到的物品。如果借款者要的是一筆供應日常生活消費的物品積蓄，那麼只有這筆金錢所能買到的物品才能讓他眞正達到目的。如果借款者要的是一筆雇用勤勞者工作的資本，那麼也只有這筆金錢所買到的物品，才能讓勤勞者維持生計並獲得工作所需的工具和原料。透過金錢借貸，貸款者可以說是把全國土地和勞動產出中，他自己有權支配的一部分轉交借款者來支配使用。

因此，在任何國家，可供貸出取息的物品積蓄數量，或通常所謂可供貸出取息的資金數量，並不取決於流通的貨幣數量。不管這貨幣指的是紙鈔或金銀錢幣，都只是用來進行借貸交易的工具。而是取決於特定某一部分產出的價值，這部分產出在離開土地或生產性勞動者的手中時，不僅是準備用來替補某一筆資本，而且是準備用來替補資本主不想親自操作的資本。由於這種資本通常是以貨幣的形式貸出和償還，因此被視爲構成了所謂「貨幣資本階級」。這種資本階級不僅和土地資本階級有所分別，也不同於貿易和製造業資本階級，後面這兩種資本家親自運用自己的資本。然而，即使從貨幣資本家的觀點來看，貨幣也不過是一種轉讓證書罷了。也就是說，貨幣只是一項工具，用來將資本主不想親自運用的資本，從某一人的手中移轉給另一人。這種資本的數量，和用來移轉資本的貨幣數量相比，或許超出好幾倍也說不一定。因爲同一疊貨幣可以連續用來完成許多次不同的借貸交易，也可以用來完成許多次不同的商品買賣交易。例如，甲貸給A一千英鎊，A立即向乙購買價值一千英鎊的物品。乙因爲沒有使用這一千英鎊的機會，於是將同一疊貨幣貸給B，而B立即向丙購買另外一批價值一千英鎊的物品。丙基於和乙相同的理由，同樣把錢貸給C，讓C可以向丁購買物品。如此一來，同一疊貨幣，不管是紙鈔或錢幣，也許在短短幾天內，便作爲三次不同借貸交易和三次不同買賣交易的支付工具，而且每一次交易牽涉的價值都等於該疊貨幣全部的價值。甲、乙、丙三位貨幣資本家轉讓給A、B、C三位借款者的，是完成前述那些物品買賣的能力。這些貸款的價值和用途就在於購買物品的能力。這三位貨幣資本家貸出的積蓄，是他們的貸款能夠買到的物品，價值等於購買這些物品所需貨幣數量的三倍。然而，這些貸款也許都十分安全可靠，因爲每位借款者買來的物品都會被妥善運用，因此在借款到期時，可以附帶利潤的收回價值等於當初所借到的錢幣或紙鈔。正如同一疊貨幣完成的貸款交易價值，能夠達到該疊貨幣價值的三倍或三十倍；同樣的，也可以連續三次或三十次被用作償還不同貸款的工具。

我們可以這樣看待貸出取息的資本：貸款者將相當可觀的一份產出轉讓給借款者使用，回報的條件之一是，在借款存續期間內，借款者必須每年將比較小的一份產出轉讓給貸款者，比較小的這一份產出稱爲利息。條件之二是，在借款期滿時，借款者必須將一份大小和當初轉讓給他的那一份相等的產出轉讓給貸款者，這一份產出稱爲還本。轉讓數量比較小稱爲利息的產出，以及轉讓數量比較大、稱作貸款或還本的產出，雖然一般都是以貨幣當作轉讓證書，不管是錢幣或紙鈔，但是，證書本身顯然和它所轉讓的內容完全不同。

在任何國家，當每年一離開土地或生產性勞動者的手中，便準備用來替補資本的那部分產出比例增加時，所謂貨幣資本所占的分量自然會跟著增加。當各種資本普遍增加時，資本主希望衍生收入、但不想麻煩自己運用的資本，自然也會跟著增加。換句話說，當積蓄增加時，貸出取息的積蓄也逐漸愈來愈大。

當準備貸出取息的積蓄數量增加時，利息，或者說借用這種積蓄必須支付的代價，必然會下降。不僅由於某些普遍適用的原因，通常在任何一種物品的數量增加時，會迫使它的市場價格下降，而且還有一些獨特適用於資本積蓄的原因，會促使利息下降。在任何國家，當各種資本增加時，運用資本所能獲得的利潤必然會下降。在這樣的國家裡，新資本要尋找有利可圖的運用途徑，漸漸會變得愈來愈困難。於是，各個資本之間開始競爭，甲資本主會努力爭取乙資本主原先占據的位置。但是，就大多數的情形來說，除非甲提出更合理的買賣條件，否則他不能指望將別人擠出原來的位置。他不僅必須以稍微便宜一點的價格，把買進來的物品賣出去，而且爲了有物品可賣，他有時還必須按稍微高一點的價格，把物品買進來。由於社會上準備用來維持生產性勞動的財源增加了，對這種勞動的需求會與日俱增。勞動者很容易找到就業機會，但資本主卻很難雇到勞動者。資本主之間的競爭會抬高勞動工資，同時降低資本利潤。當實際運用資本所能獲得的利潤，在這種可以說是在兩頭都減少的情況時，借用資本所能支付的價格，即利息，勢必會跟著減少。

洛克、約翰．勞、孟德斯鳩和其他許多作者似乎都認爲，在西班牙人發現了西印度群島以後，金銀大量增加，是歐洲大部分地區利率下降的眞正原因。他們說，由於這些金屬本身的價值變低了，其中任何一部分所代表的權利，也必然變得比較沒有價值，因此借用者所能支付的價格會變得比較低。這說法乍聽之下似乎眞有其事，但休謨已經把它徹底推翻了，所以在這裡也許無須再多加說明。不過，以下簡短淺顯的論證，也許可以把似乎曾經誤導前述那些人士的謬見，剖析得更爲清楚。

在西班牙人發現西印度群島以前，歐洲大部分地區的利率通常是百分之十。自從發現了西印度群島以來，有些國家的利率已降至百分之六，另外有些國家降至百分之五、四，甚至百分之三。且讓我們假設，在每一個國家，銀價和利率完全按同一比例下跌。譬如，在利率從百分之十降至五的國家，同一數量的白銀現在所能買到的物品數量，剛好是從前所能買到的一半。我相信，這個假設和各國的實際經驗並不相符，但是，它對我們正要檢驗批判的觀點最爲有利。然而，即使在這個假設的情況下，銀價下跌也完全不可能會有絲毫降低利率的作用。如果目前一百鎊在某些國家只值過去的五十鎊，那麼目前的十鎊也必然不會比過去的五鎊價值更高。不管是什麼原因降低了資本的價值，同一原因也必然會降低利息的價值，而且會正好按同一比例降低。如果利率未曾改變，資本和利息之間的價值比例一定會維持不變。相反的，如果利率改變了，資本和利息之間的價值比例必然會跟著改變。如果目前的一百鎊不會比過去的五十鎊價值更高，那麼目前的五鎊也就不會比過去的兩鎊十先令價值更高。所以，如果利率從百分之十降至五，那麼借用一筆價值等於從前一半的資本，目前所付的利息價值將只有從前的四分之一。

當白銀數量增加，而利用白銀來流通的物品數量維持不變時，除了白銀的價值下跌之外，不會有其他的影響。各種物品的名目價值會高一些，但是實質價值將和從前完全一樣。各種物品可以換到比從前更多的銀幣，但是能夠支配的勞動數量，以及能夠維持和雇用的勞工人數，和從前完全一樣。全國的資本將維持不變，儘管現在需要用比較多一點的銀幣，才能將同一份額的資本從某甲的手中移轉到某乙的手中。這時用來進行資本借貸的工具，就好比是囉嗦的律師寫出的讓與證書那樣，會比較笨拙累贅，但它所轉讓的物品和從前完全一樣，而且也只會發生和從前完全一樣的作用。維持生產性勞動的財源既然和從前一樣，對生產性勞動的需求也就不會有任何改變。因此，生產性勞動的價格或工資，雖然名目上會比從前高，但實質上和從前相同。儘管工資所得的銀幣數量會比從前多，但是，也只能買到和從前同一數量的物品。至於資本的利潤，不管在名目上或實質上，都會維持不變。勞動工資通常是以付給勞動者的銀幣數量來衡量高低。所以，當給付的銀幣數量增加時，勞動者的工資看似提高了，其實有時候並不比從前高。資本利潤的高低，不是以利潤所得的銀幣數量多寡來衡量，而是以銀幣數量相對於全部資本投入的比率來衡量。譬如，我們說某國的勞動工資普通是每週五先令，但我們會說某國的利潤普通是百分之十。既然全國的資本數量和從前一樣，眾人個別持有的各筆資本，彼此之間的競爭情形也會和從前一樣。所有生意買賣的條件都和從前一樣有利或不利。所以，一般性的利潤相對於資本的比率也將維持一樣，從而一般性的貨幣借貸利率也會維持不變。因爲借用貨幣能夠支付的利率高低，必然取決於借用貨幣能夠獲得的利潤多寡。

相反的，當國內每年流通的商品數量增加，而用來流通商品的貨幣數量維持不變時，除了貨幣的價值會提高之外，還會產生許多其他重要的影響。全國的資本也許在名目上和從前沒有兩樣，但實質上卻已經增加了。人們也許仍然是以同一數量的貨幣來表述它，但是，它所支配的勞動數量卻比從前多。它所能維持和雇用的生產性勞動數量會增加，而這種勞動的需求也會增加。這種勞動的工資自然會隨著需求增加而提高，然而表面上也許看似下跌。工資所得的貨幣數量也許比從前少，但是，這個比較少的貨幣現在所能買到的物品數量，也許大於比較多的貨幣在從前所能買到的物品。至於資本的利潤，不管是在名目上或實質上，都會下跌。既然全國的資本數量增加了，眾人個別持有的各筆資本，彼此之間的競爭自然會變得更爲激烈。這些資本主將不得不甘心接受較低的利潤，也就是說，即使各筆資本分別雇用的勞動，只讓各筆資本獲得相對較少的一份勞動產出，這些資本主也不得不甘心接受。至於貨幣借貸的利息，由於它總是和資本的利潤同步升降，因此也許會大幅下降。儘管貨幣的價值，或者說，任一定量貨幣所能買到的物品數量，事實上是大大增加了。

有些國家的法律向來禁止金錢借貸收取利息。但是，由於借用金錢無論在什麼地方都能賺得一些利益，所以借用金錢無論在什麼地方都理當給付一些代價。經驗顯示，這種禁令非但防止不了，反而加劇了高利貸的弊害。債務人因此不僅必須支付一般借用金錢的代價，還必須承擔額外的支付，以補償債權人冒險接受出借金錢的報酬，也就是說，債務人還必須另外擔保債權人免於高利貸禁令的懲罰。

在允許收取利息的國家，爲了預防高利貸的勒索剝削，法律通常會規定一個最高利率。只要收取的利率在規定以下，就可以免於受罰。這個最高利率應該要略高於市場的最低利率，也就是說，必須略高於信用最爲可靠的人士平常借用金錢時所支付的價格。如果這個合法的最高利率訂在低於市場的最低利率，那麼這種規定的效果就幾乎無異於完全禁止收取利息。債權人不會以低於使用價值出借他的金錢，而且債務人還必須額外補償債權人所承擔的風險，以收取全部貸款的使用價值。如果合法的最高利率剛好訂在市場的最低利率，那麼所有拿不出最佳信用保證的人，便都無法從遵守法令的老實人手中借到錢，迫使他們必須向貴得離譜的高利貸者告貸。像大不列顛這樣的國家，貸給政府的金錢，利息是百分之三。貸給有良好信用保證的私人，利息是百分之四到四．五。因此，目前百分之五的法定最高利率，也許是再恰當不過了。

值得特別注意的是，法定最高利率雖然應該略高於市場的最低利率，但也不應高出太多。例如，如果大不列顛的法定最高利率是訂在百分之八或十，那麼大部分準備出借的金錢，便會借給奢侈者和膽大妄爲的空頭企業家，因爲只有他們才願意支付這麼高的借款利息。至於作風穩健的人，他們願意支付的利息，絕不會超過運用借款所能獲取的一部分利潤。因此，他們不會冒險和奢侈者或膽大妄爲的企業家一起競爭。於是，國家大部分的資本，便和最有可能好好運用資本的人無緣，反而落入最有可能浪費和摧毀資本的借款者手中。相反的，如果法定最高利率訂在略高於市場的最低利率，那麼身爲借款者，作風穩健的人將會比奢侈者或膽大妄爲的空頭企業家更受青睞。貸款者從作風穩健的借款者收到的利息，幾乎和他膽敢向奢侈者或膽大妄爲的空頭企業家收取的差不多；而且他的錢借給前者使用，會比借給後者來得安全。因此，國家大部分的資本，就會落入最有可能好好運用它的借款者手上。

頒布法律不可能使利率普遍降至平常的市場最低利率以下。儘管法國國王在一七六六年頒布法律，企圖把利率從百分之五降至四，但是，由於人們以各種方式規避法律，法國的金錢借貸利率依舊維持在百分之五。

另外值得一提的是，不管在什麼地方，平常的土地市場價格都取決於平常的市場利率。想從自己的資本獲取收入、但又不想親自操作的人，會考慮把資本拿去買土地，或把它出借以收取利息。土地比較安全可靠，此外，不管在什麼地方，這種財產都會附帶一些好處。因此，即使土地投資的收入小於出借資本收到的利息，人們通常也願意把資本拿去買土地。土地的這些優點固然足以彌補一定的收入差距，但終究也只能彌補一定的差距而已。如果土地的租金和出借金錢的利息相差過大，便不會有人去購買土地。於是，平常的土地價格便會降下來。相反的，如果土地的這些優點遠遠勝過收入上的差距，人人便會爭相購買土地。於是，平常的土地價格便會提高。在利率是百分之十的時候，土地通常可以賣到年租的十到十二倍。如果利率跌到百分之六、五或百分之四，土地的價格便可能上揚到年租的二十、二十五或三十倍。法國的市場利率高於英國，而法國一般的土地價格也比較低。在英國，土地的售價通常是年租的三十倍。在法國，土地的售價通常是年租的二十倍。

5 論資本的各種用途

就算所有的資本全都用來維持生產性勞動，但是，同一數量的資本所能驅動的勞動數量，會隨著資本用途不同而產生極大的差異。同樣的，不同用途的資本所增加的土地和勞動產出價值也大不相同。

資本有四種不同的用途：第一，生產社會每年需要使用和消費的初級產品。第二，對這些初級產品進行加工製造，供應直接使用和消費。第三，將初級產品或製成品，從供給充裕的地方運送到供給不足的地方。第四，將一部分初級產品或製成品，分裝成方便人們偶爾需要使用的數量單位。所有從事土地改良或耕作、採礦和漁撈的資本，全都屬於第一種用途。各種製造業主的資本，全都屬於第二種用途；各種批發商的資本，全都屬於第三種用途。各種零售商的資本，全都屬於第四種用途。很難想像會有任何資本的用途不在上述四種之內。

這四種資本當中任何一種，對其他三種的存在或擴張，乃至對一般人民生活的便利，都是絕對必要的。

除非有一部分資本被用來供應數量相當豐富的初級產出，否則便不可能會有任何製造業或商業存在。

除非有一部分資本用來對初級產出進行加工，否則需要花費一番工夫處理才適於消費使用的初級產出，便會因爲沒有需求而永遠不會被人們費事生產出來。即使這些初級產出是自然生長出來的，也不會有任何交換價值，對社會的財富不會有任何增益。

如果沒有任何資本被用來將初級產出或製成品，從多餘的地方運往欠缺的地方，那麼各地生產的初級產出或製成品，便不會超過當地所需消費的數量。商人的資本讓甲地的多餘產出和乙地的多餘產出互相交換，刺激了兩地的生產活動，也提高了兩地的生活享受。

如果沒有任何資本用來將部分的初級產出或製成品，分裝成方便人們偶爾需要使用的數量單位，那麼每當需要用到這些物品時，將不得不一次購買一大堆超出立即需要使用的數量。譬如，假使沒有屠夫這門行業，每人每次都不得不買下一整頭牛或一整隻羊。平常對於富者來說，這樣一定很不方便；對於窮人來說，更是如此。如果貧窮的工人必須一次買下自己一個月或半年吃用的糧食，那麼一大部分他打算當作資本使用的積蓄，譬如，打算用來購置工具或店鋪設備以產生收入的積蓄，便不得不保留下來當作供應直接消費的積蓄，而這樣的積蓄是不會讓他獲得任何收入的。對於這種人，最方便的莫過於每次能夠按每天、甚至是按每小時需要的數量，買到自己的生活必需品。這樣他才能把幾近全部的積蓄當作資本，生產出比較大的成品價值。而且他從這當中獲得的利潤，除了足夠彌補物品價格中被零售商利潤抬高的那一部分之外，還會有一些剩餘。某些政論家對於雜貨店和零售商的批評，其實是毫無根據的偏見。雜貨店和零售商的數目，也許會增加到彼此傷害的地步，但絕不可能會傷害到公眾利益。所以，政府實在犯不著特別對他們課稅，或以其他的方法限制他們的數目。就食品雜貨來說，在任何城鎮，雜貨店業主能夠銷售的數量，不會超過該城鎮和鄰近地區對這種物品的需求量。所以，用來經營雜貨生意的資本，不可能會超過買進這個數量所需的金額。如果這個資本分成兩份，由兩個不同的雜貨商持有運用，彼此的競爭將使他們兩人都以比較便宜的價格販賣商品。也就是說，他們兩人的售價會比這個資本全部由一個人持有時低一些。如果這個資本分開來由二十個不同的雜貨商持有運用，他們彼此的競爭將相應的變得更為激烈，同時他們聯合起來哄抬物價的機會也將相應的變得更少。彼此的競爭也許會使他們當中某些人破產，但是要避免這種不幸是當事人的本分，政府大可以放心讓他們自己去斟酌該怎麼做。競爭既不會損害消費者，也不會損害生產者。相反的，和整個行業由一、兩個人獨占時相比，競爭只會使他們賣得比較便宜，也買得比較貴。他們當中某些人，有時候也許會誘騙一、兩個意志不夠堅定的顧客，花錢購買一些無用的東西。然而，這種雞毛蒜皮的小毛病，實在不值得社會重視，而且即使對從事該行業的人數加以限制，也不見得能夠防止。就拿最叫人猜忌的酒館來說，其實並不是酒館林立，以致一般人嗜酒成風，而是由於有了其他原因所形成的嗜酒風氣，必然會讓許多酒館有生意可做。

自己運用資本在前述四種用途上的人，本身也是個生產性勞動者。如果努力的方向適當，他們的勞動會傾注並呈現在施工的對象，或可以出售的商品上。而且通常會在這些施工對象或商品的價格上增加一些價值，至少足夠維持他們自己的基本生活和平常的消費享受。農夫、製造業主、批發商和零售商的利潤，全來自前兩者所生產、後兩者所買賣的商品價格。然而，同一數量的資本，分別在上述四種不同的用途上，直接推動的生產性勞動，數量大不相同，而且增加的土地和勞動產出價值大小，也非常不一樣。

當零售商向某一批發商買東西時，該零售商的資本，除了替補批發商的資本之外，還附帶支付了利潤給他，讓他能繼續做生意。零售商本人，是這種資本直接雇用的唯一生產性勞動者。這種用途的資本增加的土地和勞動產出價值，全在於零售商的利潤。

當批發商從某些農夫或製造業主購入他要批發的初級產品或製成品時，他的資本除了替補農夫或製造業主的資本，還附帶支付了利潤給他們，讓他們能繼續做生意。主要基於前述的功能，所以批發商間接有助於維持社會的生產性勞動，從而間接有助於增加社會的產出價值。另外，批發商的資本還雇用水手和搬夫，把他的物品從甲地運到乙地，因此這種用途的資本，在這些物品的價格中所增加的價值，不光是批發商的利潤，還有水手和搬夫的工資。這就是批發商資本直接驅動的全部生產性勞動，以及直接增加的全部產出價值。直接和間接加起來，批發商資本驅動的生產性勞動，以及增加的產出價值，顯然要比零售商資本優越。

製造業主運用一部分資本，向其他同業購買生產所需的工具，作爲固定資本使用。這部分資本除了替補同業的資本，還附帶支付了利潤給他們。另外，有一部分製造業主的循環資本是用來向農夫或礦場主購買原料，這部分資本除了替補農夫或礦場主的資本，還附帶支付了利潤給他們。但製造業主大部分的循環資本，總是分發給他雇用的各種勞工；這部分資本在外面循環的時間，也許是經年或數月，或者更短。這個循環資本，在原料的價值上，除了增加勞工的工資，還增加了業主本人在工資、原料和工具方面的全部投資利潤。因此，和任何批發商手上同一數量的資本相比，這種用途的資本直接驅動的生產性勞動數量，以及增加的土地和勞動產出價值，都大很多。

同一數量的資本，用在農業會比用在其他任何行業，驅動更多的生產性勞動。不僅在農夫手下的工人，甚至耕畜也是生產性勞動者。而且在農業，大自然的力量和人類一起勞動；雖然大自然提供的勞動是免費的，但是大自然的產出，和最昂貴的工人所生產的物品一樣，有它的價值。農業上各種最重要的人爲動作，用意似乎不在於增加自然的生產力（雖然這些動作也有此功能），而是在於引導自然的生產力，去生產各種最有利可圖的作物。一片長滿荊棘的荒野所生產的蔬菜數量，也許往往不亞於精心耕種的葡萄園或麥田。栽植和耕種的動作，通常旨在引導自然活躍的生產力，而不是在於激發自然的生產力。而且在盡了一切人力之後，總還會有一大部分的工作需要留待大自然的力量來完成。所以，農夫手下的工人和耕畜，不僅像各種製造業的工人那樣，將他們消費的價值再度生產出來，或者說，將雇用他們的資本價值再度生產出來，同時讓資本主獲得利潤，還會生產出比這更大得多的價值。除了農夫的資本和利潤，他們通常還將付給地主的租金再度生產出來。我們可以把地租想成是地主借給農夫使用的大自然能力的產出。地租的大小，取決於人們想像這些大自然的能力有多大，或者說，取決於人們想像自然或改良過的土地生產力有多大。因此，地租是剔除或補償了一切可以視爲人力工作成果之後，剩下來屬於自然貢獻的價值。它很少低於全部產出的四分之一，時常占三分之一以上。同一數量的生產性勞動投入任何製造業，絕不可能將這麼大的一份價值再度生產出來。在各種製造業，自然的力量發揮不了什麼作用，一切都得靠人力。而生產出來的價值，必然總是和導致生產的力量大小成正比。所以，和任何同一數量的製造業資本相比，用在經營農業的資本，不僅驅動了更多的生產性勞動，而且相對於所驅動的生產性勞動數量來說，農業資本所增加的產出價值，以及所增加的財富和收入，在比例上也都遠大於製造業資本。在所有運用資本的方式當中，投入農業生產對社會最爲顯著有利。

任何社會的農業和零售業所使用的資本，必然總是停留在該社會裡活動。這兩種用途的資本幾乎總是待在某一固定的地點，比如說待在某個農莊，或是待在零售商的店裡。而且，這兩種資本通常一定是屬於本地人所有，雖然偶爾會有例外。

相反的，批發商的資本，似乎沒有固定的居所，不會非得停留在某個地方不可。這種用途的資本，完全根據哪裡可以賤買或貴賣，就到那裡去活動。

製造業的資本，無疑必然停留在進行製造工作的場所。但是，這場所卻不必然一定要在什麼地方。製造場所也許時常和原料供應地或製成品消費地距離很遠。譬如，里昂的製造業，距離提供製造原料的地方，以及製成品消費地都很遠。西西里島的時髦人士穿著他國製造的絲綢，而製造這些絲綢的原料卻是自己國家生產的。西班牙的羊毛一部分在英國加工製成布料，然後有些布料會運回西班牙消費。

運用自己的資本將社會多餘產出輸出的商人，究竟是本國人或外國人，對任何社會來說實在無關緊要。即使他是外國人，該社會的生產性勞動者只不過比他是本國人時少了一個人而已。而該社會每年的產出價值，也只不過少了這個人的利潤。他所雇用的水手或搬夫，也許和他是本國人時沒有兩樣，同樣可能是他那一國人或本國人或第三國的人。就輸出本國多餘產出，交換本國需要的物品，以增加本國多餘產出的價值來說，外國商人的資本或本國商人的資本所產生的效果大小，不會有什麼差別。外商的資本，同樣有效替補了本國多餘產出的生產者的資本，也同樣有效賦予該生產者繼續生產的能力。在這方面，他的作用好比是本國批發商的主要功能，也間接有助於維持本國的生產性勞動，從而增加本國產出的價值。

製造業主的資本影響比較大，最好能夠留在國內。這樣必然可以在本國驅動更多的生產性勞動，使本國土地和勞動產出增加更多的價值。然而，製造業資本，即使是留駐在國外，對本國也很有幫助。譬如，英國的麻紗製造業，每年都使用大量從波羅的海沿岸進口的亞麻和大麻原料。這些製造業的資本肯定對原料的生產國非常有用。這些原料是原產地國家的一部分多餘產出，除非每年都可以用來交換當地需要的一些物品，否則就沒有任何價值，而且很快就不會有人繼續生產這些原料。輸出原料的商人替補了原料生產者的資本，也因此鼓勵他們繼續生產，而英國的麻紗製造業則替補這些商人的資本。

一個國家就像一個人一樣，往往沒有足夠的資本，可以既用來改良和耕種全部的土地，又用來製造和處理全部的初級產出，以供應直接消費使用；同時又用來把多餘的初級產出或製成品運往遠方的市場，以交換國內需要的物品。大不列顛有許多地方的居民，目前還沒有足夠的資本來改良和耕種他們全部的土地。蘇格蘭南部各郡生產的羊毛，大部分必須長途跋涉，經過崎嶇的道路運往約克郡加工，只因缺乏資本在當地加工製造。大不列顛還有許多以製造業爲主的小城鎮，當地的居民缺乏足夠的資本，將他們自己的製成品運到遠方的消費市場出售。即使這些小城鎮的居民中有人經商，他們也都只不過是代理某些大商業城市裡的富商罷了。

就任何國家來說，當全部的資本不足以同時從事上述三種活動時，用於農業的資本份額愈大，在國內驅動的生產性勞動數量便愈多，而全國土地和勞動產出的價值增加也就愈大。次於農業的，則是用於製造業的資本，能在國內驅動最多的生產性勞動，也最能提高全國土地和勞動的產出價值。三種用途中，以用於輸出貿易的資本，效果最差。

的確，資本尚不足以支應這三種用途的國家，可以說暫時尚未達到它將來似乎注定會自然達到的富裕程度。然而，過早試圖以不充分的資本同時進行前述三種活動，不管是對國家或個人來說，肯定不是達到富裕的最佳捷徑。一個國家全體人民的資本，和任何人的資本一樣，並不是無限的，只夠用來達成某些特定目的。和任何人的資本一樣，全國的資本若要增加，全體人民必須不斷的累積節省下來的收入，加在原有的資本上。所以，當資本的運用方式讓全體人民獲得最大收入時，資本增加的速度很可能達到最快，因爲這時人民的儲蓄能力最高。但是，全國人民的收入，必然是和全國土地和勞動產出價值成正比。

英國在美洲的殖民地之所以迅速邁向富裕強大，主要的原因就在於至今幾乎仍將所有資本都投入農業發展。伴隨農業進步，每個家庭的老幼婦孺必然多少會在自家進行粗糙的製造工作。除了這些粗糙的家庭製造業，英國在美洲的殖民地並沒有其他的製造業。此外，美洲的輸出和沿海貿易，大部分由住在英國的商人出資經營。甚至在某些州，特別是維吉尼亞州和馬里蘭州，許多零售店也是由住在英國的商人出資經營；這是由外地人經營零售業的罕見例子。如果北美各州聯合起來，或以其他粗暴的手段，阻止歐洲製成品進口，以便能夠製造類似物品的同胞獲得壟斷的地位，從而把他們一大部分的資本挪用在這方面；那麼他們每年產出價值的增長便只會減緩，而不會加速；同時他們也會阻撓，而不會促進自己的國家真正邁向富裕強大。如果他們企圖以同樣的方式壟斷自己的出口貿易，結果只會更糟。

的確，在人類的歷史中，連續繁榮的時期，似乎很少長到足以讓任何大國充分取得全部從事前述三種行業所需的資本。除非我們真的相信從前有關中國、埃及和印度斯坦，在土地耕作和其他財富方面的傳奇記載。即使這三個從前據稱是有史以來最富有的國家，主要也是以擁有優越的農業和製造業而聞名於世。在國外貿易方面，這些國家似乎並不傑出。古埃及人對海洋懷有一種迷信的反感；印度人也普遍有幾乎相同的迷信；中國人也不擅長國外貿易。這三個國家大部分的多餘產出，似乎向來由外國商人輸出，換得的物品也是外國商人發現當地有需要的物品，而這些物品通常就是金銀。

總之，在任何國家，同一數量的資本所驅動的生產性勞動，以及所增加的價值大小，是取決於用在農業、製造業和貿易批發業的比例。此外，各種不同的貿易批發業所運用的資本比例，也會造成很大的差異。

所有貿易批發業，也就是專爲了大宗賣出而大宗買進的行業，可以劃分成三種不同類別：國內貿易（home trade）、外國消費品貿易（foreign trade of consumption）和海外販運貿易（carrying trade）。國內貿易，旨在購買本國某個地方的產出，以便賣到本國另一個地方，包括內陸貿易和沿海貿易。外國消費品貿易，旨在購買外國商品供應本國消費。海外販運貿易，旨在外國之間進行買賣生意，也就是將某一外國的多餘產出運到另一外國出售。

資本，如果用來經營在本國某個地方購買產出，以便賣到本國另一個地方，那麼在每一次的來回運作中，它通常可以替補兩筆先前投入本國農業或製造業生產的資本，讓它們可以再次投入原來的用途。這種資本一旦從商人的居留地運走一定價值的物品後，通常會把至少等值的其他物品運回來。當這兩批物品都是國產品時，這種資本每一次來回運作必然會替補兩筆先前用於維持生產性勞動的資本，讓它們可以再次發揮這種維持作用。把蘇格蘭的製成品運往倫敦，再將英格蘭的小麥和製成品運回愛丁堡的資本，在每一次的來回運作中，必然會替補先前兩筆用於英國農業或製造業的英國資本。

用在經營輸入外國商品供應國內消費的資本，如果是以輸出國內產品來交換外國產品，那麼每一次的來回運作也同樣會替補兩筆資本。但是，其中只有一筆是用於維持國內的生產活動。譬如，把英國商品運往葡萄牙，再將葡萄牙商品運回英國的資本，每一次的來回運作只能替補一筆英國的資本。它所替補的另一筆資本屬於葡萄牙。因此，即使從事外國消費品貿易的資本回收速度，和從事國內貿易的資本回收一樣快，但是，就它們分別對本國生產活動或生產性勞動的鼓勵效果來說，前一種用途的資本只有後一種的一半。

然而，外國消費品貿易的資本回收速度，很少能像國內貿易的資本回收那樣快。用在國內貿易的資本通常在年底前回收，有時候一年回收三或四次。用在外國消費品貿易的資本很少在年底前回收，有時候得等二或三年才能回收。因此，有時候用在國內貿易的資本來回運作了十二次；也就是說，分別用出去和收回來十二次以後，用在外國消費品貿易的資本才來回運作了一次。因此，如果這兩種用途的資本數量相等，國內貿易對本國生產活動的鼓勵和支持，是外國消費品貿易的二十四倍。

供應國內消費的外國商品，有時也許不是以輸出本國產品來交換，而是以其他某些外國商品來交換的。然而，最後用來交換的外國商品，若不是先前用本國產品直接換來的，必然就是用本國產品在更早以前換來的其他外國商品間接換來的；因爲，除非是戰爭和征服，否則外國商品絕不可能無償取得，而必須拿國內生產的東西去交換。這也許只經過一次交換便直接換到了，但也許是經過了兩次以上的交換，才能輾轉換到。就作用的性質來說，這樣迂迴的外國消費品貿易，和用來經營最直接的外國消費品貿易沒有兩樣，除了因爲必須處理二或三筆不同的國外貿易，所以前者資本最後可能需要花上更長的時間才能回到國內。如果里加（Riga）的亞麻和大麻是用維吉尼亞的菸草買來的，而維吉尼亞的菸草是先前用英國本土的製成品買來的，那麼就必須等到這兩筆國外貿易處理完畢，業主才可能收回資本，以便繼續購買同一數量的英國本土製成品。如果維吉尼亞的菸草先前不是用英國本土的製成品買來的，而是用英國本土的製成品所換來的牙買加砂糖和甜酒買來的，那麼就必須等到三筆國外貿易處理完畢，才可能收回資本。如果這二或三筆國外貿易分由二或三個不同的商人進行，乙購買甲進口的商品，而丙購買乙所進口的商品後再出口。這樣一來，每一個商人確實可以比較快收回自己的資本，但是，就整個投入這種貿易的資本來說，最後回收的速度還是一樣慢。這種迂迴貿易所使用的全部資本，究竟是屬於一位商人或三位商人所有，對整個國家來說，沒什麼差別。雖然對個別的商人來說，有一點差別。不管是屬於一位商人或三位商人所有，這種迂迴貿易所使用的全部資本，都必須比直接貿易所使用的資本大三倍，才能讓一定價值的英國本土製成品換到一定數量的外國亞麻和大麻。因此，和比較直接的外國消費品貿易相比，同一數量的資本用在這樣迂迴的外國消費品貿易，對本國生產性勞動的鼓勵和支持通常比較小。

不管供應國內消費的外國商品究竟是用什麼外國商品買來的，對於這種貿易的本質，以及對於這種貿易所給予本國生產性勞動的鼓勵和支持，基本上都不會有影響。例如，如果供應國內消費的外國商品是以巴西的黃金或祕魯的白銀買來的，那麼這些黃金和白銀，就像維吉尼亞的菸草，一定也是先前以某種本國產品買來的，或以本國產品在更早以前買來的某種物品買來的。因此，對本國的生產性勞動來說，和其他任何同樣迂迴的貿易相比，利用金銀進行的外國消費品貿易同樣的有利，也同樣的不利。而且它們也都以同樣快或同樣慢的速度，替補國內直接用於支持生產性勞動的資本。不過，利用金銀進行的外國消費品貿易，似乎比其他任何同樣迂迴的外國消費品貿易多了一項好處。由於這些金屬體積小、價值高，要從一處運往他處，所需的運費幾乎比任何其他等值的貨物便宜。和其他等值的貨物相比，金銀的運費比較低廉，保險費也不見得比較高。此外，在運送過程中，沒有什麼東西會比金銀更不容易受損。所以，同一數量的外國商品，以金銀作為貿易媒介來購買時，所需輸出的本國產品數量，往往會比以任何其他外國商品作為貿易媒介時少一些。如此一來，本國所需求的外國消費品，往往便可以獲得比較充分的供應，而且費用也比較低。至於因為不斷的輸出這些金屬，這種貿易是否可能會使國家變窮，後文會有詳盡的討論。

對任何國家來說，一切用於海外販運貿易的資本，完全不會支持本國的生產性勞動，而只會支持他國的生產性勞動。這種資本每一次來回運作，雖然都會替補兩筆不同的資本，但其中沒有任何一筆屬於本國。譬如，荷蘭商人的資本，將波蘭的小麥運往葡萄牙，再將葡萄牙的水果和葡萄酒運往波蘭。這樣來回運作，每次都替補了兩筆資本，其中沒有任何一筆曾經用於支持荷蘭的生產性勞動。其中一筆曾經用於支持波蘭的生產性勞動，另一筆用於支持葡萄牙的生產性勞動。只有利潤才會經常匯回荷蘭，而這種貿易每年對荷蘭本國土地和勞動產出價值的貢獻也全在於這種利潤。沒錯，當海外販運貿易雇用本國的船隻和水手來執行運輸工作時，用於支付運費的這部分資本，確實是發給並且驅動了某些本國的生產性勞動。事實上，幾乎所有在海外販運貿易業占有一席之地的國家，都以這種方式營運。這種貿易很可能是因此才獲得如此特別的名稱，表示這些國家的人民販運其他國家的貨物。然而，本質上，海外販運貿易似乎不見得一定要採取這種方式營運。譬如，某位荷蘭商人運用自己的資本在波蘭和葡萄牙之間做生意，他也許不是利用荷蘭的船隻，而是利用英國的船隻，把某一國的一部分多餘產出運到另一國。我們可以想像，他在某些情況下確實會這樣做。鑑於英國的國防安全和英國的水手以及船隻數量息息相關，再加上採取前述的營運方式，所以海外販運貿易向來被認爲特別有利於像英國這樣的國家。但是，同一數量的資本，不管是用在外國消費品貿易，或甚至用在國內貿易，如果使用沿岸的船隻運貨，所能驅動的水手和船隻數目，很可能和用在海外販運貿易時一樣多。任何一筆資本所能驅動的水手和船隻數目，不是取決於貿易的性質，而是一部分取決於貨物體積和價值的相對比例，一部分取決於往返港口的距離。而兩者當中，又以前者爲主。例如，紐塞和倫敦距離不遠，但兩地間的煤炭貿易，卻比英國所有的海外販運貿易動用了更多的船隻。因此，就任何國家來說，利用各種超乎尋常的激勵手段，迫使投入海外販運貿易的資本數量超過自然增加的趨勢，不一定會增加該國的船隻數目。

總之，同一數量的資本用於國內貿易，通常會比用於外國消費品貿易，激勵和支持更多的本國生產性勞動，同時增加更大的本國產出價值。而同一數量的資本用於外國消費品貿易，又比用於海外販運貿易，更有利於提高本國生產性勞動和產出價值。每個國家的財富，以及只要國家的力量取決於財富，那麼每個國家的力量，必然都和每年產出的價值成正比。也就是說，必然和最後支付一切稅收的財源成正比。增加本國的財富和國力，幾乎是每個國家經濟政策的主要目的。但是，對於前述三種貿易業，每個國家都不應該有所偏愛，或給予其中任何一種超過其他兩種的優惠鼓勵。除了自動自發投入的資本之外，國家不應該強迫或引誘額外的資本投入任何一種貿易業。

如果前述各種貿易，完全是在沒有任何阻礙或人爲干擾的情況下自然形成的，那麼每一種貿易的發展，不僅對國家有利且必要，同時也是不可避免的。

當任何一種產業的產量超過本國所需時，多餘的產量必須送往國外，以交換國內需要的物品。要是沒有輸出，本國一部分的生產性勞動必然會停頓，而全國每年的產出價值就會減少。大不列顚的土地和勞動所生產的小麥、各種毛織品和金屬製品，通常超過國內市場的需求。因此，多餘的部分必須送往國外，以交換國內需要的物品。唯有輸出，多餘的部分才能獲得足夠的價值，以補償把它生產出來的勞動和其他開銷。沿海和通航的河流兩岸地帶之所以對產業活動有利，完全是因爲這些地點方便輸出多餘的產品，以交換國內需求比較殷切的物品。

當利用本國多餘產出換來的外國物品超過國內市場需求時，這些多餘的外國物品必須再度輸往國外，以交換國內較需要的物品。英國每年利用國內一部分多餘的產出，在維吉尼亞和馬里蘭買到將近九萬六千大桶的菸草。但英國每年對菸草的需求，也許不超過一萬四千桶。所以，如果多餘的八萬兩千桶不能再度輸往國外，以交換國內比較有需要的東西，商人必定會立即停止輸入多餘的菸草，而國內某一部分的生產性勞動也會跟著停頓。這部分生產性勞動目前從事製造的物品，原本在國內就沒有市場，所以才會輸出交換多餘的八萬兩千大桶菸草。現在既然連國外市場也被剝奪了，必然會停止生產，而所有現在從事這種生產活動的英國居民也必然跟著失業。所以，在某些情況下，要支持一國的生產性勞動和產出價值，最迂迴和最直接的外國消費品貿易，可能是同樣的必要。

當一國的資本積蓄，增加到超過供應本國消費和支持本國生產性勞動全部所需的數量時，多餘的資本自然會流向海外販運貿易，在他國發揮同樣的功能。海外販運貿易是一國財富極大的自然結果和象徵，但似乎不是一國致富的自然原因。主張讓海外販運貿易業特別獲得獎勵的政治家，似乎錯把結果和象徵當作原因。相對於土地面積和居民人數來說，荷蘭顯然是歐洲最富裕的國家，所以歐洲各國當中，荷蘭在海外販運貿易市場占有率最高。英國也許是歐洲第二富裕的國家，因此想必也有可觀的海外販運貿易市場占有率。不過，一般被當作是英國海外販運貿易的一些生意，往往也許只是迂迴的外國消費品貿易。譬如，將東、西印度和美洲的貨物運往各歐洲市場的貿易，有很大一部分是屬於這種性質。這些貨物，通常要不是以英國製品直接換來的，就是以英國製品換來的其他物品間接換來的，而這些貿易最後運回的物品，一般都在英國本土消費或使用。利用英國貨輪在地中海各個港口間穿梭輸運的貿易，以及英國商人在印度各港口間經營的貿易，也許才是英國眞正海外販運貿易業的主力。

國內貿易的規模，以及能夠在國內貿易運用的資本數量，必然受限於國內幅員大小，各地的多餘產出價值，以及互相交換個別產出的可能性。外國消費品貿易的規模和資本，受限於全國多餘產出的價值，以及這些多餘產出所能買到外國物品價值。至於海外販運貿易，則受限於世界上所有國家的多餘產出價值。所以，和其他兩種貿易相比，海外販運貿易可能達到的規模，可說是沒有止境的，當然也能吸收數量最大的資本。

任何資本主在決定是否將資本用在農業、製造業、某種批發貿易業或零售業時，唯一的考慮和動機是個人的利潤。他從來不會想到，資本在各種不同的用途上，所驅動的生產性勞動數量不同，爲整個社會增加的土地和勞動產出價值也不一樣。所以，在農業投資利潤最高，耕作和改良土地是致富捷徑的國家，個人的資本自然會用在對整個社會最爲有利的用途上。然而，在歐洲任何地方，農業的利潤似乎不見得高於其他行業。沒錯，近幾年來歐洲到處總有一些大膽的空頭企業家，譁眾取寵的宣稱耕作和改良土地極爲有利可圖。我們不需要吹毛求疵的討論他們的利潤估計，只需注意一個很簡單的事實，就足以證明他們估計的結果是錯的。我們每天都可看見，許多人沒有祖先的遺蔭，單靠自己這一代經營商業或製造業，便獲得了不起的財富。他們往往從非常小的資本開始，有時甚至是白手起家。本世紀以來，用同樣小的資本，在同樣長的時間內，靠經營農業獲得巨大財富的例子，在歐洲也許連一個也未曾有過。然而，在所有的歐洲大國，還有許多優良的土地未經開墾，而且已經開墾的土地大部分也尚未獲得充分的改良。所以，幾乎在任何地方，農業實際上都還能吸收更多資本。我在〈卷三〉、〈卷四〉會盡力說明，究竟歐洲各國在政策上動了什麼手腳，使得在城市裡經營的各種行業，比在鄉村裡經營的行業更為有利可圖。以致私人往往發現，對自己比較有利的，是把資本用在最遙遠的亞洲和美洲經營海外販運貿易，而不是把資本用在自己的家鄉改良和耕種最肥沃的土地。

卷三

論不同國家財富增加的過程

1　論國家財富增加的自然過程

在每個文明社會裡，主要的商業往來，是城市居民和鄉村居民之間進行的交易。這種商業往來是初級產物和製成品之間的交易，不管是以物易物的直接交易，或是透過錢幣，乃至某種代表錢幣的票據媒介進行的間接交易。鄉村供應城市生存必需的食物和製造業的材料，而城市把一部分製成品交給鄉村居民，作爲前述供應的回報。城市本身既沒有、也不可能再生產出任何食物或材料。所以，說城市的財富和生存必需品完全取自鄉村，也許一點也不爲過。但是，我們不能因爲這個緣故，便以爲城市獲得利益，鄉村就會損失。城市和鄉村的交易其實是互助互惠的，兩者之間的勞動分工，就像其他所有的分工，對每一個參與分工、從事各種不同職業的人，都是有利的。鄉村的居民，與其親自施工準備各種製成品，不如拿他們勞動產出的初級產物和城市居民交換製成品。這樣，他們可以獲得數量比較多的製成品，而且花費的勞動數量也會比較少。鄉村的多餘產出，也就是鄉村的初級產出中超過維持耕種者生存所需的部分，可以在城市裡找到銷售市場；鄉村居民也可以用他們的多餘產出，在那裡換到自己需要的東西。城市居民的數目和收入愈多，鄉村居民在那裡享有的市場規模便愈大；而那裡的市場規模愈大，總是對大多數人都愈有利。在城市周圍一英里的地方出產的小麥，和來自二十英里外的小麥，在城市裡賣同樣的價格。但是，後者的價格不僅通常必須支付種植和運送上市的費用，還必須提供平常的農業利潤給農夫。因此，城市附近的地主和農夫，在他們的小麥售價中，除了可以獲得平常的農業利潤外，還賺到了把小麥從遠方運來的全部運費。此外，他們在城市裡購買的每件物品，在價格上同樣也節省了這種運費。只要拿任何大城市附近的土地耕種情形，和偏遠的地方稍加比較，任何人都應當不難了解，城鄉交易讓鄉村地區獲得了不少好處。儘管關於城鄉交易的公平性，向來有許多荒謬的臆測推論在社會流傳；然而，從來沒有人荒唐到認爲城鄉交易讓鄉村或城市吃了虧。

按照自然的道理，基本生存比生活方便和奢華更優先，所以人們辛勤追求的目標，首先必然是要獲得保障生存的物品，然後才會想到追求生活上的方便和奢華。因此，耕種和改良鄉村地區以提供食物，必然會優先於只是提供方便和奢華享受的城市發展。只有當鄉村地區有了多餘的產出，也就是有了超過維持耕種者生存所需的初級產出時，城市才得以生存。因此，只有當這種多餘的產出增加時，城市的規模才會擴大。沒錯，城市所需的食物，未必總是完全來自附近的鄉村，甚至未必全部來自所屬國家的鄉村地區，反而大部分食物也許是從遠方國家運過來的。雖然這種情形不算是違背了前述的一般性原則，但是它使得不同時代和國家的財富增加次序產生了相當大的差異。

雖然不見得每個國家都必然會經歷鄉村先於城市的發展次序，不過，一般都會因爲礙於實際需要，而傾向經歷這種次序。這種發展次序乃是源自人類某些自然的傾向。如果各種人爲的制度從未阻撓這種自然的傾向，那麼無論在什麼地方，城市規模都不可能超過所屬國家土地耕種改良情況能夠支援的程度；至少在所屬國家的全部土地都已經耕種改良以前，鄉村的發展一定先於城市。如果利潤相同或相當接近，大多數人會選擇運用他們的資本耕種和改良附近的土地，而不會用來經營各種製造業或國外貿易。把資本固著在土地上的人，要親自照顧自己的資本比較容易，他的財富也比較不會遭致意外的損失。而貿易商的資本，不僅時常必須經歷強風巨浪這種自然的危險，並且還有愚蠢和不義這種更不確定的人爲因素，偶爾會讓他蒙受重大傷害。貿易商時常必須在遙遠的外國，把大量的資本託付給他人，而對於他人的品性和處境，貿易商自己很難有徹底的了解。相反的，由於地主的資本是固定在改良的土地上，所以似乎最爲安全可靠。田園有美景，還有鄉村生活的各種樂趣和寧靜；此外，如果人世間的惡法沒有前來騷擾，鄉村生活那種踏實獨立的感覺，對每個人來說，多少都有讓人傾心嚮往的魅力。而且由於耕種土地是過去每個人的宿命，所以在每個人生階段，人們心底似乎總是對這種原始的工作存有一份偏愛。

的確，如果沒有某些工匠的幫忙，耕種土地的農夫，就得忍受極大的不便，而且時常必須停頓下來做其他事情。農夫時常需要鐵匠、木匠、輪匠、犁匠、石匠、瓦匠、皮匠、鞋匠和裁縫匠等人的服務。這些工匠也隨時需要互相幫忙；由於他們不用像農夫那樣，必須各自分開住在某個特定的地點，於是彼此便自然定居在一起，形成一個小鎮或村子。屠宰商、釀酒商和麵包商很快便加入他們的行列，還有其他許多工匠和零售商，不管供應的物品是他們隨時必需的或偶爾有用的，都會跟著聚集過來，進一步擴大城鎮的規模。城鎮居民和鄉村居民互相爲對方服務。城鎮好比是一處永不歇息的市集或市場，鄉村居民時常來到這裡，用他們的初級產物交換各種製成品。正是這種商業往來，讓城鎮居民獲得施工所需的材料，以及生存所需的食物。城鎮居民賣給鄉村居民的製成品數量，必然會限制他們買進的材料和食物數量。因此，不管是他們的工作或是食物數量，都只有在鄉村居民對製成品的需求擴大時，才可能按比例增加。而鄉村居民的這種需求，又都只有在土地改良和耕種面積增加時，才可能按比例擴大。因此，如果各種人爲扭曲的制度從未騷擾自然的事態發展，那麼在每個國家，城鎮財富和人口的發展，不僅在時間上會較晚，在規模上也會受限於周圍土地或鄉村的改良和耕種發展。

英國在北美洲的殖民地，人們很容易取得未經開墾的土地，因此那裡的每個城鎮，都尚未建立任何銷售到遠方的製造業。那裡的每一位工匠，如果自己的積蓄，比他供應鄰近鄉村的生意所需的資本稍微多一點，他不會用來擴充任何製造業生意，以便銷售到更遠的地方，而是會用來購買和改良未經開墾的土地。於是他從工匠變成農場主人，儘管那裡對各種工匠提供的工資非常優渥，而且食物價格也很低廉，都不能讓他放棄爲自己工作的念頭，去爲別人工作。他覺得，身爲工匠等於成爲顧客的僕人，因爲工匠的衣食來自顧客。但是，做一個自己耕種土地的農場主人，自己生存所需的衣食完全來自家人的勞動，這讓他覺得自己是個眞正的主人，在世上完全獨立自主。

相反的，在某些國家，尙未開墾的土地若不是已經沒有了，要不然就是很昂貴；在這種情況下，每位工匠如果自有的積蓄超過自己在鄰近地區隨時能夠運用的資本數量，他便會盡量用來製造一些可以賣到遠方的東西。譬如，鐵匠會設法建一座鐵工廠，而織布匠會建一座生產亞麻布或羊毛布的工廠。這樣日積月累的結果，就是各種製造業進一步逐漸細分，產生更多種不同的行業。從而許多方面都獲得進一步改善，變得愈來愈精緻細膩。這種分工進步的過程是很容易理解的，在此無庸進一步說明。

當人們尋求運用資本的機會時，如果利潤相同或接近相等，大多數人自然會比較喜歡國內的各種製造業，而比較不會選擇國外貿易業。這種偏愛，和人們在農業和製造業之間，自然偏愛農業的道理完全相同。就好像地主或農夫的資本，比製造業者的資本更爲安全牢靠那樣，國內製造業者的資本也會比國外貿易商的資本更爲安全可靠。因爲製造業者不管什麼時候都比較容易照顧到他的資本。沒錯，在每個社會的每個發展階段，國內無法消納的多餘產出，不管是初級產物或製成品，必然都會運送到國外，以換取國內需要的產品。但是，將這種多餘產出運送到國外的資本，究竟是屬於國內或國外居民所有，其實無關緊要。如果某個社會還沒有足夠的資本可以用來耕種全部的土地，並且把全部的初級產物加工製造成最完整的製成品，這時讓外國資本來經營初級產物的出口生意，甚至對該社會也許會有很大的好處，因爲這樣一來，它所有的資本便可以用在更有用的地方。古代埃及、現代中國和印度斯坦的財富，都充分證明一個國家可以獲致很大的財富，儘管其國外貿易大部分是由外國人經營的。我們在北美洲和西印度群島的殖民地，如果只有屬於當地人民的資本在經營出口多餘產物的生意，那麼他們的財富增長速度將會比實際慢很多。

因此，按照自然的道理，每個成長中的社會都將大部分資本優先投入農業，然後是製造業，最後才是國外貿易業。這個發展次序是這樣的自然，以致在每個擁有一些領土的社會，我相信都可以發現這樣的發展軌跡。在這些社會能夠建立任何稍具規模的城市之前，其中一些土地必然已經開墾過了；而在這些社會認眞考慮親自經營國外貿易業之前，某種粗糙的製造業活動，必然已經在城市裡存在一陣子了。

雖然每個成長中的社會，都必然在某個程度內有這種自然的發展次序；然而在許多方面，歐洲所有的現代國家，發展次序卻完全顚倒過來。這些國家的某些城市率先經營國外貿易，接著引進各種適合銷售到遠方的精緻製造業；然後這些製造業再和國外貿易業，一起形成農業的重大進步。這些國家原來的政府所建立的各種風俗習慣，在政府經歷了很大的變革之後，仍被保留下來；正是礙於這些風俗習慣，所以這些國家的財富發展才會有這樣不自然的相反順序。

2 論羅馬帝國滅亡後，歐洲古代國家農業發展的阻礙

當日耳曼和斯基泰民族蹂躪羅馬帝國西部各省，並催毀當地政府的時候，社會巨變所造成的混亂狀態，前後延續了好幾個世紀。這些野蠻民族對原住民的燒殺擄掠，阻絕了當地的城鄉交易。於是，許多城市十室九空，鄉村地區一片荒蕪，而原本在羅馬帝國統治下，曾經相當富裕的歐洲西部各省，立即墜落到最貧窮的蠻荒狀態。在這種混亂延續的期間，這些民族的酋長和首領強奪豪取了大部分的土地。雖然這些土地大部分無人耕種，但是，不管耕種與否，其中沒有一塊是沒有地主的。所有土地都被兼併占領，而且大部分是被少數幾個大地主兼併占領。

兼併荒地的動作，起初雖然是很大的惡行，但是影響可能十分短暫。這些被兼併的土地，也許可以透過繼承或轉讓，很快分割爲好幾筆小塊的土地。然而，由於長子繼承法（the law of primogeniture）的阻撓，這些土地無法因繼承而分割；而限嗣繼承（entails）的習慣，又阻止土地透過轉讓而分成小塊。

如果土地像各種動產一樣，只當成提供食物和享樂的手段，那麼自然的繼承法則便會像處置各種動產那樣，把土地分割，讓所有子女來繼承。因爲對所有子女的溫飽和快樂，父親的關愛想必是不分軒輊的。古羅馬人就是遵行這種自然的繼承法。他們在土地繼承上對於長幼和性別的區分，不會比我們現在分配動產時分得更仔細。但是，當土地被認爲不僅是提供食物的手段，更是掌握權力和保障生命財產的重要手段時，人們便覺得土地最好只傳給一個人，不要分割。在這段混亂的時代，每個大地主都宛如一個小國王。每個土地承租人都是他的臣民，他是他們的法官，而在某些方面，也是他們平時的立法者，更是他們戰時的領袖。大地主根據自己的考量發動戰爭，經常是針對其他鄰近的地主，有時針對上級的統治者。因此，一處地產的安全，或地產的主人對於地產上的居民所能提供的保障，便取決於地產的大小。要是把土地分割，便等於是要讓它毀滅。也就是說，等於是要讓每個分割出來的部分，都被鄰近的地主侵略併吞掉。所以，便採行地產由長子繼承的規則；沒錯，不是立即採行，而是日積月累變得愈來愈普遍。這道理就像王位一般也是由長子繼承那樣，雖然君主政體剛開始建立時，王位未必總是由長子繼承。爲了不使王國的權力和安全因分割而削弱，整個王國必須只傳給子女中的某個人。究竟要傳給他們當中的哪一個，可是一件事關重大的選擇，必須根據某個一般性的原則謹愼決定。因此，這個原則可不能基於容易啓人疑竇、滋生困擾的個人優缺點；而是應該基於顯而易見、不會產生爭議的差異。在同一個家庭的子女當中，最不容爭辯的差異，就是性別和年齡。普遍的規矩是重男輕女，而且如果其他條件相同，無論在什麼地方都是先長後幼。這就是長子繼承制和所謂直系繼承的起源。

儘管起初導致制定這些法律，且唯一讓它們看來合理的情況早已經不存在了，但是這些法律時常繼續有效。在目前歐洲的情況下，占有一英畝地的地主，和占有十萬英畝的地主，他們的權利是一樣安全。然而，長子繼承制仍繼續遵行。而且，由於在所有的規矩中，它最適合用來支撐豪門世家的自尊，所以很可能會繼續存在好幾個世紀。但是，從其他每個角度來看，這個爲了獨厚長子而讓所有其他後代淪爲乞丐的規矩，對於大家庭的眞正利益，比其他規矩都更爲不利。

各種限嗣繼承的規矩，是長子繼承法的自然延伸，其創設目的是要維持一定程度的直系繼承。這種關於繼承的想法，起源於長子繼承制。也就是說，目的是要讓原來的地產，只限於在祖先設定的血緣系統內繼承或轉讓，不管這樣的繼承者是否愚蠢，或是遭遇不幸，反正就是一定要防止任何一部分地產因贈與、遺贈或轉讓而落入外人手中。古羅馬人完全不知道這些規矩，他們的代位繼承（substitutions）和轉分繼承（fideicomisses），完全沒有和限嗣繼承相似之處。儘管某些法國的法律學者認爲，應當用古代那些規矩的名稱來粉飾近代的這些規矩。

當各筆大地產都如同一個大公國的時候，限嗣繼承也許未必不合理。各種限嗣繼承的規矩也許時常可以避免因爲某個人任性揮霍而殃及數千人的安全，就像某些王國所謂的基本法。但是，在目前歐洲這種情況下，每筆地產不管大小，安全都同樣受到國家法律的保障，沒有什麼規定會比限嗣繼承荒謬得更爲徹底。限嗣繼承是基於最爲荒謬的假定，也就是假定每一代繼起的子嗣，對於大地和大地上的一切沒有和祖先相等的權利。認爲現在這一代人的財產支配權，應該按照前代某些人的幻想加以限制或規範，但是那些人也許五百年前便已不在人世了。然而，目前歐洲大部分國家仍然對各種限嗣繼承的規定遵行不渝。特別是在某些國家，任何人若想享受公職的榮耀，不管是文官或武官，貴族血統都是必備條件。在這些國家，貴族階級認爲必須要實施限嗣繼承，否則他們對所有重要公職和榮耀的特權壟斷便無法維持下去。也就是說，相對於其他公民同胞，這個階級在霸占了不正當的特權優勢之後，惟恐自己的貧窮讓這個特權優勢淪爲眾人的笑柄，於是更加認爲自己理當享有另一項特權。英格蘭的普通法（common law）據說極端厭惡永久不得轉讓的規定，而限嗣繼承的約束，在英格蘭也確實不像其他歐洲國家那樣嚴格或普遍。不過，即使是英格蘭，也不是完全沒有限嗣繼承的做法。在蘇格蘭全部的土地中，估計有超過五分之一，也許是超過三分之一，目前仍受到各種嚴格的限嗣繼承約束。

大片大片荒蕪的土地，就這樣不僅讓幾個特定的家族兼併了，而且再分割的可能性也盡可能的被永遠排除掉。然而，偉大的地主很少是偉大的土地改良者。在產生這些野蠻規矩的混亂時代，大地主都爲了保衛自己的領域，或爲了擴大轄區或權威，以便宰制更多的鄰居而忙得無暇分身。他不會有閒工夫注意土地的耕種和改良。等到國家建立了法律和秩序，大地主比較悠閒的時候，卻時常欠缺經營土地的意願；即使有意願，他也幾乎總是欠缺各種必備的能力。如果豪宅和本人的開銷等於或大於他的收入（這種情形其實很常見），他便不會有任何積蓄可以用來耕種改良。如果他是節儉成癖的人，則通常會發現把每年的儲蓄拿去購買新地產，會比改善舊地產更爲有利可圖。想要經營土地改良而獲利，就像所有其他商業性投資那樣，必須鍥而不捨，計較每一分花費和每一毫利益。這種一絲不苟的工作態度，就誕生於富貴之家的人來說，即使他天性節儉，也很少會有持之以恆的耐心。這種養尊處優的人，個性自然會比較注意如何裝飾才會讓自己高興，而不會斤斤計較如何才能獲得利潤。他的服裝、全套馬車配備、住宅和家具等是否夠優雅，是他從小時候開始便已習慣擱在心裡琢磨的事情。即使當他眞的用心改良土地時，這種習慣自然形成的思考傾向，也會如影隨形跟著他。他也許會花上十倍於改良後所能回收的價值，在他的住宅四周大肆打點裝扮四、五百英畝的土地。然後他會發現，如果照這種方式去改良全部地產，不用等到完成全部的十分之一，自己便要破產了。而他對其他的改良方式也沒什麼興趣。在英格蘭和蘇格蘭，目前都還保有幾處龐大的地產，打從無政府的封建時代開始，便一直掌握在某些家族手中，從未間斷。把這些地產的情況，拿來和附近小地主的土地稍加比較，你就不需要我多費唇舌才會相信，這種龐大的地產對土地改良是多麼不利了。

若說我們很難指望大地主進行耕種改良，那就更不能指望他轄下的承租人進行耕種改良。從前在歐洲，這些承租人其實都是基於地主的恩賜才成爲佃農。他們幾乎都是奴隸；不過，這種奴隸身分所獲得的待遇，比古希臘和羅馬時代好一些，甚至也比我們在西印度群島殖民地的奴隸好一些。他們傾向被視爲直接屬於土地，而非屬於主人。因此，奴隸和土地可以一起賣掉，但不能分開來賣。如果婚姻獲得主人同意，他們可以結婚；主人同意了以後，便不得拆散婚姻，也就是不得把夫婦兩人分別賣給不同的主人。如果主人把奴隸夫婦當中任何一人弄殘廢或謀殺了，他是要受罰的，不過，罰則通常很輕。然而，奴隸沒有資格取得任何財產權。凡是奴隸取得的東西，都是爲主人取得的，而主人可以隨自己高興從奴隸手中拿走任何東西。不管這些奴隸做了多少的耕種和改良，全都是爲主人做的，費用都算是主人支付的。所有的種子、牲畜和農用器具都是主人的，一切都是爲了主人的利益而進行。奴隸除了每天的生活費，什麼也得不到。因此，這種情況其實可以說等於是地主承租了自己的土地，然後利用自己的農奴耕種土地。目前在俄羅斯、波蘭、匈牙利、波西米亞、摩拉維亞和德意志的其他省分，這種奴隸制度仍然存在。只有在歐洲西部和西南部，這種制度才逐步完全廢除。

如果說很難從偉大的地主身上指望偉大的土地改良，那麼當他們使喚奴隸工作時，可以指望的土地改良更是少之又少。我相信，所有國家和歷史經驗都證明了，使喚奴隸來工作，雖然表面上只須支付養活他們的費用，最後算起來其實是最昂貴的。一個沒有資格擁有任何財產的人，除了盡量多吃少做之外，不會有其他興趣。除了足夠維持他生存的程度，要從他身上榨出任何更多的工作量，都只能使用暴力逼迫，而不能以他的利益爲訴求。在普林尼和科盧梅拉的著作裡，我們都可以看到，當土地淪落到由奴隸來經營耕種時，古義大利的小麥種植是多麼退步，並且對於主人是多麼不利。在亞里斯多德的時代，希臘的土地耕種情況也好不到哪裡去。在談及柏拉圖的理想國時，他說，如果想維持五千個閒人（他認爲要保衛理想國，也許至少需要這個數目的戰士），以及他們的妻小和家僕，將需要像巴比倫平原那樣遼闊和肥沃的土地。

人們的自尊心，讓人喜歡趾高氣昂的支使他人。紆尊降貴的說服地位比自己低下的人是最沒面子的事。因此，如果不違反法律，而工作的性質也允許，人們通常會盡可能使喚奴隸來執行，而不會選擇使用自由人提供的服務。種植甘蔗和菸草的利潤，目前還允許使用花費昂貴的奴隸來耕種。種植小麥的利潤目前似乎不可能允許這麼做。以生產小麥爲主的英格蘭殖民地，大部分的工作是由自由的人民負擔。賓夕法尼亞州的教友派信徒不久前決議釋放所有的黑奴。根據這項決議，我們也許可以篤定的說，那裡的黑奴數目不可能很多。如果黑奴在他們的財產中所占的分量不小，這種決議絕不可能遵守。相反的，在以生產蔗糖爲主的英國殖民地，全部的工作都由奴隸來做；而在北美的菸草殖民地，很大一部分也交給奴隸。在西印度群島的任何英國殖民地，種植甘蔗的利潤，通常都比歐洲或美洲其他任何一種已知的農作物利潤大很多。而種植菸草的利潤，雖然不如甘蔗，但仍比小麥高很多。本書〈卷一〉第十一章便已經指出這些事實。雖然甘蔗和菸草同樣承擔得起採用奴隸耕種的開銷，不過，甘蔗承擔使用奴隸耕種的能力還是優於菸草。因此，就黑奴相對於白人的數目比例來說，英國的蔗糖殖民地遠高於菸草殖民地。

古代歐洲的農奴，後來逐漸被一種法國現在稱爲「美帖耶」（metayers）的農夫所取代。拉丁文稱作Coloni Partiarii（對分佃農）。這種農夫在英格蘭已經絕跡很久了，我不知道英文是怎麼稱呼的。對這種農夫，地主會供給種子、牲畜和各種農用器具。也就是說，地主會供給耕種農場所需的全部資本。農場的收成，在扣除維持農作資本所需的部分以後，由地主和農夫對分。至於資本，則在農夫自動離開或被趕出農場時交還地主。

這種佃農占用的土地，嚴格來說，和奴隸占用的土地一樣，都是由地主承擔所有耕種費用。然而，兩者之間有個很重要的差異。由於這種佃農是自由人，他們有資格取得財產權；而且由於可以獲得一定比例的土地產出，他們顯然有興趣讓全部的產出盡可能變大，好讓自己分到的那部分變得更多。相反的，一個奴隸除了自己的生存，其他任何物品都沒有資格取得，所以奴隸只會想到讓自己過得輕鬆一點；也就是說，只要土地的產出還夠維持自己的生存，他便會盡可能不要耕種土地。可能是一方面由於這種佃農制度有這項優點，另一方面由於向來總是猜忌大地主的各國君主，逐步鼓勵農奴侵蝕大地主的權威，終於使得這種奴隸似乎完全變成大地主的麻煩和負擔，以致農奴制度逐漸在歐洲大部分地方消失。然而，關於這麼重要的社會革命是怎麼產生的，怎麼演變的，以及經歷多長的時間，卻是近代史上最模糊不清的問題。羅馬教廷宣稱它對於這項社會革命有很大的功勞；的確，早在十二世紀，教宗亞歷山大三世便頒布了一則訓諭，要求全面解放奴隸。然而，這則訓諭似乎只是個虔誠的呼籲，而不是信徒非得嚴格遵守不可的法律。後來歷經好幾個世紀，歐洲幾乎到處仍然有這種農奴制度，直到在前述那兩種利益（一方面是地主本身的利益，另一方面是君主的利益）共同的運作下，才逐漸廢除。一個剛被解放的農奴，如果同時被允許繼續占用土地，由於他沒有自己的積蓄，只能利用地主借給他的資本耕作土地，因此，必然會變成法國人所謂的美帖耶。

然而，對分佃農即使有幸從自己那一份產出中攢下了一點積蓄，也絕不可能會心甘情願的拿出來進一步改良土地。如果這樣做，地主便可以不費分文的坐享其成，不管土地改良的收益有多少，都可以分得一半。什一稅，也不過是向人民徵收了十分之一的產出，便成了土地改良很大的阻礙。高達一半產出的稅，必定會更阻礙土地改良。利用地主提供的資本，盡可能增加土地的產出，對美帖耶來說也許有利。但是，將他自己的任何一部分資本和地主的資本混在一起運用，絕不可能對他有利。在法國，這一類耕種者仍然占用的土地，據說占全國土地的六分之五。那裡的地主抱怨說，他們的美貼耶動輒拿主人的牲畜去搬運物品而不是拿去耕田。因爲，如果用來搬運物品，全部利益便歸他們自己；如果用來耕田，所得利益就得和主人分享。目前蘇格蘭的某些地方仍然有這種佃農，他們被稱爲「鋼製馬鞍穹」（steel-bow）或「萬年佃農」。英格蘭從前有一種佃農，吉伯特男爵（Chief Baron Gilbert）和布拉克史東博士都認爲，與其說是眞正的農夫，不如說比較像地主聘請的土地管理人。這種佃農可能和美貼耶是同屬一類的。

後來，雖然非常緩慢，但是確實逐漸取代這種佃農的，是眞正配稱爲農夫的耕種者。他們運用自己的積蓄耕種土地，支付一定的地租給地主。當這種農夫握有期限長達數年的土地租約，他們有時候會發現，拿出自己部分的資本進一步改良土地，對他們自己有利。因爲他們有時候能在土地租約到期以前將投資完全收回來，同時還能獲得可觀的利潤。然而，在過去很長的一段時間，即使有長期租約，農夫占用土地的權利也極不可靠，而且目前在歐洲的許多地方，情況也仍是如此。在租約到期前，農夫可以被合法攆出租用的土地；譬如，在土地轉讓時被新地主攆出。在英格蘭，農夫甚至可以因爲地主捏造的共同使用權恢復訴訟，而被攆出租用的土地。此外，當農夫被地主使用暴力非法驅趕，讓他們能獲得補償的訴訟程序也極不完善。訴訟的結果，未必總是讓他們得以恢復占用土地的權利，而是只獲得一點點絕對比不上實際損失的損害賠償金。在歐洲各國，或許要數英格蘭向來最尊敬鄉村地區的自由民，然而也一直要等到亨利七世在位第十四年（一四九八年）左右，才制定了「逐出令」。根據這條法律，佃農不僅能獲得損害賠償，還能恢復占用土地的權利。而且若還覺得有疑問，佃農不一定要接受單一裁判庭對他的權利主張所做的判決，可以繼續上訴。這個訴訟程序確實是相當有效的法律救濟手段，以致目前當地主想訴請收回土地占用權利，很少會利用權利令和占用令等專屬於地主的訴訟程序，反而會以佃農的名義，代位提出逐出訴訟。因此，在英格蘭，佃農的權利和地主同樣安全。此外，在英格蘭，每年租金在四十先令以上的終身永佃權便算是一種自由占用權（freehold），承租人甚至有權選舉國會議員。由於鄉村地區大部分的自由民都有這種自由占用權，其整體的政治力量不可小覷，因此地主對他們的人格頗爲尊重。我相信，除了英格蘭，全歐洲再也找不到另一個地方會有佃農在沒有取得租約保障的土地上大興土木。這些佃農相信，地主基於自身的榮譽，不會因爲他們做了這麼重大的土地改良而強占他們的便宜。對自由民相當有利的這些法律和習慣，對目前英格蘭國勢昌隆的貢獻，也許比所有誇耀吹噓的商業管制政策加起來都更大。

制定法律排除任何一種土地繼承人的影響，以保障土地租約享有最長的時效，就我所知，是大不列顛特有的現象。在蘇格蘭，這樣的法律早在一四四九年詹姆士二世時期便已制定了。然而，由於受到各種限嗣繼承規定的阻礙，其正面影響力一直沒有空間發揮。一般來說，限嗣繼承的土地繼承人不得長期放租土地，期限通常不得超過一年。國會最近通過的一條法律已經稍微放鬆了種種限嗣繼承的束縛。不過，這方面的箝制作用仍然太過嚴苛。此外，在蘇格蘭，由於土地自由占用權並沒有附帶國會議員選舉權，因此，那裡的自由民受地主敬重的程度，便不如英格蘭的自由民。

在歐洲其他地方，儘管有些人早就發覺需要保障承租人的權利，排除土地繼承人和新買主兩者對原有租賃合約權利的不當侵害，可是佃農實際得到的保障仍然僅限於很短的期間。譬如在法國，這種保障在過去僅限於土地租賃合約開始生效的九年內。的確，這個期限最近在法國已經延長爲二十七年；然而，若要鼓勵佃農進行某些最重要的土地改良，這樣的期限還是太短了。地主從前是歐洲各地的立法者，因此，所有關於土地的法律，都是爲了保障地主利益而制定的。當時認爲，爲了維護地主的利益，所有由他的祖先簽定的租賃合約，都不應該長達好幾年，妨礙地主享受土地的全部價值。貪婪不義的人總是短視近利，他們看不出這種規定必定會嚴重阻撓土地改良，因此也看不出這會嚴重傷害地主本身的眞正利益。

此外，從前的農夫除了繳納地租外，還被認爲應當對地主提供五花八門的服務。這類服務很少在土地租賃合約裡註明，也沒有任何明確的準則予以嚴格規範，而是按照莊園或領地上的慣例來決定。因此，什麼時候要提供什麼服務，幾乎完全沒有標準，讓佃農遭受許多困擾。在蘇格蘭，自從廢除了所有這些合約裡沒有嚴格標明的服務後，沒幾年，自由民的生活情況便有了大幅改善。

從前對自由民施加的各種公共義務負擔，任意武斷的程度不亞於強要他對地主提供的私人服務。我相信，目前歐洲各國仍要求自由民義務開闢和養護公用道路，雖然在這方面各國所施加的壓迫程度不同，然而這種勞役並不是自由民被要求承擔的唯一公共義務。過去當國王的軍隊、家眷或大臣，經過國內任何地方時，當地的自由民必須提供馬匹、馬車和各種食物，價格由王室供應商規定。全歐洲的君主國當中，這種強要自由民供應東西的壓迫性做法，我相信目前只有大不列顛一國已經完全廢除。這種做法在法國和德國仍然存在。

自由民從前必須繳納的各種公共稅捐，也和他們必須提供的各種服務一樣，既不規則又極具壓迫性。從前的地主不分大小，自己雖然極不願意在金錢上對君主提供任何協助，卻從不反對君主向自己的佃農徵收所謂的租地稅（tallage）。這些地主無知到不能預見租地稅最後必定會嚴重影響自己的收入。法國目前仍然存在的所謂帖耳（taille），也許可以用來例示英格蘭從前的租地稅。這是一種針對推定的農夫利潤來課徵的稅，農夫的利潤按照他在農場裡的積蓄大小來估計。因此，爲了自己的利益，他會盡可能裝窮，在耕種土地時盡可能少用自己的積蓄，而在土地改良上則完全不用。如果一筆積蓄在某位三生有幸的法國農夫手上累積了起來，那麼，帖耳無異是一道禁令，永遠禁止他將積蓄使用在土地上。此外，凡是繳納這種稅的人都會被認爲很可恥，社會地位不僅會立刻貶至紳士以下，甚至還不如公民。因爲凡是向別人租用土地的人，最後都必須繳納這種稅。任何紳士，甚或任何稍有積蓄的公民，都不會甘心接受這種屈辱。因此，這種稅不僅阻撓土地上累積起來的積蓄投入土地改良，還把其他來源的積蓄屏除在土地之外。從前在英格蘭常見古老的十分之一稅和十五分之一稅，就影響土地耕種和改良的效果來說，似乎和法國的帖耳具有相同性質。

在所有這些不利因素的阻撓下，不可能指望土地租用者進行多大的土地改良。即使享有法律能夠授與的最大自由和安全，這階級的人民若想進行土地改良，總是必須克服相對比較大的困難。農夫和地主相對照，前者好比是借錢做生意的商人，而後者則是用自己的錢做生意。兩者的積蓄也許都會增加，但是，如果只有相等的經營能力，前者增加的速度必定會慢於後者，因爲前者的利潤會有很大一部分被貸款的利息吃掉。同樣的，如果只有相等的經營能力，土地改良的速度，在農夫的耕種經營下，必定會比在地主的耕種經營下慢。因爲前者的產出會有很大的一部分被地租吃掉。如果農夫本人就是地主，他也許會用這部分來進一步改良土地。此外，農夫的社會地位當然不如地主。在歐洲大部分的地方，鄉村裡的自由民被視爲屬於社會低下階層，地位甚至不如某些處境尚可的零售商和機械匠。而在全歐洲各地，自由民的地位都不如大商人和製造業的老闆。很少有人會在累積了相當的積蓄後，放棄原來較優越的社會地位，而屈就較低賤的社會地位。因此，即使是在目前歐洲這種安定的情況下，也不可能會有大量的積蓄，從其他的職業流向農業去改良土地。和其他國家相比，在大不列顛從其他職業流向農業的積蓄也許比較多，但即使是在大不列顛，某些地方用來大規模經營農業的積蓄，通常是過去從農業經營賺來的。而在所有行業中，最難獲得積蓄的，也許就是這種行業。然而，在每一個國家，除了小地主，就數富有的大農夫是最主要的土地改良者了。在英格蘭，這種人也許比歐洲其他君主國家多一些。在荷蘭和瑞士的伯恩這兩個共和國，農夫的社會地位據說不亞於英格蘭的農夫。

除了上述一切，歐洲各國從前的政策也不利於土地的耕種和改良，不管這些改良是由地主或是農夫進行。這類政策包括：第一，除非經過特許，否則禁止小麥出口。過去在歐洲各國，這種管制規定似乎很普遍。第二，制定各種取締囤積、投機買賣和壟斷居奇的荒謬法律，以及授與特定某些市集和市場專買或專賣的特權。這些荒謬的法律和特權，不僅限制了國內的小麥交易，幾乎所有的土地產物也同樣受到限制。本書〈卷一〉第十一章已經指出，禁止小麥出口，以及授與小麥進口某些獎勵，曾經妨礙古義大利的農業發展。儘管義大利是全歐洲土地最肥沃的國家，而且又是當時全世界最大帝國的根據地。至於在土地較不肥沃，而且其他情況也較為不利的國家裡，前述各種限制國內交易的政策，再加上普遍禁止出口的限制，必定會使該國農業發展受阻到何種程度，恐怕十分難以想像。

3 論羅馬帝國滅亡後城鎮的興起和進步

羅馬帝國滅亡後，城鎮居民的處境，並不會比鄉村居民更為有利。事實上，他們的身分地位，比起從前希臘或羅馬共和時代原先的城鎮居民，大不相同。從前城市的居民主要是由地主組成；他們在分得原本屬於公有的土地後，基於方便而在彼此的附近蓋房子住，並且為了共同防衛而建一堵牆，把所有的房子都圍起來。相反的，在羅馬帝國滅亡後，地主似乎通常會在自己的地產上，蓋一座防衛堅固的城堡讓自己住，而他的佃農和侍從則散居於他的地產上。城鎮主要由各種小商人和器具工匠居住，當時這些人的身分似乎是奴隸，或者很接近奴隸。古時候歐洲某些主要城鎮的居民，根據君主頒發的特許狀，享有某些特權。這些在特許狀中載明的權利，充分顯示他們在被授與這些特權之前是何種身分。這些特權包括，他們可以把自己的女兒嫁掉，無須徵得主人的同意。在他們逝世時，自己的孩子而不是主人，應該繼承他們的物品。他們可以立遺囑處分自己的動產。獲得這些特權的人，在被授與這些權利之前，其身分必定完全和鄉村裡的農奴一樣，都是奴隸；或者很接近農奴。

沒錯，城鎮居民過去似乎是一群貧窮又卑賤的人，經常帶著他們的物品，從一個村落移動到另一個村落，從一個市集趕赴另一個市集，就像現代沿街叫賣的商販。當時在歐洲的每個國家，完全像現代許多亞洲韃靼族的國家那樣，他們經過某些領地，穿越某些橋梁，裝卸物品從某地趕赴另一地參與市集時，以及當他們在市集裡架起攤棚賣東西時，當地的領主通常會對這些販夫走卒的人頭和他們所攜帶的物品徵收各種稅捐。在英格蘭，這些林林總總的稅捐分別稱為通行費、過橋費、按次裝卸費和攤棚費。有時候某些國王會特許某些商販，特別是住在國王轄下領地的商販，一概不用繳納這些苛稅雜捐。有時候，大封建領主在某些情況下，似乎也有這種特許權。這樣的商販，雖然在各方面幾乎等於是個奴隸，可是因為不用繳納雜七雜八的稅捐，於是稱為「自由的商販」。相對的，他們通常必須每年繳交某種人頭稅給他們的庇護者。那時候，如果沒有相當的回報，國王或領主很少願意給予庇護；所以這種人頭稅，也許可以視為庇護者豁免他們繳納其他稅捐以後，用來補償庇護者可能遭受的損失。起初，這些人頭稅和苛捐雜稅的豁免權似乎完全因人而異。也就是說，只適用於某些特定人士，而且是否終身適用，還得看他們的庇護者是否心情愉快。過去有人從威廉一世於一〇八六年下令以拉丁文編纂的土地調查清冊（Domesday-book）中，把好幾個英格蘭城鎮的紀錄抽印出來。這些紀錄雖然很不完整，但時常可見這種庇護稅的記載。有時候是關於某些特定的公民，為了獲得庇護，各自向國王或某個大封建領主繳納了多少人頭稅。有時候只記載當地所有人頭稅的總數。

但是，不管城鎮的居民起初是多麼像奴隸，他們獲得自由和獨立的時間，顯然要比鄉村裡的農奴早很多。從前國王在人頭稅方面，從任何城鎮得來的收入，通常是以「包稅」的方式取得的。也就是在某個期限內，把收稅的權利發包給某人執行，這個人不管實際收到多少人頭稅，每年都必須向國王繳納一定數目的權利金。人頭稅的承包人有時是郡長，有時是其他人。由於城鎮裡的某些公民往往有足夠信用，因此他們也時常獲准承包自己城鎮裡的稅收，而他們每個人都必須連帶負責繳納全部的權利金。我相信，當時這種由鎮民或市民承包稅收的方式，相當適合所有歐洲各國君主平常的實際需求。從前各國君主時常把整座莊園發包給莊園裡所有的佃農來經營，讓每個佃農都必須連帶負責繳納全部的地租。可是相對的，佃農獲准按照自己決定的方式來收地租，然後指派代表，將地租繳交到國王的庫房，完全不用忍受上面派來的稅吏傲慢自大的臉色。當時，這點被認爲極端重要。

起初，城鎮稅收讓鎮民自己承包的方式，很可能和讓其他人承包一樣，都是一次只承包幾年。然而，日積月累承包的結果，授與某些鎮民全體世襲的承包權利，似乎逐漸變成通例。也就是說，只要鎮民全體每年繳納一筆固定不變的權利金，他們便可以永遠承包下去。既然繳納人頭稅已經變成是永遠的，那麼當初用人頭稅換來的苛捐雜稅豁免權，自然也應該變成是永遠的權利。因此，這些豁免權便不再因人而異，也就是說，不再是某些身分特殊人士特別享有的個人權利，而是某個特定城鎮所有公民享有的個人權利。於是，這些城鎮便被稱爲「自由的城鎮」，道理就像他們被稱爲自由的公民或自由的商販。

本章開始時提到的那些重要權利，譬如，城鎮居民可以把自己的女兒嫁掉，孩子可以繼承自己的物品，以及可以按遺囑處分自己的動產等等，一般來說，也會隨著這種世襲承包權一併授與城鎮的公民。我不知道在此之前，某些特定的鎮民，是否曾在個別獲得自由交易的權利時，一併取得這些權利。我想這並非不可能，不過，我找不到任何直接證據。但是，無論如何，既然解除了他們各種主要的奴隸屬性，至少最後他們眞正獲得了我們現在所謂的自由了。

還不只是這樣。在獲得世襲承包權的同時，城鎮居民通常還組成一個法人團體或自治團體，有權選任自己的行政和司法長官，以及城鎮議會。他們有權訂定內規治理內部事務，有權建築城牆保衛自己，而且有權迫使所有的居民服從某種軍事紀律，也就是有權要求所有居民晝夜看守城牆，以抵擋所有的外力攻擊和突襲。在英格蘭，城鎮居民通常不受村莊和郡縣法庭的管轄。他們之間發生的所有訴訟，除了公訴罪，都交由自己的司法長官裁決。在其他國家，他們時常被授與更大且更廣泛的司法自主管轄權。

讓獲准承包本身稅收的城鎮，獲得某種強制性的司法管轄權，以迫使自己的公民繳納租稅，也許很可能是必要的。在從前那樣混亂的時代，放任城鎮從其他裁判途徑尋求這方面的公道，對大家很可能都極爲不便。但是，歐洲各個不同國家的君主，竟然都不約而同依照這種方式，在他們各種收入項目中，放棄這個也許最可能會自然增長，而且也不需要自己破費或照料的收入項目，用來交換每年獲得一筆永遠固定不變的權利金。不僅如此，他們竟然還依照這種方式，在自己的領土核心建立數個獨立的共和政體，這種讓步看來實在非比尋常。

想要了解君主的這種讓步，讀者必須記住，在從前那個時候，歐洲也許沒有任何國家的君主有能力在他全部的領土範圍內保護弱小臣民，使他們免於一些大封建領主的壓榨迫害。法律保護不到，而自己又不夠強壯足以自衛的人，只有兩條路可走：尋求某個大封建領主的保護，於是變成領主的奴隸或家臣；或者可以組成某種共同防衛聯盟，彼此互相保護。各個城鎮裡的居民，單獨分開來看，都沒有自衛的力量。但是，如果和鄰居組成互相防衛聯盟，他們便有能力做出不可輕侮的抵抗。從前那些封建領主向來鄙視鎮民，他們不僅認爲後者屬於另一個社會階級，而且認爲後者只是一撮被解放的奴隸，幾乎不夠資格和自己並稱爲人。某些鎮民的財富總是會讓他們忍不住既嫉妒又生氣，所以一有機會，他們便肆無忌憚加以掠奪。因此，鎮民對他們自然既恨且怕。國王對封建領主也是既恨且怕，不過，雖然國王也許會鄙視鎮民，但是國王可沒有理由怨恨或懼怕他們。因此，彼此的利益便使得鎮民傾向支持國王，也使得國王傾向支持鎮民抵抗封建領主。鎮民是國王敵人的敵人，所以盡可能讓鎮民安全獨立，避免他們受到共同敵人的挾持，便是國王的利益所在。國王准許鎮民選任自己的行政和司法長官，讓他們有權訂定內規治理自己內部的事務，有權建築城牆保衛自己，以及有權迫使所有居民服從某種軍事紀律，等於是把國王能夠授與的手段全部都撥給了鎮民，讓他們用來對抗封建領主，保護自己的安全和獨立。如果沒有在城鎮建立這種稍微正式的政府組織，如果鎮民全體沒有足夠的權威迫使自己的居民依照某種計畫或秩序採取行動，全憑志願組成的相互防衛聯盟，絕不可能永遠保障鎮民全體的安全，而他們也不可能爲國王提供任何有力的支援。國王准許鎮民永遠按照固定權利金，承包自己的城鎮需要上繳的稅收；這麼做，是要讓國王想結交成為朋友的那些人，甚至也許可以說，是要讓國王想結交成為盟友的那些人，完全沒有理由猜忌或懷疑國王往後會耍弄任何手段來壓迫他們，要他們既不用擔心國王會提高鎮上的租稅，也不用擔心國王會把鎮上的租稅交給別人承包。

和轄下的封建領主關係最差的君主，在授與城鎮居民自治特權時，似乎最為慷慨。譬如，英格蘭國王約翰（譯註：在位期間一一九九至一二一六年）對他的各個城鎮，看來是最寬宏大量的恩人。法國國王菲利浦一世喪失了所有對轄下封建領主的權威。根據丹尼爾神父記載，在他統治末期，他的兒子路易（就是後來人稱胖路易的法國國王），把王室領地的眾主教找來，商議節制各個大封建領主囂張的氣焰，應當採取什麼手段最為恰當。他們的建議包含兩個不同的提案。第一是設立新的司法管轄體系，讓諸侯領地上的每個稍具規模的城鎮都有自己的行政和司法長官，以及自己的城鎮議會。第二個提案是組織新的民兵隊伍，讓城鎮的居民在自己長官的指揮下，於適當時機出城協助國王。根據法國古代史學家的研究，法國城市的地方長官和議會制度，便是從此時開始的。也是由於施瓦本（Suabia）王室的統治非常不如意，所以在那個時候，德國大部分的自由城鎮才開始獲得各項權利，而著名的漢薩同盟城市也強盛起來。

那個時候，各個城市的民兵力量似乎不亞於鄉村地區的民兵。若有任何突發狀況，由於城市的民兵力量比較容易動員整合起來，所以當他們和鄰近的封建領主起爭執時，往往比較占優勢。在某些國家，如義大利和瑞士，或許是由於距離中央政府的主要根據地太過遙遠，也或許是由於鄉村地區本身自然的力量，或者某些其他原因，君主逐漸完全喪失了權威。在這樣的國家裡，各個城市通常變成了獨立的共和國，並且征服了所有鄰近的諸侯貴族，迫使諸侯拆除在鄉下的城堡，到城市裡與稟性和平善良的居民住在一起。短暫的伯恩共和國歷史，以及瑞士其他許多城市的興替沿革，就是如此。如果把歷史稍微不同的威尼斯排除在外，那麼我們便可以說，義大利所有稍具規模的共和國，歷史都是這樣演變的。十二世紀末至十六世紀初，這種共和國興起和滅亡的數目非常多。

像法國或英格蘭這樣的國家，君主的權威雖然時常很低，但從未被完全摧毀過，所以那裡的各個城市便沒有機會變成完全獨立。然而，各城鎮的力量卻變得相當強大，以致除了前述由城鎮自己承包的租稅外，君主沒有力量向城鎮強徵任何稅收，除非它們同意。因此，君主便請求城鎮派遣代表，參加國內各階級組成的國會。在這種會議上，城鎮的代表也許會在某些緊急的情況下，附和教士和貴族階級，答應提供額外的援助給國王。此外，由於城鎮對國王的權力通常比較有好感，所以在這些會議上，城鎮代表似乎有時候也被國王當成籌碼，用來制衡大封建領主的聲勢。這就是歐洲所有大型君主國的國會有城鎮代表參加的由來。

社會秩序和優良政府，以及隨之而來的個人自由和安全，就這樣在各個城市裡確立起來。而當時鄉村地區的佃農，還暴露在各種暴力的摧殘下。在這種求助無門的情況下，人們自然覺得但求苟活便已心滿意足。因爲，如果想得到更多，反而可能只會招惹壓迫者對他們橫徵暴斂，最後同樣一無所有。相反的，當佃農可以安全享受辛勤勞動的成果時，他們自然會努力工作，以改善生活情況。他們不僅會想到要獲取生活必需品，也會想要使生活更便利、更優雅的各種物品。所以早在鄉村地區的佃農有樣學樣之前，城市已經興起各種不光是以自己糊口為目的而進行的勞動了。如果某個背負農奴枷鎖的貧農，幸運的攢下些許積蓄，他自然會小心翼翼隱藏起來，以免主人知情，否則積蓄便會落入主人的口袋。而且他會盡可能把握住機會逃到某個城鎮。當時的法律相當偏袒城鎮居民，也相當渴望削弱封建領主欺凌農奴的權威，以致逃出來的農奴若能在城鎮裡躲上一年不被主人逮到，那麼他便永遠自由了。因此，凡是在勤勞的鄉村居民手中累積起來的積蓄，都自然會逃到城市，因為唯有那裡才是可以讓農奴安全擁有積蓄的避難所。

的確，城市裡的居民，最後必定要從鄉村地區獲得食物，以及產業活動所需的全部材料。但是，就位於海濱或適航的河流岸邊的城市來說，居民不見得一定要從附近的鄉村取得這些物品。他們有更廣闊的活動範圍，可以從世界上最遠的角落取得食物和材料。他們可以用自己生產的製成品來交換這些物品，或者在相隔遙遠的國家之間提供運輸和交易媒介服務。這樣的城市也許可以變得很富有奢華，即使其鄰近的鄉村，以及所有與之交易的地區都很貧窮不幸。與這些城市往來的鄉村，單獨來說，也許每個都只能提供一點點城市所需要的食物，也都只能讓城市有一點點生意可做。但是，所有鄉村加起來，不僅可以提供大量食物給城市，也可以提供廣大的市場銷路。然而，從前儘管全世界的商圈並不大，但也有一些以鄉村產業爲主的國家相當富有、勤勞。譬如，從前的希臘帝國在滅亡之前，以及阿拔斯王朝（Abassides）時期的撒拉森帝國（Saracens），便是這樣。埃及在被土耳其人征服以前，埃及以外的北非沿海的部分國家，以及摩爾人統治下的西班牙諸省，也都是這樣。

義大利那些城市似乎是全歐洲最早因經商而致富的城市。當時義大利位於文明進步世界的中心。此外，幾次的十字軍東征，雖然浪費了大量的社會積蓄，也摧毀了無數生命，必定減緩了歐洲大部分地方的進步。然而，十字軍東征對義大利的某些城市極爲有利。從歐洲各地出發征討巴勒斯坦聖地的各路大軍，讓威尼斯、熱內亞和比薩的船運業生意興隆。有時候是運送軍隊到聖地，但通常是運送軍糧補給。我們也許可以說，這些地方是軍隊的食品供應部。那股曾經感染歐洲各國，並帶來最大破壞的社會狂熱，對那些城市共和國來說，卻是一個重大的財富來源。

商業城市的居民，可以從較富有的國家進口各種改良的製品和昂貴的奢侈品，來滿足大地主的虛榮心。而後者通常也會大量付出自己土地上生產的初級產物，搶著購買這些東西。所以，當時有一大部分歐洲國家的商業活動，主要是以國內的初級產物交換來自其他較文明國家的製成品。譬如，英格蘭的羊毛，過去時常用來交換法國的葡萄酒和法蘭德斯的高級布料。就像現在波蘭的小麥，時常用來交換法國的葡萄酒和白蘭地，以及法國和義大利的絲絨。

對各種較爲精緻進步製品的嗜好，就這樣經由國外貿易，導入了各個從來沒有做過這種製品的國家。當這種嗜好變得普及，擴大了市場需求，商人爲了節省運輸費用，自然會盡力在自己的國家設立同一種類的製造業。這似乎是羅馬帝國滅亡後，西歐諸省開始以遠方爲銷售市場而建立各種製造業的由來。

在此必須一提的是，從來不會有任何大國沒有自己的製造業，即使有這樣的大國，也不可能存在很久。因此，當人們說某個這樣的國家沒有製造業時，必定是指沒有精緻進步的製造業，或者說沒有某種適合銷售到遠方的製造業。在每個大國，絕大部分人民身上穿的衣物，和家裡使用的家具，一定都是自己製造的。這種情況在那些通常被說成沒有製造業的窮國，甚至會比在那些被形容爲製造業發達的富國更爲普遍。譬如，就連最底層的人民使用的衣物和家具，在富國裡外國貨所占的比例，一定會大於窮國。

適合銷售到遠方的製造業，似乎依照兩種不同的方式被引進到各個不同的國家。

有時候，像剛才提到的方式那樣，製造業之所以在某些國家存在，可以說是因爲某幾個商人或企業家驟然投入他們的積蓄，模仿國外的製造業，在這些國家興辦起來的。這類製造業可說是由國外貿易衍生出來的。十三世紀在義大利盧卡頗爲繁榮的古老絲絨錦緞製造業，似乎便是屬於這一類。這些製造業者後來被暴虐的獨裁者卡斯特拉卡尼（Castruccio Castracani）逐出盧卡，這位仁兄素來是馬基維利崇拜的英雄。一三一〇年，有九百個家庭被逐出了盧卡，其中三十一個家庭移居到威尼斯，向當地政府提議引進絲綢製造業。他們的提議被接受了，還獲得許多特權，並雇用了三百個工人開始製造。從前在法蘭德斯頗爲繁榮，後來在伊莉莎白女皇統治初期導入英格蘭的高級布料製造業，不管是當初在法蘭德斯，或是後來進入英格蘭時，也都屬於這類製造業。目前法國里昂和英格蘭斯皮塔佛德（Spitalfields）地區的絲綢製造業，也屬於同一類。以這種方式興辦起來的製造業，由於是國外製造業的翻版，通常是利用國外的原料加工。當威尼斯剛開始有絲綢製造業的時候，所有原料都是從西西里和黎凡特（Levant）運過來的。更早以前在盧卡的那些製造業，也同樣是使用國外的原料。在十六世紀以前，義大利北部種桑養蠶似乎並不普遍。一直要等到查理九世時期，這些農藝才引進法國。法蘭德斯的高級布料業，主要使用西班牙和英格蘭的羊毛來加工製造。西班牙的羊毛，雖然不是英格蘭最早的毛紡業使用的原料，卻是適合銷售到遠方市場的英格蘭毛織品起初使用的原料。里昂的絲綢製造業，現在所使用的外國原料還占一半以上；該產業最初建立的時候，肯定全部或幾近全部的原料都是外國貨。斯皮塔佛德的絲綢製造業使用的原料，沒有任何一樣可能轉變成英格蘭的產物。由於這類製造業通常是少數幾個私人籌畫並投資興建的，所以其根據地有時是在某個濱海城市，有時是在某個內陸城市，任憑那幾個人的興趣、判斷或奇想來決定。

有些時候，某些以遠方爲銷售市場的製造業，可以說是自然形成的。也就是自動自發，從某些原本極粗糙、僅供自家使用的製造業，也就是從即使是最窮且未開化的鄉村地區，也無時無刻不在進行的一些製造活動，逐漸改良發展起來的。這類製造業通常使用當地的原料，而且似乎往往先在某些內陸地區改良發展起來。這些地區距離海邊也許不是很遠，但確實有一段距離，有時甚至和所有的水路運輸網有段可觀的距離。譬如，也許有某個天然肥沃且容易耕種的內陸地區，出產的各種食物通常大量超過維持土地耕種者所需的數量；由於陸路運輸費用很高，內河航運也不很方便，要把大量的多餘食物運送到國外往往便很困難。於是，供應豐富使得各種食物價格低廉，吸引大量的工人移入當地定居，因爲他們發現自己的辛勤勞動，在那裡換來的各種生活必需品和便利品比其他地方多。他們先利用當地出產的原材料加工製成各種製品，再拿這些製成品交換更多的原材料和食物。他們爲當地多餘的初級產物帶來新的價值，因爲他們在當地的活動，節省了把多餘產出運到水邊，或運到某個遠方市場所需支付的運費。他們提供給當地耕種者用來交換多餘產出的物品，對耕種者來說，不僅有用或討人喜歡，而且交換條件也比從前好。耕種者多餘的產出，現在賣的價錢會比較好，他們偶爾需要的各種便利品，現在買起來也比較便宜。於是，他們不僅因此受到鼓舞，也更有能力進一步投資改良土地，並改善耕種方法，以增加多餘的初級產物。正如土地原來的豐饒導致製造業興起，製造業的發展也會回頭影響土地，進一步增加土地的豐饒。這些製造業者起初只供應鄰近地區，然後當他們的製品逐漸改良，變得愈來愈精緻時，銷售市場便愈來愈遠。初級的土地產物，乃至粗糙的製品，要承擔長程的陸路運輸費用，一定會有極大的困難。然而對精緻改良的製品來說，卻是輕而易舉。這種製品只要一點點，價格便往往抵得上大量的初級產物。譬如，只有八十磅重的一匹精緻布料所包含的價值，不僅有八十磅重的羊毛，有時還包括好幾千磅種的小麥；也就是用來維持各種不同的織布工人及其直接雇主生活所需的食物花費。這些小麥如果要以原本的型態運銷到國外，一定會遭遇很大困難。然而，若用來維持織布工人的生活，便宛如是以布匹的型態出口，可以輕易運銷到世界上最遙遠的角落。里茲、哈利法克斯、雪菲爾、伯明罕和伍爾弗漢普頓等地的製造業，便是這樣近乎自動自發而自然形成的。在歐洲的近代史裡，這類製造業的擴張和進步改良，在時間上通常落後於國外貿易衍生出來的製造業。在前述地區頗為繁榮興盛的製造業，其製品現在雖然也出口到外國；但是，早在那些地區有任何適宜銷售到遠方的製品之前，英格蘭便已經以西班牙羊毛織成的高級布料，聞名於世超過一個世紀了。這類自然形成的製造業，其擴張和進步改良，只可能發生在農業擴張和進步改良之後，然而在歐洲許多地方農業方面的進步，卻是國外貿易及其衍生的製造業發展，最後帶來的重大結果。我接著要說明這一點。

4 論城鎮商業活動如何促進鄉村改良

商業和製造業城市的繁榮，以三種不同的方式，對城市所屬國家的鄉村改良和農業進步，產生正面的影響。

第一，城市為鄉村地區的初級產物提供了廣大和現成的市場，鼓勵鄉村地區的農業耕作和土地改良。感受到這一項利益的地方，甚至不僅限於這些城市周圍的鄉村地區，而是會擴及所有與之有交易往來的鄉村。對所有鄉村地區生產的初級產物或製成品，城市都提供了部分的銷售市場，因此對這些鄉村地區的產業活動和進步改良，都有鼓勵作用。然而，城市周圍的鄉村，由於就在附近，必然會從這個市場獲得最大好處。鄉村的初級產物負擔的運費比較少，所以商人便可以付給栽種者比較好的價格，而且儘管栽種者獲得比較好的價格，當商人將這些初級產物賣給消費者的時候，仍然可以比照來自遠方的初級產物收取一樣的價格。

第二，城市的居民累積了財富以後，往往會在鄉村地區購買等待出售的土地，這種土地多半無人耕種。商人通常有強烈的企圖心，希望變成鄉紳，提高自己的社會地位，而當他們遂其所願以後，往往成為最佳的土地改良者。習慣上，商人主要把錢投資在有利可圖的生意項目；而純粹的鄉紳主要是把錢拿來擺闊花掉。前者時常看著他的錢離去，又帶著利潤回到身邊；而後者一旦釋出了他的錢，很少會期望再看到它。這兩種不同的生活，自然會在各種活動上影響他們的性情和傾向。商人通常是勇敢進取的經營者，而鄉紳通常膽小怯懦。商人不會害怕一次投下一筆鉅資改良他的土地，如果他覺得這樣做，土地價值就有希望按投資的大小比例提高。鄉紳則未必有錢投資，即使有，也很少敢這樣冒險投資。如果他確實投資於土地改良，通常也不是動用原來的資本積蓄，而是只會利用每年收入中節省下來的一點小錢。任何人如果有機會在某個附近有許多荒地的城鎮住上一陣子，必定時常觀察到商人比純粹的鄉紳在這方面的經營更爲積極到什麼程度。此外，商業往來自然會讓商人養成一些習慣，譬如有條不紊、錙銖必較和注意細節，這也會使他更適合執行任何土地改良計畫，更有希望獲得成功和利潤。

第三，也是最後一種方式，商業和各種精緻先進的製造業，逐漸把社會秩序和優良政府，以及隨之而來的個人自由和安全導入鄉村地區。在此之前，鄉村居民幾乎活在不斷和鄰居交戰的狀態裡，而且幾乎總是卑躬屈膝，奴顏仰承上級指揮。這種轉變雖然最不引人注意，卻是所有影響中最爲重要的一項。就我所知，過去只有休謨一人注意到這點。

在既沒有國外貿易業也沒有任何精緻製造業的國家，大地主的土地產出，扣除維持土地耕種者生活所需後，多餘的部分，不可能用來交換其他東西，因此通常會被他全部花在供養食客。如果多餘的產出足夠供養一百或一千人，他便只能用來供養一百或一千人，除此之外不會有別的用途。所以，他便無時無刻被一大群侍從隨扈包圍著，這些人沒有等價的東西跟他交換，完全仰賴他的施捨過活，因此必須服從他的命令，就好像士兵必須服從給付薪餉的君主。歐洲在商業和各種精緻的製造業擴張以前，有錢的豪門巨室，從君主乃至最卑微的封建貴族，供養食客的盛況超乎現代任何人的想像。西敏寺大廳過去是紅臉威廉（譯註：William Rufus，一〇八七年至一一〇〇年間爲英格蘭國王）的餐廳，這麼大的地方也許時常還不夠容納他的食客大隊。坎特伯里主教湯馬士．貝克特（Thomas Becket）指出，這個大廳非常宏偉壯麗，紅臉威廉在大廳的地板上，到處撒乾淨的飼草或正當時令的燈心草，免得沒有座位的眾武士和其侍從坐在地上吃豐盛晚餐時，弄髒了他們的華服。顯赫的沃里克伯爵（Earl of Warwick），據說每天總在他的各個莊園款待三萬名食客。雖然這個數字很可能過於誇大，但能誇大到這種程度，實際人數想必也非常可觀。不久以前，蘇格蘭高地的許多地方，還可以看到類似這種大肆供養食客的情形。在所有商業和製造業都不發達的國家，這種情形似乎很普遍。波寇克博士（Dr. Pocock）說，他曾見過一位帶著牲畜趕到某個鎮上準備出售的阿拉伯族長當街進餐，並邀請所有路人，甚至包括乞丐，和他一起坐下來享用盛宴。

從前的土地占用者，在各方面和大地主的侍從一樣，都要仰承大地主的鼻息。甚至他們當中不屬於奴隸階級的人，也只是大地主恩賜的佃農，可以隨時趕走。佃農付出的地租，和土地提供給他們的食物，根本無法相提並論。幾年前在蘇格蘭高地，足夠維持一家人生活的土地，租金通常只是一克朗、半克朗、一隻羊或一隻小羊。目前某些地方的地租仍是這麼低，而且金錢在當地能買到的各種商品數量，也不比別的地方多。如果有個國家，那裡每一處大地產的多餘產出都必須在該處被消費掉，那麼對於地主來說，讓一部分的消費發生在離自己的房子有一段距離的地方，反倒比較方便。只要消費這一部分產出的人，和他家裡的侍從或打雜的僕役，都一樣仰賴和順從自己。這種做法可以讓地主免於侍從人數或家庭成員太多的困擾。一個可以隨時被趕走的佃農，占用的土地足夠維持他一家人生活，而繳納的地租只比免役稅多一點點。這樣的佃農，就像每個家僕或侍從那樣，完全倚靠地主過活，因此，也必定會同樣毫無保留順從他的意思。對這樣的地主來說，他既在自家供養僕人與侍從，也以相同方式在佃農自己的家中供養他們。這兩類人的生計都倚賴大地主的施捨，而他們是否能繼續生存，還得看大地主心情是否愉快。

在這種情況下，大地主對於佃農和侍從必然擁有的權威，是從前封建領主的權力基礎。對於所有住在他們地產上的人民來說，他們必然是平時的法官和戰時的領袖。他們能夠在各自的領地內維持秩序和執行法律，因爲他們每個人在自己的領地上，都能夠集合全部居民的力量，對抗其中任何一人的不義。其他人都沒有足夠的權威做到這一點，即使是國王也辦不到。在從前，國王只不過是統治範圍內最大的地主。其他的大地主之所以對國王還有所尊敬，純粹是因爲還想和他一起對付共同的敵人。假設現在必須在某個大地主的土地上（注意：當地所有居民都有武裝，而且習慣彼此支援對付外人），強制某人償還一筆小小的債務。如果國王眞的想憑藉自己的權威來執行這項工作，那麼他就得準備花費幾乎相當於弭平一次內戰的代價。因此，他不得不放棄全國大部分地方的司法管轄權，聽任它落入最有能力掌管司法的封建領主手中。基於同一理由，他也不得不放棄鄉村民兵的指揮權，任由那些民兵會服從的人掌握。

有人誤以爲領地上自主的司法裁判權源自封建法的訂定。其實，在歐洲有封建法這個名稱之前好幾世紀，大地主在自己土地上擁有的自主權利，便不僅包括最高的司法裁判權，不管是民事或刑事案件，還包括徵募軍隊，鑄造貨幣，乃至制定內規治理內部人民等權利。英格蘭被征服以前的撒克遜時期，地主所擁有的權威和司法裁判權，和後來諾曼第時期每位地主所擁有的權力，看來是一樣大。然而，大家都認爲，直到撒克遜人被征服了以後，封建法才變成英格蘭的法律。早在法國引進封建法之前很久，那裡的大地主便已經擁有廣泛的權威和司法裁判權。這個事實不容置疑。我們剛描述的財產權安排和社會生活習慣，必然會產生對應的權威和司法裁判權，無須正式的封建法律授權。甚至不需要回溯法國或英格蘭很早以前的歷史，即使在更爲晚近的歷史中，我們也可以找到許多證據，清楚顯示這種結果必定是來自上述原因。在距今還不到三十年前，蘇格蘭高地的拉克巴郡（Lochaber）有一位鄉紳，人稱拉郡的喀麥隆（Cameron of Lochiel），他既沒有得到法律的正式授權，也就是說，他不是當時所謂的地方法官（lord of regality），甚至也不是佃農組長，而只是亞蓋爾公爵（Duke of Argyll）的一位家臣。儘管他不是正式的地方執法官，可是他一向對自己的人民執行最高的刑事審判權。據說他執法相當公正，儘管完全不遵守任何正式的司法程序。很可能是由於地方當時的情況，使他不得不承擔這種權威，以維護地方和平。那位仁兄每年的租金收入從來沒超過五百鎊，可是在一七四五年，他卻能帶領八百名手下一起揭竿造反。

訂定封建法的用意，與其說是要擴張，不如說是要節制大地主的自主權威。封建法的訂定，建立了一套正式的服從和歸屬關係，附帶很長的一串各種勞務和責任規定，從國王向下延伸到最小的封建領主。在封建領主尚未成年時，他轄下土地的租金和管理權，交由他的直屬上司支配，意即所有大領主幼年時的租金和管理權都歸由國王支配。對未成年的封建領主，國王負有養育的責任，而且身為他們的監護人，有權為他們安排婚事，只要結婚對象和其階級地位門當戶對。雖然這個制度有利於強化國王的權威，同時削弱大地主的權力，然而，制度在這兩方面產生的作用，都還不足以將社會秩序和優良政府導入鄉村地區，因為它無法從根本改變導致混亂的財產權安排和社會生活習慣。政府的權威依舊像從前那樣，頭部太弱而手腳過強，而過強的手腳正是頭部軟弱的原因。制定了封建的從屬關係以後，國王仍舊沒有力量節制大地主的專橫跋扈。他們仍舊繼續動輒興兵交戰，還常常進犯國王。整個開闊的鄉村地區依舊是暴力掠奪和混亂的淵藪。

但是，所有強求秩序的人為封建力量永遠也無法獲致的目標，卻在國外貿易和各種精緻製造業不聲不響、毫不引人注意的運作下，逐漸達成了。國外貿易和各種精緻製造業逐漸提供了一些物品，讓地主可以把全部的多餘產出拿來交換，而且這些物品他們可以自己消費，不需要和佃農或門客侍從分享。在任何時代，全部歸自己，絲毫不留給別人，似乎永遠是人類中所有主人最卑鄙的處世格言。因此，一旦他們找到了可以讓自己把全部地租消費掉的方法，便不會想跟任何人分享自己的地租。也許只是為了獲得一對鑲鑽的扣環，或某種同樣可有可無的物品，他們寧願交出可以讓一千個家奴生活一整年的食物。或者說，付出這些食物的價格，從而付出那些家奴讓他擁有的全部勢力和權威。然而，這對扣環全是他們自己的，沒有其他人能分享。而如果用從前那種老方法來花費，他們至少必須和一千人分享。既然在這兩種花費方法之間抉擇的判官是凡人，只要有這種差異，兩者之間的優劣已經是百分之百的清楚了。於是，為了滿足一切虛榮當中最幼稚、最卑鄙也最骯髒的那種虛榮，他們逐步讓出了全部的政治力量和權威。

在既沒有國外貿易也沒有任何精緻製造業的國家，一個每年有一萬英鎊收入的人，其收入除了用來供養許多必然都會聽從他指揮的家庭（也許可以養一千個這樣的家庭），大概不可能有其他更好的運用方法。在本世紀的歐洲，一個每年有一萬英鎊收入的人，即使把全部收入都花掉（他通常是這麼做的），也用不著直接供養二十個人，甚至不見得能夠指揮十個以上不值得費神指揮的家僕。他目前間接供養的人數，和從前那種花費方式相比，也許是一樣多，甚至說不定會更多。因為，雖然他用全部收入換來珍貴製品的數量不多，但是，被雇來蒐集材料和加工製造的工人數目必定不少。這些製品的高價格，通常是源自這些工人的勞動工資，和所有直接雇主的利潤。當支付這些製品的價格時，他等於間接支付了所有的工資和利潤，因此間接幫忙供養所有的工人和雇主。然而，就他們當中每個人的生計來說，他所貢獻的收入通常只占很小的一部分，對他們當中少數幾個人的貢獻也許占全年生活費用的十分之一，對當中許多人的貢獻也許不到百分之一，對當中某些人的貢獻也許不到千分之一，甚至不到萬分之一。因此，雖然他對他們全都有貢獻，然而他們或多或少都不用仰賴他。因爲一般來說，即使沒有他，他們照樣能夠過活。

當這些大地主把地租花在維持佃農和侍從的生活時，每位大地主的佃農和侍從全都仰賴主人過活。但是，當大地主把地租花在維持商人和工匠的生活時，他們全部維持的總人數也許和從前一樣多，但是如果考慮到從前鄉下地方供養食客的鋪張浪費，那麼他們現在合起來維持的總人數，說不定會比從前更多。然而，個別來說，每位大地主對這些商人和工匠當中任何一個人的生計貢獻，往往只占很小的一部分。每個商人或工匠都不是專爲某一個，而是爲成千上百個顧客工作，並從中獲得自己的生計。所以，他雖然多少承受了每位大地主的照顧，但是並沒有絕對倚賴他們當中的任何一個人。

既然大地主的個人花費是這樣逐漸增加，他們的侍從人數便不得不隨之逐漸減少，直到最後所有侍從全都遭到遣散。同一自私的原因也導致大地主逐漸遣散多餘的佃農。於是，每個佃農的農莊面積擴大了，而且儘管鄉村人數減少會造成某些不便，土地耕種者的人數仍然會按照當時粗糙的耕種和改良狀態，削減到耕種土地所需的數目。遣散了吃閒飯的人，並且迫使佃農支付土地的全部使用價值，地主本人便得到比從前更大的一筆多餘產出。或者說，得到了更大的多餘產出價值，而各種商人和製造業者也會很快提供新的花樣來吸引他，讓他像花用其餘的收入那樣，把那筆多出來的價值花在自己身上。受到同一自私的原因持續運作的影響，大地主會進一步渴望抬高地租，高到實際的土地改良狀況負擔得起的程度以上。只有在某個條件下，他的佃農才可能答應這樣的願望，也就是佃農占用土地的權利應該連續好幾年獲得確實的保障，俾使他們花在改良土地的投資，可以在這段期間內連本帶利回收。地主所費不貲的虛榮心，讓他本人願意接受這個條件，於是就這樣產生了長期的土地租賃合約。

即使是一個可以隨時遭地主解約的佃農，當他支付的地租等於土地的全部使用價值時，我們不能說他完全仰賴地主的恩賜過活。他們彼此從對方得到的金錢利益是相互對等的，因此，這樣的佃農絕不會危害自己的身家性命，奮不顧身的爲地主盡忠服務。如果他又獲得了一紙期限長達數年的土地租約，那麼他便可以說是完全獨立自主了。除非租約裡標明，或地方上的習慣和已知的法律要求佃農承擔，否則即使是最微不足道的勞務，地主也必定不會指望他提供。

既然佃農獨立自主了，而侍從也遭辭退了，每個大地主便不再有能力阻撓司法或擾亂地方和平。大地主不像《聖經》中的以掃，在飢寒交迫的情況下，爲了一碗濃湯賣掉了自己與生俱來的權利；而是在養尊處優的情況下荒縱無度，爲了無足輕重的物品（這些物品與其說是正經成年人追求的目標，不如說是小孩子的玩具），終於變成平平凡凡，和城市裡任何一位稍有資產的公民或商人沒有兩樣。於是和城市一樣，鄉村也建立了正常的政府。因爲和城市相比，任何人都不再有足夠的力量，可以在鄉村地區輕易擾亂政府的運作。

有一點也許和這裡的主題無關，但是我忍不住想說幾句，那就是在商業社會，很少會有父子相傳，連續好幾代都擁有大量地產的傳統古老家族。相反的，像威爾斯和蘇格蘭高地，這些很少有商業活動的地方，這種家族很常見。許多阿拉伯國家的歷史，似乎完全是「家譜史」。有一位韃靼族國王寫了一本歷史書，譯成了許多歐洲的文字，而在那本書裡，除了「家譜史」，幾乎沒有其他記載。這證明了傳統的古老家族在這些國家很普遍。在這樣的國家裡，富人除了利用收入盡可能多供養一些奴僕，不會有其他的花用方式。因此，他比較不容易淪為一文不名，因為似乎不太會有強烈的慈悲心腸驅使他以超出自己收入的能力去供養外人。但是，在富人可以將大把大把的銀子往自己身上花的國家，他往往不會節制開銷，因為他往往不會節制自己的虛榮心，或節制他對自身的愛戀。因此，在商業繁榮國家，即使制定了最為嚴格的政策規定來防止浪費，大筆財富也很少會在同一家族停留很久。相反的，在商品項目單純的國家，即使法律沒有任何管制，大筆財富往往會在同一家族停留很久。像韃靼和阿拉伯那樣的游牧民族，由於他們的財產大多是消耗品，因此，必然不可能實施這種管制。

一個對社會大眾的幸福至為重要的革命，就這樣由兩個不同階級的人民促成了，儘管他們當中沒有任何人絲毫想到要讓社會大眾幸福。大地主的唯一動機，只是想滿足自己最幼稚的虛榮心。那些商人和工匠的行動，雖然比較不荒唐，但也不過是為了自己的利益，遵循著自己的商販原則，在能夠賺一分錢的地方就賺一分錢。他們當中沒有任何人事先知道或預見到，地主的愚蠢，以及商人和製造業者的勤奮，會逐漸帶來偉大的社會革命。

在歐洲大部分國家的歷史裡，在城市裡興起的商業和各種製造業，就這樣變成了鄉村改良和耕種進步的原因和開端，而不是結果。

然而，由於違反了自然的發展次序，所以這種發展過程必然既緩慢又不可靠。譬如，財富主要倚賴商業和製造業的國家，進步速度比較緩慢，而英國在北美洲的殖民地，財富完全基於農業，進步便很迅速。歐洲大部分國家的人口，若要增加一倍，所需的時間想必不會短於五百年。有人研究發現，英國在北美洲的殖民地，當中好幾個只需要二十到二十五年的時間，人口便可以倍增。在歐洲，長子繼承法和各種永久不得轉讓的規定，防止大地產自然進行分割，從而妨礙小地主人數的增長。然而，小地主對他那一小塊地瞭若指掌。當他望見那塊地，心裡必定會興起一股深情，一股因為擁有，特別是小小的一份擁有，而油然興起的愛憐。因此，他不僅樂於耕種它，也樂於裝飾它，樂於努力使它好上加好。所以，小地主通常是最為勤奮、聰明且成功的土地改良者。此外，同一種管制規定也使大量的土地不在市場流通，使得市場上希望購買土地的資金，總是大於願意出售的土地，以致土地總是按最高的獨占性售價成交。然而，這樣的土地所提供的地租，卻永遠也抵不上將那一筆土地價錢拿去放帳可以賺到的利息。此外，這個地租還必須承擔土地的維修費用和其他三不五時的開銷。而這些費用和開銷，放帳的利息一毛錢都不用承擔。因此，無論在歐洲的什麼地方，對於小資本來說，購置土地是一項最無利可圖的投資。確實，由於土地投資具有優越的安全性，一個情況還過得去的人，當他從商場上退休時，有時會選擇把他那一筆小錢投在土地上。有些另有收入來源的專業人士，爲了確保儲蓄安全，有時也喜歡購買土地。但是，就一個年輕人來說，如果他不去做生意或設法從事某種專門職業，而是花了兩、三千英鎊買了一小塊地來耕種；這樣也許很有希望過得快樂、活得獨立，但是，他必定要永遠對一切發大財或成大名的希望說再見。這些積蓄如果換成其他用途，他也許便和其他人有同等的機會成名發財。不過，當憧憬鄉村生活的年輕人沒有希望當上地主，他往往也不屑於純粹當農夫。因此，市場上的土地供應數量太少，售價太高，阻止了很多原本想流向土地的資本，以致不能用來耕種和改良土地。相反的，在北美洲，只要有五、六十英鎊的積蓄，便有足夠的本錢開始經營一大座農場。購買和改良未開墾的土地，在那裡不僅是所有資本不分大小最有賺頭的投資項目，而且是通向所有名利機會的最直接道路。事實上，這樣的土地在北美洲幾乎可以不費分文的取得，或是取得的價格遠低於土地上天然產物的價值。這種事情在歐洲根本不可能發生，事實上，絕不可能發生在所有土地早已變成私人財產的國家。然而，如果每筆地產在地主過世時，都平均分配給所有的子女，而且如果地主留下的子女又很多，那麼他留下的地產通常會被賣掉。於是，便會有很多土地在市場上流通，而土地便不再能賣得獨占性的高價。那麼，在自己的土地上耕種，所節省下來的地租便會比較接近土地價錢的利息，而運用小額資本購買土地，所獲得的利益也許便會和其他任何運用方式一樣好。

英格蘭擁有肥沃的土地，海岸地帶相對於整個國土的比例很高，又有許多適於航行的河流貫穿其間，讓極爲內陸的地方也享有水運的便利。因此就天然的稟賦來說，英格蘭也許和歐洲任何大國一樣，適合作爲國外貿易的根據地，發展各種以遠方爲銷售市場的製造業，也適合接納工商業發展以後所導致的一切土地改良和進步。此外，從伊莉莎白女王登基開始，英格蘭的立法機關便特別關心商業和製造業的利益。事實上，全歐洲包括荷蘭在內，整體來說，沒有任何國家的法律，比英格蘭對這兩種行業的發展更爲有利。因此，在這整段期間，英格蘭的商業和各種製造業不斷進步，而毫無疑問的，土地耕種和改良也漸漸跟著有些進步。但是，這方面的進步似乎不僅相當緩慢，而且落後快速前進的商業和製造業有一段相當遠的距離。英格蘭的大部分土地，很可能在伊莉莎白女王時代以前，便已經開墾了。其中很大的一部分目前仍有人在耕種，但是，絕大部分的耕種情形和理想相差很遠。然而，英格蘭的法律不僅以商業保護手段間接優待農業，還有多種優惠措施直接加以鼓勵。除了在歉收的時候，穀物的出口不僅完全自由，而且還有政府補貼獎勵。在中等收成的時候，國外進口的穀物必須承擔等於是禁止進口的高關稅。不論何時，除了來自愛爾蘭，活牲畜一律禁止進口；而且允許愛爾蘭的活牲畜進口，也是最近才開始的。因此，在兩項最大宗也最重要的土地產物上，也就是麵包和牲畜肉品，耕種土地的那些人相對於他們的同胞可以說擁有壟斷的優勢。這些鼓勵措施，雖然追根究柢也許完全沒有實質的鼓勵作用，但至少充分證明立法機關確實有獎勵農業的善意。另外，比所有獎勵都更爲重要的是，英格蘭的農夫階級享有法律可能賦予他們的一切安全、獨立和體面的社會地位。因此，我們可以說，在長子繼承制、什一稅，以及各種永久不得轉讓的規定（這些規定儘管違背英格蘭的法律精神，但在某些情況下仍被允許）等不合理的箝制下，沒有任何國家比英格蘭對農業發展實施了更多的鼓勵。然而，儘管有這麼多鼓勵，耕種情況卻是如此乏善可陳。如果除了在商業進步間接產生的激勵之外，法律沒有直接提供任何農業獎勵，並且還讓農夫階級停留在遭受歧視的情況（就像其他大多數歐洲國家），那麼英格蘭的耕種狀況又會是何等光景？況且現在距離伊莉莎白女王登基已經超過了兩百年，人類歷史中最長的繁榮時期通常也就只有這麼長。

早在英格蘭成為知名的商業化國家之前將近一個世紀，法國似乎曾經在國際貿易的場合占有相當的分量。在查理八世遠征那不勒斯之前，按照當時的標準，法國的海上勢力相當強大。然而，整體來說，目前法國的土地耕種和改良情況不如英格蘭。該國的法律對於農業從來沒有給過像英格蘭那樣的直接鼓勵。

西班牙和葡萄牙對歐洲其他國家的貿易，雖然主要由外國船舶運送，但數量相當可觀。這兩國和殖民地之間的貿易，由它們自己的船舶運送，數量更大，因為其殖民地非常遼闊又很富有。但是，國外貿易從來沒有為西班牙和葡萄牙帶來任何稍具規模並且適合遠方市場的製造業，而兩國大部分的土地也仍舊尚未開墾耕種。葡萄牙的國外貿易歷史比歐洲任何大國都來得久遠，除了義大利。

全歐洲的大國中，似乎只有義大利的每一分土地，曾經受惠於國外貿易和各種精緻製造業的發展，而獲得耕種和改良。根據義大利歷史學家圭恰迪尼（Francesco Guicciardini）的觀察，在法王查理八世入侵以前，義大利的每一處土地，不管是最險峻貧瘠的山區，或是最平坦肥沃的平原，都同樣受到人們細心耕種。該國的地理位置相當有利，而且當時內部存在為數不少的獨立城邦，對這種普遍耕種的情形，貢獻很可能不只一點點。儘管這個概括性的觀察出自古奇阿丁這位最為審慎保守的現代歷史學者，但是當時義大利的土地耕種情況，不見得一定比現在的英格蘭更好。

對任何國家整體來說，從商業和製造業賺來的資本，全都是很不安定可靠的財富，除非其中的某一部分被固定體現在該國的土地耕種和改良上。前人說得很有道理，任何商人都未必非得固定成為哪一個特定國家的公民不可。對任何商人來說，他做生意的根據地在什麼地方，大致上是無關緊要的。只要某個國家有任何雞毛蒜皮的小事，讓他的心情稍微不舒坦，他便可以撤走所有的資本，連帶該資本原先支持的所有生產活動，跑到另一個國家重新開張。商人的資本沒有一分一毫可以說是屬於某個特定國家，除非它們已經好比是撒播在該國的地表上，化成了各種建築物或永久的土地改良。傳說從前大部分漢薩同盟城市曾經擁有大量財富，然而除了在十三和十四世紀一些曖昧的歷史記載裡，這些財富沒有留下任何痕跡。我們現在甚至無法確定，其中的一些城市曾經位在何處，或某些拉丁文城名屬於歐洲現在的哪一個城市。相反的，雖然義大利在十五世紀末和十六世紀初遭遇不幸，致使位於倫巴底和托斯卡尼的工商業城市大受打擊，然而，它們仍舊是現在全歐洲人口最稠密、土地耕種最優良的地方之一。法蘭德斯的內戰，以及後來接管的西班牙政府，把安特衛普、根特和布魯日的大規模商業活動都趕走了。但是，現在的法蘭德斯仍舊是全歐洲最富有、耕種最優良和人口最稠密的地方之一。可以輕易被尋常的戰爭和政權輪替摧毀的，只是產生商業財富的泉源。至於以比較堅實的農業改良爲源頭的財富，便遠比前者耐久多了。除非像西歐在羅馬帝國淪亡前後那樣，連綿一、兩個世紀不斷遭受野蠻民族敵對的掠奪破壞，導致極端激烈的社會巨變，否則這種產生農業財富的泉源，是不可能被輕易摧毀的。

Eurasian Publishing Group
圓神出版事業機構
用心與你對話・視野無限寬廣
先覺出版社
Prophet Press

www.booklife.com.tw reader@mail.eurasian.com.tw

財經系列 053

國富論【權威中譯本】（上）

作　　者／亞當・史密斯 Adam Smith
譯　　者／謝宗林、李華夏
發 行 人／簡志忠
出 版 者／先覺出版股份有限公司
地　　址／臺北市南京東路四段50號6樓之1
電　　話／（02）2579-6600・2579-8800・2570-3939
傳　　真／（02）2579-0338・2577-3220・2570-3636
副 社 長／陳秋月
副總編輯／李宛蓁
責任編輯／李宛蓁
校　　對／劉珈盈・李宛蓁
美術編輯／林雅錚
行銷企畫／陳禹伶・黃惟儂
印務統籌／劉鳳剛・高榮祥
監　　印／高榮祥
排　　版／莊寶鈴
經 銷 商／叩應股份有限公司
郵撥帳號／ 18707239
法律顧問／圓神出版事業機構法律顧問　蕭雄淋律師
印　　刷／祥峰印刷廠
第一版　2000年8月 初版　計34刷
第二版　2025年9月 初版

定價 550 元　　ISBN 978-986-134-546-8

在一個施政完善的社會裡，分工之後，各行各業的產出大增，因此可以達到全面富裕的狀態，將財富普及到最下層人民。每個工人的產出，除了滿足自己的需要之外，還有大量的產品可以自由處分……自己大量供應別人所需的物品，而別人也同樣大量供應自己所需的物品，於是普遍富裕的狀態自然而然的擴散至每個社會階層。

——《國富論【權威中譯本】（上）》

國家圖書館出版品預行編目資料

國富論【權威中譯本】（上）/ 亞當・史密斯（Adam Smith）著；謝宗林、李華夏譯. -- 二版. -- 臺北市：先覺出版股份有限公司, 2025.09
496 面；14.8×20.8公分 --（財經系列；53）
譯自：The Wealth of Nations, Books I~III
ISBN 978-986-134-546-8（精裝）
1.CST：斯密（Smith, Adam, 1723-1790）　2.CST：經濟思想
3.CST： 國富論
550.1842　　114010002